VEGETARISCH!

DAS GOLDENE VON GU

REZEPTE ZUM GLÄNZEN UND GENIESSEN

KARTOFFELN, GEMÜSE UND HÜLSENFRÜCHTE 244

Aromakartoffeln mit Gemüseremoulade, knusprige Sellerieschnitzel im Käsemantel und bunte Gemüsepfanne mit Kichererbsensticks sind nur drei leckere Gründe, rund ums Jahr querbeet zu kochen. Entdecken Sie über 50 weitere in diesem Kapitel!

NUDELN, REIS UND GETREIDE 318

Pasta mit Pesto kommt immer an! Wie wäre es aber mal mit Gemüse-Paella, Basilikumcrêpes oder Polenta mit Pilzen? Neben heiß geliebten (Nudel-)Klassikern finden Sie hier aufregend Neues aus der Getreidekammer – zum Wiederentdecken und frisch Verlieben.

TOFU UND TEMPEH 390

Im Wok umhergewirbelt, in heißem Öl frittiert oder in würziger Sauce geschmort: Tofu und Tempeh sind für alles offen – und schmecken richtig gut! Mit den Rezepten aus diesem Kapitel werden Ihnen da garantiert auch Verächter des asiatischen Sojaquarks zustimmen.

DESSERTS UND SÜSSSPEISEN 444

Heiß auf Eis oder Lust auf Frucht? Was Süßes zum Sattessen oder ein Dessert zum Dahinschmelzen? Bitteschön: Hier kommt das süße Finale mit Erdbeercreme, Schokomousse, Crème brûlée & Co. – alle natürlich garantiert ohne Gelatine!

ANHANG 492

REZEPT-QUICKFINDER

Kleine Gebrauchsanweisung

Sie gehören zu denen, die gerne und viel oder sogar jeden Tag am Herd stehen? Dann kennen Sie sie bestimmt, die typischen Kochprobleme: Heute hat die Familie Heißhunger auf einen üppigen Nudelteller, morgen sind Gäste angesagt und übermorgen muss es ratzfatz gehen. Damit Sie für garantiert jede Kochlust, Esslaune und Hungersituation Ihr Rezept schnell und bequem finden, gibt es den Rezept-Quickfinder. Wie er funktioniert? Die Rezepte sind nach sechs Anlässen und Situationen gegliedert, wie Sie Ihnen sicherlich immer wieder unterkommen:

Für Kochanfänger Große Lust auf grüne Küche, aber in Sachen Kochen noch etwas grün hinter den Ohren? Gar kein Problem: Hier haben wir all die Rezepte zusammengestellt, die auch Küchenneulingen problemlos gelingen. Denn sie kommen mit einer überschaubaren Zutatenzahl aus und sind ohne Profi-Küchenausstattung zuzubereiten. Und wenn Sie sich hier durchgekocht haben, gucken Sie ruhig eins weiter: Auch unter »Schnelle Küche« finden Sie Leckeres der einfachen Art.

Schnelle Küche Mal wieder keine Zeit, aber großen Hunger oder Überraschungsgäste vor der Tür? Dann werden Sie hier fündig, denn für die Rezepte – ob Vorspeise, Snack, Hauptgericht oder Dessert – benötigen Sie maximal 25 Minuten Zeit. Gut, je nach Rezept kommen hin und wieder noch Ruhe-, Back- oder Kühlzeiten dazu, aber: Während die Hefe im Vegi-Pizza-Teig ihren Job macht, das Gemüsegratin im Backofen seiner Vollendung entgegenschmurgelt oder das Johannisbeer-Sorbet im Eisfach gefriert, müssen Sie nichts weiter tun, als die Hände in den Schoß zu legen. Oder schon einmal den Tisch zu decken!

Für Kinder Alles, was kleinen Essern schmeckt, ist hier versammelt! In erster Linie natürlich viele heiß geliebte Dauerbrenner wie Kartoffeltaler auf Rahmspinat, Maiscremesuppe, Pizzawaffeln, Gemüseschiffchen oder Spaghetti mit Sojasugo. Aber auch eine Reihe von Rezepten, mit denen Sie Kinder einmal an neue Geschmackserlebnisse heranführen können.

Für Gäste Sie haben liebe Freunde zum Essen eingeladen? Kombinieren Sie aus den hier vorgestellten Rezepten Ihr Drei-Gänge-Wunschmenü, mal klassisch, mal etwas ausgefallener. Oder planen Sie ein Büfett? Dann werden Sie auf den Seiten 26 und 27 fündig. Das Beste: Die meisten der ausgewählten Büfett-Rezepte lassen sich wunderbar vorbereiten, sodass Sie später ganz entspannt mitfeiern können.

Mediterran Wenn Sie von »bella Italia« einfach nicht genug bekommen können oder die Erinnerungen an den letzten Spanienurlaub wieder aufleben lassen möchten – bitte schön, hier kommen die Rezepte zum Ans-Meer-Träumen: Bunte Antipasti-Gemüse, Kartoffel-Tortilla, Gemüse-Paella, Lasagne mit Romanasalat …

Asiatisch Damit Ihr Wok nicht im Küchenschrank verstaubt, finden Sie hier viele thailändische, chinesische, japanische und und und … Rezeptideen (nicht nur) für die Asia-Wunderpfanne.

So hilft Ihnen der Quickfinder

In der ersten Spalte lesen Sie, zu welcher Kategorie das Rezept zählt (z. B. Hülsenfrüchte), in der zweiten Spalte die Bezeichnung der Hauptzutat (z. B. rote Linsen). Nach dem Rezeptnamen in der dritten Spalte folgen in der vierten die weiteren nötigen Hauptzutaten, die Charakter und Geschmack des Gerichts wesentlich beeinflussen. Die fünfte Spalte »Gut zu wissen« enthält nützliche Infos, wenn z. B. ein spezielles Kochgeschirr bzw. Küchenutensil gebraucht wird oder ein Gemüse längere Zeit mariniert wird. Und in den letzten beiden Spalten finden Sie die Zubereitungszeit und schließlich die Angabe, auf welcher Seite Sie das Rezept im Buch finden.

Wichtig: Der Quickfinder ist nicht als Einkaufliste gedacht, sondern als Entscheidungshilfe im Sinne von »Das klingt lecker, das könnte ich heute mal kochen!« Zutaten wie Salz, Pfeffer, Öl, Essig, Semmelbrösel usw. finden Sie daher in den Zutatenlisten nicht – die sollten Sie im Vorrat haben.

Und: Der Quickfinder enthält bei weitem nicht alle Rezepte des Buches, sondern eine breit gefächerte Auswahl derjenigen, die zu dem jeweiligen Anlass bzw. der jeweiligen Situation besonders gut passen. Einen Gesamtüberblick der Rezepte in diesem Buch gibt das ausführliche Register ab S. 494.

FÜR KOCHANFÄNGER → VORSPEISEN

REZEPT MIT ...	HAUPTZUTAT	REZEPTNAME	WEITERE HAUPTZUTATEN	GUT ZU WISSEN	ZEIT	SEITE
GEMÜSE	Artischocken	**Artischocken mit Salsa verde**	Eier, Frühlingszwiebeln, Petersilie, Kapern, Gewürzgurke, Toastbrot, Ciabatta	Mit Artischockenböden aus der Dose	15 Min.	92
GEMÜSE	Aubergine	**Kräuterkaltschale mit Aubergine**	gemischte Kräuter, Knoblauch, Schmand, Joghurt, Dickmilch	Am besten in gekühlten Schälchen servieren	35 Min. + 1 Std. Kühlzeit	223
GEMÜSE	Brokkoli	**Brokkolicreme mit Pinienkernen**	Gemüsebrühe, Schalotten, Pinienkerne, Butter, Muskat	Schneller geht's mit TK-Brokkoli-Röschen	30 Min.	210
GEMÜSE	Fenchel	**Geschmorter Fenchel**	Tomaten, Schalotten, Knoblauch, Weißwein, Pastis, Thymian, Fenchelsamen	Für Kinder statt Wein und Pastis Gemüsebrühe nehmen	40 Min.	282
GEMÜSE	Frühlingszwiebeln	**Frühlingszwiebelsuppe**	Weißwein, Gemüsebrühe, Baguette, Muskat, Cayenne, Crème fraîche	Noch leichter wird's mit saurer Sahne	30 Min.	197
GEMÜSE	Lauch	**Lauch-Käse-Quiche**	Eier, Bergkäse, Pecorino, Mehl, Milch, Butter, Crème fraîche, Muskat	Mit einplanen: 30 Min. Ruhezeit	40 Min. + 35 Min. Backzeit	384
GEMÜSE	Petersilienwurzeln	**Petersilienwurzelsuppe**	Gemüsefond, Lauch, Oliven, Knoblauch, Schafskäse, Rosmarin	Der Rosmarin kann frisch oder getrocknet sein	40 Min.	240
GEMÜSE	Rote Bete	**Rote-Bete-Apfel-Salat**	Apfel, Walnüsse, Meerrettich (Glas), Gartenkresse, Walnussöl, saure Sahne	Nehmen Sie vorgegarte Rote Beten (Vakuumpack)	25 Min.	78
GEMÜSE	Spargel, grüner	**Marinierter Spargel**	Lorbeerblätter, grüne Pfefferkörner, Weißweinessig, Rapsöl, Paprikapulver	Mit einplanen: 2 Std. Marinierzeit	15 Min.	60

FÜR KOCHANFÄNGER → VORSPEISEN

REZEPT MIT ...	HAUPTZUTAT	REZEPTNAME	WEITERE HAUPTZUTATEN	GUT ZU WISSEN	ZEIT	SEITE
GEMÜSE	Spargel, weißer und grüner	Spargel mit Orangen-Mandel-Butter	Orange, Mandeln, Butter	Außerdem nötig: Küchengarn	35 Min.	272
GEMÜSE	Spinat	Spinatsalat mit Avocadodressing	Avocados, Limetten, Cocktailtomaten, Walnüsse, Walnussöl	Als Spinat am besten frischer junger Blattspinat	20 Min.	66
GEMÜSE	Tomaten	Tomaten-Carpaccio mit Bocconcini	Mini-Mozzarellakugeln, Salatgurke, Zwiebel, Chilischote, Minze, Olivenöl	Bocconcini sind Mini-Mozzarellakugeln	20 Min. + 10 Min. Marinierzeit	109
GEMÜSE	Topinambur	Topinambur-Salat	Kohlrabi, Staudensellerie, ger. Meerrettich (Glas), Rucola, Honig, Walnüsse, Senf	Topinambur sofort verarbeiten, sonst wird er braun	20 Min.	81
KÄSE	Schafskäse	Feta mit Petersilienpesto	Petersilie, Knoblauch, Zitrone, Walnüsse, Olivenöl, Kreuzkümmel, Tomaten	Lässt sich zum Salat abwandeln	30 Min.	98
KRÄUTERN	Bärlauch	Bärlauchsuppe	Spinat, Gemüsebrühe, Schalotte, Sahne, Ei	Bärlauch hat im Frühjahr Saison	35 Min.	205
KRÄUTERN	Sauerampfer	Sauerampfersuppe	Kartoffeln, Gemüsebrühe, Zwiebel, Eigelb, Milch, Crème fraîche, Sahne, Muskat	Statt Sauerampfer andere Kräuter nehmen	40 Min.	205
MILCHPRODUKT	Quark	Quarkmousse mit Radieschensalat	Sahne, Radieschen, Schnittlauch, Senf, Zucker, Zitronensaft, Honig	Mit einplanen: mind. 3 Std. Kühlzeit	30 Min.	117
SALAT	Eissalat	Eissalat mit Sprossen und Tofu	Sojasprossen, Tofu, Champignons, Rettich, Ingwer, Knoblauch, saure Sahne, Zitronensaft, Sojasauce, Senf	Außerdem nötig: Backblech	45 Min.	59

FÜR KOCHANFÄNGER → HAUPTGERICHTE

REZEPT MIT ...	HAUPTZUTAT	REZEPTNAME	WEITERE HAUPTZUTATEN	GUT ZU WISSEN	ZEIT	SEITE
GEMÜSE	Schmorgurken	Schmorgurken mit Spaghettikartoffeln	Kartoffeln, Weißwein, Dill, saure Sahne, Zwiebel, Honig	Außerdem nötig: Kartoffelpresse	35 Min.	277
GEMÜSE	Sellerie	Sellerieschnitzel im Käsemantel	Parmesan, Ei, Mehl, Semmelbrösel, Zwiebel, Sahne, Zitrone	Dazu gibt's eine Sahnesauce	30 Min.	273
GEMÜSE	Zucchini	Zucchinirädchen mit Tofu und Shiitake	Shiitake-Pilze, Tofu, Ingwer, Sojasauce, Frühlingszwiebel, Chilischote	Außerdem nötig: Holzspieße und Grillschale	35 Min. + 12 Min. Grillzeit	417
GETREIDE	Buchweizenmehl	Buchweizenpfannkuchen mit Rosenkohl	Rosenkohl, Brie, Weizenmehl, Eier, Milch, gem. Haselnüsse, Zwiebel, Muskat	Damit's schneller geht, mit zwei Pfannen arbeiten	40 Min.	380
GETREIDE	Couscous	Gemüse-Couscous	Aubergine, Zwiebeln, Zucchini, rote Paprika, Thymian, Joghurt, Harissa, Tahini, Zimt, Kurkuma	Die Würzzutaten bekommen Sie im Asienladen	40 Min.	369
GETREIDE	Polenta (Maisgrieß)	Polenta mit Pilzen	Pfifferlinge, Tomaten, Knoblauch, Muskat, Oregano	Statt Polenta geht auch Buchweizenmehl	45 Min.	367
GETREIDE	Zartweizen (parboiled)	Weizensalat	Möhren, Minisalatgurken, getr. Cranberrys, Zwiebeln, Kreuzkümmel, Paprikapulver, Weißweinessig, Gemüsebrühe	Veganes Sommergericht mit orientalischer Note	30 Min. + 15 Min. Ruhezeit	90
HÜLSENFRÜCHTEN	Bohnen (Cannellini, Dose)	Bohnensalat mit Tofu-Croûtons	Staudensellerie, Strauchtomaten, Zwiebel, Petersilie, Räuchertofu, Knoblauch, Oregano	Veganer Sommersalat	30 Min.	89

FÜR KOCHANFÄNGER → HAUPTGERICHTE

REZEPT MIT ...	HAUPTZUTAT	REZEPTNAME	WEITERE HAUPTZUTATEN	GUT ZU WISSEN	ZEIT	SEITE
HÜLSEN-FRÜCHTEN	Bohnen, grüne und weiße	Grün-weißer Bohnentopf	Gemüsebrühe, Zwiebeln, Staudensellerie, Chilischoten, Petersilie, Schafskäse	Die grünen Bohnen können frisch oder TK sein	35 Min.	231
HÜLSEN-FRÜCHTEN	Kidneybohnen	Kidneybohnen in roter Sauce	Tomaten, Ingwer, Zimtstange, Kardamom, getr. Chilischoten, Kurkuma, Garam Masala, Kreuzkümmel, Koriandergrün, Zwiebel, Knoblauch	Dazu passt indisches oder türkisches Fladenbrot (Rezept s. S. 183)	35 Min.	315
HÜLSEN-FRÜCHTEN	Linsen, braune	Honiglinsen	Möhren, Schalotten, getr. Chilischote, Schafskäse, Knoblauch, Gemüsebrühe	Dazu gibt's gebratenen Schafskäse	30 Min. + 45 Min. Garzeit	310
HÜLSEN-FRÜCHTEN	Sojagranulat	Sojabratlinge	Frühlingszwiebeln, getr. Tomaten, Eier, Petersilie, Thymian, Knoblauch, Cayennepfeffer, Gemüsebrühe	Die Bratlinge schmecken auch kalt	50 Min.	398
KAR-TOFFELN	festkochende Kartoffeln	Bratkartoffeln mit Pilz-Gröstl	gemischte Pilze, Zwiebel, Knoblauch, Cocktailtomaten, Thymian, Rosmarin	Als Pilze z. B. Pfifferlinge, Austernpilze, Kräuterseitlinge	50 Min.	261
KAR-TOFFELN	festkochende Kartoffeln	Kartoffel-Kürbis-Gratin	Kürbis, Ziegenweichkäse, Walnüsse, Sahne, Milch	Außerdem nötig: feuerfeste Form	30 Min. + 45 Min. Backzeit	265
KAR-TOFFELN	festkochende Kartoffeln	Kartoffelpüree mit Ofentomaten	Cocktailtomaten, Petersilie, Thymian, gemischte Kräuter, Milch, Muskat	Als Kräuter z. B. Kräuter für Grüne Sauce	30 Min. + 1 Std. Backzeit	252
KAR-TOFFELN	festkochende Kartoffeln	Kartoffel-Risotto	getr. Steinpilze, Zwiebel, Knoblauch, Parmesan, Gemüsebrühe, Basilikum	Die Pilze müssen 30 Min. einweichen	1 Std.	264

FÜR KOCHANFÄNGER → HAUPTGERICHTE

REZEPT MIT ...	HAUPTZUTAT	REZEPTNAME	WEITERE HAUPTZUTATEN	GUT ZU WISSEN	ZEIT	SEITE
KAR-TOFFELN	festkochende Kartoffeln	Maroni-Kartoffeln	Maronen, Zwiebel, Petersilie, Ahornsirup	Nehmen Sie gegarte Maronen aus Vakuumpack oder Dose	45 Min.	261
KAR-TOFFELN	mehlig-kochende Kartoffeln	Möhren-Kartoffel-Tarte	Möhren, Polenta, Eier, saure Sahne, Petersilie, Koriandergrün, Majoran, Curry	Außerdem nötig: Springform (26 cm Ø)	30 Min. + 45 Min. Backzeit	384
KAR-TOFFELN	neue Kartoffeln	Frühkartoffeln mit Radieschenquark	Quark, Joghurt, Kürbiskernöl, Radieschen, Rucola, Zitronensaft	Statt Kürbiskernöl können Sie Olivenöl nehmen	35 Min.	260
MILCH-PRODUKT	Quark	Quarkpflänzchen	Frühlingszwiebeln, Grünkohl, Hartweizengrieß, Eier, Senf, Petersilie, Thymian, Zitronensaft	Dazu gibt's Grünkohlgemüse	1 Std.	376
NUDELN	Bucatini	Bucatini mit Tomaten-Pinienkern-Sauce	Tomaten, Basilikum, Pinienkerne, Knoblauch, Tomatenmark	Lässt sich zum Salat abwandeln	15 Min.	330
NUDELN	Fusilli	Fusilli mit Sojacreme provençale	Tofu, Oliven, getr. Kräuter der Provence, Curry, Tomatenmark	Statt Fusilli schmecken auch Spaghetti	20 Min.	335
NUDELN	Penne	Nudeln mit exotischer Sauce	Brokkoli, Zucchini, Parmesan, Sahne, Honig, Sojasauce, Koriander, Kreuzkümmel, Cayenne	Außerdem nötig: Wok	40 Min.	348
NUDELN	Pennette	Pennette mit geschmolzenen Tomaten	Fleischtomaten, Schafskäse, Oregano, Knoblauch	Es gehen auch andere kurze Röhrchennudeln	30 Min.	326
PILZEN	Champignons	Spätzle mit Pilzen	Mehl, Eier, Petersilie, Weißwein, Tomate, Zwiebeln, Knoblauch	Für Kinder statt Wein Gemüsebrühe nehmen	30 Min. + 30 Min. Quellzeit	345

FÜR KOCHANFÄNGER → HAUPTGERICHTE

REZEPT MIT …	HAUPTZUTAT	REZEPTNAME	WEITERE HAUPTZUTATEN	GUT ZU WISSEN	ZEIT	SEITE
PILZEN	gemischte Pilze	Pilzpfanne mit Tofu	Tofu, Orangensaft, Dijonsenf, Petersilie, Cayenne	Als Pilze z. B. Pfifferlinge, Champignons, Kräuterseitlinge	35 Min. + 2 Std. Marinierzeit	400
REIS	Langkornreis	Gebratener Reis mit Tofu	Tofu, rote Paprika, Frühlingszwiebeln, Erbsen, Ei, Ingwer, Chilisauce, Sojasauce	Den Reis schon am Vortag kochen	30 Min.	428
REIS	Langkornreis	Kreolischer Gemüsereis	getr. Kidneybohnen, rote und grüne Paprika, Tomaten, Gemüsebrühe, Zwiebeln, Knoblauch, Koriandergrün	Mit einplanen: 12 Std. Einweichzeit	50 Min. + 1 Std. Garzeit	358
REIS	Risottoreis	Kürbisrisotto	Kürbis, ger. Bergkäse, Zwiebel, Gemüsebrühe	Als Kürbis Hokkaido, er muss nicht geschält werden	45 Min.	366
TOFU	Gemüsetofu	Panierter Gemüsetofu mit Tomatensalat	Tomaten, Eier, Zwiebeln, Basilikum, Zitronensaft, Honig, Paprikapulver	Statt Gemüsetofu können Sie Pilz- oder Algentofu nehmen	35 Min.	412
TOFU	Tofu	Scharfer Tofu mit Curry	Zuckerschote, rote Paprika, Schalotten, Knoblauch, Ingwer, Currypaste, Reiswein, Sojasauce, Limettensaft, Basilikum	Dazu passen Reis und Gurkensalat	30 Min.	432
TOFU	Tofu	Tofu mit Spargel	Thai-Spargel, Möhre, Champignons, Knoblauch, Thai-Chilipaste, veget. Austernsauce	Veget. Austernsauce bekommen Sie im Asienladen	30 Min.	430
TOFU	Tofu	Tofuklößchen in Currysahne	Sahne, Eiweiß, Zitrone, Schnittlauch, Pistazien, Schalotte, Curry, Gemüsebrühe	Dazu: Buchweizennudeln oder Reis	30 Min.	429

FÜR KOCHANFÄNGER → DESSERTS

REZEPT MIT ...	HAUPTZUTAT	REZEPTNAME	WEITERE HAUPTZUTATEN	GUT ZU WISSEN	ZEIT	SEITE
MILCH-PRODUKT	Quark	Quarkcreme mit Apfelmus	Apfelmus (Glas), Zucker, Mandellikör, Haferkekse	Für Kinder Likör durch Mandelaroma und Milch ersetzen	15 Min.	457
OBST	Ananas	Ananas-Mango-Salat	Mango, Banane, Honig, Limettensaft, gemahlener Ingwer, Sahne, Kakao, Zartbitterschokolade	Wird mit Ingwer-Schoko-Sahne serviert	20 Min.	451
OBST	Ananas	Fruchtspieße mit Gewürzhonig	Bananen, Sternfrucht, Limette, Honig, Vanilleschote, Zimt, gemahlener Ingwer, Garam Masala	Außerdem nötig: Holzspieße	15 Min.	454
OBST	Erdbeeren	Erdbeercreme mit weißer Schokolade	weiße Kuvertüre, Sahne, Puderzucker, Limette, Ricotta	Lässt sich zum Parfait abwandeln	30 Min.	460
OBST	gemischtes Obst	Limetten-Obstsalat	Orangen, Limette, Papaya, Babyananas, Honigmelone, Zitronengras	Noch exotischer wird's mit Ingwer	30 Min. + 2 Std. Kühlzeit	448
OBST	Melone	Melonen-Minze-Sorbet	Limette, Minze, Puderzucker	Außerdem nötig: Metallschüssel	25 Min. + 4 Std. Kühlzeit	462
OBST	Sauerkirschen (TK)	Sauerkirschkompott	Sauerkirschnektar, Speisestärke, Zucker, Zimtstange, Zitronenschale	Statt Kirschen schmecken auch TK-Heidel- oder Brombeeren	20 Min. + 1 Std. Kühlzeit	453
REIS	Rundkornreis	Vanille-Milchreis	Milch, Sternanis, Lebkuchen, Vanillezucker, Zucker	Als Rundkornreis z. B. Avorio	35 Min.	486
SCHOKO-LADE	Bitterschokolade	Schokocreme mit Früchten	frische Früchte, Crème fraîche	Als Früchte z. B. Beeren, Kiwis, Mango, Physalis	25 Min. + 2 Std. Kühlzeit	470

SCHNELLE KÜCHE → VORSPEISEN

REZEPT MIT ...	HAUPTZUTAT	REZEPTNAME	WEITERE HAUPTZUTATEN	GUT ZU WISSEN	ZEIT	SEITE
GEMÜSE	Auberginen	Auberginen-Crostini	Ciabatta, Zwiebel, Knoblauch, Minze, Olivenöl, Aceto balsamico bianco	Statt Minze können Sie Zitronenmelisse nehmen	25 Min.	136
GEMÜSE	Bärlauch	Bärlauch-Joghurt-Aïoli mit Gemüse-sticks	Joghurt, gemischtes Gemüse, Eier, Limettensaft, Olivenöl	Als Gemüse z. B. Möhren, Kohlrabi, Gurke, Radieschen	25 Min.	132
GEMÜSE	Brokkoli	Brokkoli-Curry-Omelett	Eier, Curry, Frisch-käse, Kreuzkümmel-samen, Senfsamen	Schneller geht's mit TK-Brokkoli	20 Min.	157
GEMÜSE	Fenchel	Fenchelsalat mit Datteln	Datteln, Zitrone, Walnüsse, Äpfel, Salatblätter	Mit frischen oder getrockneten Datteln	20 Min.	76
GEMÜSE	Spargel	Spargeltatar mit Käse	Ziegenkäse, Früh-lingszwiebeln, Basi-likum, Zitronensaft, Haselnüsse, Walnuss- oder Haselnussöl	Der Käse wird unter dem Grill gebräunt	20 Min.	60
GEMÜSE	Spargel, grüner	Parmesansuppe mit grünem Spargel	Parmesan, Milch- oder Risottoreis, Wermut, Schalotten, Sahne	Für Kinder statt Wermut Gemüsebrühe nehmen	25 Min.	206
GEMÜSE	Spinat	Spinatsalat mit Avocado-dressing	Avocados, Limetten, Cocktailtomaten, Walnüsse, Walnussöl	Am besten mit frischem jungem Blattspinat	20 Min.	66
GEMÜSE	Spitzkohl	Spitzkohl-Möhren-Salat	Möhren, Radicchio, rote Paprika, Feld-salat, Kürbiskerne, Senf, Honig	Winterrezept für 2 Personen	15 Min.	77
GEMÜSE	Tomaten	Tomaten-Kürbis-Suppe mit Nudeln	Kürbis, Petersilien-wurzel, Makkaroni, Lauch, Pesto (Glas), Parmesan	Leichter wird's ohne Nudeln	25 Min.	233

SCHNELLE KÜCHE → VORSPEISEN

REZEPT MIT ...	HAUPTZUTAT	REZEPTNAME	WEITERE HAUPTZUTATEN	GUT ZU WISSEN	ZEIT	SEITE
GEMÜSE	Zucchini	Zucchinisalat mit Kapern	Kapern, Tomaten, Pesto alla genovese (Glas), Schalotten, Knoblauch	Statt Pesto können Sie Avocado nehmen	15 Min.	65
HÜLSEN-FRÜCHTEN	Linsen	Linsensalat mit Radieschen	Radieschen, Frühlingszwiebeln, Cocktailtomaten, Schnittlauch, Senf, Honig	Als Linsen braune, grüne oder schwarze	20 Min. + 45 Min. Kochzeit	86
HÜLSEN-FRÜCHTEN	Linsen, rote	Rote-Linsen-Kokos-Suppe	rote Paprika, Staudensellerie, Möhre, Ingwer, Curry, Gemüsebrühe, Kokosmilch, Thai-Basilikum	Rezept für Gemüsebrühe s. S. 190	20 Min. + 25 Min. Kochzeit	208
KAR-TOFFELN	Süßkartoffeln	Roh marinierter Süßkartoffel-salat	Chilischote, Frühlingszwiebel, Minze, Limette, Kreuzkümmel, Cashewkerne	Statt Süßkartoffeln gehen auch Kürbis oder Möhren	20 Min.	85
KÄSE	Gruyère	Cidre-Käse-Tarte	Emmentaler, Cidre, Mehl, Milch, Eier, Muskat	Außerdem nötig: Springform (28–30 cm Ø)	20 Min. + 35 Min. Backzeit	166
KRÄUTERN	Basilikum	Basilikumsalat	Kartoffeln, Romanasalat, Kräuterseitlinge, Kürbiskernöl, Senf, Knoblauch	Statt Kräuterseitlingen: Champignons, Austernpilze oder Pfifferlinge nehmen	25 Min.	67
KRÄUTERN	gemischte Kräuter	Kräutersalat mit verlorenen Eiern	Kartoffeln, Eier, Senf, Apfelessig, Rapsöl	Als Kräuter z. B. Basilikum, Bärlauch und Rucola	20 Min.	66
MILCH-PRODUKT	Joghurt	Gurken-Joghurt-Suppe	Gurke, Crème fraîche, Dill, Zitrone, Knoblauch	Kalte Suppe für heiße Sommertage	25 Min.	225
ZITRUS-FRÜCHTEN	Zitronen	Zitronensuppe	Gemüsebrühe, Langkornreis, Spargel, Erbsen, Eier, Dill	Rezept für Gemüsebrühe s. S. 190	20 Min.	204

SCHNELLE KÜCHE → SNACKS

REZEPT MIT ...	HAUPTZUTAT	REZEPTNAME	WEITERE HAUPTZUTATEN	GUT ZU WISSEN	ZEIT	SEITE
BROT	Kasten-weißbrot	Paprika-Birnen-Brote	Paprika, Birnen, Frühlingszwiebel, Ziegenschnittkäse, Honig	Auch kalt ein Genuss	20 Min.	137
GEMÜSE	Chicorée	Brot mit gebratenem Chicorée	Misch- oder Vollkornbrot, Räuchertofu, scharfer Senf, Kresse, Mayonnaise	Der Räuchertofu kann pur oder mit Pilzen sein	20 Min.	174
GEMÜSE	Cocktail-tomaten	Gefüllte Cocktailtomaten	Ziegenfrischkäse, Basilikum, rote Paprika	Zum Füllen am besten: große Cocktailtomaten	20 Min.	92
GEMÜSE	rote Zwiebeln	Zwiebel-Toasts	Frühlingszwiebeln, Toastbrot, Greyerzer, Olivenöl	Außerdem nötig: Muffinblech	20 Min. + 15 Min. Backzeit	159
GEMÜSE	Spinat	Spinat-Gorgonzola-Wraps	Gorgonzola, Tortilla-Wraps, Crème légère, Pinienkerne, Knoblauch, Frühlingszwiebeln, Lauch, Petersilie	Tortilla-Wraps gibt es als Fertigprodukt	25 Min.	170
GEMÜSE	Tomaten	Tomaten-Bruschetta	Weißbrot, Mozzarella, Grapefruit, Olivenöl, Knoblauch	Fruchtig-frisch durch Grapefruit	25 Min.	137
KÄSE	Allgäuer Bergkäse	Käse-Frittata-Sandwich	Eier, Vollkornbrötchen, Lauch, Knoblauch, Senf, Salatblätter	Eignet sich auch zum Mitnehmen	25 Min.	178
KÄSE	Camembert	Tomaten-Käse-Toasts	Fleischtomaten, getr. Tomaten, Ricotta, Sandwichbrot	Entweder im Sandwichtoaster oder in der Pfanne zubereiten	15 Min.	175
NÜSSEN	gemischte Nüsse	Nuss-Muffins mit Steinpilzen	Walnüsse, Haselnüsse, Cashewkerne, Pistazien, Mehl, Eier, Buttermilch, getr. Steinpilze, Thymian, Oregano	Außerdem nötig: Muffinblech	25 Min. + 30 Min. Backzeit	165

SCHNELLE KÜCHE → HAUPTGERICHTE

REZEPT MIT ...	HAUPTZUTAT	REZEPTNAME	WEITERE HAUPTZUTATEN	GUT ZU WISSEN	ZEIT	SEITE
GEMÜSE	Chicorée	Chicoréegratin	Bergkäse oder Pecorino, Eier, Sahne, Muskat, Petersilie	Dazu schmecken Salzkartoffeln	25 Min. + 25 Min. Backzeit	291
GEMÜSE	gemischtes Gemüse	Gemüsegratin mit Zitrone	Zitrone, Frühlingszwiebeln, Cocktailtomaten, Sahne, Mozzarella, Pinienkerne	Als Gemüse z. B. Kartoffeln, Möhren, Zucchini, Lauch, Fenchel, Pilze	25 Min. + 50 Min. Backzeit	290
GEMÜSE	gemischtes Gemüse	Ofen-wintergemüse	Rosenkohl, Pastinaken, Möhren, Fenchel, Topinambur, Thymian, Rosmarin, Knoblauch, getr. Chilischote	Außerdem nötig: feuerfeste Form	25 Min. + 50 Min. Backzeit	291
GEMÜSE	Kohlrabi	Kohlrabi-Kartoffel-Gratin	Kartoffeln, Sahne, Muskat	Die Kohlrabi sollten mit Blättern sein	25 Min. + 40 Min. Backzeit	260
GETREIDE	Weizenmehl	Vegi-Pizza	Tomaten (Dose), Tofu rosso, Peperoni (Glas), Oliven, Käse, Milch	Der Teig wird mit Trockenhefe zubereitet	25 Min. + 30 Min. Ruhezeit + 15 Min. Backzeit	383
HÜLSEN-FRÜCHTEN	Linsen, braune	Scharfes Linsenragout	Möhre, getr. Chilischote, Rosmarin, Cocktailtomaten, Zwiebel, Knoblauch, Gemüsebrühe	Mit einplanen: 45 Min. Garzeit	15 Min.	339
KARTOF-FELN	festkochende Kartoffeln	Lumpenblech	Zwiebeln, rote Spitzpaprika, Rosmarin, Schafskäse, Oliven, Kürbiskernöl	Außerdem nötig: Backblech	20 Min. + 40 Min. Backzeit	279
NUDELN	kurze Nudeln	Scharfe Pasta mit Rosenkohl	Rosenkohl, Petersilie, Knoblauch, Chilischoten, Parmesan oder Pecorino	Als Nudeln z. B. Farfalle, Penne oder Orecchiette	25 Min.	340

SCHNELLE KÜCHE → HAUPTGERICHTE

REZEPT MIT ...	HAUPTZUTAT	REZEPTNAME	WEITERE HAUPTZUTATEN	GUT ZU WISSEN	ZEIT	SEITE
NUDELN	Makkaroni	Makkaroni mit Mascarpone	Mascarpone, Basilikum, Peperoncini, Parmesan, Muskat	Statt Mascarpone können Sie Sahnequark nehmen	15 Min.	325
PILZEN	Pfifferlinge	Pfifferling-ragout mit Heidelbeeren	Heidelbeeren, Schalotten, Sahne, Petersilie, Zitronensaft, Gemüsebrühe	Dazu schmecken Schupfnudeln (Rezept s. S. 259 oder Fertig-produkt)	25 Min.	300
REIS	Langkornreis	Gebratener Eierreis	Eier, rote Paprika, Zwiebeln, Knoblauch Koriandergrün, Chilis, Eier, Cayennepfeffer, gemahlener Ingwer	Den Reis schon am Vortag kochen, sonst ist er zum Braten zu feucht	20 Min.	354
TEMPEH	Tempeh	Frittierte Tempeh-scheiben	Frühlingszwiebeln, Knoblauch, Ingwer, Erdnussöl, Sambal oelek, Ketjap manis	Tempeh und die Würzzutaten bekommen Sie im Asienladen	25 Min.	422
TEMPEH	Tempeh	Tempeh mit Ananas	Ananas, Cocktailtomaten, Ingwer, Knoblauch, Chilischote, Zitronenschale	Statt frischer können Sie Ananas aus der Dose nehmen	25 Min.	423
TOFU	Tofu	Rotes Tofu-Curry	gelbe Paprika, Wein-trauben, Kokosmilch, Thai-Basilikum, Kaffir-Limettenblätter, Currypaste	Kokosmilch vor der Verwendung nicht schütteln	25 Min.	430
TOFU	Tofu	Tofu mit Erdnüssen	Erdnüsse, getr. Chilischoten, Sherry, Sojasauce, Reisessig, Zimtpulver	Statt Sherry schmeckt auch Reiswein	15 Min.	431
TOFU	Tofu	Tofu mit Zuckerschoten und Currysauce	Zuckerschoten, Kokosmilch, Ingwer, rote Thai-Currypaste, Frühlingszwiebeln	Außerdem nötig: Wok oder hohe Pfanne	25 Min.	442

SCHNELLE KÜCHE → DESSERTS

REZEPT MIT …	HAUPTZUTAT	REZEPTNAME	WEITERE HAUPTZUTATEN	GUT ZU WISSEN	ZEIT	SEITE
MILCH-PRODUKT	Quark	**Mandarinen-quark mit Spekulatius**	Mandarinen (Dose), Schmand, Honig, Spekulatius-Kekse	Mit Vanille, Zimt und Kardamom aromatisiert	10 Min.	456
NÜSSEN	Maronen	**Kastaniencreme mit Birnen**	Birnen, Zitrone, Sahne, Vanillezucker, Zimt, Kakao, Honig	Nehmen Sie gegarte Maronen (Vakuumpack)	20 Min.	466
OBST	Ananas	**Ananas-Mango-Salat**	Mango, Banane, Honig, Limettensaft, gemahlenen Ingwer, Sahne, Kakao, Zartbitterschokolade	Wird mit Ingwer-Schoko-Sahne serviert	20 Min.	451
OBST	Äpfel	**Bratäpfel**	getr. Aprikosen Nussnugat, gebrannte Mandeln, Rosinen, Zimt, Marzipanrohmasse	Als Äpfel am besten Boskop nehmen, sie sind schön mürbe	25 Min. + 35 Min. Garzeit	482
OBST	gemischtes Obst	**Vanillejoghurt-Obstsalat**	gemischte Weintrauben, Apfel, Birne, Heidelbeeren, Joghurt, Mandelblättchen	Die Heidelbeeren können frisch oder TK sein	20 Min. + 30 Min. Marinierzeit	448
OBST	Johannis-beeren	**Johannisbeer-Sorbet**	Johannisbeernektar, Zucker, Crème de Cassis	Außerdem nötig: Metallschüssel	25 Min. + 4 Std. Kühlzeit	462
OBST	Melone	**Himbeer-Melo-nen-Salat mit Limettenzucker**	Cantaloup-Melone, Himbeeren, Quark, Zucker, Milch	Schmeckt auch mit Galiamelonen	15 Min.	450
OBST	Melone	**Melonen-kaltschale**	Wassermelone, Galiamelone, Aprikosen-nektar, Zitrone, Honig, Vanilleschote	Außerdem nötig: Kugel-ausstecher	20 Min. + 30 Min. Kühlzeit	452
OBST	Rhabarber	**Kirsch-Rhabarber-Crumble**	Schattenmorellen (Glas), Zucker, Zimt, Butter, Mehl, Mandeln, Haferflocken	Außerdem nötig: runde feuerfeste Form (20 cm Ø)	20 Min. + 30 Min. Backzeit	480

FÜR KINDER → KLEINE GERICHTE

REZEPT MIT ...	HAUPTZUTAT	REZEPTNAME	WEITERE HAUPTZUTATEN	GUT ZU WISSEN	ZEIT	SEITE
BROT	Dinkel- oder Vollkornbrötchen	**Gefüllte Brötchen mit Gemüse**	Champignons, Möhre, Frühlingszwiebeln, Mais (Dose), Knoblauch, Kräuterfrischkäse, Thymian	Lassen sich mit Tabasco oder Ajvar pikant aufpeppen	45 Min.	176
EI	Eier	**Kresserührei mit Schafskäse**	Schafskäse, Gartenkresse, Zwiebel, Milch	Statt Gartenkresse geht auch Schnittlauch	15 Min.	156
GEMÜSE	Blumenkohl	**Blumenkohlsuppe mit Salbei**	getr. Tomaten, Sahne, Petersilie, Schalotten, Gemüsebrühe	Schneller geht's mit TK-Blumenkohl	30 Min.	210
GEMÜSE	Möhren	**Möhren im Knusperteig**	Mehl, Joghurt, Bier, Dill	Für Kinder Bier durch Mineralwasser ersetzen	55 Min.	141
GEMÜSE	Spargel	**Spargelcremesuppe**	Spargelfond, Eier, Sahne, Zwiebel, Schnittlauch	Rezept für Spargelfond s. S. 193	35 Min.	201
GEMÜSE	Tomaten	**Tomatencremesuppe**	Staudensellerie, Möhre, Chilischote, Zwiebeln, Knoblauch, Sahne, Basilikum	Weniger scharf wird's ohne Chili	25 Min. + 30 Min. Kochzeit	198
GEMÜSE	Zucchini	**Zucchinipuffer**	Frühlingszwiebeln, Petersilie, Minze, Eier, Kasar Peyrini	Statt Kasar Peyrini geht auch Greyerzer	1 Std.	140
GETREIDE	Mais	**Maiscremesuppe**	Milch, Crème fraîche, rote Paprika, Gartenkresse, Zwiebel	Nehmen Sie gegarte Maiskolben (Vakuumpack)	1 Std.	211
GETREIDE	Weizenmehl	**Pizzawaffeln**	getr. Tomaten, Oliven, Oregano, Trockenhefe, Eier, Olivenöl, Pinienkerne	Außerdem nötig: Waffeleisen	30 Min. + 45 Min. Ruhezeit	173

FÜR KINDER → KLEINE GERICHTE

REZEPT MIT ...	HAUPTZUTAT	REZEPTNAME	WEITERE HAUPTZUTATEN	GUT ZU WISSEN	ZEIT	SEITE
HÜLSEN-FRÜCHTEN	Erbsen	Erbsencreme-suppe	Gemüsefond, Sahne, Sonnenblumenkerne, Minze, Petersilie, Parmesan	Die Erbsen können frisch oder TK sein	40 Min.	214
KAR-TOFFELN	festkochende Kartoffeln	Kartoffelsalat mit Endivien-streifen	Endiviensalat, Senf, Weißweinessig, Sonnenblumenöl, Gemüsebrühe	Statt Endivien-salat können Sie Salatgurke nehmen	50 Min.	82
KAR-TOFFELN	festkochende Kartoffeln	Kartoffel-Wedges mit Mango-Tomaten-Salsa	Tomaten, Mango, Frühlingszwiebeln, Limette, Korian-dergrün, Chilischote	Auch gut mit Ketchup und Mayonnaise	35 Min.	152
KAR-TOFFELN	mehlig-kochende Kartoffeln	Spinatpflänz-chen	Spinat, Chilischote, Kichererbsenmehl, Ajwain	Kichererbsen-mehl gibt es im Asien- oder Bioladen	50 Min.	145
KÄSE	Camembert	Tomaten-Käse-Toasts	Fleischtomaten, getr. Tomaten, Ricotta, Sandwichbrot	In Sandwichtoas-ter oder Pfanne zubereiten	15 Min.	175
KÄSE	Gouda	Käsewaffeln	Mehl, Haferflocken, Eier, Butter, Sahne, Majoran	Außerdem nötig: Waffeleisen	55 Min.	172
MILCH-PRODUKT	Frischkäse	Bunte Käsebällchen	Radieschen, Schnittlauch, Basilikum, Meerrettich (Glas), Oliven, Rosmarin, Thymian	Auf Crackern, Gurkenscheiben oder Cocktail-tomatenhälften anrichten	1 Std.	96
NUDELN	Spaghetti	Spaghetti-Nester	Tomate, Eier, Mozzarella, Pesto, Sahne, Muskat	Außerdem nötig: Muffin-blech	20 Min. + 25 Min. Backzeit	158
NUDELN	Tortellini	Tortellini in brodo	Gemüsebrühe, Cham-pignons, Frühlings-zwiebel, Schnittlauch	Nehmen Sie frische Tortellini (Kühltheke)	10 Min.	197

FÜR KINDER → HAUPTGERICHTE

REZEPT MIT ...	HAUPTZUTAT	REZEPTNAME	WEITERE HAUPTZUTATEN	GUT ZU WISSEN	ZEIT	SEITE
BROT	Weißbrot	Brotauflauf mit Tomaten	Cocktailtomaten, Hartkäse, Sahne, Milch, Eier	Als Käse z. B. Emmentaler, Bergkäse, alter Gouda, Pecorino	15 Min. + 35 Min. Backzeit	377
GEMÜSE	Auberginen	Auberginen-lasagne	Tomaten, getr. Thymian, Basilikum, Kürbiskerne, Parmesan, Kürbiskernöl	Außerdem nötig: Backblech	35 Min.	278
GEMÜSE	gemischtes Gemüse	Gemüse-Fritto-Misto	rote Paprika, Zuckerschoten, Zucchini, Brokkoli, Zitronen, Eier, Joghurt, Buttermilch	Außerdem nötig: Öl zum Frittieren	40 Min.	278
GEMÜSE	gemischtes Gemüse	Gemüsepfanne mit Kicher-erbsensticks	Tomaten, rote Paprika, Zucchini, Staudensellerie, Oliven, Kichererbsenmehl, Joghurt, Kräuter der Provence, Kapern	Mit einplanen: 2 Std. 10 Min. Ruhezeit	55 Min.	289
GEMÜSE	gemischtes Gemüse	Gemüse-schiffchen	Kohlrabi, Zucchini, rote Paprika, Frühlingszwiebeln, Schafskäse, Walnüsse, Basilikum, saure Sahne	Für Kinder mit einem Papiersegel garnieren	30 Min.	279
GEMÜSE	gemischtes Gemüse	Winter-Ratatouille	Rosenkohl, Gemüsezwiebeln, Möhren, Staudensellerie, Tomaten (Dose), Kräuter der Provence, Gemüsebrühe	Es kann auch TK-Rosenkohl sein	45 Min.	301
GETREIDE	Polenta (Maisgrieß)	Gratinierte Polenta	Zucchini, Tomaten (Dose), rote Paprika, Parmesan	Mit einplanen: 1 Std. Abkühlzeit	40 Min. + 20 Min. Backzeit	377
GETREIDE	Weizenmehl	Basilikum-Crêpes mit Cocktailtomaten	Basilikum, Cocktailtomaten, Eier, Milch, Parmesan	Außerdem nötig: Butterschmalz zum Backen	35 Min.	381

FÜR KINDER → HAUPTGERICHTE

REZEPT MIT ...	HAUPTZUTAT	REZEPTNAME	WEITERE HAUPTZUTATEN	GUT ZU WISSEN	ZEIT	SEITE
GETREIDE	Weizenmehl	**Palatschinken Italia**	Brokkoli, Spinat, Pizzakräuter, Ricotta, saure Sahne, Eier, Tomatenmark, Pesto (Glas)	Werden im Ofen überbacken	40 Min. + 30 Min. Backzeit	382
GETREIDE	Weizenmehl	**Überbackene Spinatspätzle**	Spinat, Eier, Emmentaler, Zwiebeln, Muskat	Außerdem nötig: feuerfeste Form	1 Std. + 30 Min. Backzeit	341
GETREIDE	Weizenmehl	**Vegi-Pizza**	Tomaten (Dose), Tofu rosso, Peperoni (Glas), Oliven, Käse, Milch	Der Teig wird mit Trockenhefe zubereitet	25 Min. + 30 Min. Ruhezeit + 15 Min. Backzeit	383
KAR-TOFFELN	festkochende Kartoffeln	**Bratkartoffeln mit Käse**	Zucchini, Knoblauch, Käse, Oliven, Rosmarin	Kartoffeln schon am Vortag kochen	25 Min.	256
KAR-TOFFELN	festkochende Kartoffeln	**Kartoffelpüree mit Ofentomaten**	Cocktailtomaten, Petersilie, Thymian, gemischte Kräuter, Milch, Muskat	Mit einplanen: 1 Std. Backzeit	30 Min.	252
KAR-TOFFELN	festkochende Kartoffeln	**Kartoffel-Quark-Pflanzerl**	Quark, Eier, Frühlingszwiebeln, Petersilie, Bergkäse, Milch, Brot	Statt Bergkäse: Emmentaler	40 Min.	258
KAR-TOFFELN	festkochende Kartoffeln	**Kräutergnocchi**	Thymian, Petersilie, Frühlingszwiebeln, Paprika (Glas), Hartweizengrieß, Eigelb	Schneller geht's mit Gnocchi aus dem Kühlregal	1 Std.	253
KAR-TOFFELN	festkochende Kartoffeln	**Lumpenblech**	Zwiebeln, rote Spitzpaprika, Rosmarin, Schafskäse, Oliven, Kürbiskernöl	Außerdem nötig: Backblech	20 Min. + 40 Min. Backzeit	279
KAR-TOFFELN	Kartoffelkloßteig (Fertigprodukt)	**Kartoffeltaler auf Rahmspinat**	Spinat, Eier, Gouda, Zwiebel, Muskat, Gemüsebrühe	Beim Zubereiten können Kinder gut mitmachen	45 Min.	250

FÜR KINDER → HAUPTGERICHTE

REZEPT MIT ...	HAUPTZUTAT	REZEPTNAME	WEITERE HAUPTZUTATEN	GUT ZU WISSEN	ZEIT	SEITE
KAR-TOFFELN	Kartoffelkloß-teig (Fertig-produkt)	**Kürbisknödel-chen mit Paprikarahm**	Kürbis, rote Paprika, Sahne, Sesamsamen	Als Kürbis z. B. Muskat	25 Min.	296
KAR-TOFFELN	mehlig-kochende Kartoffeln	**Schupfnudeln mit Spitzkohl**	Spitzkohl, Zwiebel, Mehl, Eier, Butterschmalz, Kümmelsamen, Paprikapulver	Schneller geht's mit Schupfnudeln aus dem Kühlregal	1 Std. 15 Min. + 30 Min. Kochzeit + 1 Std. Trockenzeit	259
NUDELN	chinesische Eiernudeln (Mie)	**Nudeln mit süßsaurer Sauce**	Möhren, grüne Papri-ka, Ananas (Dose), Zwiebel, Ingwer, Tomatenketchup, Sojasauce, Zucker	Mie-Eiernudeln erhalten Sie im Asienladen	30 Min.	352
NUDELN	Spaghetti	**Spaghetti mit Sojasugo**	Sojagranulat, Champignons, Tomaten, Zwiebel, Knoblauch, Rosmarin, Gemüsebrühe	Statt Champi-gnons schme-cken Egerlinge	35 Min.	396
NUDELN	Spaghettini	**Spaghettini mit Erbsen-Carbonara**	Palerbsen, Zwiebel, Knoblauch, Zitrone, Milch, Sahne, Minze	Schneller geht's mit TK-Erbsen	30 Min.	327
REIS	Langkornreis	**Gebratener Reis mit Gemüse**	Zucchini, Champi-gnons, Oliven, getr. Tomaten, Parmesan, Knoblauch, Salbei, Thymian	Den Reis schon am Vortag kochen, sonst ist er zum Braten zu feucht	30 Min.	360
REIS	Risottoreis	**Kürbisrisotto**	Kürbis, Bergkäse, Zwiebel, Gemüsebrühe	Als Kürbis Hokkaido, er muss nicht geschält werden	45 Min.	366
TOFU	Tofu	**Tofuklößchen in Currysahne**	Sahne, Eiweiß, Zitrone, Schnittlauch, Pistazien, Schalotte, Curry, Gemüsebrühe	Dazu: Buch-weizennudeln oder Reis	30 Min.	429

FÜR KINDER → DESSERTS

REZEPT MIT ...	HAUPTZUTAT	REZEPTNAME	WEITERE HAUPTZUTATEN	GUT ZU WISSEN	ZEIT	SEITE
GETREIDE	Weizengrieß	Grießflammeri mit Erdbeer-Rhabarber-Kompott	Milch, Eier, Sahne, Rhabarber, Erdbeeren, Zitrone, Fruchtsaft, Puderzucker	Außerdem nötig: Förmchen (je 150 ml)	30 Min. + 4 Std. Kühlzeit	461
GETREIDE	Weizenmehl	Palatschinken	Milch, Eier, Konfitüre, Zucker	Als Konfitüre z. B. Johannis- oder Himbeere	20 Min. + 30 Min. Quellzeit	490
MILCH-PRODUKT	Quark	Quarknockerl mit Zwetschgen-Pesto	Zwetschgen, getr. Pflaumen, Orange, gemahlener Mohn, Hartweizengrieß, Milch, Zitrone, Kürbiskerne	Es darf auch fertige gesüßte Mohnmischung (Fertigprodukt, Backregal) sein	40 Min. + 35 Min. Backzeit	479
MILCH-PRODUKT	Sahne	Vanilleeis	Milch, Eier, Zucker	Nur ganz frische Eier verwenden	25 Min. + 12 Std. Kühlzeit	463
MILCH-PRODUKT	Vanilleeis	Erdbeer-Softeis	Erdbeeren, Erdbeersirup, Sahne	Vanilleeis entweder kaufen oder selber machen (s. S. 463)	20 Min. + 15 Min. Kühlzeit	463
OBST	Äpfel	Apfel-Auflauf	Brötchen, Eier, Zucker, Puderzucker, Milch, Crème fraîche, Mandelstifte	Mit einplanen: 45 Min. Backzeit	25 Min.	476
OBST	Birnen	Birnenkrapfen	Milch, Mehl, Zucker, Eier, Butter	Außerdem nötig: Butterschmalz zum Ausbacken	35 Min. + 1 Std. 10 Min. Ruhezeit	483
SCHOKO-LADE	Bitterschokolade	Schokocreme mit Früchten	frische Früchte, Crème fraîche	Als Früchte z. B. Beeren, Kiwis, Mango oder Physalis	25 Min. + 2 Std. Kühlzeit	470
SCHOKO-LADE	Bitterschokolade	Schokoladenmousse	Eier, Orangensaft, Sahne	Mit einplanen: 4 Std. Kühlzeit	20 Min.	470

FÜR GÄSTE → BÜFETTKÜCHE

REZEPT MIT ...	HAUPTZUTAT	REZEPTNAME	WEITERE HAUPTZUTATEN	GUT ZU WISSEN	ZEIT	SEITE
GEMÜSE	Artischocken	**Überbackene Artischockenböden**	Schnittlauch, Ricotta, Ei, Pecorino	Mit Artischockenböden aus der Dose	20 Min. + 20 Min. Backzeit	158
GEMÜSE	Austernpilze	**Crostini mit Austernpilzen**	Ciabatta, Knoblauch, Oregano, Olivenöl, Parmesan	Außerdem nötig: Backblech	20 Min.	136
GEMÜSE	gemischtes Gemüse	**Bunte Gemüseterrine**	Möhre, Knollensellerie, Zucchini, Lauch Dill, Petersilie, Schnittlauch, Frühlingszwiebeln, Eier, Sahne, Schmand, Curry	Außerdem nötig: flache Porzellanform (1 l Inhalt)	50 Min. + 25 Min. Garzeit	118
GEMÜSE	gemischtes Gemüse	**Buntes Antipastigemüse**	rote und gelbe Paprika, Zucchini, Aubergine, Chili, Thymian, Petersilie, Oregano	Zum Anrichten mit Pinienkernen und Kräutern bestreuen	1 Std. 40 Min. + 2 Std. Marinierzeit	106
GEMÜSE	gemischtes Gemüse	**Frühlingsrollen mit Gemüsefüllung**	Mu-Err-Pilze, Glasnudeln, Tofu, Chinakohl, Möhre Frühlingszwiebeln, Ingwer, Frühlingsrollenblätter, Sesamöl	Außerdem nötig: Öl zum Frittieren	1 Std. + 30 Min. Einweichzeit	142
GEMÜSE	Mangold	**India-Wraps**	Tortilla-Wraps, Linsen, Ingwer, Zwiebeln, Tomate, Joghurt, Knoblauch, Curry, Kurkuma, Kreuzkümmel, Gemüsebrühe	Fürs Büfett die Wraps mundgerecht dritteln	35 Min.	171
GEMÜSE	Minipaprikaschoten	**Minipaprika mit Käsecreme**	Schafskäse, Frischkäse, Petersilie, Chiliflocken	Die Creme passt auch zu anderem Gemüse	30 Min.	95
GEMÜSE	Paprikaschoten	**Mini-Paprika-Quiches**	Mehl, Butter, Safran, saure Sahne, Eigelb, Paprikamark, Paprikapulver	Außerdem nötig: Muffinblech	40 Min. + 30 Min. Ruhezeit + 35 Min. Backzeit	164

FÜR GÄSTE → BÜFETTKÜCHE

REZEPT MIT …	HAUPTZUTAT	REZEPTNAME	WEITERE HAUPTZUTATEN	GUT ZU WISSEN	ZEIT	SEITE
GEMÜSE	Paprika-schoten	Paprikaröllchen	Chilischoten, Walnüsse, Schafskäse, Oliven, Knoblauch, Sherryessig, Thymian	Außerdem nötig: Zahnstocher zum Fixieren	30 Min.	94
GEMÜSE	Tomaten	Tomaten-Parmesan-Creme	Parmesan, Mascarpone, Basilikum, Oliven	Passt zu Ciabatta, Olivenbrot oder Pizzacräckern	20 Min.	181
GETREIDE	Weizenmehl	Ciabatta	Milch, Weichweizengrieß, Hefe	Mit einplanen: 1 Std. 15 Min. Ruhezeit	20 Min. + 40 Min. Backzeit	182
GETREIDE	Weizenmehl	Türkisches Fladenbrot	Butter, Hefe, Zucker, Ei, Sesamsamen	Mit einplanen: 1 Std. 10 Min. Ruhezeit	25 Min. + 25 Min. Backzeit	183
HÜLSEN-FRÜCHTEN	Kidneybohnen	Chilibohnen mit Knoblauchbrot	Baguette, rote, grüne und gelbe Paprika, getr. Chilis, Zwiebeln, saure Sahne, Knoblauch, Petersilie	Perfekter Mitternachtseintopf	25 Min.	238
HÜLSEN-FRÜCHTEN	Linsen, schwarze	Knusprige Linsenplätzchen	Kichererbsen, Zwiebel, Chilischoten, Curryblätter, Ingwer, Fenchelsamen, Koriandergrün, Kokosraspel, Kichererbsenmehl	Die Hülsenfrüchte und Würzzutaten gibt's im Asienladen	40 Min. + 5 Std. Einweichzeit	146
KAR-TOFFELN	blaue Kartoffeln	Blauer Kartoffelsalat	Cocktailtomaten, Frühlingszwiebeln, Knoblauch, Walnüsse, Gemüsebrühe	Es dürfen auch »normale« festkochende Kartoffeln sein	50 Min. + 1 Std. Marinierzeit	84
KÄSE	Schafskäse	Schafskäse-Dip	rote Paprika, Peperoni, Thymian	Paprika und Peperoni müssen gehäutet werden	30 Min.	185
OBST	Pfirsiche	Pfirsich-Roquefort-Törtchen	Roquefort, Walnüsse, Mehl, Butter, Muskat	Außerdem nötig: Muffinblech	45 Min. + 1 Std. Ruhezeit	159

FÜR GÄSTE → VORSPEISEN

REZEPT MIT ...	HAUPTZUTAT	REZEPTNAME	WEITERE HAUPTZUTATEN	GUT ZU WISSEN	ZEIT	SEITE
GEMÜSE	Kürbis	Kürbis-Haselnuss-Suppe	Haselnüsse, Mandeln, Kardamom, Curry, Nussöl, Crème fraîche	Angerichtet wird in hitzefesten Gläsern	30 Min.	202
GEMÜSE	Möhren	Möhren-Mango-Cappuccino	Gemüsebrühe, Mango, Kokosmilch, Schalotte, Knoblauch, Ingwer, Kaffir-Limettenblätter, Sahne	In hitzefesten Gläsern oder Cappuccinotassen servieren	40 Min.	203
GEMÜSE	Paprikaschoten	Eingelegte Paprikaschoten	Knoblauch, Petersilie, Zitrone, Olivenöl	Am besten mit roten und gelben Paprika	40 Min. + 4 Std. Marinierzeit	130
GEMÜSE	Spargel, grüner	Gebackener Spargel mit Dips	Mayonnaise, Joghurt, Kopfsalat, Erdbeeren, Koriandergrün, Mangochutney (Glas), Mohn, Parmesan	Außerdem nötig: Öl zum Frittieren	55 Min.	126
GEMÜSE	Spargel, grüner	Grüne Spargelflans mit Paprikatatar	rote Paprika, Schalotten, Parmesan, Ingwer, Eier, Sahne, Cayennepfeffer	Statt Schalotten gehen auch kleine Zwiebeln	30 Min. + 30 Min. Backzeit	124
GEMÜSE	Spargel, grüner	Grüne Spargel-Limetten-Suppe	Gemüsebrühe, Limette, Frühlingszwiebel, Sahne, Basilikum	Alternativ weißen Spargel nehmen	45 Min.	200
GEMÜSE	Tomaten	Gazpacho	Weißbrot, grüne Spitzpaprika, Salatgurke, Knoblauchzehe, Zwiebel, Cayennepfeffer	Mit einplanen: 2 Std. Kühlzeit	45 Min.	220
GEMÜSE	Zucchiniblüten	Gefüllte Zucchiniblüten	Zucchini, Zwiebel, Knoblauch, Basilikum getr. Tomaten, Ricotta, Eier	Die Füllung schmeckt auch toll als Soufflé	40 Min.	127
GEMÜSE	Zwiebeln	Französische Zwiebelsuppe	Weißwein, Gruyère, Toastbrot, Parmesan, Gemüsebrühe	Dazu gibt's Käsetoast	1 Std.	230

FÜR GÄSTE → VORSPEISEN

REZEPT MIT ...	HAUPTZUTAT	REZEPTNAME	WEITERE HAUPTZUTATEN	GUT ZU WISSEN	ZEIT	SEITE
GETREIDE	Quinoa	Quinoasalat	rote Paprika, Avocado, Rucola, Mais (Dose), Zwiebel, Limetten, Koriander-grün, Kreuzkümmel, Paprikapulver	Quinoa, die Samen eines Fuchsschwanzge-wächses, gibt's im Bioladen und Reformhaus	45 Min.	90
KRÄUTERN	Brunnen- und Kapuziner-kresse	Kressesalat mit lauwarmen Quarkröllchen	Portulak, Garten-kresse, Quark, Zucchini, Parmesan, Orange, Nussöl	Außerdem nötig: Zahn-stocher zum Fixieren	50 Min.	56
MILCH-PRODUKT	Quark	Quarkmousse mit Radieschen-salat	Sahne, Radieschen, Schnittlauch, Senf, Zucker, Zitronensaft, Honig	Mit einplanen: mind. 3 Std. Kühlzeit	30 Min.	117
MILCH-PRODUKT	Ricotta	Ricottatörtchen mit Spargel-salat	Spargel, gemischte Kräuter, Eier, Pecori-no, Muskat, Knob-lauch, Gemüsebrühe	Als Kräuter z. B. Minze, Peter-silie, Estragon und Borretsch	35 Min. + 25 Min. Backzeit	163
PILZEN	Steinpilze	Klare Steinpilzsuppe mit Polenta-klößchen	Champignons, Weißwein, Gemüsebrühe, Polenta (Maisgrieß), Thymian	Ein Rezept für Gemüsebrühe finden Sie auf S. 190	55 Min.	194
SALAT	Chicorée	Herbstsalat mit Currykürbis	Feldsalat, rote Paprika, Hokkaido-Kürbis, getr. Tomaten, Curry, Kürbiskernöl	Praktisch: Hokkaido muss nicht geschält werden	40 Min.	74
SALAT	gemischte bittere Salate	Salatfladen mit Gorgonzola	Weizenmehl, Dinkelvollkornmehl, Trockenhefe, Gorgonzola, Parme-san, Pinienkerne	Außerdem nötig: Spring-form (26 cm Ø)	35 Min. + 50 Min. Ruhezeit + 20 Min. Backzeit	167
SALAT	Rucola	Rucolasalat mit gebratenen Pfirsichen und Halloumi	Pfirsiche, Halloumi, Joghurt, Thymian, brauner Zucker, Himbeeressig	Statt Halloumi schmeckt auch Schafskäse (Feta)	35 Min.	68

FÜR GÄSTE → HAUPTGERICHTE

REZEPT MIT ...	HAUPTZUTAT	REZEPTNAME	WEITERE HAUPTZUTATEN	GUT ZU WISSEN	ZEIT	SEITE
BROT	Vollkornbrötchen	Rucola-Semmelknödel mit Rahmpilzen	Rucola, Pilze, Sahne, Milch, Lauch, Senf, Muskat	Als Pilze z. B. Champignons, Shiitake	1 Std.	378
GEMÜSE	Auberginen	Auberginentopf mit Herzoginkartoffeln	Kartoffeln, Schalotten, Knoblauch, Tomaten (Dose), Parmesan, Eier, Basilikum, Rosmarin Gemüsebrühe	Außerdem nötig: Backblech und Spritzbeutel mit Sterntülle	1 Std. 10 Min.	268
GEMÜSE	Auberginen	Bulgur-Auberginen mit Kräuter-Joghurt-Dip	Bulgur, Tomaten, Minze, Dill, Joghurt, Knoblauch, getr. Sauerkirschen, Walnüsse	Außerdem nötig: große, feuerfeste Form	30 Min. + 40 Min. Backzeit	370
GEMÜSE	gemischtes Gemüse	Mais-Hefeküchlein mit Chiligemüse	rote und gelbe Paprika, Peperoni, Tomaten, Kidneybohnen (Dose), Milch, Maismehl, Ei	Der Teig wird mit Trockenhefe zubereitet	45 Min. + 40 Min. Ruhezeit	286
GEMÜSE	gemischtes Gemüse	Vegetarisches Brühefondue	Tofu, Weißwein, Sahne, Knoblauch, frische Kräuter, Zitronensaft, Gemüsebrühe	Als Gemüse z. B. Kohlröschen, grüne Bohnen, Champignons	40 Min.	406
GEMÜSE	Kürbis	Kürbis-Ricotta-Cannelloni	Kartoffeln, Ricotta, Eier, Mandeln, Cannelloni, Zwiebeln, Tomaten (Dose), Gouda, Gemüsefond	Außerdem nötig: Spritzbeutel mit großer Lochtülle	50 Min. + 35 Min. Backzeit	342
GEMÜSE	Spargel, weißer oder violetter	Orangenspargel mit Kräutercouscous	Couscous, Orangen, Frühlingskräuter, Honig, Butter	Als Kräuter z. B. Kerbel, Estragon, glatte Petersilie und Minze	40 Min.	368
GEMÜSE	Spinat	Tiroler Schlutzkrapfen	Roggenmehl, Weizenmehl, Eier, Zwiebel, Topfen, Bergkäse, Schnittlauch, Butter	Statt Topfen können Sie Quark nehmen	1 Std. 45 Min.	344

FÜR GÄSTE → HAUPTGERICHTE

REZEPT MIT ...	HAUPTZUTAT	REZEPTNAME	WEITERE HAUPTZUTATEN	GUT ZU WISSEN	ZEIT	SEITE
GEMÜSE	Spinat (Wurzelspinat)	Spinatkuchen mit Schafskäse	Blätterteig, Tomaten, Schafskäse, Pinienkerne, Knoblauch, Salbei, Thymian, Tomatenmark, Muskat	Statt Schafs- geht auch Ziegenkäse	45 Min. + 35 Min. Backzeit	387
GEMÜSE	Tomaten	Tomaten-Mozzarella-Kuchen	Mozzarella, Mehl, Butter, Eier, Sommerkräuter, Knoblauch, Rosmarin, Ciabatta, Crème fraîche, Parmesan	Außerdem nötig: Spring-form (26 cm Ø)	45 Min. + 45 Min. Backzeit	388
GEMÜSE	Wirsing	Gefüllter Wirsing mit Tomatenrahm	Grünkernschrot, Käse, Tomaten (Dose), Tomatenmark, Kümmel, Zwiebeln, Knoblauch, Crème fraîche, Gemüsebrühe	Außerdem nötig: Dämpfeinsatz für den Topf	20 Min. + 1 Std. Dämpfzeit	297
GEMÜSE	Zucchini	Zucchiniräd-chen mit Tofu und Shiitake	Shiitake-Pilze, Tofu, Ingwer, Sojasauce, Frühlingszwiebel, Chilischote	Außerdem nötig: Holzspieße und Grillschale	35 Min. + 12 Min. Grillzeit	417
GETREIDE	Perlgraupen	Graupen-Risotto mit Rote-Bete-Chips	Rote Beten, Pecorino, Schalotte, Thymian, Lorbeer, Gewürznelken, Gemüsefond	Statt Pecorino geht auch Parmesan	45 Min.	373
HÜLSEN-FRÜCHTEN	Bohnen, weiße	Weiße-Bohnen-Plätzchen mit Fenchelsalat	Fenchel, Tomaten, Zwiebeln, Mehl, Knoblauch, Salbei, Zitronensaft	Mit einplanen: 12 Std. Ein-weichzeit	2 Std.	304
KAR-TOFFELN	festkochende Kartoffeln	Kartoffel-Quiche	Ziegenfrischkäse, Sahne, Joghurt, Eier, Butter, Mehl, Thymian	Außerdem nötig: Tarteform (30 cm Ø)	40 Min. + 1 Std. Ruhezeit + 45 Min. Backzeit	266

FÜR GÄSTE → HAUPTGERICHTE

REZEPT MIT ...	HAUPTZUTAT	REZEPTNAME	WEITERE HAUPTZUTATEN	GUT ZU WISSEN	ZEIT	SEITE
KAR-TOFFELN	mehlig-kochende Kartoffeln	Kohlrouladen mit Steinpilz-Kartoffel-Püree	Dinkelkörner, Weiß-kohlblätter, Haselnüs-se, Zwiebeln, Knob-lauch, Schafskäse, Petersilie, Thymian, Ei, Crème fraîche, Stein-pilze, Milch, Muskat, Gemüsebrühe	Mit einplanen: Die Dinkelkörner müssen Sie schon am Vortag einweichen	1 Std. 30 Min. + 12 Std. Einweichzeit	298
KAR-TOFFELN	mehlig-kochende Kartoffeln	Kürbisgnocchi mit Steinpilzen	Kürbis, Steinpilze, Mehl, Ei, Thymian, Petersilie	Als Kürbis z. B. Muskat oder Butternut	2 Std.	254
NUDELN	Lasagneblätter	Lasagne mit Romanasalat	Romanasalat, Blauschimmelkäse, Tomaten (Dose), Parmesan, Oliven	Lasagneblätter ohne Vorkochen verwenden	25 Min. + 35 Min. Backzeit	336
NUDELN	Makkaroni	Makkaroni-Auflauf mit dreierlei Käse	Tomaten (Dose), Aubergine, rote und gelbe Paprika, Hartkäse, Parmesan, Mozzarella, Sahne, Thymian, Oregano, Chiliflocken	Außerdem nötig: runde Auflaufform (20 cm Ø, 10 cm hoch)	1 Std. + 45 Min. Backzeit	328
NUDELN	Reisband-nudeln	Reisnudeln mit Tofu und Spinat	Räuchertofu, Spinat, Frühlingszwiebeln, Ingwer, Koriander-grün, Sesamsamen, Sesamwürzöl, Sambal oelek	Außerdem nötig: Wok oder hohe Pfanne	40 Min.	437
TOFU	Räuchertofu	Wirsing-rouladen	Wirsing, Zwiebeln, Knoblauch, Walnüs-se, Eier, Schafskäse, Zitronensaft, Gemüsebrühe	Dazu passen Pellkartoffeln oder Kartoffel-püree	35 Min. + 20 Min. Garzeit	408
TOFU	Tofu	Tofuklößchen in Kapernsauce	Kapern, Petersilie, Meerrettich, Ei, Sahne, Senf, Zitronen-saft, Gemüsebrühe	Königsberger Klopse auf vegetarisch	40 Min.	401

FÜR GÄSTE → DESSERTS

REZEPT MIT ...	HAUPTZUTAT	REZEPTNAME	WEITERE HAUPTZUTATEN	GUT ZU WISSEN	ZEIT	SEITE
FERTIG-TEIG	Blätterteig	Vanillecreme-Törtchen	Vanilleschote, Sahne, Zucker, Eier, Zitronenschale	Außerdem nötig: Muffin-blech	1 Std.	475
MILCH-PRODUKT	Crème double	Crème brûlée mit Limetten-aroma	Limetten, Zucker, Vanillezucker, Eigelb	Außerdem nötig: feuer-feste Förmchen (je 150 ml)	25 Min. + 40 Min. Garzeit + 2 Std. Kühlzeit	464
OBST	gemischte Früchte	Folienfrüchte mit Prosecco-Sabayon	Mango, Bananen, Honig, Eier, Zitrone, Prosecco	Die Früchte kön-nen Sie je nach Saison variieren	30 Min.	467
OBST	Johannis-beeren	Johannisbeer-Sorbet	Johannisbeernektar, Zucker, Eiweiß, Crème de Cassis	Außerdem nötig: Metallschüssel	25 Min. + 4 Std. Kühlzeit	462
OBST	Orangen	Orangen-Carpaccio mit Rotweinsauce	Rotwein, Ingwer, Zucker, Zitronensaft, Mandelblättchen, Vanilleeis	Das Rezept für Vanilleeis finden Sie auf S. 463	25 Min. + 1 Std. Ruhezeit + 20 Min. Abkühlzeit	454
OBST	Zitronen	Weißwein-Zitronen-Creme	Weißwein, Zucker, Agar-Agar, Sahne, Joghurt	Mit einplanen: 1 Std. Kühlzeit	45 Min.	468
SCHOKO-LADE	Bitter-schokolade	Baileys-Schoko-Mousse	Sahne, Kakao, Eier, Zucker, Milch, Creamlikör, Schokoladen-Mokkabohnen	Schokomousse ohne Alkohol: s. S. 470	30 Min. + 1 Std. Kühlzeit	468
SCHOKO-LADE	dunkle Kuvertüre	Schokoladen-flammeri mit Physalis	Milch, Vanillezucker, Chilischote, Eier, Zucker	Außerdem nötig: Puddingform (ca. 1 l Inhalt)	25 Min. + 3 Std. Kühlzeit	472
SCHOKO-LADE	Zartbitter-schokolade	Wiener Sahne-Crêpes	Mehl, Butter, Milch, Sahne, Eier, Orange, Orangenlikör, Orangeat	Den Likör kön-nen Sie auch weglassen	45 Min. + 30 Min. Quellzeit	489

MEDITERRAN → VORSPEISEN

REZEPT MIT ...	HAUPTZUTAT	REZEPTNAME	WEITERE HAUPTZUTATEN	GUT ZU WISSEN	ZEIT	SEITE
BROT	Ciabatta	Schicht-Panzanella	Cocktailtomaten, Basilikum, saure Sahne, Ricotta, Pesto (Glas)	Wird im Glas serviert	40 Min.	114
GEMÜSE	Artischocken	Artischocken mit Saucen	rote Paprika, Mayonnaise, saure Sahne, Olivencreme (Glas), gemischte Kräuter, Tomatenmark, Zwiebel	Als Artischocken am besten fleischige aus Frankreich	40 Min. + 30 Min. Kochzeit	128
GEMÜSE	Artischocken	Gefüllte Artischocken	Oliven, Pecorino oder Parmesan, Ei, Basilikum, Petersilie, Oregano, Lorbeer, Knoblauch, Oliven, Weißwein	Am besten lauwarm servieren	30 Min. + 30 Min. Schmorzeit	129
GEMÜSE	Avocado	Avocado-Mousse	Mascarpone, Eiweiß, Agar-Agar, Spargel, Orangen, Frühlingszwiebeln, Estragon, Zitronensaft, Senf, Honig	Wird in Gläsern mit Spargelsalat-Topping serviert	45 Min. + 3 Std. Kühlzeit	114
GEMÜSE	gemischtes Gemüse	Antipasti-Spieße mit Estragon-Aïoli	Zucchini, rote und grüne Paprika, Frühlingszwiebeln, Champignons, Halloumi, Estragon, Joghurt, Feigensenf	Im Sommer können Sie die Spieße auf dem Grill grillen	40 Min.	133
GEMÜSE	gemischtes Gemüse	Minestrone	Spargel, Kohlrabi, Möhren, Cocktailtomaten, Basilikum, Zitrone, Parmesan, Knoblauch	Nach Belieben die Gemüseanteile variieren	40 Min.	193
GEMÜSE	gemischtes Gemüse	Salat aus Grillgemüse	Auberginen, Zucchini, Cocktailtomaten, Rucola, Parmesan, Pinienkerne, Basilikum	Dazu schmeckt Ciabatta (Rezept s. S. 182)	35 Min.	71

MEDITERRAN → VORSPEISEN

REZEPT MIT ...	HAUPTZUTAT	REZEPTNAME	WEITERE HAUPTZUTATEN	GUT ZU WISSEN	ZEIT	SEITE
GEMÜSE	gemischtes Gemüse	Türkische Salatplatte	weiße Bohnen (Dose), Joghurt, Tomaten, Zwiebeln, Knoblauch, Koriandergrün, Petersilie, Zitronensaft, Fladenbrot	Ein Rezept für Fladenbrot finden Sie auf S. 183	50 Min.	62
GEMÜSE	Paprika	Geeiste Paprikasuppe	Tomatensaft, Knoblauch, Rosmarin, Cayenne, Gemüsefond, Brotchips	Außerdem nötig: Eiswürfel	25 Min.	225
GEMÜSE	Tomaten	Gazpacho	Weißbrot, grüne Spitzpaprika, Salatgurke, Knoblauch, Zwiebel, Cayennepfeffer	Mit einplanen: 2 Std. Kühlzeit	45 Min.	220
GEMÜSE	Tomaten	Tomaten-Carpaccio mit Bocconcini	Mini-Mozzarella-kugeln, Salatgurke, Zwiebel, Chilischote, Minze, Zitronensaft, Olivenöl	Bocconcini sind Mini-Mozzarella-kugeln	20 Min. + 10 Min. Marinierzeit	109
GEMÜSE	Zucchini	Zucchini-Feta-Toasts	Schafskäse, Frühlingszwiebel, Joghurt, Sandwichbrot	Außerdem nötig: Sandwichtoaster oder Pfanne	15 Min.	175
GEMÜSE	Zucchini	Zucchiniröllchen auf Tomatenspiegel	Tomaten, Parmesan, getr. Morcheln, Ziegenfrischkäse, Pinienkerne, Basilikum	Dazu schmeckt ein fruchtig-aromatischer Rotwein	40 Min.	138
KARTOFFELN	festkochende Kartoffeln	Kartoffel-Tortilla	Frühlingszwiebeln, Eier, Knoblauch, Cayenne	Eignet sich auch fürs Büfett	40 Min.	154
KÄSE	Mozzarella	Mozzarella mit Würzkrokant	Kernemischung, getr. Chilischoten, Rucola, Erdbeeren, Koriandersamen	Als Kerne z. B. Sonnenblumen-, Kürbis- und Pinienkerne	35 Min.	99

MEDITERRAN → VORSPEISEN

REZEPT MIT ...	HAUPTZUTAT	REZEPTNAME	WEITERE HAUPTZUTATEN	GUT ZU WISSEN	ZEIT	SEITE
KÄSE	Schafskäse	Schafskäse-Mousse rot-weiß	Quark, Tomaten, Sahne, Basilikum, Zwiebeln, Knoblauch, Zitronensaft, Agar-Agar	Außerdem nötig: Muffinblech	45 Min. + 3 Std. Kühlzeit	116
KÄSE	Schmelzkäse	Kräuter-Käse-Panna-cotta	TK-Kräuter-Mischung, Milch, Spargel, Sahne, Orangensaft, Sojasauce, Honig	Außerdem nötig: 4 kleine Förmchen	25 Min.	113
NUDELN	Tortellini	Tortellini in brodo	Gemüsebrühe, Champignons, Frühlingszwiebel, Schnittlauch	Nehmen Sie frische Tortellini (Kühltheke)	10 Min.	197
NÜSSEN	Mandeln	Mandelsuppe mit Oliven und Safran	Oliven, Knoblauch, Weißbrot, Safran, Petersilie, Gemüsebrühe, Paprikapulver	Das Weißbrot muss vom Vortag sein	25 Min.	207
OBST	Mango	Mangosalat mit Ziegenkäse-Crostini	Ziegenkäse, Bauernbrot, Cocktailtomaten, Basilikum, Limette, Chilischote, Honig	Außerdem nötig: Toaster	30 Min.	72
OBST	Weintrauben	Trauben-Mandel-Suppe	Mandeln, Weißrot, Knoblauch, Sherryessig	Die Suppe wird kalt serviert	20 Min. + 30 Min. Kühlzeit	224
REIS	Langkornreis	Reissuppe mit Zucchini und Feta	Zucchini, rote Paprika, Sahne, Zwiebel, Knoblauch, Tomatenmark, Schafskäse, Gemüsebrühe, Paprikapulver	Dazu schmeckt türkisches Fladenbrot (Rezept s. S. 183)	35 Min.	229
SALAT	Romana-Salatherzen	Salatherzen mit Orangen und Feta	Orange, Schafskäse, getr. Tomaten, Pinienkerne, Basilikum	Herber wird's mit Radicchio	25 Min.	73

MEDITERRAN → HAUPTGERICHTE

REZEPT MIT ...	HAUPTZUTAT	REZEPTNAME	WEITERE HAUPTZUTATEN	GUT ZU WISSEN	ZEIT	SEITE
GEMÜSE	Artischocken	Artischocken mit Pilzen	Egerlinge, Basilikum, Rosmarin, Knoblauch, Zitronensaft	Am besten mit kleinen, zarten Artischocken	30 Min.	271
GEMÜSE	Auberginen	Auberginen-lasagne	Tomaten, getr. Thymian, Basilikum, Kürbiskerne, Parmesan, Kürbiskernöl	Außerdem nötig: Backblech	35 Min.	278
GEMÜSE	Auberginen	Caponata	Staudensellerie, Oregano, Basilikum, Tomaten (Dose), Oliven, Kapern, Zwiebeln, Knoblauch, Pinienkerne	Nach Belieben zusätzlich mit Parmesan bestreuen	45 Min.	283
GEMÜSE	gemischtes Gemüse	Gemüse-Fritto-Misto	rote Paprika, Zuckerschoten, Zucchini, Brokkoli, Zitronen, Eier, Joghurt, Buttermilch	Außerdem nötig: Öl zum Frittieren	40 Min.	278
GEMÜSE	gemischtes Gemüse	Gurken-Paprika-Gemüse	Salatgurke, rote, grüne und gelbe Paprika, Tomaten, Zwiebeln, saure Sahne, Dill, Paprikapulver	Statt Gurken dürfen es auch Zucchini sein	35 Min.	283
GEMÜSE	gemischtes Gemüse	Ratatouille mit Tofu-Klößchen	Champignons, Zucchini, rote Paprika, Tofu, Tomaten (Dose), rotes Pesto, Ei, Zwiebeln, Knoblauch	Ein Rezept für rotes Pesto finden Sie auf S. 322	30 Min.	408
GEMÜSE	Mangold	Mangold mit Rosinen und Mandeln	Rosinen, ger. Mandeln, Toastbrot, Safran, Knoblauch	Dazu passt ein Glas Sherry (Fino)	25 Min.	282
GEMÜSE	Tomaten	Tomaten mit Zucchinifüllung	Zucchini, Gorgonzola, Petersilie, Frühlingszwiebeln, Ei, Parmesan, Weißbrot	Statt Gorgonzola geht auch anderer Blauschimmelkäse	40 Min. + 30 Min. Backzeit	290

MEDITERRAN → HAUPTGERICHTE

REZEPT MIT ...	HAUPTZUTAT	REZEPTNAME	WEITERE HAUPTZUTATEN	GUT ZU WISSEN	ZEIT	SEITE
GEMÜSE	Tomaten	Zucchini-Tomaten-Gratin	Zucchini, Kartoffeln, Thymian, Bohnenkraut, Oliven, Zwiebeln, Knoblauch, Olivenöl	Mit einplanen: 1 Std. Backzeit	25 Min.	280
GEMÜSE	Zucchini	Gefüllte Zucchini	Langkornreis, Frühlingszwiebeln, Tomaten, Parmesan, Quark, Ei, saure Sahne	Außerdem nötig: flache Auflaufform	40 Min. + 30 Min. Backzeit	361
GETREIDE	Polenta (Maisgrieß)	Gratinierte Polenta	Zucchini, Tomaten (Dose), rote Paprika, Zitronenschale, Parmesan	Mit einplanen: 1 Std. Abkühlzeit	40 Min. + 20 Min. Backzeit	377
GETREIDE	Polenta (Maisgrieß)	Polentaplätzchen mit Tomatensauce	Tomaten, Thymian, getr. Steinpilze, Thymian, ital. TK-Kräuter, Parmesan, Zwiebeln, Knoblauch	Als TK-Kräuter am besten: italienische Mischung	1 Std. 15 Min. + 20 Min. Backzeit	374
NUDELN	Bucatini	Bucatini mit Tomaten-Pinienkern-Sauce	Tomaten, Basilikum, Pinienkerne, Knoblauch, Tomatenmark	Lässt sich zum Salat abwandeln	15 Min.	330
NUDELN	Lasagneblätter	Lasagne mit Romanasalat	Romanasalat, Blauschimmelkäse, Tomaten (Dose), Knoblauch, Parmesan, Oliven	Lasagneblätter ohne Vorkochen verwenden	25 Min. + 35 Min. Backzeit	336
NUDELN	Linguine	Linguine mit Spinatcreme und Feta	TK-Spinat, Frühlingszwiebeln, Schafskäse, Crème fraîche, Knoblauch, Dill	Statt Linguine dürfen es auch Spaghetti sein	15 Min. (ohne Auftauen)	331
NUDELN	Makkaroni	Makkaroni mit Mascarpone	Mascarpone, Basilikum, Peperoncino, Parmesan, Muskat	Statt Mascarpone: Sahnequark	15 Min.	325

MEDITERRAN → HAUPTGERICHTE

REZEPT MIT ...	HAUPTZUTAT	REZEPTNAME	WEITERE HAUPTZUTATEN	GUT ZU WISSEN	ZEIT	SEITE
NUDELN	Spaghettini	**Spaghettini mit Erbsen-Carbonara**	Palerbsen, Zwiebel, Knoblauch, Zitrone, Milch, Sahne, Minze	Schneller geht's mit TK-Erbsen	30 Min.	**327**
NUDELN	Spaghettini	**Spaghettini mit jungem Knoblauch**	Knoblauch, Peperoni, Petersilie, Olivenöl	Es dürfen auch Spaghetti sein	30 Min.	**326**
NUDELN	Tagliatelle	**Tagliatelle mit Tofu alla puttanesca**	Tofu, Tomaten, Kapern, Oliven, Basilikum, Oregano, Parmesan, Zwiebeln, Knoblauch	Auf vollreife Tomaten achten, alternativ Dosentomaten nehmen	20 Min.	**327**
PILZEN	Champignons	**Pilz-Frittata mit Lauch**	Egerlinge, Eier, Lauch, rote Paprika, Zwiebeln, Knoblauch, Gouda	Je älter der Gouda, umso würziger	40 Min.	**301**
REIS	Langkornreis	**Gebratener Reis mit Gemüse**	Zucchini, Champignons, Eier, Oliven, getr. Tomaten, Parmesan, Knoblauch, Salbei, Thymian	Den Reis schon am Vortag kochen, sonst ist er zum Braten zu feucht	30 Min.	**360**
REIS	Paellareis	**Gemüse-Paella**	Möhren, Zucchini, Champignons, rote Paprika, Cocktail-tomaten, Sambal oelek, Knoblauch, Gemüsebrühe	Statt Paellareis können Sie auch Langkornreis verwenden	1 Std.	**362**
REIS	Risottoreis	**Grüner Spargelrisotto mit Kräutern**	gemischte Kräuter, Schalotten, Zitrone, Parmesan, Gemüsebrühe	Als Kräuter z. B. Kerbel, Sauerampfer, Petersilie, Dill, Basilikum	40 Min.	**364**
REIS	Risottoreis	**Kürbisrisotto**	Kürbis, Bergkäse, Zwiebel, Gemüsebrühe	Als Kürbis Hokkaido, er muss nicht geschält werden	45 Min.	**366**

ASIATISCH → VORSPEISEN

REZEPT MIT ...	HAUPTZUTAT	REZEPTNAME	WEITERE HAUPTZUTATEN	GUT ZU WISSEN	ZEIT	SEITE
GEMÜSE	gemischtes Gemüse	Gemüse-Tempura	Zucchini, Auberginen, Möhren, Ei, Mehl, Joghurt, Curry, Ahornsirup, Schnittlauch	Außerdem nötig: Erdnussöl zum Frittieren	40 Min. + 30 Min. Ruhezeit	134
HÜLSEN-FRÜCHTEN	Kichererbsenmehl	Gebratene Kichererbsenwürfel	Knoblauch, Ingwer, Joghurt, Cayennepfeffer, Kurkuma, Koriandergrün, Senfkörner, Zitrone	Mit einplanen: 2 Std. Ruhezeit	25 Min.	144
KAR-TOFFELN	mehligkochende Kartoffeln	Samosas	Erbsen, Ingwer, Koriandergrün, Kreuzkümmel, Cayenne, Garam Masala, Mehl	Statt Erbsen gehen auch Blumenkohl, Möhren oder Bohnen	1 Std. + 30 Min. Ruhezeit	160
MEHL	Weizenmehl	Gegrillte Crêpes-Saté	Möhre, Zucchini, Erdnüsse, Knoblauch, Milch, Butter, Eier, Zucker, Limetten, getr. Chilischoten	Außerdem nötig: Holzspieße	1 Std. 15 Min.	168
REIS	Sushi-Reis	Futo-Maki mit Tofu und Kürbis	Tofu, eingelegter Kürbis (Glas), Austernpilze, Knoblauch, Frühlingszwiebeln, Noriblätter, Wasabipaste	Außerdem nötig: Bambusrollmatte	45 Min.	104
REIS	Sushi-Reis	Grüne Wasabi-Ura-Maki	Wasabi-Erbsen, Zucchini, Tomate, Schnittlauch, Rucola, Noriblätter, Frischkäse	Außerdem nötig: Bambusrollmatte	45 Min.	105
REIS	Sushi-Reis	Gurken-Erdnuss-Hoso-Maki	Erdnüsse, Radieschensprossen, Gurke, Noriblätter, Wasabipaste	Mit einplanen: Zubereitung des Sushi-Reises	25 Min.	103
TOFU	Tofu	Tofu-Pak-Choi-Wraps mit Chilidip	Pak-Choi, Limette, Ingwer, Sojasauce, Reisessig, Chilisauce, Sesamsamen, Koriandergrün	Mit einplanen: 2 Std. Marinierzeit	45 Min.	418

ASIATISCH → HAUPTGERICHTE

REZEPT MIT ...	HAUPTZUTAT	REZEPTNAME	WEITERE HAUPTZUTATEN	GUT ZU WISSEN	ZEIT	SEITE
GEMÜSE	gemischtes Gemüse	Chinesische Gemüsepfanne	Zucchini, rote Paprika, Möhren, Lauch, Mungosprossen, Cashewkerne, Ingwer, Erbsen, Sojasauce, Sherry, Tamarindenmus, Reis	Den Reis schon am Vortag kochen, sonst ist er zum Braten zu feucht	25 Min.	354
GEMÜSE	gemischtes Gemüse	Gebratenes Gemüse mit Ananas	Möhren, Tomaten, Ananas, Zwiebeln, Knoblauch, Sojasauce, Palmzucker	Statt frischer können Sie Dosenananas nehmen	40 Min.	284
GEMÜSE	gemischtes Gemüse	Gedünstetes Gemüse mit Ingwersauce	Tomate, Pak-Choi, Möhren, Sojabohnensprossen, Ingwer, Zwiebeln, Knoblauch, Palmzucker, Zitronensaft, Sojasauce	Statt Pak-Choi können Sie Mangold nehmen	40 Min.	285
GEMÜSE	gemischtes Gemüse	Vegetarisches Brühefondue	Tofu, Weißwein, Sahne, Knoblauch, frische Kräuter, Zitronensaft, Gemüsebrühe	Als Gemüse z. B. Kohlröschen, grüne Bohnen, Champignons	40 Min.	406
GEMÜSE	gemischtes Gemüse	Wokgemüse mit Tempeh	rote Paprika, Möhre, Frühlingszwiebeln, Tempeh, Knoblauch, Chilischote, Zitrone	Mit Koriander oder Basilikum bestreuen	30 Min.	420
GEMÜSE	Kürbis	Kürbis-Mango-Curry	Mango, Schalotten, Ingwer, Basilikum, Thai-Currypaste, Zitronensaft, Gemüsebrühe	Außerdem nötig: Wok oder hohe Pfanne	35 Min.	302
HÜLSEN-FRÜCHTEN	Kichererbsen	Kichererbsencurry	Frühlingszwiebeln, Cocktailtomaten, Knoblauch, Ingwer, Chilischote, Kreuzkümmel, Kurkuma, Koriander, Zimt, Minze, Gemüsebrühe	Dazu schmecken Basmatireis und Limettenjoghurt (Rezept s. S. 311)	30 Min. + 24 Std. Einweichzeit + 1 Std. 30 Min. Garzeit	311

ASIATISCH → HAUPTGERICHTE

REZEPT MIT ...	HAUPTZUTAT	REZEPTNAME	WEITERE HAUPTZUTATEN	GUT ZU WISSEN	ZEIT	SEITE
HÜLSEN-FRÜCHTEN	Linsen, grüne	Linsencurry mit Knusperzwiebeln	Zwiebeln, Tomaten, Ingwer, Knoblauch, Kurkuma, Cayenne, Bockshornklee, Kreuzkümmel, Gewürznelken, Koriandergrün, Garam Masala	Die Würzzutaten bekommen Sie im Asienladen	50 Min.	305
HÜLSEN-FRÜCHTEN	Linsen, schwarze	Schwarze Butterlinsen	passierte Tomaten, Ingwer, Knoblauch, Cayennepfeffer, Sahne, Bockshornkleeblätter, Garam Masala	Nach Belieben mit Röstzwiebeln bestreuen	15 Min. + 6–12 Std. Einweichzeit + 2 Std. 30 Min. Garzeit	314
NUDELN	chinesische Eiernudeln (Mie)	Eiernudeln mit Curry-Auberginen	Aubergine, Zwiebeln, Ingwer, Currypaste, Kokosmilch, Koriandergrün	Statt Eiernudeln können Sie breite Reisnudeln nehmen	30 Min.	350
NUDELN	chinesische Eiernudeln (Mie)	Fruchtig-scharfe Asianudeln	Zwiebel, Knoblauch, Zitronengras, Austernpilze, Thai-Basilikum, Sojasauce, Limettensaft, Chiliöl	Die Würzzutaten bekommen Sie im Asienladen	25 Min.	349
NUDELN	Reisnudeln	Pad Thai – Gebratene Nudeln	Tofu, Thai-Frühlingszwiebeln, Sojasprossen, Eier, Knoblauch, Tamarindenmus, Sojasauce, Reisessig	Mit einplanen: 1 Std. Einweichzeit	20 Min.	438
NUDELN	Udon-Nudeln	Udon-Nudelpfanne	Pak-Choi, Rettich, Shiitake-Pilze, Zwiebeln, Tofu, Mirin, Sojasauce, Sesamsamen	Statt Pak-Choi können Sie Mangold nehmen	30 Min.	441
PILZEN	Champignons	Champignons in Ingwersauce	Pak-Choi, Thai-Basilikum, Kokosmilch, Sojasauce, Ingwer, Thai-Schalotten, Knoblauch, getr. Chilis	Kokosmilch vor der Verwendung nicht schütteln	35 Min.	294

ASIATISCH → HAUPTGERICHTE

REZEPT MIT ...	HAUPTZUTAT	REZEPTNAME	WEITERE HAUPTZUTATEN	GUT ZU WISSEN	ZEIT	SEITE
KARTOFFELN	Süßkartoffeln	Süßkartoffel-Paprika-Curry	rote Paprika, Frühlingszwiebeln, Ananas, Kokosmilch, Koriandergrün, Chilischote, Thai-Currypaste, Orangensaft, Limettensaft	Außerdem nötig: Wok oder hohe Pfanne	55 Min.	262
TEMPEH	Tempeh	Tempeh-Curry mit Kürbis	Kürbis, Tomaten, Knoblauch, Ingwer, Chilischote, Fenchelsamen, Curry, Zimt	Als Kürbis Hokkaido, er muss nicht geschält werden	40 Min.	420
TOFU	Tofu	Chili-Tofu mit Pak-Choi	Pak-Choi, Chilischoten, Lauch, Mais (Dose), Ingwer, Knoblauch, Sojasauce	Statt Pak-Choi schmeckt auch Mangold	40 Min. + 15 Min. Marinierzeit	426
TOFU	Tofu	Frittierter Tofu mit Joghurtsauce	Champignons, Mehl, Joghurt, Ras-el-hanout, Paprikapulver, Weißwein, Eier, Koriandergrün, Ingwer	Außerdem nötig: Öl zum Frittieren	45 Min.	416
TOFU	Tofu	Gebratener Tofu mit Reisnudeln	Reisnudeln, Morcheln, Möhre, Thai-Sellerie, Knoblauch, veget. Austernsauce, Sojasauce	Mit einplanen: 1 Std. Einweichzeit	30 Min.	440
TOFU	Tofu	Tofu mit Pfifferlingen in Chilisauce	Pfifferlinge, Pak-Choi, Chilischoten, Knoblauch, Thai-Basilikum, veget. Austernsauce, Sojasauce, Palmzucker	Je nach Saison gehen auch andere Pilze	35 Min.	413
TOFU	Tofu	Tofu mit Zitronengras	Zitronengras, Chilischoten, Chiliflocken, Kurkuma, Sojasauce, Zwiebeln, Knoblauch, Frühlingszwiebeln, Thai-Basilikum	Weniger scharf wird's mit weniger Chilis	45 Min. + 30 Min. Marinierzeit	419

REZEPTE

SALATE UND KALTE VORSPEISEN

Unkomplizierte Vorspeise gesucht?

Frische Blattsalate mit Vinaigrette machen aus dem Teller Nudeln ein kleines Menü, sie tun unserer Gesundheit mit Ballaststoffen, Vitaminen, Mineral- und sekundären Pflanzenstoffen gut und schmecken auch veganen Genießern. Also ran ans Salatbüfett!

Saison eröffnet!

Im Frühling zeigt sich auf unserem Freiland das erste Grün. Und so liegen ab Mai Kopfsalat, Burgundersalat, Lollo rosso und Portulak auch aus heimischem Anbau in den Gemüseregalen. Jetzt unbedingt jungen Blattspinat roh genießen! Dazu schmecken fein gehobelte Bundmöhren oder knackfrische Radieschen. Zitronenmelisse, Bärlauch oder Brunnenkresse geben Frühlingssalaten so richtig Geschmackspower. Und wer von grüner Würze nicht genug bekommen kann, mixt noch Wildkräuter wie Löwenzahn, Giersch oder Spitzwegerich unter.

Im Sommer haben Sie die große Auswahl: Auf den Salatbeeten ist Hochsaison. Jetzt schmecken grüne Klassiker, z. B. Romana und Rucola, aber auch Radicchio und bunter Eichblattsalat, besonders gut. Selbst Eissalat überrascht mit feinem Aroma, wenn er mal nicht aus dem Folientunnel stammt. Frische Gartenkräuter untermischen: Koriander, Petersilie, Basilikum oder Estragon – das alles passt jetzt wunderbar!

Im Herbst ist immer noch Hochzeit für Blattsalatfans. Gut und günstig sind jetzt Eichblatt, Lollo rosso und Romana. Außerdem gibt's auch schon Frisée- und Endiviensalat. Zarte Blätter von frischen Rote-Bete-Knollen nicht wegwerfen! Sie bringen originelle Würze in den Salatmix. Eine frisch-aromatische Note liefern die jungen Blätter von rotem Mangold, die neben den bekannten Stauden mittlerweile auch auf unseren Märkten immer häufiger auftauchen (s. Bild rechts oben).

FRISCH UND AROMATISCH Zarte Blätter von rotem Mangold passen wunderbar in einen würzigen Salatmix – am besten im Herbst.

Im Winter müssen Frische-Liebhaber immer noch nicht darben: Jetzt hat der Vitamin-A-reiche Feldsalat Hochsaison. Versteckte sich früher Knirsch-Sand und Erde zwischen den Blättchen, kommen die Büschel mittlerweile meist vorgesäubert ins Gemüseregal. Trotzdem ist gründliches Waschen empfehlenswert. Auch aus Zuckerhut, Endivie oder Friséesalat können Sie nun eine frische Vorspeise zaubern. Den leicht bitteren Geschmack dieser Salate mildern Sie durch Wässern oder mit 1 Prise Zucker in der Salatsauce. Oder Sie mischen eine süß-fruchtige Komponente unter die möglichst fein geschnittenen Blätter, z. B. Birnenscheibchen oder Mangostückchen.

VINAIGRETTE MACHT AN

Basisvinaigrette für 4 kleine Salatportionen 1 EL Weißweinessig mit Salz, Pfeffer und nach Belieben 1 Prise Zucker verquirlen. Dann 3 EL Oliven- oder Sonnenblumenöl unterrühren, bis eine cremige Sauce entsteht.
Diese Basisvinaigrette lässt sich bestens auch in größerer Menge vorbereiten und in einem Schraubverschlussglas einige Tage im Kühlschrank aufbewahren.
Variationen Ganz nach Geschmack noch 1 TL Dijonsenf oder 1 EL frisch gehackte Salatkräuter (s. nächste Seite) unter die Basisvinaigrette quirlen. Oder 1 Tomate und/oder 1 hart gekochtes Ei in winzige Würfel schneiden und untermischen. Dann braucht die Sauce allerdings mehr Salz.

Schnelle Toppings

Nüsse und Samen geben Salaten ihr typisches Aroma und kernigen Biss – für ein rundum gelungenes »mouth feeling«. Eine kleine Handvoll Walnuss-, Haselnuss-, Pinien- oder Sonnenblumenkerne peppt frisches Grün auch ernährungsphysiologisch auf: Die kleinen Knacker liefern reichlich einfach und mehrfach ungesättigte Fettsäuren, Vitamine (vor allem der B-Gruppe, aber auch Vitamin E), Folsäure, Magnesium, Eisen und Kalzium – besonders wertvoll für alle, die neben Fleisch auch auf Milchprodukte verzichten. Mit vergleichsweise wenig Fett und viel Magnesium macht die nierenförmige Cashew auf sich aufmerksam. Erdnüsse, die botanisch zu den Hülsenfrüchten zählen, bringen auch eine nennenswerte Portion Eiweiß an den Salat.

Alle Kerne vor dem Genuss in einer beschichteten Pfanne ohne Fett anrösten, bis sie leicht duften. Das öffnet ihr Aroma. Die Pfanne beim Rösten hin- und herrütteln.

PINIENKERNE in einer trockenen Pfanne anrösten – das pusht ihr Aroma.

ERBSENSPROS-SEN kurz blanchieren. Dadurch werden sie noch bekömmlicher.

Kräuterblüten sind einfach zum Anbeißen schön: Blüten von Kapuzinerkresse, Schnittlauch und Bärlauch geben frischem Grün würzigen bis pfeffrig-scharfen Kick. Auch die blauen Blüten von Borretsch, zarte Thymianblütchen oder Dilldolden hübschen Salat auf.

Essbare Schönheiten sind außerdem ungespritzte Blüten aus dem eigenen Garten oder aus der Biogärtnerei: Rosen, Veilchen und Stiefmütterchen haben eine liebliche Note, Gänseblümchen einen eher nussigen Geschmack. Essbare Bioblüten können Sie auch bei Ihrem Blumenhändler oder bei Internethändlern bestellen.

Sprossen bringen insbesondere in Wintersalate noch mehr vom gewissen gesunden Etwas: Die gekeimten Samen sind neben Algen die großzügigsten Lieferanten von Spurenelementen und Mineralstoffen. Sie enthalten aber auch reichlich Vitamine. Die beliebten Mungobohnensprossen bekommen Sie mittlerweile rund ums Jahr beim Gemüsehändler, im Discounter oder Supermarkt. Viel größere Sprossenauswahl bieten Bio- und Asienläden. Dort gibt es auch Alfalfa- bzw. Luzerne-Sprossen oder die würzigen Keimlinge von Rettich-, Kresse- oder Senfsamen. Probieren Sie mal die hellgrünen Erbsensprossen, die auch Erbsenspargel heißen. Mit ihrem feinen Aroma passen sie perfekt zu frischem Salat. Achten Sie beim Sprossenkauf darauf, dass die Keimlinge weder braune noch faule Stellen haben. Genießen Sie sie am besten noch am Einkaufstag. Notfalls bleiben sie – in Folie verpackt – zwei Tage im Kühlschrank frisch.

BALSAM FÜR VERWÖHNTE GAUMEN

Der echte heißt »Aceto balsamico tradizionale« und wird aus Trebbiano-Traubenmost gewonnen. Viele Jahre reift er in Holzfässern. Was lange gärt, wird dabei richtig gut – und ziemlich teuer. Sternerestaurants servieren alte »Tradizionale«-Sorten pur sogar als Aperitif.

Dagegen darf sich im Supermarkt jeder Essig »Aceto balsamico di Modena« nennen. Der Begriff bürgt nicht für Qualität. Meist verbirgt sich dahinter eine Essig-Traubensaft-Mischung mit Zusatzstoffen, z. B. dunkel färbender Zuckercouleur, die aber auch gut schmecken kann. Bessere Sorten enthalten ein wenig »Tradizionale«. Empfehlenswert sind auch Bio-Produkte, die mit weniger Zusatzstoffen auskommen.

Glänzende Partner

Olivenöl Nicht nur mediterrane Salate sind verrückt nach dem fruchtig-aromatischen Anmacher. Bestes Olivenöl ist »extra nativ«, stammt aus der ersten Pressung und enthält weniger als 1 % geschmacksbeeinträchtigende Säure. Qualität erkennen Sie bei Olivenöl zumeist am Preis. Schauen Sie beim Kauf auch aufs Haltbarkeitsdatum: Wenn Ihr Wunschöl noch 18 Monate verwendet werden darf, stammt es wahrscheinlich aus neuer Ernte – empfehlenswert! Sehr gut auch, wenn auf dem Etikett der Name des Produzenten und der Abfüllort genannt werden.

Sonnenblumenöl Mit seinem dezenten Eigenaroma bleibt der glänzende Vitamin-E-Lieferant bescheiden im Hintergrund und lässt dafür die Geschmacksnuancen des Salats voll zur Geltung kommen. Probieren Sie doch mal kalt gepresstes Öl aus dem Bioladen oder Reformhaus – kein Vergleich mit der üblichen Supermarktware!

Walnussöl Dieses Öl macht mit seinem herbaromatischen Geschmack Feinschmecker auf sich aufmerksam. Ernährungsfachleuten gefällt es ebenso gut – wegen seines hohen Gehalts an Linolsäure und Omega-3-Fettsäuren. Einziger Nachteil: Walnussöl wird schnell ranzig. Deshalb das Öl immer nur in kleinen Flaschen kaufen und rasch genießen.

Die sprießen gern in frischem Grün

… und bringen gleich noch eine Menge Vitalstoffe mit. Neben Petersilie und Schnittlauch spendieren auch andere Kräuter Gemüse- und Kartoffelsalaten großzügig Aroma und Frische:

Basilikum Klassisch zu Tomaten, perfekt für Antipasti. Kleine Blätter schmecken besonders intensiv. Basilikum möchte allerdings nicht gehackt werden, denn dabei verfliegen die ätherischen Öle. Größere Blätter deshalb besser klein zupfen. Probieren Sie in asiatisch inspirierten Gerichten Thai-Basilikum, das Sie an den roten Stängeln erkennen. Es hat einen intensiveren Geschmack und eine süßliche Anisnote (s. auch Info S. 434).

Dill Die zarten Blattspitzen können mehr, als nur Gurke, Sahnesauce und Ei glücklich zu machen. Ihr leicht herbes, ausgeprägtes Aroma passt auch zu Möhre, Kohlrabi oder Fenchel – am besten mit einem Schuss Essig oder Zitronensaft und einer kleinen Prise Zucker.

Kerbel Die kleinen, filigranen Blättchen geben jungem Gemüse, Eiersalat und cremigem Dressing süßlich-frischen Anis-Kick. Perfekt im Frühling zu frischem Spargel, zu Zuckerschoten und auch Erdbeeren. Besonders aromatisch: wilder Wiesenkerbel.

Koriandergrün Der Kräuterstar in der Asiaküche! Das Kraut der Koriander-Gewürzpflanze schmeckt ein wenig pfeffrig, leicht süßlich und sehr eigenwillig. Frisches Koriandergrün bekommen Sie bundweise im Asienladen, im Töpfchen auch beim Gemüsehändler oder im Supermarkt, manchmal inklusive Wurzeln. Die können Sie – gut abgewaschen und gehackt – ebenfalls verwenden.

Kresse Für alles geeignet, was kräuterwürzige Schärfe verträgt: Senföle und Bitterstoffe sind für das pfeffrige Aroma verantwortlich. Gartenkresse vom kleinen Beet einfach mit der Schere abschneiden. Von Mai bis Herbst bekommen Sie beim Gemüsehändler auch die intensiv-aromatische Brunnenkresse – unbedingt probieren! Etwas Zitronensaft hebt noch deren Geschmack.

Minze Wunderbar zu Obst, jungen Erbsen und Kartoffelsalat. Gärtnereien bieten mittlerweile bis zu 30 verschiedene Sorten an. Am intensivsten schmeckt Pfefferminze, milder die fruchtigen Sorten wie Apfel-, Orangen- oder Ananas-Minze.

RUCOLA Hinter der grünen Aufsteigerin in der frischen mediterranen Küche versteckt sich unsere gute alte Rauke. Wer den herb-bitteren, leicht nussigen Geschmack liebt, genießt Rucola pur als Salat, z. B. mit frisch gehobelten Parmesanspänen als schnelle Vorspeise. Wer milderes Aroma möchte, verwendet die Blättchen wie ein Würzkraut.

PAPRIKA-WALNUSS-VINAIGRETTE

wunderbar nussig

Für 4 Personen · Zubereitungszeit ca. 20 Min.
pro Portion 230 kcal

1 Knoblauchzehe
2 Walnusskernhälften
1/3 rote Paprikaschote
8 EL Walnussöl
4 EL Weißweinessig
3 TL körniger französischer Senf
1/2 TL edelsüßes Paprikapulver
Salz · Pfeffer
Honig

1 Den Backofen auf 220° (Umluft 200°) vorheizen. Den Knoblauch schälen und hacken. Die Walnusskernhälften ebenfalls fein hacken.

2 Die Paprikaschote waschen, halbieren, putzen und mit der Haut nach oben im heißen Ofen (oben) backen, bis die Haut schwarz wird. Herausnehmen und abgedeckt kurz ruhen lassen. Die Haut abziehen.

3 Die Paprika mit dem Knoblauch, dem Walnussöl und dem Essig fein pürieren. Die gehackten Walnüsse, den Senf und das Paprikapulver unterrühren und mit Salz, Pfeffer und Honig abschmecken.

TURBO-TIPP
Für eine schnelle Variante können Sie die Paprika auch roh verwenden: einfach fein würfeln und mit dem durchgepressten Knoblauch zu den übrigen Zutaten geben. Gründlich verrühren – fertig!

DAS SCHMECKT DAZU
Diese Vinaigrette macht Blattsalate ebenso an wie gegrilltes Gemüse.

SHERRY-ORANGEN-VINAIGRETTE

fruchtig-herb

Für 2 Personen · Zubereitungszeit ca. 10 Min.
pro Portion 325 kcal

1 Bio-Orange
4 EL Olivenöl
3 EL Sherryessig
1 EL Honig
1 TL getrockneter Thymian
Salz · Pfeffer

1 Die Orange heiß abwaschen und abtrocknen. Die Schale abreiben und den Saft auspressen.

2 5 EL Orangensaft und 1 gehäuften TL Orangenschale mit den übrigen Zutaten verrühren und mit Salz, Pfeffer und Honig abschmecken.

DAS SCHMECKT DAZU
Diese Vinaigrette passt gut zu **Feldsalat mit Brie-Schnitzeln:** Für 2 Personen 150 g Feldsalat waschen und trocken schütteln. 100 g Rote Bete schälen und in feine Streifen schneiden. 1 Bio-Orange bis ins Fruchtfleisch schälen, sodass auch die weiße Haut entfernt wird. Die Fruchtfilets aus den Häutchen schneiden. Alles auf zwei Tellern anrichten. Auf je einen Teller Mehl, Semmelbrösel und 1 verquirltes Ei geben. 100 g Brie in 4 gleich große Stücke schneiden. Die Stücke zunächst im Mehl wälzen, dann durch die Eiermasse ziehen und schließlich in den Semmelbröseln wenden. Die Briestücke in etwas Öl anbraten, bis sie von allen Seiten goldbraun sind. Den Salat mit der Vinaigrette beträufeln, den gebratenen Käse darauf anrichten und mit je 3–4 Walnusskernhälften garnieren. Sofort servieren.

VORNE LINKS Paprika-Walnuss-Vinaigrette
VORNE RECHTS Sherry-Orangen-Vinaigrette

GURKEN-VINAIGRETTE

**Für 4 Personen · Zubereitungszeit ca. 15 Min.
pro Portion 70 kcal**

1/2 Salatgurke (ca. 200 g) · Salz
10 g frischer Ingwer
1/2 TL getrocknete grüne Pfefferkörner
1/2 Bund Koriandergrün
1 EL Reisessig · 1 TL Zucker
3 EL Orangensaft · 2 EL Traubenkernöl
1 TL geröstetes Sesamwürzöl

1 Die Gurke mit dem Sparschäler schälen und längs
halbieren. Die Kerne mit einem Teelöffel herauskratzen.
Ca. ein Viertel des Gurkenfruchtfleisches sehr fein
würfeln und beiseitestellen. Die restliche Gurke grob
zerkleinern und etwas salzen.

2 Ingwer schälen und fein reiben. Pfefferkörner im Mörser
zerstoßen. Koriandergrün waschen und trocken schütteln, die Blättchen und zarten Stängel fein hacken.

3 Den Essig mit dem Zucker und Orangensaft verrühren,
bis sich der Zucker aufgelöst hat. Beide Ölsorten unterschlagen. Die grob zerteilten Gurkenstücke und den
Ingwer dazugeben und mit dem Pürierstab fein pürieren. Mit Salz und Pfeffer würzen.

4 Das Koriandergrün und die Gurkenwürfelchen unter
die Vinaigrette mischen. Die Vinaigrette passt zu
Kopfsalat, Avocado, Roten Beten, Knollensellerie
und grünen Linsen.

AROMA-TIPP
Für mehr Schärfe 1–2 fein gehackte grüne Chilischoten mit dem Koriander und den Gurkenwürfelchen unter die Vinaigrette mischen.

TAUSCH-TIPP
Wenn Sie weder Koriander noch Sesamöl mögen,
nehmen Sie stattdessen glatte Petersilie und
Kürbiskernöl.

FEINES KRÄUTER-DRESSING

perfekt für Frühlings- und Sommersalate

**Für 4 Personen · Zubereitungszeit ca. 15 Min.
pro Portion 140 kcal**

1/4 Bund glatte Petersilie
1/4 Bund Dill
8 Schnittlauchhalme
1/2 Kästchen Gartenkresse
5 EL Milch
2 TL scharfer Senf
60 g Frischkäse (16 % Fett)
100 g Mayonnaise
Salz · Pfeffer

1 Petersilie, Dill und Schnittlauch waschen und trocken
schütteln. Petersilienblättchen und Dillspitzen abzupfen und sehr fein hacken. Den Schnittlauch in feine
Röllchen schneiden. Die Kresse mit einer Küchenschere
vom Beet schneiden und fein hacken.

2 Die Kräuter mit der Milch und dem Senf in einem
hohen Rührbecher mit dem Pürierstab fein pürieren.

3 Den Frischkäse und die Mayonnaise dazugeben und
alles nochmals durchmixen. Das Dressing mit Salz und
Pfeffer würzen. Das Dressing passt zu Gurke, Zucchini
(roh, gegrillt oder gebraten), Kopfsalat, Salatherzen,
Kartoffeln und Nudeln.

TURBO-TIPP
Wenn es schnell gehen soll oder Sie das Dressing
außerhalb der Kräutersaison zubereiten möchten,
ersetzen Sie die frischen Kräuter durch 2 Päckchen
TK-Kräutermischung.

AROMA-TIPP
Zusätzlich können Sie auch noch hart gekochte,
gehackte Eier unter das Dressing mischen.

JOGHURT-DILL-DRESSING

süßsäuerlich

Für 4 Personen · Zubereitungszeit ca. 10 Min.
pro Portion 120 kcal

1 Bio-Zitrone
1/2 Bund Dill (oder Zitronenthymian)
2 grüne Kardamomkapseln
250 g Joghurt
1 EL Agavensirup
1 1/2 EL Olivenöl
Salz · Pfeffer

1 Die Zitrone heiß waschen und trocken reiben, 2 TL Zitronenschale abreiben. Den Dill waschen und trocken schütteln. Einige Dillspitzen für die Deko beiseitelegen, den Rest fein hacken. Die Kardamomkapseln aufbrechen und die Samen im Mörser fein zerstoßen.

2 Den Joghurt mit dem Agavensirup glatt rühren, dann das Öl unterschlagen. Die Zitronenschale, den gehackten Dill und die Kardamomsamen untermischen. Das Dressing mit Salz und Pfeffer abschmecken.

DAS SCHMECKT DAZU
Das Dressing passt zu Gurken, Kopfsalat und einem Salat aus Kartoffeln, Apfel, Senfgurke und gekochtem Ei.

MINZE-JOGHURT-DRESSING

leicht und frisch

Für 4 Personen · Zubereitungszeit ca. 15 Min.
pro Portion 150 kcal

1 Bio-Limette
2 möglichst frische Knoblauchzehen
6 Stängel frische Minze
300 g griechischer Joghurt (10 % Fett)
2 EL Olivenöl
2 TL Zucker
Salz · Pfeffer

1 Die Limette heiß waschen und trocken reiben, 1 TL Limettenschale abreiben und 1 EL Saft auspressen. Den Knoblauch schälen und sehr fein hacken. Die Minze waschen und trocken schütteln. Die Blättchen abzupfen und übereinanderlegen. Erst in schmale Streifen, dann in Stückchen schneiden.

2 Den Joghurt mit dem Limettensaft und dem Öl glatt rühren und mit Zucker, Salz und Pfeffer abschmecken. Die Limettenschale, den Knoblauch und die Minze unter den Joghurt mischen.

AROMA-TIPP
Zusätzlich können Sie noch geröstete Pinienkerne unter das Dressing mischen.

DAS SCHMECKT DAZU
Das Dressing macht Gurke, Salatherzen und rohe oder gegrillte Zucchini perfekt an.

FETA-OLIVEN-DRESSING

mediterran

Für 4 Personen · Zubereitungszeit ca. 15 Min.
pro Portion 140 kcal

150 g Schafskäse (Feta)
120 ml Milch
25 g schwarze Oliven
25 g getrocknete Tomaten in Öl
4 Stängel Basilikum
Pfeffer
1/4 TL Chiliflocken
  (aus dem Asienladen)

1 Den Schafskäse zerbröckeln und mit der Milch in
einem Rührbecher mit dem Pürierstab fein pürieren.
Danach evtl. durch ein Sieb streichen.

2 Die Oliven vom Stein schneiden und sehr fein würfeln.
Die Tomaten abtropfen lassen und ebenfalls fein wür-
feln. Das Basilikum waschen und trocken tupfen, die
Blättchen abzupfen und fein hacken.

3 Oliven, Tomaten und Basilikum unter die Schafskäsecreme heben. Das Dressing mit Pfeffer und Chiliflocken
pikant abschmecken.

DAS SCHMECKT DAZU
Das Dressing harmoniert mit Tomaten, Staudensellerie, Gurke, gegrillten Auberginen und Zucchini
sowie Ofenkartoffeln.

GORGONZOLA-DRESSING

kräftig und würzig

Für 4 Personen · Zubereitungszeit ca. 15 Min.
pro Portion 120 kcal

80 ml Gemüsebrühe (Instant)
70 g milder Gorgonzola
100 g Frischkäse (16 % Fett)
1 TL Birnendicksaft
Cayennepfeffer
Pfeffer
einige Chilifäden

1 Die Brühe in einen kleinen Topf geben und aufkochen.
Den Gorgonzola entrinden und zerkleinern. Die Brühe
vom Herd nehmen und den Käse darin unter Rühren
schmelzen. Die Mischung abkühlen lassen.

2 Den Frischkäse und den Birnendicksaft dazugeben
und mit dem Pürierstab fein pürieren. Das Dressing
mit Cayennepfeffer und Pfeffer kräftig würzen. Die Chilifäden hacken und darüberstreuen.

DAS SCHMECKT DAZU
Ob zu Tomaten (mit Basilikum), zu Feldsalat,
Radicchio, Endivie oder Friséesalat (mit Birne),
zu Chicorée (mit Pink-Grapefruit-Filets) oder zu
Spargel – das Dressing passt immer.

KRESSESALAT
MIT LAUWARMEN QUARKRÖLLCHEN

zum Gästebeeindrucken

**Für 4 Personen · Zubereitungszeit ca. 50 Min.
pro Portion 340 kcal**

Für die Vinaigrette:
Saft von 1/2 Orange
1 TL Dijonsenf mit Honig
2 TL Honig
3 EL Weißweinessig
Salz · Pfeffer
5 EL Nussöl (z. B. Mandelöl)
Für den Salat:
50 g Brunnen- und Kapuzinerkresse
50 g Portulak
2 Kästchen Gartenkresse
Für die Quarkröllchen:
250 g Quark
1 Ei (Größe M)
5 EL frisch geriebener Parmesan
3 EL Toastbrotbrösel
Salz · Pfeffer
1 dickerer Zucchino (350 g)
Außerdem:
Zahnstocher zum Feststecken
3 EL Nussöl (z. B. Mandelöl) zum Braten

1 Den Orangensaft mit dem Senf, dem Honig, dem Essig sowie Salz, Pfeffer und 5 EL Nussöl zu einer Vinaigrette verrühren.

2 Die Brunnen- und Kapuzinerkresse sowie den Portulak waschen und trocken schütteln, größere Blätter kleiner schneiden. Die Gartenkresse mit einer Küchenschere vom Beet schneiden. Alles auf vier Teller verteilen.

3 Den Quark mit dem Ei, dem Parmesan und den Brotbröseln verrühren und mit Salz und Pfeffer würzen.

4 In einem großen Topf reichlich Salzwasser aufkochen. Den Zucchino waschen, putzen und längs in möglichst dünne Scheiben schneiden. Diese in dem kochenden Salzwasser blanchieren, bis sie biegsam sind. In ein Sieb abgießen, mit kaltem Wasser abschrecken und trocken tupfen.

5 Die Zucchinischeiben mit der Quarkcreme bestreichen, aufrollen und mit Zahnstochern feststecken.

6 Das übrige Öl in einer beschichteten Pfanne erhitzen und die Röllchen darin rundherum bei starker Hitze 2–3 Min. braten. Den Salat mit der Vinaigrette beträufeln und die lauwarmen Quarkröllchen darauf anrichten. Sofort servieren.

TOPPING-VARIANTE
Zum Kressesalat passen auch **knusprige Käsespieße** perfekt: Für 4 Spieße 4 EL Semmelbrösel mit 2 EL frisch geriebenem Parmesan mischen. 1 Ei (Größe M) mit Salz und Pfeffer verquirlen. 2 Kugeln Mozzarella (je 125 g) in 2 cm große Würfel schneiden und auf vier Spieße stecken. Die Spieße erst im Ei, dann in den Bröseln wenden. 2 EL Butter in einer beschichteten Pfanne erhitzen, 2 EL Rosmarinnadeln einstreuen und die Spieße darin rundum knusprig braten.

RADIESCHENSALAT MIT KRESSE

die Mischung macht's

**Für 4 Personen · Zubereitungszeit ca. 20 Min.
Marinierzeit mind. 15 Min. · pro Portion 305 kcal**

200 g Radieschen
200 g Salatgurke
100 g Staudensellerie
1/2 säuerlicher Apfel (z. B. Boskop)
100 g alter Gouda (am Stück)
100 g leichte Salatmayonnaise
100 g Joghurt
3 EL Apfelessig
Salz · Pfeffer
1 Bund Rucola
4 Scheiben Vollkornbrot (je mind. 10 cm Ø)
1 Kästchen Gartenkresse
Außerdem:
4 Dessertringe (je 10 cm Ø)

1 Radieschen waschen, putzen und in Stifte schneiden. Die Gurke schälen, längs halbieren, entkernen und fein würfeln. Den Staudensellerie waschen, putzen und fein würfeln. Den Apfel waschen, das Kerngehäuse entfernen und das Fruchtfleisch fein würfeln. Den Käse entrinden und fein würfeln.

2 Für das Dressing Mayonnaise, Joghurt und Essig verrühren. Mit Salz und Pfeffer abschmecken. Die vorbereiteten Zutaten mit dem Dressing mischen. Den Salat mindestens 15 Min. durchziehen lassen.

3 Rucola verlesen, waschen und trocken schleudern. Grobe Stiele entfernen, Blätter klein zupfen. Aus dem Brot mit den Dessertringen Kreise ausstechen und mit den Ringen auf vier Teller verteilen.

4 Den Salat auf die Ringe verteilen und die Ringe entfernen. Oder mit einem Messer Kreise oder Rechtecke aus den Broten ausschneiden und den Salat darauf verteilen. Den Rucola um die Brote anrichten. Kresse vom Beet schneiden und den Salat damit bestreuen.

EISSALAT MIT SPROSSEN UND TOFU

mit Ingwerfrische

**Für 4 Personen · Zubereitungszeit ca. 45 Min.
pro Portion 265 kcal**

4 EL Erdnussöl
6 EL frisch gepresster Zitronensaft
3 EL Sojasauce
1 TL gemahlener Ingwer
2 Knoblauchzehen · 250 g Tofu
30 g frischer Ingwer
80 g saure Sahne
1 TL mittelscharfer Senf
1 EL Honig · Salz
250 g Eissalat
100 g Sojabohnensprossen
150 g Rettich · 150 g Champignons
Außerdem:
Backpapier für das Blech

1 Den Backofen auf 200° (Umluft 180°) vorheizen.
1 EL Öl, 3 EL Zitronensaft, die Sojasauce und den gemahlenen Ingwer verrühren. 1 Knoblauchzehe schälen und dazupressen. Den Tofu ausdrücken, würfeln, mit der Marinade mischen und auf ein mit Backpapier ausgelegtes Backblech geben. Im heißen Ofen (Mitte) ca. 15 Min. backen, bis er goldbraun ist.

2 Inzwischen den Ingwer schälen und fein reiben. Mit saurer Sahne, restlichem Öl und Zitronensaft sowie dem Senf und Honig verrühren. Restlichen Knoblauch schälen und dazupressen. Das Dressing salzen und evtl. noch mit 2–3 EL Wasser verdünnen.

3 Den Eissalat putzen, den Strunk entfernen. Die Blätter waschen, trocken schleudern und in Streifen schneiden. Die Sprossen mit kochendem Wasser überbrühen, 15 Sek. ziehen lassen, in ein Sieb gießen und abtropfen lassen. Den Rettich schälen und in Stifte schneiden. Die Pilze putzen, dann in Scheiben schneiden. Alles auf vier Tellern anrichten und mit dem Dressing beträufeln. Den Tofu salzen und darüberstreuen.

SPARGELTATAR MIT KÄSE

mit weißem und grünem Spargel gut

Für 4 Personen · Zubereitungszeit ca. 20 Min.
pro Portion 315 kcal

500 g Spargel
2 Frühlingszwiebeln
1/2 Bund Basilikum
1 EL Zitronensaft
3 EL Olivenöl
2 EL Walnuss- oder Haselnussöl
Salz · Pfeffer
2 EL gehackte Haselnusskerne
4 kleine runde Ziegenkäse (je ca. 45 g)

1 Den Spargel waschen, schälen und die holzigen Enden
abschneiden. Den Spargel in Stücke schneiden und
im Blitzhacker hacken. Die Frühlingszwiebeln putzen,
waschen und fein schneiden. Das Basilikum waschen
und trocken schütteln, die Blätter abzupfen und ebenfalls fein schneiden.

2 Den Zitronensaft mit 2 EL Olivenöl und 1 1/2 EL Nussöl
mixen, den Spargel, die Frühlingszwiebeln und das
Basilikum untermengen, die Mischung salzen und
pfeffern. Die Haselnüsse im übrigen Nussöl anrösten.

3 Den Backofengrill anheizen. Die Ziegenkäse in einer
feuerfesten Form mit dem übrigen Olivenöl bepinseln
und im heißen Backofen 10 cm unterhalb der Grillschlangen 5 Min. bräunen. Tatar, Käse und Nüsse auf
vier Tellern anrichten.

MARINIERTER SPARGEL

knackig & pfefferwürzig

Für 4 Personen · Zubereitungszeit ca. 15 Min.
Marinierzeit 2 Std. · pro Portion 155 kcal

1 kg grüner Spargel
Salz · 1 Zitronenscheibe
2 Lorbeerblätter
2 TL frische grüne Pfefferkörner (ersatz-
    weise eingelegte Körner aus dem Glas)
2 EL Weißweinessig
4 EL Rapsöl
je 1 TL rosenscharfes und
    edelsüßes Paprikapulver

1 Den Spargel waschen, falls nötig schälen und die holzigen Enden abschneiden.

2 In einem großen Topf reichlich Wasser mit Salz, der
Zitronenscheibe und den Lorbeerblättern zum Kochen
bringen. Den Spargel darin in 6–7 Min. bissfest garen.

3 Inzwischen die Pfefferkörner waschen und grob
hacken. Den Essig mit 4 EL Spargelsud und dem Öl
verrühren, mit Salz und Paprikapulver abschmecken,
den Pfeffer unterrühren.

4 Den Spargel aus dem Wasser heben, auf einer Platte
anrichten und mit der Marinade begießen, 2 Std. ziehen lassen. Mit frischem Weißbrot servieren.

KARTOFFEL-SPARGEL-SALAT

frühlingsleicht & kräuterfrisch

**Für 4 Personen · Zubereitungszeit ca. 1 Std. 30 Min.
pro Portion 360 kcal**

600 g festkochende Kartoffeln · Salz
5 EL Weißweinessig · 5 EL Sonnenblumenöl
180 ml Gemüsebrühe (Instant) · Pfeffer
500 g weißer Spargel · 150 g TK-Erbsen
3 Frühlingszwiebeln · 50 g Bärlauch
1 Bund Kräuter für Grüne Sauce
1 EL Senf · 200 g saure Sahne

1 Die Kartoffeln waschen und ungeschält in einem Topf
   mit Salzwasser bedeckt in 25–30 Min. bei mittlerer
   Hitze gar kochen. Abgießen und kurz abkühlen lassen,
   dann noch warm pellen und in Scheiben schneiden.
   Die Scheiben in eine Salatschüssel geben. Essig und
   Öl mit 100 ml Brühe verrühren und darübergießen.
   Salzen und pfeffern und gut mischen.

2 Spargel schälen, die holzigen Enden abschneiden und
   die Stangen quer dritteln. In Salzwasser 12–15 Min.
   garen, für die letzten 2 Min. der Garzeit die Erbsen
   zugeben. Den Spargel und die Erbsen abgießen,
   abtropfen lassen und zu den Kartoffeln geben.

3 Die Frühlingszwiebeln putzen, waschen und in Ringe
   schneiden. Bärlauch und Kräuter waschen und trocken
   schütteln, die Blätter hacken und mit der übrigen
   Brühe pürieren. Mit Senf, Sahne und den Frühlingszwiebeln verrühren und unter den Salat mischen.

SPARGELSALAT MIT SHIITAKE-PILZEN

exotisch leicht

**Für 4 Personen · Zubereitungszeit ca. 40 Min.
pro Portion 250 kcal**

500 g weißer Spargel
200 g Shiitake-Pilze
100 g Möhren
3 EL Rapsöl · Salz · Pfeffer
50 g Salatblätter
50 g Sojabohnensprossen
3 EL Zitronensaft
3 EL helle Sojasauce
1 TL Zucker

1 Den Spargel waschen, die holzigen Enden abschneiden. Die Stangen schälen und schräg in mundgerechte
   Stücke schneiden. Die Pilze mit feuchtem Küchenpapier abreiben, die Stiele entfernen, die Hüte halbieren.
   Möhren schälen und in kurze, feine Streifen schneiden.

2 Das Öl in einer großen Pfanne erhitzen. Den Spargel
   und die Pilze darin ca. 5 Min. braten. Die Möhren für
   die letzte Min. dazugeben. Salzen und pfeffern, vom
   Herd nehmen und abkühlen lassen.

3 Salatblätter und Sprossen waschen und trocken schütteln bzw. tupfen. Den Salat grob zerzupfen und mit
   den Sprossen unter die Spargel-Pilz-Mischung mengen.
   Den Zitronensaft mit der Sojasauce und dem Zucker
   verrühren. Die Marinade unter den Salat mischen und
   diesen mit Pfeffer abschmecken.

DER LIEBLINGSKLASSIKER

TÜRKISCHE SALATPLATTE

kulinarischer Orient-Express

Für 4 Personen · Zubereitungszeit ca. 50 Min.
pro Portion 585 kcal

Für das Cacik:
1/2 Salatgurke · Salz
2 Knoblauchzehen
300 g Sahnejoghurt
2 EL frisch gepresster Zitronensaft
2 EL Olivenöl
1 TL getrockneter Dill
weißer Pfeffer

Für den Bohnensalat:
400 g weiße Bohnen (aus der Dose)
1 rote Zwiebel
3 Stängel Petersilie
2 EL frisch gepresster Zitronensaft
5 EL Olivenöl
2 TL edelsüßes Paprikapulver
Salz · Pfeffer · Zucker

Für den Gurken-Tomaten-Salat:
4 Tomaten
1 Salatgurke
1 Bund Koriandergrün
1/2 rote Zwiebel
2 EL Rotweinessig
4 EL Olivenöl
Salz · Pfeffer

Außerdem:
1/2 kleiner Eissalat
1 türkisches Fladenbrot

1 Für das Cacik die Gurke schälen, längs halbieren, entkernen und mit der Gemüsereibe grob raspeln. Mit 1/2 TL Salz mischen und in einem Sieb abtropfen lassen. Den Knoblauch schälen.

2 Joghurt mit Zitronensaft, Olivenöl und Dill verrühren, den Knoblauch dazupressen und unterrühren.

3 Für den Bohnensalat die Bohnen in ein Sieb abgießen, kalt waschen und abtropfen lassen. Zwiebel schälen, halbieren und in schmale Spalten schneiden. Die Petersilie waschen, trocken schütteln, die Blätter abzupfen und fein hacken. Zitronensaft, Öl und Paprikapulver verrühren. Die Bohnen, Petersilie und Zwiebelspalten dazugeben. Den Salat mit Salz, Pfeffer und Zucker würzen.

4 Für den Gurken-Tomaten-Salat die Tomaten und die Gurke waschen. Die Tomaten halbieren, entkernen, die Stielansätze entfernen und das Fruchtfleisch würfeln. Die Gurke längs halbieren, entkernen, nochmals längs halbieren und in dünne Scheiben schneiden.

5 Den Koriander waschen, trocken schütteln, die Blätter abzupfen und fein hacken. Die Zwiebel schälen und in feine Würfel schneiden. Essig und Öl verrühren, Gurke, Tomaten, Koriander und Zwiebel dazugeben, gründlich mischen, salzen und pfeffern.

6 Den Backofen auf 200° (Umluft 180°) vorheizen. Den Eissalat zerpflücken, waschen, trocken schleudern und in Streifen schneiden. Das Fladenbrot im heißen Ofen (Mitte) 6–8 Min. aufbacken. Für das Cacik die Gurke ausdrücken und unter den Kräuterjoghurt rühren. Mit Salz und Pfeffer würzen. Beide Salate nochmals abschmecken.

7 Den Eissalat auf vier Teller verteilen und die Salate darauf anrichten. Das Cacik in Schälchen dazustellen. Das Fladenbrot in Scheiben schneiden, dazulegen und alles servieren.

ARTISCHOCKEN-AUBERGINEN-SALAT

kleiner Sommer-Luxus

**Für 2 Personen · Zubereitungszeit ca. 25 Min.
pro Portion 280 kcal**

1 Aubergine (ca. 350 g) · 4 EL Olivenöl
4 Artischockenherzen (aus dem Glas)
10 Cocktailtomaten
1 Stängel Petersilie · 1 Knoblauchzehe
2 EL Weißweinessig · Salz · Pfeffer
12 schwarze Oliven ohne Stein
Außerdem:
Backpapier für das Blech

1 Den Ofen auf 200° (Umluft 180°) vorheizen. Die Aubergine waschen, putzen, zebra-streifig schälen und in
Scheiben schneiden.

2 Die Auberginenscheiben auf ein mit Backpapier ausgelegtes Blech legen und mit 2 EL Olivenöl bepinseln.
Im heißen Ofen (Mitte) ca. 5 Min. backen, bis die Scheiben leicht gebräunt sind. Dann wenden, die andere

Seite ebenfalls mit etwas Öl bepinseln und die Auberginenscheiben weitere 5 Min. backen.

3 Die Artischocken abtropfen lassen und achteln.
Die Tomaten waschen und halbieren. Die Petersilie
waschen und trocken schütteln. Die Blätter vom
Stängel zupfen und fein hacken.

4 Den Knoblauch schälen und fein hacken. Mit dem
restlichen Olivenöl, Essig und 4 EL Wasser verrühren,
das Dressing salzen und pfeffern.

5 Die Auberginenscheiben zum Dressing geben, vorsichtig darin wenden und wieder herausheben. Die Scheiben kreisförmig auf zwei Tellern verteilen.

6 Nun die Artischocken im Dressing wenden und zusammen mit den Tomaten und den Oliven auf den Auberginen anrichten. Das restliche Dressing darüberträufeln
und den Salat mit der Petersilie bestreut servieren.

ZUCCHINISALAT MIT KAPERN

fix angemacht

**Für 2 Personen · Zubereitungszeit ca. 15 Min.
pro Portion 415 kcal**

2 Zucchini (ca. 350 g)
2 Tomaten
2 Schalotten
1 Knoblauchzehe
80 g Pesto alla genovese
   (aus dem Glas)
3 EL Weißweinessig
3 EL Olivenöl
Salz · Pfeffer
1/2 TL Honig
80 g Kapern
   (aus dem Glas)

1 Die Zucchini und die Tomaten waschen. Die Zucchini
putzen und in möglichst dünne Scheiben schneiden.
Die Tomaten achteln, dabei die Stielansätze entfernen.
Die Schalotten schälen und fein hacken.

2 Für das Dressing den Knoblauch schälen und fein
hacken. Knoblauch mit den Schalotten, dem Pesto,
dem Weinessig und dem Olivenöl verrühren und das
Dressing mit Salz, Pfeffer und Honig abschmecken.

3 Die abgetropften Kapern mit dem Gemüse mischen,
das Dressing darübergeben, alles gut unterheben und
den Salat sofort servieren.

CREMIGE VARIANTE
Geben Sie dem Salat doch einmal eine cremige
Note: Dafür das Fruchtfleisch von 1/2 vollreifen
Avocado pürieren und statt des Pestos unter das
Dressing mischen. Das Fruchtfleisch der anderen
Avocadohälfte würfeln und über den Salat streuen.

KRÄUTERSALAT MIT VERLORENEN EIERN

reich an Vitamin C und Mineralstoffen

SPINATSALAT MIT AVOCADODRESSING

… und Knuspernüssen

Für 4 Personen · Zubereitungszeit ca. 20 Min.
pro Portion 535 kcal

2 gekochte Kartoffeln (ca. 120 g)
2 TL Senf
4 EL Apfelessig
10 EL Rapsöl · Salz
Pfeffer · Zucker
3–4 Bund gemischte, großblättrige Kräuter
  (z. B. Basilikum, Bärlauch, Rucola)
6 EL Essig · 4 frische Eier (Größe M)

1 Für das Dressing die Kartoffeln pellen und fein zerdrücken. Mit Senf und Apfelessig verrühren, dann mit
einem Schneebesen das Öl unterschlagen. Mit Salz,
Pfeffer und 1 guten Prise Zucker würzen.

2 Die Kräuter waschen, trocken schütteln und von den
Stängeln zupfen bzw. die Stiele abschneiden. In einer
Schüssel mit dem Dressing mischen.

3 Für die verlorenen Eier 1 l Wasser mit 2 EL Salz und
dem Essig aufkochen. Die Eier einzeln in Tassen aufschlagen und nacheinander vorsichtig aus geringster
Höhe in das kochende (!) Wasser gleiten lassen.
4 Min. leise köcheln lassen. Mit einer Schaumkelle vorsichtig aus dem Wasser heben und abtropfen lassen.

4 Den Salat auf vier Teller verteilen und die Eier darauf
anrichten. Dazu schmeckt gebuttertes Toastbrot.

Für 4 Personen · Zubereitungszeit ca. 20 Min.
pro Portion 435 kcal

400 g frischer junger Blattspinat
2 reife Avocados
Saft und Schale von 2 Bio-Limetten
2 EL Walnussöl · Salz · Pfeffer
20 Cocktailtomaten
4 EL Walnusshälften (knapp 50 g)

1 Den Blattspinat waschen und verlesen, gut abtropfen
lassen. Grobe Stiele von den Blättern entfernen, zarte
Stiele können dran bleiben.

2 Für das Dressing die Avocados halbieren und jeweils
den Kern entfernen. Das Fruchtfleisch mit einem Löffel
aus der Schale lösen und sofort mit Limettensaft
mischen. Mit einem Wiegemesser klein hacken oder
mit einem Messer in feine Würfel schneiden. Limettenschale und Öl unterrühren und das Dressing mit Salz
und Pfeffer abschmecken.

3 Die Cocktailtomaten waschen und halbieren. Die Walnusshälften grob hacken und in einer Pfanne ohne Fett
anrösten, bis sie duften.

4 Den Spinat und die Cocktailtomaten auf einem großen Teller anrichten und das Dressing darüberträufeln.
Mit den Knuspernüssen bestreut servieren. Dazu
schmeckt Nussbrot.

WÜRZIGER TOFU
AUF SALAT

schneller Veganer

**Für 4 Personen · Zubereitungszeit ca. 25 Min.
pro Portion 505 kcal**

1 großer Kopfsalat · je 1 gelbe und rote
Paprikaschote · 1 kleine Salatgurke
200 g Gemüsemais (aus der Dose)
2 EL Zitronensaft · 4 TL Senf
4 EL Rapsöl · Salz · Pfeffer · 800 g Tofu
4 TL edelsüßes Paprikapulver · 8 TL Currypulver
Außerdem:
Öl zum Braten

1 Den Salat waschen, putzen und in mundgerechte
Stücke zupfen. Paprikaschoten waschen, putzen und
in Streifen schneiden. Die Gurke waschen, längs halbieren und quer in dünne Scheiben schneiden. Den
Mais abtropfen lassen, dabei das Wasser auffangen.

2 Aus 8 EL Maiswasser, Zitronensaft, Senf und Rapsöl ein
Dressing rühren und mit Salz und Pfeffer abschmecken.

3 Den Tofu in 1/2 cm dicke Scheiben schneiden. Paprikapulver, Currypulver und 2 TL Salz mischen und die Tofuscheiben darin wenden, sodass sie rundherum mit den
Gewürzen bepudert sind. Etwas Öl in einer beschichteten Pfanne erhitzen und die Scheiben darin portionsweise von jeder Seite ca. 1 Min. braten.

4 Die Salatzutaten mit dem Dressing mischen und die
Tofuscheiben mit dem Salat anrichten.

BASILIKUMSALAT

mit würzigen Seitlingen

**Für 4 Personen · Zubereitungszeit ca. 25 Min.
pro Portion 290 kcal**

2 gekochte Kartoffeln
1 gehäufter TL Senf
3 EL Apfelessig · 10 EL Rapsöl
Salz · Pfeffer · Zucker
2 Bund großblättriges Basilikum
2 Romanasalatherzen
600 g Kräuterseitlinge (oder andere Pilze wie
   Champignons, Austernpilze, Pfifferlinge)
2 Knoblauchzehen · 1 TL Kürbiskernöl

1 Für das Salatdressing die Kartoffeln pellen und mit
einer Gabel fein zerdrücken. Mit Senf und Essig verrühren, 8 EL Öl unterschlagen. Das Dressing mit Salz,
Pfeffer und 1 Prise Zucker würzen.

2 Das Basilikum waschen und die Blätter abzupfen.
Den Salat ebenfalls waschen, die Blätter zerzupfen.
Beides trocken schütteln oder tupfen.

3 Die Pilze putzen und längs in Scheiben schneiden.
Den Knoblauch schälen und fein hacken. Restliches
Rapsöl in einem Wok oder in einer Pfanne erhitzen und
den Knoblauch und die Pilze darin unter ständigem
Rühren ca. 4 Min. braten. Mit Salz und Pfeffer würzen
und das Kürbiskernöl untermischen.

4 Das Basilikum und den Salat mit dem Dressing
mischen. Auf vier Teller verteilen und die gebratenen
Pilze darauf anrichten. Dazu schmeckt Nussbrot.

RUCOLASALAT MIT GEBRATENEN PFIRSICHEN UND HALLOUMI

raffinierte Sommer-Vorspei-

**Für 4 Personen · Zubereitungszeit ca. 35 Min.
pro Portion 480 kcal**

2 Handvoll Rucola
2 EL Himbeeressig
2 TL brauner Zucker
8 EL Olivenöl · 1 EL Naturjoghurt
Salz · Pfeffer
4 reife Pfirsiche
2–3 kleine Zweige Thymian
1 EL Zitronensaft
250 g Halloumi (zyprischer Schafskäse)

1 Für den Rucolasalat Rucola waschen und trocken schleudern. Für die Salatsauce den Himbeeressig mit 1 guten Prise Zucker, 4 EL Olivenöl und dem Joghurt verrühren. Die Sauce mit Salz und Pfeffer abschmecken.

2 Die Pfirsiche waschen, trocken tupfen, halbieren und entsteinen. Den Thymian waschen und trocken schütteln, die Blättchen von den Zweigen streifen. Die Pfirsiche mit den Thymianblättchen, 2 EL Olivenöl, dem Zitronensaft und dem restlichen Zucker vermischen.

3 Den Halloumikäse in ca. 1 cm dicke Scheiben schneiden. Eine Grillpfanne oder eine beschichtete Pfanne erhitzen. Die Pfirsichhälften darin von beiden Seiten je ca. 1–2 Min. anbraten, bis sie eine braune Farbe angenommen haben. Die Pfirsichhälften herausnehmen, die Pfanne säubern.

4 Die restlichen 2 EL Olivenöl in der Pfanne erhitzen und die Käsescheiben darin kurz von beiden Seiten je 1–2 Min. anbraten.

5 Den Rucolasalat mit der Salatsauce mischen, mit den Pfirsichen und dem gebratenen Käse anrichten und sofort servieren.

TAUSCH-TIPP
Statt des aus Zypern stammenden Halloumi können Sie auch schnittfesten Schafskäse (Feta) verwenden. Dann die Käsescheiben vor dem Anbraten in etwas Mehl oder Grieß wenden.

HERBST-VARIANTE
FELDSALAT MIT LINSENVINAIGRETTE

**Für 4 Personen · Zubereitungszeit ca. 50 Min.
pro Portion 380 kcal**

- Für die Linsenvinaigrette 100 g kleine grüne Puy-Linsen oder schwarze Linsen (Beluga- oder Champagnerlinsen) in 15–20 Min. in Wasser kochen, in ein Sieb abgießen und kalt abschrecken.
- 3 EL Apfelessig, 1 TL Honig, Salz, Pfeffer, 2 EL Kürbiskernöl und 4 EL Sonnenblumenöl gründlich verrühren. Linsen untermischen.
- 2 reife Birnen waschen, abtrocknen, vierteln und fächerartig aufschneiden. Mit 150 g geputztem, gewaschenem Feldsalat anrichten. Die Linsenvinaigrette darüberträufeln.
- 150 g Halloumi (zyprischer Schafskäse) wie im Rezept links beschrieben braten und zum Salat geben. Nach Belieben noch 1–2 EL leicht angeröstete Kürbis- oder Sonnenblumenkerne darüberstreuen.

SALAT AUS GRILLGEMÜSE

Raffiniertes aus mediterranen Gefilden

Für 4 Personen
Zubereitungszeit ca. 35 Min.
pro Portion 275 kcal

2–3 schlanke türkische Auberginen
600 g kleine feste Zucchini
6 EL Olivenöl
Salz · Pfeffer
1 EL Pinienkerne
1 Bund Rucola
200 g Cocktailtomaten
50 g Parmesan am Stück
2 EL Rotweinessig
1–2 EL kleine Basilikumblättchen

1 Die Auberginen und Zucchini waschen, putzen und quer in 1/2 cm dünne Scheiben schneiden. Diese in einer Schüssel in 4 EL Öl wenden.

2 Den Backofengrill oder die Grillpfanne anheizen bzw. heiß werden lassen. Die Gemüsescheiben auf einem Backblech unter dem Grill oder in der Grillpfanne bei mittlerer Hitze von beiden Seiten in 5–6 Min. hellbraun garen. Das Gemüse auf Küchenpapier abtropfen lassen. Leicht salzen und pfeffern.

3 Die Pinienkerne in einer Pfanne ohne Fett unter Rühren goldgelb rösten. Den Rucola verlesen, dabei dicke Stiele abschneiden. Die Blätter waschen und trocken schleudern. Die Tomaten waschen und quer halbieren. Den Parmesan in dünne Scheiben hobeln, z. B. mit dem Sparschäler.

4 Den Essig mit Salz, Pfeffer und dem restlichen Öl zu einer Marinade aufschlagen. Auberginen, Zucchini, Tomaten, Rucola, Pinienkerne, Parmesan und Basilikum in eine Salatschüssel geben.

5 Die Marinade darüberträufeln und behutsam untermengen. Den Salat abschmecken und vor dem Servieren noch einige Min. durchziehen lassen.

DAS SCHMECKT DAZU
Servieren Sie den Salat mit warmem Ciabattabrot. Ein Rezept dafür finden Sie auf S. 182.

GRATIN-VARIANTE
AUBERGINEN-ZUCCHINI-GRATIN

Für 4 Personen · Zubereitungszeit ca. 1 Std. 15 Min.
Backzeit 1 Std. · pro Portion 240 kcal

- 700 g Eiertomaten waschen, die Stielansätze entfernen. Die Hälfte der Tomaten überbrühen, häuten und würfeln. Je 1 Schalotte und Knoblauchzehe schälen, fein würfeln und in 1 EL Olivenöl glasig dünsten. Die Tomatenwürfel zugeben und offen bei schwacher Hitze 15 Min. garen. Salzen, pfeffern und 1 EL frisch gehacktes Basilikum unterrühren.

- Den Backofen auf 180° vorheizen. 200 g Zwiebeln schälen, klein schneiden und in 1 EL Olivenöl glasig dünsten. Vom Herd nehmen. Je 600 g Auberginen und Zucchini waschen, putzen und mit den restlichen Tomaten in ca. 1/2 cm dicke Scheiben schneiden. Eine Grillpfanne mit Olivenöl auspinseln und die Auberginen und Zucchini darin portionsweise bei mittlerer Hitze von jeder Seite 2–3 Min. braten.

- Eine Auflaufform mit Olivenöl ausstreichen. Die gedünsteten Zwiebeln und die Tomatensauce einfüllen. Darauf je eine Lage Auberginen-, Tomaten- und Zucchinischeiben geben. Jeweils salzen, pfeffern, mit etwas frisch gehacktem Rosmarin und frischen Thymianblättchen bestreuen und mit etwas Olivenöl beträufeln. Mit 3 EL geriebenem Parmesan bestreuen und im Ofen (Mitte, Umluft 160°) 1 Std. backen.

MANGOSALAT MIT ZIEGENKÄSE-CROSTINI

kulinarische Weltreise

**Für 4 Personen · Zubereitungszeit ca. 30 Min.
pro Portion 405 kcal**

1 Bio-Limette · 1 Schalotte
1 Knoblauchzehe
1 frische rote Chilischote
2 EL Öl (z. B. Distelöl)
1 TL edelsüßes Paprikapulver
4 TL Honig · Salz · Pfeffer
2 kleine reife Mangos
250 g Cocktailtomaten
1 Handvoll Basilikumblätter
4 Scheiben Bauernbrot (je mind. 13 cm Ø)
150 g Ziegenkäserolle
1–2 TL getrockneter Thymian

1 Die Limette heiß abwaschen und trocken reiben. Die
Schale abreiben und den Saft auspressen. Die Scha-
lotte und den Knoblauch schälen und fein würfeln.
Die Chilischote waschen, putzen und ohne Kerne fein

würfeln. 2 EL Limettensaft, 1 TL Limettenschale, Öl,
Paprikapulver und 2 TL Honig verrühren. Die Schalot-
ten-, Knoblauch- und Chiliwürfel dazugeben und das
Dressing mit Salz und Pfeffer abschmecken.

2 Die Mangos schälen. Das Fruchtfleisch vom Stein und
dann in mundgerechte Stücke schneiden. 400 g Fruchtfleisch mit dem Dressing mischen; den Rest anderweitig verwenden. Die Tomaten waschen und halbieren. Das Basilikum waschen und trocken schütteln.
Die Blätter abzupfen, streifig schneiden und mit den
Tomaten zur Mango geben.

3 Den Backofengrill anheizen. Das Brot im Toaster
toasten. Zwei Kreise mit ca. 6 cm Ø aus jeder Brotscheibe ausstechen. Den Ziegenkäse in 8 Scheiben
schneiden und auf die Brote legen. Je 1 Klecks Honig
daraufgeben, mit Thymian bestreuen und im heißen
Ofen (Mitte) 4–5 Min. überbacken. Den Salat auf vier
Teller verteilen, mit je zwei Käse-Crostini servieren.

SALATHERZEN MIT ORANGEN UND FETA

Frisches aus südlichen Gefilden

**Für 4 Personen · Zubereitungszeit ca. 25 Min.
pro Portion 295 kcal**

2 EL Pinienkerne
4 Orangen
3 EL Weißweinessig
4 Romana-Salatherzen
2 EL Sonnenblumenöl
Salz · Pfeffer
130 g Schafskäse (Feta)
12 getrocknete Tomaten in Öl
20 Basilikumblätter (nach Belieben)

1 Die Pinienkerne in einer Pfanne ohne Fett rösten, bis
sie leicht gebräunt sind. Von den Orangen die Schalen
samt weißer Haut mit einem scharfen Messer abschneiden, dabei den Saft auffangen. Die Orangen
in Scheiben schneiden, dabei wieder den Saft auffangen und sichtbare Kerne entfernen. Den Orangensaft
und den Essig verrühren.

2 Die Salatherzen waschen und längs halbieren. In einer
Pfanne 1 EL Öl erhitzen und die Hälfte der Salatherzen
bei starker Hitze mit der Schnittseite nach unten
1–2 Min. anbraten. Mit der Hälfte der Orangensaft-
Essig-Mischung ablöschen und zugedeckt 1–2 Min.
garen. Herausnehmen, beiseitestellen. Übrige Salatherzen genauso verarbeiten.

3 Die Orangenscheiben auf vier Teller verteilen. Die Salatherzen salzen und pfeffern und darauf anrichten.

4 Den Feta in Scheiben schneiden und mit den getrockneten Tomaten darauflegen. Mit den Pinienkernen und
nach Belieben mit Basilikumblättern garnieren.

| TAUSCH-TIPP
Alle, die es etwas herber mögen, können auch
Radicchio auf diese Art zubereiten.

DER LIEBLINGSKLASSIKER

HERBSTSALAT MIT CURRYKÜRBIS

gigantisch lecker

**Für 4 Personen · Zubereitungszeit ca. 40 Min.
pro Portion 350 kcal**

3 EL Aceto balsamico
1 TL Honig
6 EL Kürbiskernöl · Salz · Pfeffer
1 rote Paprikaschote
10 getrocknete Tomaten in Öl
2 EL Kürbiskerne
1/2 Hokkaido-Kürbis (ca. 350 g)
40 g Butterschmalz
1–2 TL Currypulver
1 kleine Staude Chicorée
100 g Feldsalat

1 Für das Dressing den Essig mit dem Honig verrühren und nach und nach das Kürbiskernöl unterschlagen. Das Dressing mit Salz und Pfeffer abschmecken.

2 Die Paprika halbieren, putzen, waschen und in Streifen schneiden. Die getrockneten Tomaten abtropfen lassen und in Streifen schneiden. Die Kürbiskerne in einer Pfanne unter Rühren ohne Fett rösten, bis sie sich leicht aufblasen und etwas gebräunt sind.

3 Den Kürbis gründlich waschen und den Stiel- und Blütenansatz entfernen. Hokkaido muss nicht geschält werden. Den Kürbis entkernen und in ca. 1 cm dicke Spalten schneiden.

4 Die Hälfte des Butterschmalzes in einer großen Pfanne erhitzen und die Hälfte der Kürbisspalten darin von beiden Seiten bei mittlerer Hitze je 4–5 Min. anbraten, bis sie gebräunt und fast gar sind. Dabei nach 2 Min. mit 1/2 TL Currypulver bestreuen. Auf Küchenpapier abtropfen lassen und mit Salz, Pfeffer und Currypulver würzen. Mit der zweiten Hälfte der Kürbisspalten genauso verfahren.

5 Den Chicorée zerpflücken. Feldsalat und Chicorée waschen und trocken schleudern, den Chicorée in feine Streifen schneiden.

6 Feldsalat und Chicorée auf vier Teller verteilen. Die Paprika- und Tomatenstreifen und die Kürbisspalten darauf anrichten. Den Salat mit dem Dressing beträufeln und mit den Kürbiskernen bestreut servieren.

PROFI-TIPP
Neben dem seit einigen Jahren alles dominierenden Hokkaido-Kürbis gibt es noch viele weitere schmackhafte **Kürbissorten.** Leider sind die meisten eher selten erhältlich. Wenn Sie einen gut sortierten Wochen- oder Bio-Markt in der Nähe haben, werden Sie im Herbst aber zumindest noch den Muskatkürbis, den Butternut-Kürbis, Patisson und Gelben und Roten Zentner finden, mit ein bisschen Glück auch Spaghettikürbis und Rondini. Insbesondere Butternut und Patisson eignen sich sehr gut als Alternative zum Hokkaido-Kürbis in diesem Salat. Im Gegensatz zum Hokkaido müssen diese beiden Sorten aber geschält werden. Ein besonderer Augenschmaus wird der Salat, wenn Sie gelbe oder grüne Minipatissons verwenden. Diese waschen, putzen, halbieren und in der Pfanne 6–7 Min. von allen Seiten anbraten.

FENCHELSALAT MIT DATTELN

aromatischer Herbstgruß

**Für 4 Personen · Zubereitungszeit ca. 20 Min.
pro Portion 225 kcal**

6 Datteln (frisch oder getrocknet)
1 Zitrone
3 EL Öl
Salz · Pfeffer
2 Fenchelknollen (ca. 400 g)
8 Walnusskernhälften
2 Äpfel
8 Salatblätter (z. B. Radicchio
   oder Romanasalat)

1 Die Datteln entsteinen und fein würfeln. Die Zitrone auspressen. Für das Dressing ein Drittel der Datteln mit 3 EL Zitronensaft, Öl und 4 EL Wasser verrühren, nach Belieben pürieren und mit Salz und Pfeffer würzen.

2 Den Fenchel waschen und putzen, dabei die Strünke entfernen. Das Fenchelgrün hacken. Die Knollen halbieren und in sehr feine Scheiben schneiden. Mit dem Dressing mischen. Die Walnüsse grob hacken.

3 Die Äpfel waschen und halbieren. Die Kerngehäuse entfernen und die Apfelhälften in feine Scheiben schneiden. Sofort unter den Salat mischen und alles mit Salz und Zitronensaft abschmecken.

4 Die Salatblätter waschen und trocken tupfen oder schleudern. Je 2 Blätter in einem Schälchen arrangieren. Den Fenchelsalat darauf anrichten und mit den restlichen Dattelwürfeln, den gehackten Walnüssen und dem Fenchelgrün garnieren.

SPITZKOHL-MÖHREN-SALAT

kernig & knackig

**Für 2 Personen · Zubereitungszeit ca. 15 Min.
pro Portion 340 kcal**

Für den Salat:
200 g Spitzkohl
100 g Radicchio
1 Möhre
1/2 rote Paprikaschote
100 g Feldsalat
3 EL Kürbiskerne
Für das Dressing:
4 EL Öl · 3 EL Weißweinessig
2 EL mittelscharfer Senf
1 EL Honig
Salz · Pfeffer

1 Den Spitzkohl putzen und ohne den Strunk in feine
Streifen schneiden. Die Spitzkohlstreifen waschen und
in einem Sieb abtropfen lassen. Radicchio waschen,
trocken schütteln und ebenfalls in Streifen schneiden.

2 Die Möhre schälen und auf der Küchenreibe raspeln.
Die Paprikaschote waschen, putzen und in feine
Würfel schneiden. Den Feldsalat gründlich waschen
und trocken schütteln.

3 Die Kürbiskerne in einer trockenen Pfanne anrösten,
bis sie leicht gebräunt sind. Einige Kerne beiseitestellen, die übrigen mit dem Gemüse und dem Radicchio
in einer Schüssel mischen.

4 Für das Dressing Öl, Essig, Senf und Honig verrühren.
Mit Salz und Pfeffer abschmecken. Das Dressing über
den Salat geben und gut durchrühren. Einige Min.
durchziehen lassen.

5 Auf zwei Tellern ein Bett von Feldsalat anrichten.
Den Salat darauf verteilen, mit den restlichen Kürbiskernen bestreuen und servieren.

ROTE-BETE-APFEL-SALAT

kräftig und winterlich

**Für 4 Personen · Zubereitungszeit ca. 25 Min.
pro Portion 270 kcal**

600 g vorgegarte Rote Beten
  (vakuumverpackt)
1 großer Apfel (z. B. Boskop)
1 EL Zitronensaft
60 g Walnusskerne
1 EL Weißweinessig
3 EL Walnussöl
100 g saure Sahne
1/2 TL geriebener Meerrettich
  (aus dem Glas)
Salz · Pfeffer
1 Kästchen Gartenkresse

1 Die Roten Beten erst in Scheiben, diese dann in Stifte schneiden. Apfel waschen, vierteln, entkernen und ebenfalls in Stifte schneiden. Mit Zitronensaft mischen und mit den Roten Beten auf vier Tellern anrichten.

2 Die Walnusskerne grob hacken, 1 EL davon beiseitestellen. Die restlichen Nüsse mit dem Essig, dem Öl und etwas saurer Sahne pürieren. Übrige saure Sahne und Meerrettich untermischen und das Dressing mit Salz und Pfeffer abschmecken.

3 Das Dressing auf dem Salat verteilen und die Kresse mit einer Küchenschere darüberschneiden. Die übrigen gehackten Nüsse darüberstreuen.

WEISSKOHL-ERDNUSS-SALAT

asiatisch und nussig-knackig

**Für 4 Personen · Zubereitungszeit ca. 20 Min.
Marinierzeit 30 Min. · pro Portion 210 kcal**

500 g Weißkohl
2 Möhren
1 Stück frischer Ingwer (ca. 1 cm)
1 Knoblauchzehe
2 EL Erdnussöl
100 ml Gemüsebrühe (Instant)
2 EL Sojasauce
2 EL Erdnusscreme
2 EL süße Chilisauce (aus dem Asienladen)
3 EL Limettensaft
3 EL geröstete, gesalzene Erdnüsse

1 Den Weißkohl vierteln und den Strunk herausschneiden. Den Kohl waschen und in feine Streifen schneiden oder hobeln. Möhren putzen, schälen, grob raspeln. Weißkohl und Möhren in eine Salatschüssel geben.

2 Für die Marinade den Ingwer und den Knoblauch schälen und fein hacken. Das Öl erhitzen und den Knoblauch und den Ingwer darin andünsten. Die Gemüsebrühe und die Sojasauce dazugeben und einmal aufkochen. Dann die Erdnusscreme, die süße Chilisauce und den Limettensaft unterrühren.

3 Die Marinade unter den Kohl und die Möhren mischen und den Salat möglichst 30 Min. ziehen lassen. Die Erdnüsse grob hacken und über den Salat streuen.

ORIENTALISCHER MÖHRENSALAT

raffiniert & ballaststoffreich

**Für 4 Personen · Zubereitungszeit ca. 25 Min.
pro Portion 230 kcal**

400 g Möhren
50 g Datteln (frisch oder getrocknet)
Saft von 1/2 Zitrone
4 EL Olivenöl
2 Zimtstangen
50 g ungeschälte Mandeln

1 Die Möhren schälen und grob raspeln. Die Datteln entkernen und vierteln. Möhrenraspel, Datteln und Zitronensaft in einer Schüssel mischen.

2 Das Öl zusammen mit den Zimtstangen erhitzen, Zimtstangen entfernen und das Öl über den Salat gießen.

3 Die Mandeln grob hacken und in einer Pfanne ohne Fett rösten, bis sie duften. Den Salat mit Mandeln bestreut servieren.

| **TAUSCH-TIPP**
Statt Datteln können Sie auch Rosinen oder Trockenaprikosen unter den Salat mischen.

| **PROFI-TIPP**
Der Salat lässt sich gut vorbereiten und schmeckt durchgezogen sogar noch besser.

ROTKOHL-MANDARINEN-SALAT

schnelle Winter-Vitamine

**Für 4 Personen · Zubereitungszeit ca. 25 Min.
pro Portion 130 kcal**

500 g Rotkohl
3 EL Aceto balsamico bianco
3 EL Öl
Honig
3 Mandarinen
Salz · Pfeffer
100 g Crème fraîche
1 EL Zitronensaft
1 Prise Zimtpulver

1 Den Rotkohl waschen und putzen, dabei den Strunk entfernen. Mit einem großen, scharfen Messer in feine Scheiben schneiden und anschließend quer grob hacken. Den Kohl in eine Schüssel füllen, Essig, Öl und 1 TL Honig dazugeben und kräftig durchkneten.

2 Die Mandarinen gründlich schälen und in die einzelnen Segmente teilen. Diese jeweils quer halbieren. Rotkohl mit Salz und Pfeffer abschmecken, die Mandarinen unterheben und 10 Min. ziehen lassen.

3 Die Crème fraîche mit Zitronensaft, Zimtpulver und 1 Prise Salz verrühren und mit Honig leicht süßlich abschmecken. Den Salat in vier Schälchen anrichten und mit je 1 Klecks Crème fraîche servieren.

TOPINAMBUR-KÜRBIS-ROHKOST

currywürzig und fix geraspelt

**Für 4 Personen · Zubereitungszeit ca. 20 Min.
pro Portion 390 kcal**

600 g Topinambur
2–3 EL Zitronensaft
700 g Muskatkürbis
60 g Kürbiskerne
60 g Rosinen
120 g Sahne
2 TL Currypulver
2 EL Honig
Salz · Pfeffer

1 Den Topinambur waschen und putzen. Hässliche
Hautstellen wegschneiden und die Knollen ganz
schälen. Den Topinambur auf einer Küchenreibe
raspeln und mit 2 EL Zitronensaft mischen.

2 Den Muskatkürbis schälen, faseriges Fleisch und die
Kerne entfernen. Den Kürbis auf der Küchenreibe ebenfalls raspeln und mit dem Topinambur vermischen.

3 Die Kürbiskerne in einer Pfanne ohne Fett leicht rösten
und mit den Rosinen unter das Gemüse heben.

4 Die Sahne mit dem Currypulver und dem Honig verrühren und mit der Rohkostmischung vermengen. Mit Salz,
Pfeffer und dem übrigen Zitronensaft abschmecken.

TAUSCH-TIPPS
Die Rosinen können Sie durch die gleiche Menge
gewürfelte getrocknete Aprikosen und die Kürbiskerne durch 40 g geröstete Pinienkerne ersetzen.

TOPINAMBUR-SALAT

ganz einfach

**Für 2 Personen · Zubereitungszeit ca. 20 Min.
pro Portion 405 kcal**

Für den Salat:
300 g Topinambur
200 g Kohlrabi
1 Stange Staudensellerie
Für das Dressing:
1 TL geriebener Meerrettich
   (aus dem Glas)
3 EL Öl
2 EL Aceto balsamico bianco
1 TL Honig
1 TL scharfer Senf
Salz · Pfeffer
Außerdem:
10 Walnusskernhälften
100 g Rucola

1 Den Topinambur unter fließendem kaltem Wasser säubern, trocknen, putzen und schälen. Den Kohlrabi ebenfalls schälen. Den Sellerie waschen und putzen.

2 Für das Dressing den geriebenen Meerrettich mit Öl, Balsamico, Honig und Senf verrühren und mit Salz und Pfeffer abschmecken.

3 Den Topinambur mit einer Küchenreibe reiben und sofort unter das Dressing rühren, damit er sich nicht braun verfärbt.

4 Den Kohlrabi ebenfalls reiben. Die Selleriestange in feine Scheiben schneiden. Beides unter den Salat heben. Mit Salz und Pfeffer abschmecken.

5 Die Walnüsse grob hacken. Den Rucola waschen, trocken schütteln und die groben Stiele abschneiden. Den Salat auf einem Nest von Rucola und mit den Walnüssen bestreut servieren.

KARTOFFELSALAT MIT ENDIVIENSTREIFEN

würzig-erfrischende und vielseitige Beilage

Für 4 Personen · Zubereitungszeit ca. 50 Min.
pro Portion 265 kcal

1 kg festkochende Kartoffeln
250 ml kräftige Gemüsebrühe (Instant)
3 TL scharfer Senf
3 EL Weißweinessig
Salz · Pfeffer
5 EL Sonnenblumenöl
150 g Endiviensalat

1 Die Kartoffeln waschen und ungeschält in einen Topf geben. Die Kartoffeln knapp mit Wasser bedecken und zugedeckt bei mittlerer Hitze in 20–30 Min. weich, aber nicht zu weich kochen. In ein Sieb abgießen und kurz ausdampfen lassen.

2 Inzwischen für die Salatsauce die Brühe in einem kleinen Topf aufkochen. Vom Herd nehmen und den Senf, 2 EL Essig, Salz, Pfeffer und 4 EL Öl untermischen.

3 Die Kartoffeln noch heiß pellen, in dünne Scheiben schneiden und in eine Salatschüssel geben. Die Sauce unter die noch warmen Kartoffeln mischen und den Salat lauwarm oder ganz abkühlen lassen.

4 Den Endiviensalat zerpflücken, waschen und trocken schleudern. Die Blätter in feine Streifen schneiden und mit dem übrigen Essig und Öl sowie etwas Salz und Pfeffer mischen. Vor dem Servieren den Endiviensalat unter den Kartoffelsalat mischen und das Ganze noch einmal abschmecken.

TAUSCH-TIPP

Statt dem Endiviensalat 1/2 Salatgurke schälen, in feine Scheiben hobeln, nur salzen und pfeffern und unter den Kartoffelsalat mischen. Vor dem Servieren kurz ziehen lassen.

VARIANTE

KARTOFFELSALAT MIT ZITRONENMAYONNAISE

Für 4 Personen · Zubereitungszeit ca. 50 Min.
pro Portion 390 kcal

- 800 g festkochende Kartoffeln wie beschrieben garen, abgießen und kurz ausdampfen lassen. Gleichzeitig 250 g grüne Bohnen waschen, putzen und in kochendem Salzwasser in 8–10 Min. bissfest kochen. Abgießen und kalt abschrecken.
- Für die Zitronenmayonnaise 1 sehr frisches Eigelb (Größe M) mit 1 TL scharfem Senf und 1 TL Zitronensaft cremig rühren. 100 ml Raps- oder Olivenöl zunächst tropfenweise, dann in einem dünnen Strahl unterschlagen. Mit der abgeriebenen Schale von 1 Bio-Zitrone, Salz, Pfeffer und etwas Paprikapulver würzen.
- Die noch heißen Kartoffeln pellen, in dünne Scheiben schneiden und in eine Salatschüssel geben. 1 Bund Rucola waschen, trocken schütteln und grob hacken. Mit den Bohnen und der Zitronenmayonnaise unter die Kartoffeln mischen. Den Salat noch einmal mit Salz und Pfeffer abschmecken.

GUT ZU WISSEN

Warum eigentlich nimmt man für Kartoffelsalat am besten **festkochende Kartoffeln?** Die häufig auch unter der Bezeichnung Salat- oder Speckkartoffeln gehandelten Knollen haben aufgrund eines sehr geringen Stärkegehalts eine feste, kernige Konsistenz und behalten auch nach dem Kochen ihre stabile Struktur. Damit sind Sieglinde, Forelle, Nicola & Co. ideal für alle Kartoffelgerichte, bei denen dünne, feste Scheiben zum Einsatz kommen.

BLAUER KARTOFFELSALAT

blaues (Party-)Wunder

**Für 8 Personen · Zubereitungszeit ca. 50 Min.
Marinierzeit mind. 1 Std. · pro Portion 335 kcal**

1,6 kg blaue Kartoffeln
   (ersatzweise festkochende Kartoffeln)
Salz · 3 Knoblauchzehen
400 ml Gemüsebrühe
   (Rezept S. 190 oder Instant)
2 TL getrockneter Rosmarin
6 EL Kräuteressig
4 EL Walnussöl
1 Bund Frühlingszwiebeln
250 g Cocktailtomaten
200 g Walnusskerne

1 Die Kartoffeln waschen und ungeschält in einem Topf
mit Salzwasser zugedeckt in ca. 20 Min. bei mittlerer
Hitze gar kochen. Die Kartoffeln abgießen, kurz abkühlen lassen, noch warm pellen, in Scheiben schneiden.

2 Den Knoblauch schälen und fein würfeln. Die Brühe in
einen Topf geben und erhitzen. Knoblauch, Rosmarin,
Essig und Öl hineingeben und 5 Min. bei schwacher
Hitze ziehen lassen. Die Marinade nach und nach mit
den Kartoffeln mischen. Zugedeckt mindestens 1 Std.
ziehen lassen.

3 Die Frühlingszwiebeln putzen, waschen und in Ringe
schneiden. Die Tomaten waschen und halbieren.
Die Walnusskerne grob hacken. Das Weiße der Frühlingszwiebeln, die Hälfte der Walnüsse und die Tomaten unter den Salat mischen. Den Salat nochmals abschmecken. In eine große Schüssel umfüllen und mit
den restlichen Frühlingszwiebelringen und Walnüssen
garniert servieren.

AROMA-TIPP

Alle, die es etwas edler mögen, fügen dem Kartoffelsalat noch 1–2 EL Trüffelöl hinzu.

ROH MARINIERTER SÜSSKARTOFFELSALAT

auf orientalische Art: chilischarf

**Für 2 Personen · Zubereitungszeit ca. 20 Min.
pro Portion 200 kcal**

1 mittelgroße Süßkartoffel
  (ca. 250 g; s. Tipp)
1/2 große frische rote Chilischote
1 Frühlingszwiebel
1/2 Bund frische Minze
Saft von 1 Limette
Salz · 1/4 TL Zucker
1/2 TL gemahlener Kreuzkümmel
1 EL neutrales Pflanzenöl
1 EL geröstete, gesalzene Cashewkerne

1 Die Süßkartoffel schälen, kalt abwaschen, evtl. längs
halbieren und mit dem Sparschäler feine Streifen abziehen. Die Chilischote waschen, putzen und ohne
Kerne in feine Streifen schneiden. Die Frühlingszwiebel
putzen, waschen und in sehr feine Ringe schneiden.

2 Die Minze waschen und trocken schütteln, die Blättchen abzupfen und grob hacken.

3 Für die Marinade den Limettensaft mit 1/4 TL Salz, dem
Zucker, dem Kreuzkümmel und dem Öl verrühren.

4 Die Kartoffel- und Chilistreifen, Frühlingszwiebel
und Minze zur Marinade geben und unterheben.
Den Salat in zwei Schalen verteilen. Die Cashewkerne
grob hacken und darüberstreuen.

TAUSCH-TIPP
Süßkartoffeln gibt es im türkischen Laden oder
Bioladen. Wenn Sie keine bekommen (oder sie
nicht mögen), nehmen Sie stattdessen Butternut-
Kürbis oder Möhren.

LINSENSALAT MIT RADIESCHEN

frühlingsfrische Vorspeise

Für 2 Personen · Zubereitungszeit ca. 20 Min.
Kochzeit 45 Min. · pro Portion 205 kcal

80 g braune, grüne oder schwarze Linsen
8 Radieschen
2 Frühlingszwiebeln
4 Cocktailtomaten
1/2 Bund Schnittlauch
1/2 Bio-Zitrone
50 g saure Sahne
1 TL mittelscharfer Senf
1/4 TL flüssiger Honig
  (oder Ahornsirup)
Salz · Pfeffer
1 EL Rapsöl

1 Die Linsen in einem Topf mit 500 ml Wasser bedecken und zum Kochen bringen. Die Linsen zugedeckt bei schwacher bis mittlerer Hitze in 35–45 Min. bissfest garen. Zwischendurch probieren und bei Bedarf noch etwas Wasser nachgießen.

2 Die Linsen in ein Sieb abgießen, abtropfen und leicht abkühlen lassen. Inzwischen die Radieschen waschen und die Enden abschneiden. Die Radieschen erst in Scheiben, dann in Streifen schneiden. Die Frühlingszwiebeln putzen und waschen, die weißen und hellgrünen Teile in feine Ringe oder Streifen schneiden. Die Tomaten waschen und vierteln.

3 Für die Salatsauce den Schnittlauch waschen, trocken schütteln und in feine Röllchen schneiden. Die Zitronenhälfte heiß waschen und abtrocknen, die Schale fein abreiben und den Saft auspressen. Die saure Sahne mit 1 EL Zitronensaft und der Zitronenschale sowie mit dem Senf, dem Honig und etwas Salz und Pfeffer verrühren. Das Öl gründlich untermischen.

4 Die Linsen, die Radieschen, die Zwiebelringe und die Tomaten in einer Salatschüssel mit der Sauce locker mischen und den Salat abschmecken.

EXOTISCHE VARIANTE
LINSENSALAT MIT ANANAS

Für 4 Personen · Zubereitungszeit ca. 25 Min.
Kochzeit 45 Min. · pro Portion 355 kcal

- 250 g Puy- oder Beluga-Linsen mit 4 Lorbeerblättern in einen Topf geben, mit Wasser bedecken und aufkochen. Die Linsen zugedeckt bei schwacher Hitze in 35–45 Min. bissfest garen, in ein Sieb abgießen und abtropfen lassen.

- Inzwischen 3–4 Stangen Staudensellerie waschen. Das zarte Grün abschneiden und beiseitelegen. Die Selleriestangen putzen und in feine Streifen schneiden. 100 g Cocktailtomaten waschen und vierteln. 1 Dose Ananasstücke (ohne Zuckerzusatz, 260 g Abtropfgewicht) in einem Sieb abtropfen lassen, dabei 3–4 EL Saft auffangen.

- Für das Dressing je 1 TL Kreuzkümmel- und Koriandersamen in einer kleinen Pfanne ohne Fett unter Rühren 1–2 Min. rösten, dann im Mörser fein zerstoßen. Die zerstoßenen Gewürze mit 4 EL Zitronensaft, 1 EL Ananassaft, Salz und Pfeffer verrühren, dann 4 EL Sonnenblumenöl unterschlagen.

- Linsen, Sellerie, Tomaten und Ananas mit dem Dressing mischen und den Salat abschmecken. 2 Frühlingszwiebeln putzen, waschen und in feine Ringe schneiden. Mit dem Selleriegrün auf den Salat streuen.

AUBERGINEN-KICHERERBSEN-SALAT

für laue Sommerabende

**Für 4 Personen · Zubereitungszeit ca. 50 Min.
pro Portion 395 kcal**

1 Aubergine (ca. 500 g)
50 ml + 2 EL Olivenöl · 2 Knoblauchzehen
200 ml Gemüsebrühe (Instant)
50 ml Rotwein
1 TL getrockneter Rosmarin
  (gemahlen oder gerebelt)
1/2 frische Peperoni
1 Dose Kichererbsen (275 g Abtropfgewicht)
2 EL frisch gepresster Limettensaft
2 EL Aceto balsamico bianco
1 TL edelsüßes Paprikapulver · Salz · Pfeffer
150 g Cocktailtomaten · 20 Basilikumblätter

1 Die Aubergine waschen und längs halbieren. 50 ml Öl
   in eine heiße Pfanne geben, die Auberginenhälften
   darin auf beiden Seiten bei starker Hitze in insgesamt

5–6 Min. anbraten. Knoblauch schälen und 1 Zehe dazupressen. Brühe, Wein und Rosmarin dazugeben, bei
mittlerer Hitze zugedeckt in 10–15 Min. weich dünsten.
Die Pfanne von der heißen Herdplatte nehmen und die
Aubergine zugedeckt 10 Min. ziehen lassen.

2 Die Peperoni waschen, putzen, entkernen und fein
   hacken. Kichererbsen in ein Sieb abgießen und kalt
   waschen. Die Aubergine in Scheiben schneiden, große
   Scheiben halbieren. Peperoni, Kichererbsen und Auberginenscheiben vorsichtig mischen. Limettensaft, Essig,
   2 EL Olivenöl und Paprikapulver hinzufügen, restlichen
   Knoblauch dazupressen. Alles gut durchmischen und
   mit Salz und Pfeffer abschmecken.

3 Die Tomaten waschen und in Scheiben schneiden.
   Das Basilikum waschen, trocken schütteln und in
   Streifen schneiden. Salat, Tomaten und Basilikum
   auf vier Teller verteilen.

BOHNENSALAT MIT TOFU-CROÛTONS

herzhaft-würzig

**Für 4 Personen · Zubereitungszeit ca. 30 Min.
pro Portion 300 kcal**

2 Dosen Cannellini-Bohnen
  (je ca. 240 g Abtropfgewicht)
150 g Staudensellerie
150 g kleine Strauchtomaten
1 rote Zwiebel
1 Bund glatte Petersilie
3 EL Weißweinessig
Salz · Pfeffer
1 TL getrockneter Oregano
6 EL Olivenöl
200 g Räuchertofu
1 Knoblauchzehe

1 Die Bohnen in ein Sieb abgießen, kalt waschen und
gut abtropfen lassen. Den Staudensellerie waschen,
putzen und in dünne Scheiben schneiden. Die Tomaten
waschen und vierteln, dabei die Stielansätze entfernen.
Die Zwiebel schälen, halbieren und in feine Streifen
schneiden. Die Petersilie waschen und trocken schütteln, die Blättchen abzupfen und fein schneiden.

2 Für die Vinaigrette den Essig mit Salz, Pfeffer und dem
Oregano in einer Salatschüssel verrühren. Nach und
nach 5 EL Öl unterschlagen.

3 Die Bohnen, den Sellerie, die Tomaten, die Zwiebel
und die Petersilie zu der Vinaigrette geben und vorsichtig untermischen. Den Salat etwas ziehen lassen.

4 Inzwischen den Tofu in kleine Würfel schneiden. Den
Knoblauch schälen. Das übrige Öl in einer beschichteten Pfanne erhitzen. Den Tofu dazugeben, den Knoblauch dazupressen und beides bei schwacher Hitze
unter Wenden 3 Min. braten. Die Tofu-Croûtons auf
dem Bohnensalat verteilen.

WEIZENSALAT

sommerlicher Vitaminmix

**Für 4 Personen · Zubereitungszeit ca. 30 Min.
Marinierzeit 15 Min. · pro Portion 455 kcal**

100 g Möhren
200 g Bio-Minisalatgurken
1 Zwiebel
6 EL Olivenöl
1/2 TL gemahlener Kreuzkümmel
1 TL rosenscharfes Paprikapulver
300 g Zartweizen (parboiled)
50 g getrocknete Cranberrys
300 ml Gemüsebrühe
  (Rezept S. 190 oder Instant)
6 EL milder Weißweinessig
Salz · Pfeffer

1 Die Möhren putzen, schälen und in dünne Streifen
schneiden. Die Gurken waschen, abtrocknen, längs
halbieren, mit einem Teelöffel entkernen und in kleine
Würfel schneiden. Zwiebel schälen und fein hacken.

2 2 EL Öl in einem Topf erhitzen, Kreuzkümmel, Paprikapulver und Zwiebel 2 Min. darin anrösten. Weizen und
Cranberrys dazugeben, umrühren und mit der Brühe
ablöschen. Den Weizen zugedeckt bei schwacher Hitze
10 Min. quellen lassen. Dann den Weizen mit einer
Gabel auflockern und offen kurz ausdampfen lassen.

3 Inzwischen den Essig mit Salz, Pfeffer und dem übrigen
Öl verrühren. Die Weizenmischung, die Möhren und die
Gurken in dem Dressing wenden. Den Salat nochmals
abschmecken und 15 Min. ziehen lassen.

QUINOASALAT

korianderwürzig & glutenfrei

**Für 2 Personen · Zubereitungszeit ca. 45 Min.
pro Portion 670 kcal**

150 g Quinoa · Salz
Saft von 2 Limetten
2 EL Olivenöl · 1 TL Honig
1 gestrichener TL gemahlener Kreuzkümmel
1 EL edelsüßes Paprikapulver
Pfeffer · 1 rote Zwiebel
1 rote Paprikaschote
2 Stängel Koriandergrün
1/2 Avocado
1 Handvoll Rucola
100 g Gemüsemais (aus der Dose)

1 Den Quinoa in 400 ml Salzwasser bei schwacher
Hitze in ca. 20 Min. gar kochen. Vollständig auskühlen
lassen. Limettensaft mit dem Olivenöl verrühren.
Honig, Kreuzkümmel und Paprikapulver dazugeben,
mit Salz und Pfeffer abschmecken. Die Zwiebel schälen,
fein würfeln und zum Dressing geben.

2 Die Paprikaschote waschen, putzen und würfeln.
Den Koriander waschen, trocken schütteln und fein
hacken. Das Avocadofruchtfleisch aus der Schale
lösen, würfeln und sofort zum Dressing geben.
Rucola waschen und trocken schleudern. Lange
Stiele kürzen, die Blätter dritteln.

3 Paprikawürfel, abgetropften Mais und Koriander mit
dem Dressing vermischen. Quinoa und Rucola zufügen.
Alles gut vermischen und abschmecken.

WILDREISSALAT

vegan kombiniert

Für 4 Personen · Zubereitungszeit ca. 1 Std. 15 Min.
pro Portion 345 kcal

150 g Wildreismischung
5 schwarze Pfefferkörner
1 Zwiebel · 2 Knoblauchzehen
300 ml fruchtiger Rotwein
50 g Rosinen · 3 Frühlingszwiebeln
4 Tomaten · 2 EL Pinienkerne
2 EL Olivenöl
1 EL Weißweinessig · 2 TL Zucker
1/2 TL gemahlener Kreuzkümmel
Salz · 50 g schwarze Olivenringe

1 Den Wildreis nach Packungsanweisung garen. Die
Pfefferkörner grob zerstoßen. Zwiebel und Knoblauch
schälen und würfeln. Mit dem Wein und zerstoßenen
Pfeffer in einen Topf geben. Die Mischung aufkochen,
10 Min. kochen, in ein Sieb abgießen und 100 ml
abmessen. Rosinen darin einweichen.

2 Die Frühlingszwiebeln putzen, waschen und in Ringe
schneiden. Die Tomaten waschen und würfeln, dabei
Stielansätze und Kerne entfernen. Die Pinienkerne in
einer Pfanne ohne Fett leicht anrösten.

3 Die Rosinen aus der Weinmischung nehmen. Olivenöl,
Essig, Zucker und Kreuzkümmel einrühren und die
Marinade mit Salz abschmecken. Alle Zutaten mit dem
abgekühlten Reis vermischen und den Salat 10 Min.
durchziehen lassen. Den Wildreissalat vor dem Servieren nochmals abschmecken.

HAFERSALAT

super Grillbeilage

Für 4 Personen · Zubereitungszeit ca. 40 Min.
pro Portion 425 kcal

200 g Haferkörner · Salz
2 gelbe Paprikaschoten
1 kleine Salatgurke · 250 g Cocktailtomaten
1 Bund Minze · 1 große Zitrone · 5 EL Olivenöl
Pfeffer · 2 Knoblauchzehen · 150 g Schafskäse (Feta)

1 Die Haferkörner in einem Topf ohne Fett 5 Min. anrösten. 400 ml Wasser angießen, etwas Salz zugeben
und alles zugedeckt 30 Min. köcheln lassen – ab und
zu umrühren. Evtl. etwas Wasser nachgießen.

2 Inzwischen das Gemüse waschen. Paprika putzen
und ebenso wie die Gurke klein würfeln. Die Tomaten
halbieren. Minze waschen, trocken schütteln und die
Blätter klein schneiden.

3 Die Zitrone auspressen und den Saft mit Öl verquirlen.
Kräftig salzen und pfeffern. Den Knoblauch schälen
und dazupressen. Die gekochten Haferkörner noch
warm mit dem Dressing mischen. Gemüse und Minze
unterziehen. Feta zerbröseln und zugeben.

PROFI-TIPP
Der Salat lässt sich gut vorbereiten und schmeckt
sogar noch besser, wenn er etwas durchzieht.

VEGANE VARIANTE
Vegan wird's, wenn Sie statt des Schafskäses
2 gewürfelte Avocados zugeben.

91

ARTISCHOCKEN MIT SALSA VERDE

Fastfood de luxe

**Für 4 Personen · Zubereitungszeit ca. 15 Min.
pro Portion 115 kcal**

2 Eier (Größe M)
4 Artischockenböden (aus der Dose)
1 Knoblauchzehe
1/2 Bund Frühlingszwiebeln
1/2 Bund glatte Petersilie
1 EL Kapern (aus dem Glas)
1 Gewürzgurke (aus dem Glas)
1 Scheibe altbackenes Toastbrot
1 EL Dijonsenf
2 EL Olivenöl
abgeriebene Schale
   von 1 Bio-Zitrone
Salz · Pfeffer
1 Ciabattabrot

1 Die Eier in sprudelnd kochendem Wasser in 9–10 Min.
hart kochen, dann kalt abschrecken und pellen.
Die Artischockenböden in ein Sieb geben, abtropfen
lassen und auf vier Tellerchen anrichten.

2 Die Eier hacken. Den Knoblauch schälen und fein
schneiden. Die Frühlingszwiebeln putzen, waschen
und ebenfalls fein schneiden.

3 Die Petersilie waschen und trocken schütteln, die
Blättchen abzupfen und fein schneiden. Kapern und
Gewürzgurke hacken. Das Toastbrot reiben.

4 Eier, Knoblauch, Frühlingszwiebeln, Petersilie, Toastbrot, Kapern und Gewürzgurke mit Senf, Öl und Zitronenschale in einem Mörser oder mit dem Pürierstab
zu einer Salsa verarbeiten.

5 Die Salsa mit Salz und Pfeffer pikant abschmecken und
in die Artischockenböden füllen. Das Ciabattabrot in
hauchdünne Scheiben schneiden, nach Belieben kurz
toasten und rund um die Artischockenböden anrichten.

GEFÜLLTE COCKTAIL-TOMATEN

(nicht nur) hübsch anzuschauen

**Für 4 Personen · Zubereitungszeit ca. 20 Min.
pro Portion 160 kcal**

20 große Cocktailtomaten
200 g Ziegenfrischkäse
Salz · Pfeffer
20 große Basilikumblätter
1 rote Paprikaschote

1 Die Cocktailtomaten waschen und halbieren. Mit dem
Melonenkugelstecher oder einem Teelöffel die Kerne
aus den Tomatenhälften entfernen.

2 Den Frischkäse cremig rühren und mit Salz und Pfeffer
pikant abschmecken. Die Basilikumblätter waschen,
trocken tupfen, hacken und unter den Käse rühren.

3 Die Käse-Kräuter-Masse mit einem Teelöffel in die
Tomaten füllen.

4 Die Paprikaschote waschen, putzen und in kleine
Stückchen schneiden. Die Paprikastückchen in die
gefüllten Tomaten stecken.

AROMA-TIPP
Im Frühjahr gibt's überall frischen **Bärlauch.**
1 kleines Bund reicht für diese Vorspeise aus,
denn das Kraut ist sehr geschmacksintensiv.
Die Bärlauchblätter waschen, mit Küchenpapier
trocken tupfen, fein hacken und statt des Basilikums mit dem Ziegenfrischkäse verrühren.

LINKS HINTEN Artischocken mit Salsa verde
RECHTS VORNE Gefüllte Cocktailtomaten

PAPRIKARÖLLCHEN

feta- und olivenwürzig

**Für 4 Personen · Zubereitungszeit ca. 30 Min.
pro Portion 420 kcal**

3 rote Paprikaschoten
2 Knoblauchzehen
1–2 frische rote Chilischoten
100 g grob gehackte Walnusskerne
50 g weiche Butter
50 g Schafskäse (Feta)
50 g schwarze Oliven ohne Stein
1 TL getrockneter Thymian
1 EL Sherryessig (oder Weinessig)
Salz · Pfeffer
Außerdem:
Backpapier für das Blech
Zahnstocher zum Fixieren
je 20 Walnusshälften und schwarze entsteinte
  Oliven zum Garnieren

1 Den Backofengrill vorheizen. Ein Backblech mit Backpapier auslegen. Die Paprikaschoten waschen, halbieren, putzen und mit der Hautseite nach oben auf das
  Blech legen. Unter dem Grill ca. 10 Min. backen, bis
  die Haut schwarz wird und Blasen wirft.

2 Die Paprikaschoten aus dem Ofen nehmen und sofort
  mit einem feuchten Küchentuch bedecken. Kurz ruhen
  lassen und dann die Haut abziehen. Die Paprikahälften
  in 2–3 cm breite Streifen schneiden.

3 Den Knoblauch schälen und würfeln. Die Chilischoten
  waschen, putzen und ohne die Kerne klein schneiden.
  Knoblauch und Chilis mit Nüssen, Butter, Käse, Oliven,
  Thymian und Essig fein pürieren, die Creme mit Salz
  und Pfeffer abschmecken.

4 Je 1 walnussgroßen Klecks Creme auf die Innenseite
  der Paprikastreifen geben, einrollen und mit einem
  Zahnstocher fixieren. Die Röllchen mit einer Öffnung
  nach oben aufstellen. Jeweils 1 Walnusshälfte und
  1 Olive oben auf die Creme setzen.

MINIPAPRIKA MIT KÄSECREME

griechisch inspiriert

**Für 16 Stück · Zubereitungszeit ca. 30 Min.
pro Stück 45 kcal**

8 bunte Minipaprika (je ca. 40 g)
100 g weicher Schafskäse (Feta)
100 g Frischkäse mit Joghurt
2 EL Olivenöl · 1 TL Zitronensaft
1/2 TL abgeriebene Schale von 1 Bio-Zitrone
Salz · Pfeffer
1/2 Bund glatte Petersilie
3 TL Chiliflocken

1 Die Minipaprika waschen, längs halbieren und entkernen. Den Schafskäse zerbröckeln und zusammen
mit dem Frischkäse und dem Öl glatt pürieren. Die
Creme mit dem Zitronensaft, der Zitronenschale und
Salz und Pfeffer abschmecken. In die Paprikahälften
füllen und glatt streichen.

2 Die Petersilie waschen und trocken schütteln, die
Blättchen abzupfen und fein hacken. Mit den Chiliflocken vermischen. Paprikahälften damit bestreuen.

VARIANTE
GEFÜLLTE KRÄUTERTOMATEN

**Für 24 Stück · Zubereitungszeit ca. 30 Min.
pro Stück 20 kcal**

• 12 kleine Eier-Strauchtomaten waschen, längs halbieren und mit einem Teelöffel entkernen. Die Tomaten
innen salzen und mit der Öffnung nach unten auf
Küchenpapier legen.

• 1/2 Bund gemischte Kräuter (ca. 50 g; z. B. Petersilie,
Basilikum, Schnittlauch) waschen, trocken schütteln
und fein schneiden. Mit 75 g Ricotta und 1 EL Zitronen-
saft fein pürieren. 125 g Ricotta untermischen, die
Creme salzen und pfeffern. Die Tomaten damit füllen.
Mit je 1 Basilikumblatt garnieren.

DER LIEBLINGSKLASSIKER

BUNTE KÄSEBÄLLCHEN

für jeden eins dabei

**Für je 15 Stück · Zubereitungszeit ca. 1 Std.
pro Bällchen 40 kcal**

Für die Basilikumbällchen:
1/2 Bund Basilikum
2 EL Joghurt
200 g Doppelrahm-Frischkäse
Salz · Pfeffer
10 Radieschen
Für die Meerrettich-Bällchen:
1 Bund Schnittlauch
2 rote Zwiebeln
1 EL geriebener Meerrettich
   (aus dem Glas)
1 TL frisch gepresster Zitronensaft
200 g Doppelrahm-Frischkäse
Salz · Pfeffer
Für die Olivenbällchen:
je 5 grüne und schwarze Oliven
   ohne Stein
1 Zweig Rosmarin
2 Zweige (Zitronen-)Thymian
1 Msp. abgeriebene Bio-Orangenschale
200 g Ziegenfrischkäse
Salz · Pfeffer

1 Für die Basilikumbällchen das Basilikum waschen und trocken schütteln, die Blättchen abzupfen und zusammen mit dem Joghurt mit dem Pürierstab fein pürieren. Mit einer Gabel gut unter den Frischkäse mengen und die Creme mit Salz und Pfeffer würzen.

2 Die Radieschen waschen, putzen und in winzige Würfelchen schneiden. Den Frischkäse mit zwei Teelöffeln erst zu Nocken, dann mit den Händen zu Bällchen formen und in den Radieschenwürfeln wälzen.

3 Für die Meerrettichbällchen den Schnittlauch waschen, trocken schütteln und in feine Röllchen schneiden. Die Zwiebeln schälen und möglichst winzig würfeln. Den Meerrettich und Zitronensaft gut unter den Frischkäse rühren und salzen und pfeffern. Den Schnittlauch und die Zwiebeln mischen. Aus dem Frischkäse wie oben beschrieben Bällchen formen und in der Schnittlauch-Zwiebel-Mischung wälzen.

4 Für die Olivenbällchen die Oliven möglichst fein hacken. Den Rosmarin waschen und trocken schütteln, die Nadeln abstreifen und fein hacken. Den Thymian waschen und trocken schütteln, die Blättchen abstreifen und ebenfalls fein hacken. Die Oliven, die gehackten Kräuter und die Orangenschale gut unter den Frischkäse mengen und die Olivencreme mit Salz und Pfeffer würzen. Aus dem Frischkäse wie oben beschrieben Bällchen formen.

DEKO-TIPP
Setzen Sie die Käsebällchen auf je 1 runden, gesalzenen Cracker (Fertigprodukt), 1 Melonenwürfel oder Cocktailtomatenhälfte – das sieht hübsch aus und macht aus den Bällchen perfektes Party-Fingerfood.

FETA MIT PETERSILIENPESTO

supereinfach

**Für 6 Personen · Zubereitungszeit ca. 30 Min.
pro Portion 360 kcal**

1 großes Bund glatte Petersilie (ca. 100 g)
1 Knoblauchzehe
1 Bio-Zitrone
4 EL Walnusskerne
1 TL Honig
100 ml Olivenöl
1/2 TL gemahlener Kreuzkümmel
Salz · Pfeffer
800 g Tomaten
400 g Schafskäse (Feta)

1 Für das Pesto die Petersilie waschen, trocken schütteln
und mitsamt den Stielen grob schneiden. Den Knoblauch schälen und hacken. Die Zitrone heiß waschen,
abtrocknen und gut 1 Msp. Schale davon abreiben,
anschließend 2 EL Saft auspressen. Die Walnusskerne
hacken. Alles mit dem Honig und der Hälfte des Oliven-

öls mit dem Pürierstab oder in der Küchenmaschine
pürieren, dabei nach und nach das übrige Öl zugießen.
Das Pesto mit dem Kreuzkümmel würzen sowie mit
Salz und Pfeffer abschmecken.

2 Die Tomaten waschen und in Scheiben schneiden,
dabei die Stielansätze entfernen. Den Käse trocken
tupfen und in Scheiben schneiden.

3 Auf einer runden Platte ringsherum die Tomaten dachziegelartig übereinanderlegen und salzen, in der Mitte
die Käsescheiben dachziegelartig schichten. Das Peter-
silienpesto über den Käse träufeln und alles großzügig
mit Pfeffer übermahlen.

SALAT-VARIANTE
Für einen **frischen Salat** einfach die Hälfte der
Tomaten achteln und 1 Salatgurke schälen und
würfeln. 200 g Schafskäse würfeln und alles mit
dem Pesto mischen.

MOZZARELLA MIT WÜRZKROKANT

extravagant, aber einfach

**Für 6–8 Personen · Zubereitungszeit ca. 35 Min.
pro Portion 175 kcal**

50 g Kernemischung (Sonnenblumenkerne,
    Kürbiskerne und Pinienkerne)
3 EL Zucker
5 EL Aceto balsamico
1–2 getrocknete Chilischoten
3 Kugeln Mozzarella (je 125 g)
150 g Rucola
100 g Erdbeeren
1/2 TL Koriandersamen
1/2 TL grobes Meersalz

1 Die Kerne grob hacken und in einer Pfanne ohne Fett
hellbraun rösten. Aus der Pfanne nehmen. Den Zucker
in der Pfanne bei mittlerer Hitze hellbraun karamellisieren. 100 ml Wasser und 4 EL Balsamico dazugeben,
die Chilischoten hineinbröseln. Offen bei mittlerer bis
starker Hitze in 5–7 Min. zu einem sämigen Sirup einkochen. Vom Herd nehmen und abkühlen lassen.

2 Inzwischen den Mozzarella trocken tupfen und in
Scheiben schneiden. Den Rucola waschen, verlesen
und trocken schütteln. Die Erdbeeren waschen, putzen,
trocken tupfen und vierteln. Rucola und Erdbeeren
auf einer Platte rundherum und die Mozzarellascheiben in der Mitte kreisförmig überlappend auslegen.

3 Vor dem Servieren die Koriandersamen im Mörser zerstoßen und mit den gerösteten Kernen, dem Meersalz
und dem übrigen Essig unter den Essigsirup mischen.
Mit einem Teelöffel Bröckchen davon abnehmen und
über Mozzarella, Rucola und Erdbeeren verteilen.

SALATRÖLLCHEN MIT TOFUFÜLLUNG

Gästeüberraschung auf asiatische Art

Für 4 Personen
Zubereitungszeit ca. 30 Min.
pro Portion 215 kcal

Für die Röllchen:
300 g Tofu
4 EL Öl · Salz
50 g Sojabohnensprossen
1 Stück weißer Rettich (ca. 200 g)
2 Stängel Thai-Basilikum
    (Bai horapha, s. Info S. 434)
12 feste Salatblätter
    (Kopfsalat oder Romana)
Für die Sauce:
2 EL helle Sesamsamen
1 Stück frischer Ingwer (ca. 2 cm)
2 Knoblauchzehen
4 EL Sojasauce
3 EL brauner Reisessig

1 Den Tofu abtropfen lassen und in lange, ca. 1/2 cm breite Streifen schneiden. Das Öl in einer Pfanne erhitzen. Die Tofustreifen salzen und im Öl bei starker Hitze in 4–5 Min. rundherum braun anbraten.

2 Die Sprossen waschen und abtropfen lassen. Den Rettich schälen, längs in Scheiben und diese quer in feine Streifen schneiden. Basilikum waschen und trocken schütteln, die Blättchen kleiner zupfen.

3 Die Salatblätter waschen und trocken schütteln. Die dicken Mittelrippen flacher schneiden. Die Salatblätter auf der Arbeitsfläche ausbreiten und mit Tofu, Sprossen, Rettichstreifen und Basilikum belegen. Die Salatränder nach innen klappen und die Blätter möglichst fest aufrollen. Die Salatröllchen nach Belieben halbieren und auf einer Platte anrichten.

4 Für die Sauce den Sesam in einer Pfanne ohne Fett rösten, bis die Körner zu springen anfangen. Dann im Mörser fein zerstoßen.

5 Ingwer und Knoblauch schälen und fein hacken. Sojasauce und Reisessig verrühren und auf vier Schälchen verteilen. Sesam, Ingwer und Knoblauch auf die Sauce streuen. Die Salatröllchen mit der Sauce servieren.

| TUNING-TIPP
Wollen Sie mal Reispapierröllchen (Glücksröllchen) machen? Dafür runde **Reispapierblätter** (aus dem Asienladen) nacheinander kurz in kaltes Wasser tauchen, bis sie biegsam werden, und auf einem feuchten Küchentuch auf der Arbeitsfläche ausbreiten. Mit den Salatblättern und den übrigen Zutaten belegen und wie beschrieben aufrollen.

DIP-VARIANTE 1
FEURIGER CHILI-DIP

- 2 frische rote Chilischoten waschen, putzen und mit den Kernen fein hacken. 1 Stück frischen Ingwer (ca. 2 cm) und 2 Knoblauchzehen schälen und ebenfalls fein hacken.
- Die Chilischoten, den Ingwer und den Knoblauch mit 5–6 EL Sojasauce und 2 EL Limettensaft verrühren. Zu den Salatröllchen servieren.

DIP-VARIANTE 2
TOMATEN-CHILI-DIP

- 1 Zwiebel schälen und fein würfeln. 4 frische rote Chilischoten waschen, putzen und längs aufschlitzen. Beides in 1 EL Öl ca. 5 Min. anschwitzen. 3 EL braunen Zucker zugeben und alles leicht karamellisieren lassen. 300 ml Wasser vorsichtig angießen, einmal aufkochen und 3–4 Min. köcheln lassen.
- Chilis entfernen. 2 TL Tamarindenmus (aus dem Asienladen), 6 EL süßsaure Chilisauce (aus dem Asienladen) und 140 g Tomatenpüree (aus dem Tetrapak) einrühren. Die Sauce köcheln lassen, bis sie leicht gebunden ist. Mit Salz und Zucker würzen.

GURKEN-ERDNUSS-HOSO-MAKI

»crunchy« Japan-Röllchen

**Für 24 Stück · Zubereitungszeit ca. 25 Min.
pro Stück 35 kcal**

3 EL geröstete, gesalzene Erdnüsse
50 g Radieschensprossen
1 Stück Bio-Salatgurke (ca. 10 cm)
2 Noriblätter (aus dem Asienladen)
1/2 Portion Sushi-Reis (Grundrezept s. Tipp)
1 TL Wasabipaste (aus dem Asienladen)
Außerdem:
Bambusrollmatte
Essigwasser
japanische Sojasauce (Shoyu)
   und Wasabipaste zum Dippen
eingelegter Ingwer zum Dazuessen

1 Die Erdnüsse grob hacken. Die Sprossen kalt waschen und abtropfen lassen. Die Gurke waschen und achteln. Die Kerne herausschneiden.

2 Die Noriblätter längs halbieren. Jeweils 1/2 Noriblatt mit der glatten Seite nach unten längs auf das untere Ende der Rollmatte legen. Blattkante und Mattenkante sollen dabei eine Linie bilden. Die Hände mit Essigwasser befeuchten und jeweils ein Viertel vom Reis gleichmäßig knapp 1 cm hoch auf dem Blatt verteilen. Dabei an der oberen Längsseite einen ca. 1 cm breiten Rand frei lassen.

3 In die Reismitte längs leicht eine Linie drücken und mit etwas Wasabipaste bestreichen. 2 Gurkenachtel auf die Linie legen, darüber je ein Viertel der Sprossen und Erdnüsse streuen. Die Rollmatte jetzt von unten nach oben samt Noriblatt und Füllung aufrollen. Dabei die Füllung mit den Händen festhalten, damit sie nicht verrutscht. Die Bambusmatte nicht mit einrollen, sondern das Ende herausziehen, kurz bevor die Sushi-Rolle ganz aufgerollt ist.

4 Jetzt die Sushi-Rolle in Form bringen: Dazu die Rollmatte über die Sushi-Rolle legen und mit den Händen in eine runde Form drücken. Auf diese Weise insgesamt vier Rollen formen.

5 Zum Schneiden die Rollen mit der Nahtseite nach unten legen. Ein Messer mit Essigwasser befeuchten. Die Rollen in je sechs gleich große Stücke schneiden. Die Sushi mit der Schnittseite nach oben anrichten. Die Hoso-Maki mit Sojasauce, Wasabipaste und eingelegtem Ingwer servieren.

PROFI-TIPP
So kochen Sie **Sushi-Reis** perfekt: Für 1 Portion 250 g Sushi-Reis in einem Sieb unter fließend kaltem Wasser waschen und abtropfen lassen. Mit 300 ml Wasser und 1 Stück Kombu (getrockneter Seetang, 4 x 4 cm, nach Belieben) in einem Topf aufkochen. 2 Min. sprudelnd kochen, dann bei schwächster Hitze zugedeckt 10 Min. ausquellen lassen. Den Reis vom Herd nehmen und mit einem sauberen Küchentuch bedeckt 10 Min. abkühlen lassen. Inzwischen 2 EL Reisessig, 2 EL Zucker und 1 TL Salz aufkochen und wieder abkühlen lassen. Den Reis in eine flache Schüssel füllen, den Kombu entfernen. Den Reis mit einem Holzspatel behutsam umwenden, dabei den Essig vorsichtig einarbeiten. Mit dem Holzspatel Furchen in den Reis ziehen, damit er schneller abkühlt. Dann mit dem Spatel dem Reis 10 Min. Luft zufächern. Oder mit einem Föhn auf Kaltstufe arbeiten. Bis zum Verarbeiten ein feuchtes Küchentuch auf die Schüssel legen.

FUTO-MAKI MIT TOFU UND KÜRBIS

bunter Veggie-Spaß

**Für 16 Stück · Zubereitungszeit ca. 45 Min.
pro Stück 55 kcal**

4 große Austernpilze · 1/2 Knoblauchzehe
1 TL Sonnenblumenöl · 100 g Tofu
100 g eingelegter Kürbis (aus dem Glas)
4 Frühlingszwiebeln
2 Noriblätter (aus dem Asienladen)
1/2 Portion Sushi-Reis (Rezept S. 103)
1 TL Wasabipaste (aus dem Asienladen)
Außerdem:
Bambusrollmatte · Essigwasser
japanische Sojasauce (Shoyu) und Wasabipaste
zum Dippen · eingelegter Ingwer zum Dazuessen

1 Die Austernpilze feucht abreiben, putzen und längs
in Streifen schneiden. Den Knoblauch schälen und
hacken. Das Öl in einer kleinen Pfanne erhitzen.
Die Pilze und den Knoblauch darin bei mittlerer Hitze
ca. 3–5 Min. anbraten, dann herausnehmen.

2 Den Tofu trocken tupfen und in 1 cm dicke Streifen
schneiden. Den Kürbis in ein Sieb gießen und abtropfen lassen. Die Frühlingszwiebeln putzen, waschen
und abtrocknen. Den weißen Teil abschneiden, den
grünen Teil weiterverwenden.

3 1 Noriblatt mit der glatten Seite nach unten auf die
Bambusrollmatte legen. Die Hände mit Essigwasser
befeuchten und die Hälfte vom Reis auf dem Noriblatt
verteilen. In die Reismitte längs eine Vertiefung ein-
drücken. Etwas Wasabipaste daraufstreichen und
die Hälfte von den Pilzen, dem Tofu, dem Kürbis und
dem Zwiebelgrün jeweils nebeneinander darauflegen.
Mithilfe der Matte aufrollen und zu einer festen Rolle
formen. Die zweite Rolle ebenso herstellen.

4 Jede Rolle in acht gleich große Stücke schneiden.
Die Sushi nach Belieben mit der Schnittseite nach oben
oder stehend anrichten. Mit Sojasauce, Wasabipaste
und eingelegtem Ingwer servieren.

GRÜNE WASABI-URA-MAKI

schön scharf

**Für 12 Stück · Zubereitungszeit ca. 45 Min.
pro Stück 70 kcal**

50 g Wasabi-Erbsen · 1 kleiner Zucchino
1 Tomate · 1/3 Bund Schnittlauch
ca. 40 schmale Rucolablätter · 2 Noriblätter
(aus dem Asienladen) · 1/2 Portion Sushi-Reis
(Rezept S. 103) · 3 EL Doppelrahm-Frischkäse
Außerdem:
Bambusrollmatte · Frischhaltefolie
Küchenbrett · Essigwasser
japanische Sojasauce (Shoyu) und Wasabipaste
zum Dippen · eingelegter Ingwer zum Dazuessen

1 Die Wasabi-Erbsen fein zerbröseln. Den Zucchino
waschen und putzen. Erst längs in 1/2 cm dicke Scheiben, dann diese in 1/2 cm dicke Stifte schneiden.
Nur die Stifte mit Schale weiterverwenden. Tomate
waschen und rundum 5 dicke Scheiben abschneiden.
Kerne entfernen und die Scheiben in Streifen schneiden. Schnittlauch und Rucola waschen und trocken
schütteln. Vom Rucola grobe Stiele abschneiden.

2 Die Rollmatte mit Frischhaltefolie umwickeln, die Noriblätter längs um ein Drittel kürzen. 1 Noriblatt mit der
glatten Seite nach unten auf das Küchenbrett legen.
Die Hände mit Essigwasser befeuchten und die Hälfte
vom Reis auf dem Noriblatt verteilen. Leicht andrücken,
dabei oben und unten ca. 1 cm Rand frei lassen. Rollmatte darauflegen und wenden.

3 Frischkäse in einer Linie auf dem unteren Drittel des
Noriblatts verstreichen. Die Hälfte von Zucchini, Rucola,
Tomate und Schnittlauch darauflegen. Mithilfe der
Matte aufrollen. Aus den übrigen Zutaten eine zweite
Rolle formen. Rollen in den Erbsenbröseln wenden,
diese leicht andrücken. Ein Messer mit Essigwasser
befeuchten und die Rollen in je sechs gleich große
Stücke schneiden. Mit Sojasauce, Wasabipaste und
eingelegtem Ingwer servieren.

DER LIEBLINGSKLASSIKER

BUNTES ANTIPASTIGEMÜSE

wie in Italien

Für 4–6 Personen
Zubereitungszeit ca. 1 Std. 40 Min. · Marinierzeit 2 Std.
bei 6 Personen pro Portion 140 kcal

Für die Paprikaschoten:
je 2 rote und gelbe Paprikaschoten
5 Zweige Zitronenthymian
1 kleine frische rote Chilischote
3 EL Aceto balsamico bianco
3 EL Olivenöl
Salz · Pfeffer

Für die Zucchini und Auberginen:
2 kleine Zucchini (ca. 400 g)
1 große, schlanke Aubergine
   (ca. 350 g)
Salz · Pfeffer
1/4 Bund glatte Petersilie
5 EL Aceto balsamico
4 EL Olivenöl
1 TL getrockneter Oregano

Außerdem:
Alufolie für das Blech
Olivenöl zum Braten

1 Den Backofen auf 225° vorheizen. Die Paprikaschoten waschen, vierteln und putzen. Mit der Hautseite nach oben auf ein mit Alufolie ausgelegtes Blech legen. Im heißen Ofen (oben, Umluft 200°) ca. 20 Min. rösten, bis die Haut schwarz ist. Herausnehmen und sofort in einen Gefrierbeutel geben. Den Beutel zudrehen und die Paprikaschoten 20 Min. abkühlen lassen.

2 Inzwischen den Thymian waschen und trocken schütteln, die Blättchen abzupfen und hacken. Die Chilischote waschen, putzen und ohne Kerne fein hacken. Thymian und Chili mit Essig und Öl mischen und die Marinade mit Salz und Pfeffer würzen. Die Paprikaschoten aus dem Gefrierbeutel nehmen und die Haut mit einem scharfen Messer abziehen. Die Schoten in eine Schale legen, mit der Marinade mischen und mindestens 2 Std. durchziehen lassen.

3 Die Zucchini und die Aubergine waschen, putzen und in ca. 1/2 cm dicke Scheiben schneiden. Etwas Öl in eine Pfanne geben und darin erst die Zucchinischeiben ca. 5 Min. bei mittlerer Hitze braten, dabei mehrmals wenden. Herausnehmen, dann die Auberginen ebenfalls in Öl ca. 8–10 Min. braten. Beide Gemüse kurz vor Garzeitende salzen und pfeffern. Anschließend auf einer Platte auslegen.

4 Die Petersilie waschen und trocken schütteln, die Blätter abzupfen und hacken. Den Essig und das Olivenöl verrühren, Oregano und Petersilie unterrühren. Die Marinade mit Salz und Pfeffer würzen und über dem Gemüse verteilen. Dieses mindestens 2 Std. ziehen lassen, dabei einmal in der Marinade wenden.

PROFI-TIPP
Für ein Bella-Italia-Büfett alle Gemüsesorten auf einer großen Platte auslegen. Nochmals mit Pfeffer übermahlen und mit Pinienkernen und frisch gehackter Petersilie oder auch mal mit Basilikumblättchen bestreuen.

TOMATEN-CARPACCIO MIT BOCCONCINI

Klassiker auf moderne Art

Für 4 Personen · Zubereitungszeit ca. 20 Min. Marinierzeit 10 Min. · pro Portion 230 kcal

1 kleines Stück Salatgurke
  (ca. 6 cm) oder 1 Minisalatgurke
1 kleine rote Zwiebel
1 kleine frische rote Chilischote
1/2 Bund Minze
3 EL Zitronensaft
6 EL Olivenöl
Salz · Pfeffer
4–6 große Tomaten (z. B. Ochsenherzen)
150 g Mini-Mozzarellakugeln (Bocconcini)

1 Für die Vinaigrette die Gurke schälen, längs halbieren, entkernen und in winzige Würfel schneiden. Die Zwiebel schälen und sehr klein würfeln.

2 Die Chilischote waschen, putzen und ohne Kerne klein hacken. Die Minze waschen und trocken schütteln, die Blättchen abzupfen und in feine Streifen schneiden.

3 Zitronensaft und Olivenöl verrühren, salzen und pfeffern. Gurke, Zwiebel, Chili und Minze unterrühren.

4 Die Tomaten waschen, die Stielansätze herausschneiden und die Tomaten in dünne Scheiben schneiden. Auf einer Platte anrichten.

5 Die Mini-Mozzarellakugeln abtropfen lassen und auf den Tomatenscheiben verteilen. Die Vinaigrette darüberträufeln. Das Carpaccio vor dem Servieren mindestens 10 Min. durchziehen lassen.

LINKS Tomaten-Carpaccio mit Bocconcini
RECHTS Brotsalat mit Bohnen

BROTSALAT MIT BOHNEN

herzhafte Vorspeise oder leichtes Hauptgericht

Für 4 Personen · Zubereitungszeit ca. 35 Min. Marinierzeit 20 Min. · pro Portion 370 kcal

Salz · 1 rote Paprikaschote
250 g breite grüne Bohnen
8 Scheiben altbackene Ciabatta
  oder Baguette
8 EL Olivenöl · 200 g Salatgurke
250 g Cocktailtomaten
1 Schalotte
2–3 Knoblauchzehen
4 EL Rotweinessig
100 ml Tomatensaft
2 EL Zitronensaft
1 TL Dijonsenf · Pfeffer
je 1/2 Bund glatte Petersilie und Basilikum

1 In einem Topf reichlich Salzwasser aufkochen. Die Paprikaschote und die Bohnen waschen und putzen. Paprika in kleine Stücke, die Bohnen schräg in Scheiben schneiden. Die Bohnen im kochenden Salzwasser in 5 Min. bissfest blanchieren, in ein Sieb abgießen, mit kaltem Wasser abschrecken und abtropfen lassen.

2 Das Brot grob würfeln. 4 EL Olivenöl in einer beschichteten Pfanne erhitzen und das Brot und die Paprika darin unter Wenden 2–3 Min. anbraten. Herausnehmen und in eine große Schüssel füllen.

3 Die Gurke schälen, längs halbieren, entkernen und in Scheiben schneiden. Tomaten waschen und halbieren. Schalotte schälen und in dünne Ringe schneiden.

4 Den Knoblauch schälen. Essig, Tomatensaft, Zitronensaft, 2–3 EL Wasser, Senf, restliches Öl, Salz und Pfeffer verrühren. Den Knoblauch dazupressen. Die Kräuter waschen und trocken schütteln, die Blättchen abzupfen und fein hacken. Alle vorbereiteten Zutaten mischen. Den Salat mindestens 20 Min. im Kühlschrank ziehen lassen, dann nachwürzen.

COCKTAILTOMATEN MIT MOZZARELLA

gelingt leicht

**Für 15 Stück · Zubereitungszeit ca. 30 Min.
pro Stück 40 kcal**

150 g Mini-Mozzarellakugeln (Bocconcini)
3 EL Bärlauch- oder Basilikumpesto
  (aus dem Glas)
1 TL abgeriebene Schale von 1 Bio-Zitrone
Pfeffer
15 große Cocktailtomaten
Salz · 1 Bund Rucola

1 Die Mozzarellakugeln abtropfen lassen und trocken
  tupfen. Das Pesto mit Zitronenschale und reichlich
  Pfeffer verrühren. Die Mozzarellakugeln dazugeben
  und gut mischen, bis alle umhüllt sind.

2 Die Cocktailtomaten waschen. Die Kappen mit den
  Stielansätzen abschneiden. Die Kerne mit einem Tee-
  löffelstiel oder einem Kugelausstecher herauskratzen.
  Die Tomaten leicht salzen und mit der Öffnung nach
  unten auf Küchenpapier abtropfen lassen.

3 Den Rucola waschen und trocken schütteln, grobe
  Stiele abschneiden. Rucola in einer Form verteilen.
  Mozzarellakugeln in die Tomaten füllen und die
  Tomaten auf dem Rucolabett anrichten.

CHICORÉEBLÄTTER MIT INGWER-KÄSECREME

raffiniert

**Für 12 Stück · Zubereitungszeit ca. 20 Min.
pro Stück 50 kcal**

20 g kandierter Ingwer
2 Frühlingszwiebeln
200 g milder Schafskäse (z. B. Manouri)
100 g Joghurt
je 1/2 TL gemahlener
  Kreuzkümmel und Koriander
Salz · Cayennepfeffer
12 Chicoréeblätter
2 EL Granatapfelkerne (nach Belieben;
  oder gehackte Walnüsse)

1 Den Ingwer fein hacken. Die Frühlingszwiebeln putzen,
  waschen und fein schneiden. Den Schafskäse in eine
  Schüssel bröckeln. Den Joghurt, die Frühlingszwiebeln
  und den Ingwer unterrühren und mit Kreuzkümmel,
  Koriander, Salz und Cayennepfeffer würzen.

2 Die Chicoréeblätter waschen, trocken tupfen und auf
  einer Platte anrichten. Die Schafskäsecreme mit einem
  Teelöffel in die Blätter füllen.

3 Nach Belieben die Granatapfelkerne auf Küchenpapier abtropfen lassen und die Chicoréeschiffchen
  damit garnieren.

GORGONZOLA-CANAPÉS

macht was her

Für 20 Stück · Zubereitungszeit ca. 30 Min.
pro Stück 100 kcal

80 g Walnusskernhälften
5 Babybirnen (aus der Dose)
1 Walnuss-Baguette
   (ca. 300 g; ergibt 20 Scheiben)
200 g Sahne-Gorgonzola

1 Die 20 schönsten Walnusshälften aussuchen und für
die Deko beiseitelegen, den Rest fein hacken.

2 Die Babybirnen in einem Sieb abtropfen lassen, vierteln und die Kerngehäuse herausschneiden. Die Viertel
am dicken Teil längs einschneiden und auffächern.

3 Das Walnuss-Baguette in 20 Scheiben schneiden.
Die gehackten Walnusskerne unter den Gorgonzola
mengen. Die Brotscheiben damit bestreichen und mit
je 1 Walnusshälfte und 1 Birnenfächer garnieren.

TAUSCH-TIPP
Statt mit Babybirnenfächern können Sie die
Gorgonzola-Canapés auch mit blauen, am besten
kernlosen Weintrauben garnieren.

ZIEGENKÄSE-CANAPÉS

würziger Snack

Für 20 Stück · Zubereitungszeit ca. 30 Min.
pro Stück 100 kcal

5–6 große Cocktailtomaten
2 Rollen Ziegenweichkäse
   (z. B. Sainte Maure; je 150 g)
1 Baguette (ca. 300 g; ergibt 20 Scheiben)
50 g weiche Butter
ca. 1 1/2 EL getrockneter Oregano

1 Die Cocktailtomaten waschen und mit einem scharfen
Messer in 20 schöne Scheiben schneiden und auf
Küchenpapier abtropfen lassen. Die Ansatzstücke und
Kappen nicht verwenden. Die Ziegenrollen in insge-
samt 40 Scheiben schneiden.

2 Das Baguette (am besten mit einer Aufschnittmaschi-
ne) schräg in 20 Scheiben schneiden. Die Scheiben
dünn mit Butter bestreichen.

3 Auf jedes Canapé dachziegelartig zuerst 1 Ziegenkäse-,
dann 1 Tomaten- und schließlich wieder 1 Ziegenkäse-
scheibe legen. Mit je 1 Prise Oregano bestreuen.

FLADENBROT MIT MARINIERTEN MÖHREN

raffiniert mediterran

**Für 12 Stück · Zubereitungszeit ca. 40 Min.
pro Stück 265 kcal**

300 g Möhren
2 EL Olivenöl
1 EL Zucker
5 getrocknete Tomaten in Öl
1 Knoblauchzehe
1–2 EL Aceto balsamico bianco
Salz · Pfeffer
1 rundes Fladenbrot (30 cm Ø)
2 Kugeln Mozzarella (je 125 g)
12 TL Pesto alla genovese
   (aus dem Glas)

1 Die Möhren schälen und in feine Scheiben schneiden.
Das Olivenöl in einer Pfanne erhitzen und die Möhren
darin anbraten, bis sie leicht gebräunt und gar sind.
Zucker dazugeben, die Möhren in der Pfanne leicht
ankaramellisieren und von der Kochstelle nehmen.

2 Den Backofen auf 200° (Umluft 180°) vorheizen.
Die getrockneten Tomaten würfeln. Den Knoblauch
schälen und fein hacken. Tomaten und Knoblauch mit
den Möhren vermischen. 1 EL Aceto balsamico unterrühren und mit Salz und Pfeffer und nach Geschmack
weiterem Essig würzen.

3 Das Fladenbrot sechsteln und die Stücke jeweils quer
halbieren. Die Fladenbrotstücke im heißen Ofen kurz
aufbacken, bis sie ganz leicht kross sind. Inzwischen
den Mozzarella in 12 Scheiben schneiden. Das Brot
aus dem Ofen nehmen und den Grill dazuschalten.

4 Je 1 TL Pesto auf jede Brotscheibe geben und leicht
verstreichen. Je 1 Scheibe Mozzarella darauflegen,
salzen, pfeffern und im Ofen (Mitte) überbacken,
bis der Mozzarella schön geschmolzen ist und ganz
leicht bräunt. Brot aus dem Ofen nehmen und mit den
Möhren belegt servieren. Alternativ die Möhren extra
zu dem überbackenen Brot reichen.

KRÄUTER-KÄSE-PANNA-COTTA

frühlingsfrische Edelvorspeise

Für 4 Personen · Zubereitungszeit ca. 25 Min. Kühlzeit 1 Std. · pro Portion 345 kcal

150 ml Milch
2 TL Agar-Agar
200 g Sahne
150 g Schmelzkäse
3 TL TK-8-Kräuter-Mischung
Salz · Pfeffer
500 g grüner Spargel
2 EL Öl · 3 EL Sojasauce
4 EL Orangensaft
1 EL Honig

1 Für die Panna cotta die Milch in einem Topf mit dem Agar-Agar verrühren. Sahne und Schmelzkäse dazugeben und das Ganze unter Rühren aufkochen. Die Kräutermischung dazugeben und unter Rühren 1–2 Min. kochen. Sahnemischung vom Herd nehmen und salzen und pfeffern.

2 Vier Förmchen mit Frischhaltefolie auslegen und die leicht abgekühlte Sahnemischung darauf verteilen. Abgedeckt 1 Std. kalt stellen.

3 Nach 45 Min. Kühlzeit den Spargel putzen und im unteren Drittel schälen. Die Stangen in 3–4 Teile schneiden. Das Öl in einer großen Pfanne erhitzen und den Spargel darin anbraten, bis er leicht gebräunt ist. Die Sojasauce, den Orangensaft und den Honig hinzufügen. Den Sud probieren, evtl. salzen und bei reduzierter Hitze dünsten, bis der Spargel gar ist. Pfeffern und von der Kochstelle nehmen.

4 Die Panna cotta aus den Förmchen auf vier Teller stürzen und vorsichtig die Folie entfernen. Den Spargel dazu anrichten und servieren.

AVOCADO-MOUSSE

mit Spargelsalat

Für 8 Gläser (je 200 ml Inhalt) · Zubereitungszeit
ca. 45 Min. · Kühlzeit 3 Std. · pro Glas 225 kcal

2 reife Avocados
1 EL frisch gepresster Zitronensaft
200 g Mascarpone
Salz · Pfeffer · 2 Msp. Cayennepfeffer
2 Eiweiß (Größe M)
1/2 TL Agar-Agar
500 g grüner Spargel · 2 Orangen
1 TL Senf · 2 TL Honig
2 EL Weißweinessig
4 EL Olivenöl · 3 Stängel Estragon
3 Frühlingszwiebeln

1 Die Avocados halbieren, die Kerne entfernen. Das
Fruchtfleisch herauslösen und mit dem Zitronensaft
und dem Mascarpone fein pürieren. Mit Salz, Pfeffer
und 2 Msp. Cayennepfeffer würzen.

2 Die Eiweiße mit 1 Prise Salz steif schlagen. 2 EL Wasser
aufkochen, Agar-Agar einrühren. Die Flüssigkeit unter
das Avocadopüree rühren. Dann den Eischnee unterheben. Die Mousse auf die Gläser verteilen. Zugedeckt
3 Std. kalt stellen.

3 Den Spargel waschen. Im unteren Drittel schälen,
holzige Enden abschneiden. Die Stangen schräg in
1/2 cm breite Scheiben schneiden. In kochendem
Salzwasser 2 Min. garen, abgießen und abtropfen
lassen. Orangen bis ins Fruchtfleisch schälen, Fruchtfilets aus den Trennhäutchen schneiden, dabei den
Saft auffangen. Filets beiseitestellen. Saft mit Senf,
Honig, Essig und Öl aufschlagen, salzen und pfeffern.

4 Den Estragon waschen, die Blättchen abzupfen. Frühlingszwiebeln putzen und waschen. Die weißen Teile
in feine Ringe schneiden und mit dem Estragon und
Spargel unter die Marinade heben. 1 Std. ziehen lassen. Die Orangenfilets klein schneiden, mit dem Salat
mischen. Salat auf der Mousse verteilen.

SCHICHT-PANZANELLA

Brotsalat auf italienisch

Für 8 Gläser (je 200 ml Inhalt) · Zubereitungszeit
ca. 40 Min. · pro Glas 205 kcal

500 g Cocktailtomaten
1 EL Aceto balsamico
4 EL Olivenöl · Salz · Pfeffer
150 g Ciabatta
1 kleine Knoblauchzehe
1 Bund Basilikum (ca. 50 g)
100 g saure Sahne
250 g Ricotta · Zucker · Cayennepfeffer
1–2 TL frisch gepresster Zitronensaft
4 EL Pesto (aus dem Glas, nach Belieben)

1 Die Tomaten waschen und vierteln. Den Essig mit
2 EL Öl gut verrühren, salzen und pfeffern. Mit den
Tomaten mischen und durchziehen lassen.

2 Das Brot 1 cm groß würfeln, den Knoblauch schälen.
2 EL Öl in einer Pfanne erhitzen, Knoblauch dazupressen, das Brot hineingeben und alles gut verrühren.
Unter gelegentlichem Rühren bei mittlerer Hitze goldbraun braten, herausnehmen, auf Küchenpapier legen
und abtropfen lassen.

3 Das Basilikum waschen und trocken tupfen, die
Blättchen abzupfen und grob zerschneiden. Mit der
sauren Sahne mit dem Pürierstab fein pürieren,
anschließend unter den Ricotta rühren und mit Salz,
Pfeffer sowie je 1 Prise Zucker, Cayennepfeffer und
etwas Zitronensaft abschmecken.

4 Das abgekühlte Brot auf die Gläser verteilen. Darauf
die Tomaten und darauf locker die Basilikumcreme
schichten und glatt streichen. Nach Belieben 1 Klecks
Pesto daraufgeben und servieren. Die fertigen Gläser
können auch ruhig noch etwas kühl stehen, das Pesto
aber erst vor dem Servieren daraufgeben.

LINKS Schicht-Panzanella
RECHTS Avocadomousse

SCHAFSKÄSE-MOUSSE ROT-WEISS

würziger Appetizer

Für 12 Stück · Zubereitungszeit ca. 45 Min.
Kühlzeit 3 Std. · pro Stück 155 kcal

1 Zwiebel · 1 Knoblauchzehe
750 g Tomaten
3 EL Olivenöl · Salz · weißer Pfeffer
Zucker · 1 1/4 TL Agar-Agar
1 Bund Basilikum · 200 g Sahne
200 g milder Schafskäse
   (z. B. Manouri, ersatzweise Ricotta)
250 g Sahnequark
2 EL Zitronensaft
Außerdem:
Muffinblech mit 12 Mulden
frisch gemahlener schwarzer Pfeffer zum Bestreuen

1 Zwiebel und Knoblauch schälen und klein würfeln. Die Tomaten waschen und klein schneiden, dabei die Stielansätze entfernen. Zwiebel und Knoblauch in dem Öl glasig braten. Die Tomaten dazugeben und alles zugedeckt 10 Min. schmoren.

2 Die Tomatensauce pürieren und mit Salz, Pfeffer und Zucker würzen. Dann das Agar-Agar einrühren, die Sauce noch einmal aufkochen. Vom Herd nehmen und etwas abkühlen lassen. Basilikum waschen und trocken schütteln, die Blätter fein schneiden und einrühren. Sahne steif schlagen und die Hälfte unterheben.

3 Den Schafskäse mit dem Quark und dem Zitronensaft pürieren und die Creme salzen und pfeffern. Die restliche steife Sahne unterheben.

4 Die Muffinmulden mit kaltem Wasser ausspülen, nicht abtrocknen und dann mit Frischhaltefolie auslegen. Erst die Käsecreme gleichmäßig auf die Muffinmulden verteilen, darauf dann die leicht fest gewordene Tomatencreme. Die Cremes mit einer Gabel marmorieren. 3 Std. kalt stellen, dann stürzen. Vor dem Servieren mit schwarzem Pfeffer bestreuen.

QUARKMOUSSE MIT RADIESCHENSALAT

mit Senf fein abgeschmeckt

**Für 4 Personen · Zubereitungszeit ca. 30 Min.
Kühlzeit 3–12 Std. · pro Portion 300 kcal**

Für die Mousse:
250 g Magerquark
4 TL süßer Senf
2 TL scharfer Senf (z. B. Dijonsenf)
2 TL Zitronensaft
Zucker · Salz · Pfeffer
150 g Sahne
1 Päckchen Sahnesteif
1 Eiweiß (Größe M)
Für den Salat:
4 TL Zitronensaft
Salz · Pfeffer
1/2 TL Honig
2 EL Raps- oder Sonnenblumenöl
2 Bund Radieschen
1 Bund Schnittlauch

1 Für die Mousse den Quark mit beiden Senfsorten,
dem Zitronensaft und 1 Prise Zucker verrühren und
mit Salz und Pfeffer würzen. Die Sahne mit dem Sahnesteif steif schlagen. Das Eiweiß ebenfalls steif schlagen.
Die Sahne vorsichtig unter die Quarkmasse heben,
dann das Eiweiß ebenfalls vorsichtig unterheben.
Die Mousse zugedeckt im Kühlschrank in mindestens
3 Std. (am besten über Nacht) fest werden lassen.

2 Am nächsten Tag für den Salat den Zitronensaft, Salz,
Pfeffer und den Honig gut verrühren. Das Öl nach und
nach unterschlagen. Die Radieschen waschen, putzen
und in dünne Scheibchen hobeln. Den Schnittlauch
waschen, trocken schütteln und in Röllchen schneiden.
Radieschen und Schnittlauch mit der Sauce mischen,
den Salat abschmecken.

3 Von der Mousse mit zwei Esslöffeln Nocken abstechen
und diese auf Teller setzen. Den Salat daneben verteilen. Dazu schmecken frisches Baguette oder Toast.

BUNTE GEMÜSETERRINE

preiswert und unglaublich gut

Für 1 flache, viereckige Porzellanform (ca. 1 l Inhalt)
Zubereitungszeit ca. 50 Min. · Garzeit 40 Min.
bei 8 Personen pro Portion 230 kcal

je 200 g Möhren, Knollensellerie,
   Zucchini und Lauch
Salz
je 1 Bund Dill und glatte Petersilie
2-3 Frühlingszwiebeln
6 Eier (Größe M)
250 g Sahne
150 g Schmand
Salz · Pfeffer
2 TL mildes Currypulver
Außerdem:
Butter für die Form

1 Die Möhren und den Sellerie schälen, putzen und in
dünne Streifen schneiden oder hobeln. Die Zucchini
waschen, putzen und ebenfalls in dünne Streifen
schneiden oder hobeln. Lauch längs halbieren, gründlich waschen, trocknen und in feine Streifen schneiden.

2 In einem großen Topf reichlich Salzwasser aufkochen
und das Gemüse darin 5–6 Min. blanchieren.
In ein Sieb abgießen, kurz kalt abschrecken und
abtropfen lassen. Den Backofen auf 180° vorheizen.

3 Inzwischen die Kräuter waschen und trocken schütteln.
Von Dill und Petersilie die Spitzen bzw. Blätter abzupfen und fein hacken, den Schnittlauch in Röllchen
schneiden. Die Frühlingszwiebeln putzen, waschen
und mit dem Grün in feine Ringe schneiden.

4 Die Eier mit der Sahne und dem Schmand gut verquirlen und mit Salz, Pfeffer und dem Currypulver
kräftig abschmecken.

5 Die Porzellanform mit Butter ausfetten. Gemüse, Kräuter und Frühlingszwiebeln mischen und in der Form
verteilen. Die Eier-Sahne darübergießen.

6 Ein tiefes Backblech (Fettpfanne) mit sehr heißem Wasser
füllen und in den heißen Backofen schieben (unten,
Umluft nicht empfehlenswert). Die Porzellanform
hineinstellen; sie sollte bis ca. 2 cm unter dem Rand im
Wasser stehen. Die Masse in 35–40 Min. im Wasserbad garen, bis sie fest ist. Die Terrine aus dem Ofen
nehmen (den Ofen wegen des entweichenden Wasser-
dampfs vorsichtig öffnen!), auskühlen lassen, in Stücke
schneiden.

VARIANTE
KRÄUTERTERRINE

Für 1 Rehrückenform (25 cm lang)
Zubereitungszeit ca. 30 Min.
Garzeit 40 Min.
bei 25 Scheiben pro Scheibe 70 kcal

- Den Backofen auf 200° vorheizen. 250 g Tomaten
mit kochendem Wasser überbrühen und kurz ziehen
lassen. Dann herausnehmen und von den Tomaten
die Haut abziehen. Die Tomaten klein würfeln, dabei
die Kerne und Stielansätze entfernen.

- 50 g Sonnenblumenkerne in einer Pfanne ohne Fett
rösten. 3 Eier (Größe M) mit 1 EL Speisestärke und
400 g Ricotta verrühren, mit Salz und Pfeffer würzen.

- Je 2 EL Schnittlauchröllchen, gehackte Petersilie und
Dillspitzen mit den Sonnenblumenkernen und den
Tomaten sowie 3 EL Öl unter die Käsemasse mischen.

- Die Rehrückenform mit 1 EL Öl fetten. Die Masse einfüllen, glatt streichen und im heißen Ofen im Wasserbad (s. oben, Schritt 6) 40 Min. garen. In der Form auskühlen lassen, stürzen und in Scheiben schneiden.

WARME VORSPEISEN UND SNACKS

Infos für Ovo-Vegetarier

Eier sind kleine Kraftpakete: Ihr Eiweiß kann bestens von unserem Körper verwertet werden. Darüber hinaus spendieren sie uns Zink, B-Vitamine und ungesättigte Fettsäuren.

Wie T-Shirts werden sie in den Größen S, M, L und XL angeboten. Durchschnittseier in Größe M wiegen 53 g–63 g.

Ihre Mindesthaltbarkeit beträgt offiziell 28 Tage. Das genaue Datum muss auf der Eierschachtel, bei lose gekauften Eiern auf einem Extrazettel stehen. Wenn Sie vom Mindesthaltbarkeitsdatum 28 Tage (oder ca. 1 Monat) abziehen, haben Sie das Legedatum.

Die besten Eier sind höchstens 10 Tage alt. So frisch schmecken sie einfach am besten – und lassen sich außerdem leicht trennen, schaumig aufschlagen und schön als Spiegelei zubereiten. Ihre Schale hat dann noch einen natürlichen Schutz gegen gefährliche Krankheitserreger wie etwa Salmonellen. Für selbst gemachte Mayonnaise oder Aïoli daher prinzipiell nur sehr frische Eier verwenden!

Frischetest: Sinken die Eier in einem Glas mit Wasser zu Boden, sind sie frisch und appetitlich. Ältere Eier stehen am Glasboden, ganz alte schwimmen sogar – die bitte nicht mehr verwenden!

Glückliche Hühner, leckere Eier

Wählen Sie 0 oder 1! Jedes Ei trägt einen Code, die erste Ziffer informiert über die Haltung der Legehennen: 0 bedeutet Ökohaltung, 1 Freiland-, 2 Boden- und 3 Käfighaltung. Dann folgen Länderkennzeichen (etwa DE für Deutschland, NL für die Niederlande). Bevorzugen Sie Eier von Hühnern aus Öko- oder Freilandhaltung! Zwar sind die extrem engen Käfige, die Legehennen kaum mehr Platz als ein Din-A4-Blatt boten, in Deutschland (und ab 2012 auch in der gesamten EU)

POCHIERTE EIER
Die rohen Eier aus einer Tasse ins heiße Wasser gleiten und in 4–6 Min. gar ziehen lassen. Mit einem Schaumlöffel herausheben.

verboten, erlaubt sind aber weiterhin Käfige, in denen die Tiere immer noch sehr wenig Möglichkeiten eines artgerechten Daseins haben.
Eier von nebenan Kaufen Sie Eier aus Ihrer Region, am besten aus bäuerlichen Biobetrieben – sie sind rundum empfehlenswert.

Gästefein: pochierte Eier

Pochiert, also im Wasserbad sanft gegart und auf einem Gemüsebett serviert, werden Eier ganz schnell zur raffinierten Vorspeise. Dazu zunächst in einem weiten Topf Salzwasser mit 1 Schuss Essig aufkochen, dann den Topf vom Herd ziehen. Pro Portion 1 Ei in eine Tasse ▶

VEGAN, OVO ODER FLEXIBEL?

Immer mehr Menschen essen kein Fleisch und keinen Fisch – aus vielen guten Gründen und in verschieden strengem Umfang.
Flexitarier verzichten einfach weitgehend auf Fleisch, essen aber z. B. gern Käse (Milchprodukte), Omelette (Eier) oder Gummibärchen (die mit Gelatine tierischen Ursprungs hergestellt sind).
Ovo-Vegetarier genießen zur Pflanzenkost auch Eier, bei Lacto-Vegetariern stehen Milchprodukte mit auf dem Speiseplan. Bei **Ovo-Lacto-Vegetariern** kommen Eier und Milchprodukte mit auf den Tisch.
Veganer meiden alle Produkte tierischen Ursprungs, neben Eiern und Milch z. B. auch Honig.
Fruganer gehen noch weiter. Sie ernähren sich ausschließlich von Früchten und Samen, um keine Pflanzen zu zerstören.

aufschlagen, ins heiße Wasser gleiten und bei kleinster Hitze in 4–6 Min. gar ziehen lassen. Eier mit dem Schaumlöffel aus dem Wasser heben, leicht salzen und sofort servieren.

Alles Käse!

Ihr Geschmack und ihre Talente in der warmen Küche sind so unterschiedlich wie ihr Aussehen. Eins aber haben alle Käsesorten gemeinsam: Sie liefern uns Eiweiß, Kalzium, Mineralsalze sowie die Vitamine B und D.

Hartkäse Dazu gehören Bergkäse wie Tiroler Alpkäse, Emmentaler, Comté oder der französische Gruyère, der in der Schweiz Greyerzer heißt, und auch der italienische Pecorino, der traditionell aus Schafsmilch gemacht wird. Alle punkten mit ihrem nussigen Aroma, das sich je nach Reifegrad intensiviert. Ihr Vorteil in der warmen Küche: Sie schmelzen gut und eignen sich damit perfekt zum Überbacken. Zur Hartkäsefamilie zählt auch Parmesan bzw. Parmigiano Reggiano sowie Grana Padano – Muss für Pasta und Risotto. Auf Ofengemüse gestreut, zerfließen sie nicht, sondern ergeben eine unwiderstehliche Knusperkruste. Wichtig: Emmentaler und Parmesan grundsätzlich am Stück kaufen und bei Bedarf selbst reiben, raspeln oder hobeln – für reinen Geschmack! Geriebener Tütenkäse hat immer an Aroma eingebüßt und enthält Trennmittel, damit er nicht zusammenklumpt.

SELBER FRISCH GERIEBEN schmecken Emmentaler und Parmesan unvergleichlich aromatisch.

JUNGER GOUDA schmilzt besonders gern über buntem Gemüsegratin.

Schnittkäse wie junger Gouda, Edamer oder Raclette schmecken mild-nussig und nur dezent aromatisch – ideal für alle, die ausgeprägten Käsegeschmack nicht mögen. Mehr Würze liefern Tilsiter oder Appenzeller. Schnittkäse mit über 40 % Fett i. Tr. schmelzen schön in Aufläufen und Gratins. Die Italiener Fontina und Fontal ergeben herrliche Käsesaucen. Wer's würziger mag, probiert Schafsmilchgouda oder Schnittkäse aus Ziegenmilch. Aus Kuhmilch schmeckt Schnittkäse intensiv und aromatisch, wenn ihm die Molkerei noch mindestens vier Monate im Reifekeller gegönnt hat. Weiteres Plus der reifen Sorten: Sie bräunen im Ofen besonders gut und bilden eine leckere Kruste.

Halbfeste Schnittkäse Auch hier gibt es milde Sorten (z. B. Butterkäse oder Esrom) und würzige (z. B. französischer Tomme, Vacherin oder Reblochon). Sie eignen sich gut zum Überbacken von Toast oder Auflauf.

Weichkäse Egal, ob mit weißem Edelschimmel umhüllt (z. B. Camembert und Brie) oder mit Rotschmiere (z. B. Munster): Weichkäse reifen bei Zimmertemperatur nach, entwickeln dabei immer intensiveren Geschmack. Sie schmelzen sehr gut, bräunen kaum und verpassen Gemüse beim Überbacken kräftiges Aroma. Paniert lassen sie sich auch in der Pfanne ausbacken.

Blauschimmelkäse Nichts für softe Käsegenießer! Roquefort, der traditionell aus Schafsrohmilch gemacht wird, und der italienische Gorgonzola aus Kuhmilch sind mit Edelschimmeladern durchzogen und haben ein markantes, starkes Aroma. Schon ein paar Bröckchen würzen – mit Sahne verrührt – Pasta, Saucen, Dressings und Dips.

Frischkäse So heißen alle Käse ohne Reifezeit, deshalb gehören auch der krümelig-trockene Hüttenkäse, Schichtkäse und Quark dazu. Die typischen Streichkäse aus dem Päckchen haben je nach Fettgehalt eine mehr oder weniger cremige Konsistenz. Manche Sorten enthalten Gelatine – strenge Vegetarier

SNACK AUS DER SCHACHTEL

Im Winter wärmt gebackener Camembert das vegetarische Feinschmeckerherz: Kaufen Sie dafür echten Camembert aus der Normandie in einer Holzschachtel, wickeln Sie ihn aus dem Papier, legen Sie ihn wieder in die Schachtel und backen Sie den Camembert im vorgeheizten Ofen bei 180° 20–25 Min. Dann die Rinde oben kreuzförmig einschneiden und nach außen abheben (s. Bild auf der rechten Seite). Geröstete Crostini oder knusprige Croûtons, Apfel- und Birnenstückchen in den geschmolzenen Käse dippen – perfekt mit einem fruchtigen Rotwein!

sollten daher die Zutatenliste ansehen. Wer kräftiges Aroma sucht, nimmt Ziegenfrischkäse. Fein-aromatisch schmeckt italienischer Ricotta, der ursprünglich nur aus Schafskäsemolke gemacht wurde. Im Supermarkt gibt es heute frischen abgepackten Ricotta aus Kuhmilchmolke. Vollmundig und sahnig schmeckt Mascarpone, der im Gegensatz zu deutschem Frischkäse kein Salz enthält. Deshalb muss er unbedingt ins Tiramisu, verfeinert aber auch pikante Saucen aufs Cremigste.

Käse mit Spezialaufgaben

Pasta-filata-Käse Für den Pizzaliebling Mozzarella wird die Käsemasse vor dem Einlegen in Salzlake zu Strängen ausgezogen und dann zu Kugeln gedreht. Am besten schmeckt Mozzarella aus Büffelmilch. Dieser Käse braucht hohe Temperaturen, um schön zu schmelzen – und seinen vollen Fettgehalt.

Feta-Käse Wer milden Geschmack mit feinsäuerlicher Note sucht, wird mit Feta aus Schafsmilch glücklich. Griechische Hirten legten frischen Käse in Salzwasser, um ihn länger haltbar zu machen. In der Lake reift der Käse weiter, trocknet aber nicht aus und setzt keinen Schimmel an. Guten Feta bekommen Sie im Bioladen und im griechischen oder türkischen Feinkostgeschäft. Im Supermarkt gibt es häufig die geschmacksärmere Kuhmilchvariante »nach Feta-Art«.

Käse, ja bitte – Lab, nein danke!

Vegetarier möchten nur Produkte essen, für die kein Tier sterben musste. Bei Käse kann das heikel sein. Denn viele Sorten werden mit Lab hergestellt. Dieses Enzym spaltet Milcheiweiß so, dass die Milch eindickt, ohne sauer zu werden. Lab wird traditionell aus dem Magen von sehr jungen geschlachteten Kälbern, seltener auch von Zicklein oder Lämmern, gewonnen. Diese Menge an Naturlab reicht allerdings für die gesamte Käseproduktion nicht aus. Es gibt mikrobiell erzeugte Lab-Austauschstoffe. Sie werden auf Schimmel-

pilzen gezüchtet – ähnlich wie Aromastoffe. Geeignet ist das mikrobielle Lab aber nur für Weichkäsesorten. Denn bei zu langer Reifezeit werden damit hergestellte Käse unerwünscht bitter. Alternative ist ein Labersatz, der mit Hilfe von gentechnisch veränderten Mikroorganismen produziert wird. Er ist in Deutschland zugelassen, Biokäse darf damit aber nicht behandelt werden.

Welches Lab wurde verwendet? Da Lab nicht deklariert werden muss, sieht man es einem Käse nicht an, welche Art von Lab er enthält. Diese Frage können nur die Käsehersteller exakt beantworten. Wer mehr wissen will, muss sich also direkt an die Betriebe wenden – viele große und kleine Käsereien geben bereitwillig Auskunft. Im Internet gibt es auch Listen (www.kaeseseite.de). Und in Bioläden wissen die Verkäufer hinter der Käsetheke häufig gut Bescheid.

Käselust ohne Lab Quark und Frischkäse werden in der Regel mit Sauermilchbakterien hergestellt. Hier müssen kritische Vegetarier allerdings aufpassen, dass diese Milchprodukte keine Gelatine enthalten. Der indische »Panir«-Käse wird mit Zitronensaft eingedickt.

MINI-FONDUE
Französischen Camembert in der Holzschachtel backen und heiß mit Croûtons oder Obststückchen servieren: heißer Snack für Lacto-Vegetarier.

GRÜNE SPARGELFLANS MIT PAPRIKATATAR

idealer Einstieg in ein festliches Frühlingsmenü

**Für 4 Personen · Zubereitungszeit ca. 30 Min.
Garzeit 30 Min. · pro Portion 240 kcal**

Für die Spargelflans:
500 g grüner Spargel
2 Schalotten
2 EL Butter · Salz
1 Stück Bio-Zitronenschale
2 Eier (Größe M)
4 EL Sahne
3 EL frisch geriebener Parmesan
1 Prise Cayennepfeffer

Für das Paprikatatar:
1 rote Paprikaschote
Salz
1 Stück frischer Ingwer (ca. 1 cm)
1 EL Aceto balsamico bianco
    oder Apfelessig
1/2 TL rosenscharfes Paprikapulver
2 EL Raps- oder Olivenöl

Außerdem:
4 feuerfeste Förmchen
    (je ca. 180 ml Inhalt)
1 große feuerfeste Form

1 Für die Flans den Spargel waschen, falls nötig schälen und die holzigen Enden abschneiden. Jetzt die Spargel- köpfe abschneiden und die Stangen in ca. 2 cm lange Stücke teilen. Die Schalotten schälen und klein würfeln.

2 Die Butter (einen kleinen Rest zurückbehalten) in einem Topf zerlassen und den Spargel und die Schalot- ten darin kurz andünsten. 2 EL Wasser dazugeben, den Spargel salzen und zugedeckt bei schwacher Hitze in ca. 10 Min. weich dünsten. Abkühlen lassen, dann fein pürieren. Den Backofen auf 170° vorheizen.

3 Die Zitronenschale fein hacken. Das Spargelpüree mit den Eiern, der Sahne und dem Parmesan verrühren. Die Zitronenschale untermischen und die Masse mit Salz und Cayennepfeffer abschmecken.

4 Die Förmchen mit der übrigen Butter ausstreichen, die Spargelmasse einfüllen. Die Förmchen in eine feuerfeste Form stellen und so viel heißes Wasser in die Form gießen, dass die Förmchen ca. zur Hälfte darin stehen. Die Flans im heißen Backofen (unten, Umluft nicht empfehlenswert) ca. 30 Min. garen. Aus dem Wasser heben, lauwarm abkühlen lassen.

5 Inzwischen für das Tatar die Paprikaschote waschen, halbieren, putzen und klein würfeln. Mit 1 EL Wasser und Salz in einem Topf zugedeckt bei schwacher Hitze 2–3 Min. dünsten. In eine Schüssel umfüllen.

6 Den Ingwer schälen und sehr fein hacken. Mit Essig, Salz, Paprikapulver und Öl zu den Paprikawürfeln geben und alles gut vermischen.

7 Die Flans mit einem Messer von den Rändern der Förmchen lösen und vorsichtig auf Teller stürzen. Das Paprikatatar daneben anrichten. Wer mag, reicht Weißbrot oder knusprigen Toast dazu.

DAZU-VARIANTE

Zu den Spargelflans passt auch ein **Orangen- sabayon** ganz wunderbar – lassen Sie bei der Zubereitung der Flans dann aber die Bio-Zitronen- schale weg. Für den Sabayon 2 Eigelbe (Größe M) mit 150 ml Orangensaft in eine Metallschüssel geben und über dem heißen Wasserbad mit dem Schneebesen dick und schaumig schlagen (s. Tipp S. 468). Mit Salz und Pfeffer abschmecken. Die Flans wie in Schritt 7 beschrieben auf Teller stürzen. Mit dem Sabayon umgießen und mit den Schalenzesten von 1 Bio-Orange bestreuen.

GEBACKENER SPARGEL MIT DIPS

knuspriges Fingerfood

**Für 4 Personen · Zubereitungszeit ca. 55 Min.
pro Portion 850 kcal**

100 g Mayonnaise · 100 g Joghurt
1 EL Senf · Salz · Pfeffer
1/4 Kopfsalat · 50 g Parmesan
Saft von 1/2 Zitrone
1 EL Pinienkerne
50 ml Olivenöl
100 g Erdbeeren
1/2 Bund Koriandergrün
100 g Mangochutney (aus dem Glas)
500 g grüner Spargel · 200 g Mehl
250 ml Bier (ersatzweise Milch)
1 TL Mohn (möglichst gemahlen)
Außerdem:
Öl zum Frittieren

1 Für den Senf-Dip Mayonnaise, Joghurt und Senf verrühren, salzen und pfeffern. Für das Kopfsalat-Pesto
den Salat waschen und abtropfen lassen. Den Parmesan zerbröckeln. Salat, Parmesan, Zitronensaft, Pinienkerne und Olivenöl pürieren, salzen und pfeffern.

2 Für das Erdbeerchutney die Erdbeeren waschen, putzen und mit einer Gabel zerdrücken. Den Koriander
waschen und die Blättchen abzupfen. Das Mangochutney mit den Erdbeeren und dem Koriander verrühren.

3 Den Spargel waschen, holzige Enden abschneiden.
Die Stangen nur im unteren Drittel schälen und in mundgerechte Stücke schneiden. Mehl, Bier, Mohn und
1 Prise Salz zu einem zähflüssigen Teig verrühren.

4 Zum Frittieren Öl in der Fritteuse oder einem Topf
erhitzen. Die Spargelstücke durch den Teig ziehen
und portionsweise im heißen Öl in ca. 3 Min. knusprig
ausbacken. Mit einem Schaumlöffel herausnehmen
und auf Küchenpapier abtropfen lassen. Mit den drei
Dips – heiß oder zimmerwarm – servieren.

GEFÜLLTE ZUCCHINI-BLÜTEN

tolle Vorspeise

**Für 4 Personen · Zubereitungszeit ca. 40 Min.
pro Portion 880 kcal**

16 Zucchiniblüten · 400 g Zucchini
1 kleine Zwiebel · 1 Knoblauchzehe
Salz · Pfeffer · 1 Bund Basilikum
4 getrocknete Tomaten in Öl
200 g Ricotta · 2 Eier (Größe M)
Außerdem:
feuerfeste Form
Olivenöl für die Form und zum Braten

1 Den Ofen auf 225° (Umluft 200°) vorheizen. Die feuer-
festе Form mit 1 EL Olivenöl auspinseln. Die Zucchiniblüten vorsichtig waschen, trocken tupfen und die
Staubgefäße entfernen.

2 Die Zucchini waschen, putzen und auf der Gemüsereibe grob raspeln. Zwiebel und Knoblauch schälen,
würfeln und in etwas Öl in einer Pfanne andünsten.
Zucchiniraspel dazugeben, salzen, pfeffern und 10 Min.
bei schwacher Hitze dünsten. In eine Schüssel geben
und abkühlen lassen.

3 Das Basilikum waschen und trocken schütteln, die
Blätter abzupfen und mit den Zucchini pürieren. Die
Tomaten fein würfeln und mit dem Ricotta und den
Eiern zum Zucchinipüree geben. Gut vermengen, in die
Blüten füllen, die Blütenspitzen vorsichtig zudrehen.

4 Die Blüten in die Form legen, mit etwas Öl beträufeln
und im heißen Backofen (Mitte) 15 Min. gratinieren, bis
die Blüten leicht bräunen. Wer will, serviert die Blüten
auf Tomatensauce oder gedünstetem Zucchinigemüse.

SOUFFLÉ-VARIANTE
Die Füllung schmeckt auch toll als Soufflé: 4 Förmchen einfetten, die Masse einfüllen, mit Alufolie
abdecken und im Ofen bei 225° (Umluft 200°)
10–15 Min. aufgehen lassen.

ARTISCHOCKEN MIT SAUCEN

dürfen mit den Fingern gegessen werden

**Für 4 Personen · Zubereitungszeit ca. 40 Min.
Kochzeit 30 Min. · pro Portion 500 kcal**

8 fleischige Artischocken (am besten französische)
Salz · 1 rote Paprikaschote
1 frische rote Chilischote · 7 EL Olivenöl
100 g Mayonnaise · Pfeffer
1 TL Zitronensaft · 200 g saure Sahne
1 EL Olivencreme (aus dem Glas)
1 TL Tomatenmark · 1 Bund gemischte Kräuter
1 kleine Zwiebel · 4 EL Essig · 2 TL scharfer Senf

1 Untere Blätter und Stiele der Artischocken abschneiden. Die Blattspitzen kürzen. Reichlich Salzwasser aufkochen, zunächst 4 Artischocken hineinlegen und halb zugedeckt 20–30 Min. kochen. Lässt sich eins der äußeren Blätter leicht rausziehen, sind sie fertig.

2 Für die Paprika-Mayo Paprika und Chili waschen, putzen, ohne Kerne würfeln und in 1 EL Öl anbraten.

Zugedeckt 10 Min. dünsten, dann in eine Schüssel geben, pürieren und abkühlen lassen. Die Mayonnaise untermischen und die Creme mit Salz, Pfeffer und Zitronensaft würzen.

3 Für die Olivencreme saure Sahne, Olivencreme und Tomatenmark mischen, salzen und pfeffern. Für die Vinaigrette die Kräuter waschen und trocken schütteln, die Blättchen sehr fein hacken. Die Zwiebel schälen, ebenfalls sehr fein schneiden. Essig, Senf, Salz, Pfeffer und 4 EL warmes Wasser verrühren. 6 EL Öl unterschlagen. Kräuter und Zwiebel untermischen.

4 Die Artischocken umgedreht in einem Sieb abtropfen lassen. Nun die übrigen 4 Artischocken kochen. Von den fertigen Artischocken Blatt für Blatt abzupfen, den unteren, fleischigen Teil in die Saucen dippen und genießen. Zum Schluss die Artischockenböden vom Heu befreien, teilen und ebenfalls mit den Saucen essen. Dazu schmecken Weißbrot und Weißwein.

GEFÜLLTE ARTISCHOCKEN

schmecken nach Urlaub im Süden

**Für 4 Personen · Zubereitungszeit ca. 30 Min.
Schmorzeit 30 Min. · pro Portion 240 kcal**

8 mittelgroße längliche Artischocken
   (italienische oder südfranzösische)
1 EL Zitronensaft
1/2 Bund Basilikum
einige Stängel Petersilie
einige Zweige Oregano
2 Knoblauchzehen
1 EL schwarze Oliven ohne Stein
50 g frisch geriebener Pecorino oder Parmesan
1 Ei (Größe S)
Pfeffer · Salz · 4 EL Olivenöl
175 ml trockener Weißwein
4 Lorbeerblätter

1 Die Artischocken waschen, die äußeren harten Blätter
entfernen, die Stiele abschneiden. Die Spitzen der verbliebenen Blätter mit einer Küchenschere abschneiden.

2 Die Artischocken aufbiegen, das Heu aus der Mitte
herausschneiden und die kleinen Blätter aus der Mitte
herauszupfen. Die Artischocken innen mit dem Zitronensaft beträufeln.

3 Die Kräuter waschen und trocken schütteln, die Blätter
abzupfen und sehr fein hacken. Den Knoblauch schälen und durch die Presse drücken. Die Oliven ebenfalls
sehr fein schneiden. Die Kräuter mit dem Knoblauch,
den Oliven, dem Käse und dem Ei verrühren und mit
Pfeffer und wenig Salz abschmecken. Die Masse in die
Artischocken füllen.

4 Das Olivenöl in einem weiten Topf erhitzen und die
Artischocken nebeneinander hineinsetzen. Den Weißwein angießen und die Lorbeerblätter zwischen den
Artischocken verteilen. Zugedeckt bei schwacher Hitze
ca. 30 Min. schmoren, bis die Artischocken weich sind,
aber noch etwas Biss haben. Lauwarm schmecken die
Artischocken am besten.

MAURISCHE KICHERERBSEN

Spezialität aus Sevilla

Für 4 Personen · Zubereitungszeit ca. 30 Min.
Einweichzeit 12 Std. · Garzeit 45 Min.
pro Portion 205 kcal

150 g getrocknete Kichererbsen
1 Prise Natron (ersatzweise 1 Msp. Backpulver)
1 TL gekörnte Gemüsebrühe
2 reife Tomaten · 1 Zwiebel
1 großes Bund frische Minze · 2 EL Olivenöl
Für die Picada:
10 gehäutete Mandeln · 1 Knoblauchzehe
10 Safranfäden · Salz · Cayennepfeffer
3 EL Orangensaft (ersatzweise Wasser)

1 Die Kichererbsen mit 750 ml kaltem Wasser und dem
Natron in den Topf geben, in dem sie später auch
gekocht werden, und darin 12 Std. (am besten über
Nacht) einweichen. Nach dieser Zeit die Brühe unterrühren, das Wasser aufkochen und die Kichererbsen
halb zugedeckt bei mittlerer Hitze ca. 45 Min. kochen.
Inzwischen die Tomaten überbrühen, häuten und entkernen. Das Fruchtfleisch klein würfeln, dabei die Stielansätze entfernen. Die Zwiebel schälen, längs halbieren und in feine Spalten schneiden. Minze waschen
und trocken schütteln, die Blätter fein schneiden.

2 Für die Picada die Mandeln grob hacken. Knoblauch
schälen und ebenfalls grob hacken. Mandeln und
Knoblauch mit dem Safran und je 1 Prise Salz und
Cayennepfeffer im Mörser fein zerreiben. Orangensaft
unterrühren, bis eine cremige Masse entstanden ist.

3 Die Kichererbsen in ein Sieb abgießen, dabei das
Kochwasser auffangen. Die Zwiebel in dem Öl bei
mittlerer Hitze 3 Min. braten. Kichererbsen und Tomaten dazugeben und 3 Min. unter Rühren weiterbraten.
100 ml Kochwasser zugießen. Alles zugedeckt 5 Min.
schmoren. Die Picada unterrühren und alles offen
3 Min. leise weiterkochen. Die Minze untermischen.
Das Gericht lauwarm servieren.

EINGELEGTE PAPRIKA- SCHOTEN

spanischer Tapa-Klassiker

Für 4 Personen · Zubereitungszeit ca. 40 Min.
Marinierzeit 4 Std. · pro Portion 200 kcal

je 3 rote und gelbe Paprikaschoten
4 Knoblauchzehen
1 Bund Petersilie
1 Zitrone · Salz
6 EL bestes Olivenöl
Außerdem:
Olivenöl für das Backblech

1 Den Backofengrill auf 220° anheizen. Ein Backblech
mit Öl ausstreichen. Die Paprikaschoten waschen, mit
einer Gabel mehrmals einstechen, auf dem Blech verteilen und im heißen Backofen (oben) 8–10 Min. grillen, dabei einmal wenden. Sobald die Haut schwarze
Blasen wirft, die Schoten herausnehmen und in einen
hitzebeständigen Vorratsbeutel füllen. Verschließen
und die Paprika darin etwas abkühlen lassen.

2 Inzwischen den Knoblauch schälen und fein hacken.
Die Petersilie waschen und trocken schütteln, die
Blätter fein schneiden. Die Zitrone auspressen.

3 Die Paprikaschoten aus dem Beutel nehmen. Jeweils
den Stielansatz entfernen und die Haut abziehen.
Die Schoten längs in breite Streifen schneiden, dabei
die Kerne entfernen.

4 Abwechselnd rote und gelbe Paprikastreifen in eine
flache Schale schichten. Jede Lage leicht salzen, mit
Knoblauch und Petersilie bestreuen und mit Zitronensaft und Olivenöl beträufeln. Mit Frischhaltefolie abdecken und 4 Std. in den Kühlschrank stellen. Dazu
passt ein trockener Rotwein, z. B. Rioja.

VORNE Maurische Kichererbsen
HINTEN Eingelegte Paprikaschoten

BÄRLAUCH-JOGHURT-AÏOLI MIT GEMÜSESTICKS

knackig-würziger Frühlingsgruß

**Für 4 Personen · Zubereitungszeit ca. 25 Min.
pro Portion 545 kcal**

2 frische, zimmerwarme Eigelb
  (Größe M)
Salz · Pfeffer
1 EL Limettensaft
200 ml zimmerwarmes Olivenöl
2 EL Naturjoghurt (3,5 % Fett)
50 g Bärlauch
3 mittelgroße Möhren
1 Kohlrabi (ca. 300 g)
1/2 Salatgurke
1 Bund Radieschen

1 Die Eigelbe mit je 1 Msp. Salz und Pfeffer in einem
Rührbecher mit den Quirlen des Handrührgeräts
ca. 1 Min. auf höchster Stufe schaumig schlagen.
Den Limettensaft unterrühren. Dann unter ständigem
Rühren das Olivenöl zuerst tröpfchenweise zugeben.

Wenn die Masse beginnt, dicklich zu werden, das
Olivenöl in einem dünnen gleichmäßigen Strahl dazugießen und unterrühren.

2 Den Naturjoghurt zügig unter die fertige Aïoli rühren
und das Ganze mit Salz und Pfeffer abschmecken.
Den Bärlauch waschen, trocken schütteln und putzen.
Die Blätter sehr fein hacken und unterrühren. Dann
die Aïoli nochmals abschmecken und bis zum Servieren kühl stellen.

3 Das Gemüse waschen und putzen bzw. schälen. Möhren, Kohlrabi und Gurke in längliche Stücke schneiden.
Die Radieschen halbieren. Das Gemüse und die Aïoli
anrichten. Dazu schmecken Brotchips.

PROFI-TIPP

Ist die **Aïoli** zu dick geworden, einfach etwas Essig
oder Zitronensaft unterrühren, das macht sie
wieder geschmeidig.

ANTIPASTI-SPIESSE MIT ESTRAGON-AÏOLI

schmecken auch vom Grill

**Für 4 Personen · Zubereitungszeit ca. 40 Min.
pro Portion 465 kcal**

2 EL Feigensenf (ersatzweise mittelscharfer Senf)
1 EL Weißweinessig
4 EL Olivenöl
1 großer gelber oder grüner Zucchino (300 g)
je 1 rote und grüne Paprikaschote
3 Frühlingszwiebeln
6 mittelgroße braune Champignons
250 g Halloumi (zyprischer Schafskäse)
Salz · Pfeffer
300 g Naturjoghurt (3,5 % Fett)
3–4 EL Mayonnaise
1 Knoblauchzehe · 6 Stängel Estragon
Außerdem:
8 Schaschlikspieße · Alufolie

1 Den Backofen auf 250° vorheizen. Für die Marinade
den Senf mit dem Essig und dem Olivenöl glatt rühren.

2 Für die Spieße das Gemüse und die Frühlingszwiebeln
putzen und waschen. Den Zucchino längs halbieren
und in ca. 1/2 cm dicke Scheiben schneiden, die Paprika in Stücke schneiden. Von den Frühlingszwiebeln
das Grün abschneiden und anderweitig verwenden.
Die weißen Teile in ca. 3 cm lange Stücke schneiden.
Pilze putzen, evtl. waschen und halbieren. Den Käse zuerst quer in 8 Scheiben, dann in 16 Stücke schneiden.

3 Die Zutaten auf 8 Schaschlikspieße stecken und mit
der Senfmarinade bestreichen, salzen und pfeffern.
Ein Backblech mit Alufolie belegen und die Spieße
darauf verteilen. Die Spieße im heißen Backofen
(oben, Umluft 220°) 15 Min. braten.

4 Für die Aïoli den Joghurt und die Mayonnaise verrühren. Den Knoblauch schälen und dazupressen. Den
Estragon waschen und trocken schütteln, die Blätter
abzupfen, fein hacken und unterrühren. Die Aïoli mit
Salz und Pfeffer würzen. Zu den Spießen servieren.

AUBERGINEN-DÖNER

am besten ganz frisch genießen

**Für 4 Personen · Zubereitungszeit ca. 30 Min.
pro Portion 335 kcal**

5–6 Stängel frische Minze
1/2 TL Zucker
200 g griechischer Joghurt
   (10 % Fett)
Salz · 500 g schlanke Auberginen
200 g Tomaten
1 Zwiebel
1 Knoblauchzehe
4 EL Olivenöl
1 TL Harissa (arabische Chilipaste)
4 Pitabrötchen zum Füllen

1 Für den Joghurt die Minze waschen und trocken
schütteln, die Blätter abzupfen und grob hacken.
Mit dem Zucker im Mixer fein zerkleinern. Die Minze
mit 2 EL Wasser in den Joghurt rühren, mit etwas Salz
abschmecken. Den Joghurt kalt stellen.

2 Die Auberginen waschen, putzen und in Scheiben
schneiden, diese vierteln. Die Tomaten waschen und
klein würfeln, dabei die Stielansätze entfernen. Die
Zwiebel und den Knoblauch schälen und ebenfalls
klein würfeln.

3 Das Öl in einer großen beschichteten Pfanne erhitzen
und die Auberginen darin portionsweise bei starker
Hitze in 3–4 Min. kräftig anbraten. Dann alle Auberginen wieder in die Pfanne geben, die Zwiebel, den
Knoblauch und die Tomaten zugeben. Zusammen
bei mittlerer Hitze noch 3 Min. garen. Mit Harissa und
Salz abschmecken.

4 Die Pitabrötchen toasten, dann an der Markierung
aufschneiden. Die Brötchen mit je 1 TL Minzjoghurt
und dem Auberginengemüse füllen. Den übrigen
Joghurt darüber verteilen oder getrennt dazu reichen.

GEMÜSE-TEMPURA

Knuspriges aus Japan

**Für 4 Personen · Zubereitungszeit ca. 40 Min.
Ruhezeit 30 Min. · pro Portion 310 kcal**

1 Ei (Größe M)
Salz · 100 g Mehl
150 g Naturjoghurt
2 TL Currypulver
1 EL Ahornsirup
1 EL Schnittlauchröllchen
300 g Zucchini
2 schlanke Auberginen
2 Möhren
Außerdem:
Erdnussöl zum Frittieren
Mehl zum Wenden

1 Für den Teig das Ei mit 1/2 TL Salz und 200 ml eiskaltem Wasser verschlagen. Das Mehl darübersieben,
rasch unterrühren und den Teig zugedeckt 30 Min.
ruhen lassen.

2 Inzwischen für den Dip den Joghurt mit dem Currypulver und dem Ahornsirup glatt rühren. Die Schnittlauchröllchen unterheben. Den Dip mit Salz abschmecken.

3 Die Zucchini und die Auberginen waschen und putzen.
Die Möhren schälen. Das Gemüse in mundgerechte
Stücke schneiden. Das Öl in einem hohen Topf auf 180°
erhitzen. Es ist heiß genug, wenn an einem hineingehaltenen Holzlöffelstiel kleine Bläschen aufsteigen.

4 Die Gemüsestücke portionsweise in Mehl wenden,
durch den Teig ziehen, abtropfen lassen und im heißen
Öl in 2–4 Min. goldgelb und knusprig ausbacken.
Auf Küchenpapier abtropfen lassen und sofort mit
dem Dip servieren.

OBEN Gemüse-Tempura
UNTEN Auberginen-Döner

AUBERGINEN-CROSTINI

minzefrisch abgeschmeckt

Für 2 Personen · Zubereitungszeit ca. 25 Min.
pro Portion 420 kcal

1 rote Zwiebel
3 Knoblauchzehen
10 Blätter Minze oder Zitronenmelisse
1 Aubergine (ca. 300 g)
3–4 EL Olivenöl
2 EL Aceto balsamico bianco
Salz · Pfeffer
8 Scheiben Ciabattabrot

1 Den Backofen auf 200° (Umluft 180°) vorheizen. Die Zwiebel und 2 Knoblauchzehen schälen und fein hacken. Die Minze waschen, trocken tupfen und ebenfalls fein hacken. Die Aubergine waschen, putzen und in feine Würfel schneiden.

2 In einer Pfanne 2 EL Öl erhitzen und die Auberginenwürfel darin unter Rühren ca. 4 Min. anbraten. Die Zwiebel zugeben und alles 5 Min. braten. Dann den Knoblauch unterheben und das Ganze mit dem Essig ablöschen. Die Minze unterheben und die Mischung mit Salz und Pfeffer abschmecken.

3 Die Brotscheiben auf einem Blech 5 Min. im heißen Ofen (Mitte) aufbacken. Den übrigen Knoblauch schälen, halbieren und das Brot damit einreiben. Das Brot mit dem restlichen Olivenöl beträufeln und mit der Auberginenmasse belegen. Weitere 3–4 Min. backen.

CROSTINI MIT AUSTERNPILZEN

am besten warm servieren

Für 4 Personen · Zubereitungszeit ca. 20 Min.
pro Portion 310 kcal

50 ml Olivenöl
1 TL getrockneter Oregano
2 Knoblauchzehen
Salz · Pfeffer
400 g Austernpilze
30 g Parmesan am Stück
12 kleine Scheiben Ciabattabrot
Außerdem:
Backpapier für das Blech

1 Den Ofen auf 250° (Umluft 220°) vorheizen. Das Öl mit dem Oregano verrühren, den Knoblauch schälen und dazupressen. Mit Salz und Pfeffer kräftig abschmecken.

2 Die Austernpilze putzen und dünn mit dem Öl bestreichen. Die Pilze mit der Unterseite nach oben auf ein mit Backpapier belegtes Blech setzen und im heißen Backofen (Mitte) ca. 5 Min. backen.

3 Den Parmesan reiben. Die Pilze wenden und mit dem Käse bestreuen. Die Brotscheiben mit dem restlichen Öl bestreichen, auf das Blech legen und das Ganze weitere 4–5 Min. backen. Die Brotscheiben je nach Größe mit 1–2 Austernpilzen belegen und nach Geschmack mitt etwas Salz würzen.

TOMATEN-BRUSCHETTA

Grapefruit-fruchtig

**Für 2 Personen · Zubereitungszeit ca. 25 Min.
pro Portion 550 kcal**

3 Knoblauchzehen
125 g Mozzarella
8 Tomaten (ca. 600 g)
1/2 Pink Grapefruit
4 EL Olivenöl · Salz · Pfeffer
6 Scheiben Weißbrot
Außerdem:
Backpapier für das Blech

1 Den Ofen auf 200° (Umluft 180°) vorheizen. 2 Knoblauchzehen schälen und fein würfeln. Den Mozzarella würfeln. Die Tomaten mit kochendem Wasser überbrühen, kurz ziehen lassen, dann die Haut abziehen. Die Tomaten halbieren, Stielansätze und Kerne entfernen und das Fruchtfleisch würfeln.

2 Die Grapefruit bis ins Fruchtfleisch schälen, dann die Fruchtfilets mit einem scharfen Messer aus den Trennhäutchen schneiden. Die Filets in kleine Stücke zupfen und mit den Tomaten, dem Knoblauch, Mozzarella und 2 EL Olivenöl verrühren. Die Mischung mit Salz und Pfeffer abschmecken.

3 Die Brotscheiben halbieren und auf einem mit Backpapier belegten Blech ca. 5 Min. im heißen Ofen (Mitte) aufbacken. Die übrige Knoblauchzehe schälen und halbieren. Das Brot damit einreiben, mit Olivenöl beträufeln und mit der Tomatenmischung belegen. Weitere 5 Min. backen.

PAPRIKA-BIRNEN-BROTE

schmecken auch kalt

**Für 4 Personen · Zubereitungszeit ca. 20 Min.
pro Portion 240 kcal**

1 Frühlingszwiebel
1 grüne Paprikaschote
1 EL Olivenöl
3–4 EL Aceto balsamico bianco
Salz · Pfeffer
Honig
100 g Ziegenschnittkäse
1 reife Birne
8 Scheiben Kastenweißbrot

1 Die Frühlingszwiebel putzen, waschen und in feine Ringe schneiden. Die Paprika waschen, halbieren, Kerne und Trennwände entfernen und die Hälften in feine Würfel schneiden.

2 In einer Pfanne das Öl erhitzen und die Paprika darin in 4–5 Min. kräftig anbraten. Frühlingszwiebel dazugeben, mit 2 EL Essig ablöschen und mit Salz, Pfeffer und Honig abschmecken. Die Mischung vom Herd nehmen und 5 Min. abkühlen lassen.

3 Den Ziegenkäse fein würfeln. Die Birne schälen, halbieren, das Kerngehäuse entfernen und das Fruchtfleisch fein würfeln. Käse und Birne mit der Paprikamischung verrühren und mit dem übrigen Essig und Salz abschmecken. Die Brotscheiben toasten, diagonal halbieren und mit der Paprika-Birnen-Mischung belegen.

ZUCCHINIRÖLLCHEN AUF TOMATENSPIEGEL

Raffiniertes aus der Sommer-Vorspeisenküche

**Für 4 Personen · Zubereitungszeit ca. 40 Min.
pro Portion 395 kcal**

Für die Füllung:
1 EL getrocknete Morcheln
4 kleine feste Zucchini
2 EL Olivenöl
Salz · Pfeffer
100 g Parmesan am Stück
200 g Ziegenfrischkäse
2 EL Pinienkerne
Für die Sauce:
500 g vollreife Tomaten
1 Zwiebel · 2 EL Butter
Salz · Pfeffer
1 Bund großblättriges Basilikum
Außerdem:
Backpapier für das Blech

1 Den Backofen auf 180° vorheizen. In einer Schale die Morcheln mit heißem Wasser bedecken und einweichen. Die Zucchini waschen, putzen und längs in sehr dünne Streifen schneiden. Ein Backblech mit Backpapier auslegen, das Backpapier mit dem Olivenöl bestreichen. Die Zucchinistreifen auf die Ölschicht legen, leicht salzen und pfeffern und im heißen Ofen (Mitte, Umluft 160°) 10 Min. backen.

2 Für die Sauce die Tomaten waschen und würfeln, dabei die Stielansätze entfernen. Die Zwiebel schälen und halbieren. Die Butter in einem Topf zerlassen und die Tomaten und Zwiebel darin zugedeckt ca. 20 Min. köcheln lassen.

3 Die Pilze abtropfen lassen und fein hacken. Den Parmesan reiben und mit dem Ziegenfrischkäse, den Pinienkernen und den Pilzen verrühren. Die Füllung mit Salz und Pfeffer abschmecken.

4 Die Zucchinistreifen aus dem Ofen nehmen, den Ofen ausschalten. Die Zucchinistreifen mit der Käsefüllung bestreichen, aufrollen und im abkühlenden Ofen bis zum Servieren nachgaren lassen.

5 Inzwischen die gegarten Tomaten mit Salz und Pfeffer abschmecken, mit den Zwiebelhälften in der Küchenmaschine oder mit dem Pürierstab pürieren und durch ein Sieb passieren.

6 Das Basilikum waschen, die Hälfte der Blätter im Ganzen in die Tomatensauce legen und ca. 5 Min. durchziehen lassen. Die restlichen Blätter trocken tupfen und in feine Streifen schneiden.

7 Zum Servieren die Basilikumblätter aus der Tomatensauce entfernen. Die Sauce auf vier großen Tellern als Spiegel anrichten, darauf die Zucchiniröllchen stellen. Mit Basilikumstreifen bestreuen.

AROMA-TIPP
Um das Aroma der Tomatensauce stärker zu unterstreichen, können Sie sie zusätzlich mit etwas Zucker oder auch Honig abschmecken.

GETRÄNKE-TIPP
Servieren Sie zu dieser feinen, italienisch inspirierten Vorspeise ein Gläschen fruchtig-aromatischen Rotwein – z. B. einen Bardolino.

DEKO-TIPP
Schöner als die Basilikumstreifen sehen **frittierte Basilikumblätter** aus: Die Blätter ungewaschen im Ganzen kurz in heißes Öl tauchen, bis sie durchsichtig werden und aufhören zu knistern. Die Blätter mit einem Schaumlöffel herausheben und auf Küchenpapier abtropfen lassen. Die Zucchiniröllchen damit bestreuen.

ZUCCHINIPUFFER

**Für 4 Personen · Zubereitungszeit ca. 1 Std.
pro Portion 250 kcal**

500 g schlanke Zucchini
Salz · 3 Frühlingszwiebeln
1/2 Bund Petersilie
3 Stängel Minze oder Dill
50 g geriebener Kasar Peyrini
   (ersatzweise Greyerzer)
2 Eier (Größe M)
50 g Mehl · Pfeffer
Außerdem:
6–7 EL Olivenöl zum Braten

1 Die Zucchini waschen, putzen und auf der Küchenreibe fein raspeln. 1/2 TL Salz untermischen, und die
Zucchiniraspel 10 Min. Saft ziehen lassen.

2 Inzwischen die Frühlingszwiebeln putzen, waschen
und in sehr dünne Ringe schneiden.

3 Die Kräuter waschen und trocken schütteln, die Blätter
bzw. Spitzen von den Stängeln zupfen und fein hacken.

4 Die Zucchiniraspel in ein Sieb geben und gut ausdrücken. Dann mit den Frühlingszwiebeln, dem Käse,
den Kräutern, den Eiern und dem Mehl verrühren.
Die Masse mit Salz und Pfeffer abschmecken.

5 In einer großen beschichteten Pfanne etwas Öl erhitzen. Portionsweise kleine Puffer aus jeweils 1 gehäuften EL Zucchinimasse hineinsetzen. Die Puffer
von jeder Seite bei mittlerer Hitze in 4 Min. goldbraun braten und auf Küchenpapier abtropfen lassen.
Heiß oder kalt servieren.

DAS SCHMECKT DAZU
Zu den Zucchinipuffern passt hervorragend
Knoblauchjoghurt, also Naturjoghurt, den
Sie einfach mit etwas durchgepresstem Knob-
lauch verrühren und salzen und pfeffern.

MÖHREN IM KNUSPERTEIG

**Für 4 Personen · Zubereitungszeit ca. 55 Min.
pro Portion 460 kcal**

200 g Mehl · Salz
200 ml Bier oder kohlensäurehaltiges
  Mineralwasser
800 g Möhren
3 Stängel Dill
500 g Naturjoghurt (3,5 % Fett)
Außerdem:
300 ml Olivenöl zum Ausbacken

1 In einer Schüssel 150 g Mehl und etwas Salz mischen.
Nach und nach das Bier oder Mineralwasser mit einem
Schneebesen unterrühren, sodass ein dickflüssiger
Teig entsteht.

2 Die Möhren waschen, putzen und schälen. Dann die
Möhren der Länge nach vierteln und in ca. 5 cm lange
Stücke schneiden. Ältere oder dicke Exemplare in

kochendem Salzwasser 3–4 Min. blanchieren. In ein
Sieb abgießen, kalt abschrecken und gut abtropfen
lassen. Das Öl in einer Pfanne erhitzen.

3 Die Möhrenstücke im restlichen Mehl wenden, dann
portionsweise in den Teig tauchen und im heißen Öl
goldbraun frittieren. Herausheben und auf einer dicken
Lage Küchenpapier abtropfen lassen.

4 Den Dill waschen, trocken schütteln und grobe Stängel
entfernen. Den Dill fein schneiden. Den Joghurt mit
1/2 TL Salz glatt rühren und mit dem Dill bestreuen.

5 Die Möhren portionsweise in Schalen oder Bechern
anrichten, den Joghurt dazu servieren.

DER LIEBLINGSKLASSIKER

FRÜHLINGSROLLEN MIT GEMÜSEFÜLLUNG

Knusperspaß aus Asien

Für 4 Personen · Zubereitungszeit ca. 1 Std.
Einweichzeit 30 Min. · pro Portion 380 kcal

10 getrocknete Mu-Err-Pilze
25 g Glasnudeln
100 g Tofu
150 g Chinakohl
1 Möhre
1 Bund Frühlingszwiebeln
1 Stück frischer Ingwer (ca. 2 cm)
14 TK-Frühlingsrollenblätter
   (aus dem Asienladen)
1 EL Sesamöl
Salz · 1 EL Speisestärke
Außerdem:
500 ml Öl zum Frittieren
süßsaure Chilisauce zum Dippen

1 Die getrockneten Pilze in lauwarmem Wasser ca. 30 Min. quellen lassen. Die Glasnudeln 10 Min. in lauwarmem Wasser einweichen.

2 Den Tofu zerkrümeln. Den Chinakohl waschen, putzen und in sehr feine Streifen schneiden. Die Möhre schälen und in feine Stifte schneiden. Die Frühlingszwiebeln putzen, waschen und in feine Ringe schneiden. Den Ingwer schälen und fein hacken.

3 Die Frühlingsrollenblätter zum Auftauen einzeln auslegen. Die Glasnudeln in einem Sieb abtropfen lassen und mit der Küchenschere in ca. 2 cm lange Stücke schneiden. Die Pilze ebenfalls abtropfen lassen. Die Stiele entfernen und die Kappen in Streifen schneiden.

4 Das vorbereitete Gemüse mit den Glasnudeln, dem Tofu, den Pilzen, dem Ingwer und dem Sesamöl mischen und salzen.

5 Die Frühlingsrollenblätter halbieren, sodass Dreiecke entstehen. Die Speisestärke mit ca. 1 EL kaltem Wasser glatt rühren. Jedes Teigdreieck mit der Spitze zum Körper zeigend auf die Arbeitsfläche legen. Jeweils etwas Gemüsefüllung in die Mitte der Teigdreiecke geben. Die Teigränder mit der Stärke einpinseln. Die seitlichen Ecken nach innen falten. Das Teigblatt mit der Füllung aufrollen.

6 Das Öl im Wok erhitzen. Die Frühlingsrollen darin in 3–4 Portionen jeweils 2–3 Min. frittieren. Auf Küchenpapier abtropfen lassen und im auf 50° vorgeheizten Backofen warm halten. Die Röllchen mit süßsaurer Chilisauce servieren.

TAUSCH-TIPPS

Statt des Chinakohls schmecken auch Spinat (kurz blanchiert und gehackt), Weißkohl oder Mungobohnensprossen. Oder die getrockneten Pilze durch frische Shiitake- oder Austernpilze ersetzen. Diese in Streifen schneiden und in 1 EL Öl 2–3 Min. pfannenrühren.

GEBRATENE KICHERERBSENWÜRFEL

indische Aperitif-Häppchen

Für 4–6 Personen
Zubereitungszeit ca. 25 Min. · Ruhezeit 2 Std.
bei 6 Personen pro Portion 420 kcal

1 Knoblauchzehe
1 Stück frischer Ingwer (ca. 2 cm)
300 g Joghurt · 1/2–3/4 TL Cayennepfeffer
1/2 TL gemahlene Kurkuma
250 g Kichererbsenmehl
   (aus dem Asien- oder Bioladen)
1/2 Bund Koriandergrün · Salz
7 EL Öl · 1 TL braune Senfkörner
Saft von 1 Zitrone

1 Den Knoblauch schälen und in eine Schüssel pressen.
Den Ingwer schälen, fein hacken oder reiben und dazugeben. Den Joghurt, Cayennepfeffer, Kurkuma und
220 ml Wasser ebenfalls dazugeben und alles verrühren. Das Kichererbsenmehl nach und nach einrühren
und alles zu einem glatten Teig verarbeiten.

2 Das Koriandergrün waschen und trocken schütteln,
die Blätter abzupfen. Ein Drittel der Blättchen beiseitestellen, den Rest fein hacken und unter den Teig rühren. Den Teig kräftig mit Salz würzen.

3 Knapp 5 EL Öl in einer beschichteten hohen Pfanne
erhitzen. Den Teig hineingeben und mit einem Holz-
löffel rühren, bis er sich als fester Kloß vom Pfannenboden löst. Eine flache Schale mit 1/2 EL Öl ausfetten,
den Teig daraufgeben und ca. 2 cm hoch glatt streichen. Zugedeckt 2 Std. ruhen lassen.

4 Den Kichererbsenteig in Würfel schneiden. Das übrige
Öl erhitzen, die Senfkörner zufügen und 30 Sek. anbraten. Dann die Teigwürfel zugeben. Rundherum in
3–5 Min. anbraten, bis sie leicht gebräunt sind. Anrichten, mit den übrigen Korianderblättchen bestreuen und
mit Zitronensaft lauwarm oder kalt servieren.

SPINATPFLÄNZCHEN

mit fein-nussigem Aroma

**Für 16 Stück · Zubereitungszeit ca. 50 Min.
pro Stück 60 kcal**

2 große mehligkochende Kartoffeln (ca. 400 g)
Salz · 250 g Blattspinat · 1 große frische
grüne Chilischote · 3 EL Kichererbsenmehl
(aus dem Asien- oder Bioladen, s. Tipp)
1 TL Ajwain (aus dem Asienladen, s. Tipp)
Außerdem:
Öl zum Ausbacken

1 Die Kartoffeln waschen, in einem Topf mit Salzwasser
bedecken und in ca. 25 Min. garen. Inzwischen den
Spinat waschen, verlesen und die groben Stiele entfernen. Tropfnass mit 1 Prise Salz in einen Topf geben
und zugedeckt in ca. 4 Min. zusammenfallen lassen.
In ein Sieb abgießen und abkühlen lassen.

2 Die Chilischote waschen, putzen und ohne Kerne fein
hacken. Den Spinat ausdrücken und grob schneiden.

3 Die Kartoffeln abgießen, kalt abschrecken, pellen und
in einer Schüssel fein zerdrücken. Chili, Spinat, Kichererbsenmehl, Ajwain und ca. 3/4 TL Salz unterkneten.
Aus der Masse 16 Kugeln formen und diese zu Pflänzchen flach drücken.

4 Reichlich Öl in einer Pfanne erhitzen und die Pflänzchen darin portionsweise von jeder Seite 3 Min.
backen. Heiß oder lauwarm servieren.

GUT ZU WISSEN

Kichererbsenmehl sorgt dafür, dass die Pflänzchen
beim Backen kaum Fett aufnehmen. Das Abtrop-
fenlassen auf Küchenpapier ist daher nicht nötig.
Ajwain ist ein verdauungsförderndes, vom Duft
her an Thymian erinnerndes Gewürz, das in Indien
schwer verdaulichen Gerichten wie Frittiertem
beigemischt wird. Sie bekommen es im Asienladen. In einem Schraubglas trocken und dunkel
gelagert hält es sich ca. 1 Jahr.

KNUSPRIGE LINSENPLÄTZCHEN

würziger Snack aus Indien

**Für 4 Personen · Zubereitungszeit ca. 40 Min.
Einweichzeit 5 Std. · pro Portion 350 kcal**

100 g halbierte Kichererbsen
    (Chana-Dal, aus dem Asienladen)
100 g halbierte schwarze Linsen
    (Urad Dal, aus dem Asienladen)
1 große Zwiebel
2 frische grüne Chilischoten
12 Curryblätter
    (aus dem Asienladen)
1 Stück frischer Ingwer (ca. 3 cm)
3/4 TL Fenchelsamen
1/4 Bund Koriandergrün
3 EL Kokosraspel
1/4 TL Backpulver
3 EL Kichererbsenmehl
    (aus dem Asien- oder Bioladen)
Salz
Außerdem:
Öl zum Braten und Frittieren

1 Die Kichererbsen und Linsen getrennt voneinander
   5 Std. in kaltem Wasser einweichen.

2 Die Zwiebel schälen und in feine Würfel schneiden.
   Die Chilischoten waschen, putzen und ohne Kerne fein
   hacken. Die Curryblätter waschen und zerschneiden.

3 Ca. 1 EL Öl in einem Pfännchen erhitzen und die Zwiebel darin hellbraun braten. Chilis und Curryblätter
   zugeben und 1 Min. mitbraten. Vom Herd nehmen
   und abkühlen lassen.

4 Den Ingwer schälen und fein hacken. Die Fenchelsamen mit einem Messer grob zerhacken oder im
   Mörser grob zerstoßen. Das Koriandergrün waschen
   und gründlich trocken schütteln, die Blättchen abzupfen und fein hacken.

5 Die Hülsenfrüchte getrennt in je ein Sieb abgießen
   und abtropfen lassen, von jeder Sorte 2–3 EL beiseitelegen. Die übrigen Linsen zusammen in der Küchenmaschine nicht zu fein pürieren, dabei 2–3 EL heißes
   Wasser zugeben. Beiseitegelegte Hülsenfrüchte und
   alle übrigen Zutaten mitsamt der gebratenen Zwiebelmischung zugeben. Kräftig salzen und gut vermengen.
   Die Masse sollte formbar sein, und alles sollte gut
   zusammenhaften; je nachdem noch etwas Wasser
   oder Kichererbsenmehl zugeben.

6 Aus der Linsenmasse 16 Bällchen formen, leicht platt
   drücken und auf einem Küchenbrett bereitstellen.
   Öl ca. 4 cm hoch in einen großen Topf geben und erhitzen. Es ist heiß genug, wenn an einem hineingehaltenen Holzlöffelstiel kleine Bläschen aufsteigen.

7 Die Linsenplätzchen portionsweise auf einer Siebkelle
   ins Fett geben und in 5–7 Min. knusprig und goldgelb
   frittieren, dabei ein- bis zweimal wenden. Herausnehmen und auf Küchenpapier abtropfen lassen. So alle
   Plätzchen frittieren, fertige evtl. bei 60° im Ofen warm
   halten. Die Plätzchen lauwarm oder heiß servieren.

DAS SCHMECKT DAZU

Ideal zu den krachig-knusprigen Plätzchen im
cremigen Kontrast: leicht gesalzener Joghurt
oder Joghurt mit etwas **Minzchutney** verrührt.
Das Minzchutney bekommen Sie fertig im Asienladen – oder Sie machen es selbst: 1 Bund Minze
(ca. 100 g) und 1/2 Bund Koriandergrün (ca. 50 g)
waschen und trocken schütteln, die Blättchen
klein schneiden. 1 frische grüne Chilischote
waschen, putzen und mit den Kernen hacken.
1 Knoblauchzehe schälen und ebenfalls hacken.
Kräuter, Chili und Knoblauch mit dem Saft von
1/2 Zitrone und evtl. etwas Wasser pürieren.
Das Chutney mit Salz würzen und nach Belieben
2 EL Joghurt unterrühren.

TEMPEH-FRITTERS

mit fruchtig-frischem Dip

**Für 4 Personen · Zubereitungszeit ca. 20 Min.
pro Portion 185 kcal**

1 kleine Mango (ca. 300 g)
1 Bio-Limette
1 frische rote Chilischote
4 Stängel Koriandergrün
Salz
1 TL Currypulver
250 g Tempeh (s. Info S. 392)
Außerdem:
500 ml Öl zum Frittieren

1 Die Mango schälen und das Fruchtfleisch in Stücken
vom Kern abschneiden. Die Limette heiß waschen
und abtrocknen, die Schale fein abreiben und den Saft
auspressen. Die Chilischote waschen, putzen und mit
den Kernen hacken. Den Koriander waschen und trocken schütteln, die Blätter abzupfen und fein hacken.

2 Mango, Limettensaft und -schale, Chili und Koriander
im Mixer oder mit dem Pürierstab zu einer feinen Paste
pürieren. Den Dip mit Salz und Curry abschmecken.

3 Das Tempeh in ca. 1/2 cm dicke Scheiben schneiden.
Das Öl im Wok oder in einem Topf erhitzen. Es ist heiß
genug, wenn an einem hineingehaltenen Holzlöffelstiel
kleine Bläschen aufsteigen. Die Tempeh-Scheiben
darin in ca. 2 Min. knusprig frittieren. Mit dem Schaumlöffel herausheben, auf Küchenpapier abtropfen lassen
und sofort mit dem Dip servieren. Gut passt dazu indisches Fladenbrot.

PROFI-TIPP

Erwarten Sie mehr Leute am Tisch? Die Zutaten-
mengen lassen sich problemlos verdoppeln oder
auch verdreifachen. Allerdings müssen Sie dann
das Tempeh portionsweise frittieren, damit das
Fett nicht zu sehr abkühlt. Die bereits ausgebacke-
nen Fritters bei 50° im Backofen warm halten,
bis alle fertig sind.

KARTOFFEL-EI-PLÄTZCHEN

beliebter Snack aus Indien

Für 15 Stück · Zubereitungszeit ca. 30 Min.
Garzeit 30 Min. · pro Stück 130 kcal

250 g mehligkochende Kartoffeln
Salz · 6 Eier (Größe M)
100 g frischer Ingwer
4 frische grüne Chilischoten
250 g Semmelbrösel
Außerdem:
Öl zum Frittieren

1 Die Kartoffeln waschen, in einem Topf mit Salzwasser bedecken und in ca. 30 Min. weich kochen. Inzwischen in einem zweiten Topf die Eier in kochendes Wasser geben und in 10 Min. hart kochen. Die Eier herausnehmen, kalt abschrecken und pellen.

2 Den Ingwer schälen und in Stücke schneiden. Chilischoten waschen und die Stielansätze entfernen. Die Kartoffeln abgießen, kalt abschrecken und pellen. Ingwer, Chilis, Kartoffeln und Eier mit 3/4 TL Salz in den Mixer geben. Alles zu einer feinen Paste pürieren und die Semmelbrösel sorgfältig untermischen.

3 Aus der Kartoffel-Ei-Masse 15 kleine, ovale Plätzchen formen. In einer Pfanne mit hohem Rand 4 cm hoch Öl stark erhitzen. Es ist heiß genug, wenn an einem hineingehaltenen Holzlöffelstiel kleine Bläschen aufsteigen. Die Plätzchen darin in 2–3 Min. braun frittieren. Mit einem Schaumlöffel herausheben.

DAS SCHMECKT DAZU
Reichen Sie zu den Plätzchen ein **Joghurtchutney:** Für 6–8 Portionen 250 g Joghurt mit 2–3 EL Wasser glatt rühren. 1/2 TL Cayennepfeffer, 1 TL Mangopulver (aus dem Asienladen), 1 TL gemahlene Granatapfelkerne (aus dem Asienladen) und 1 TL Chat Masala (aus dem Asienladen) dazugeben und gut durchrühren. Das Chutney mit 2 TL Puderzucker und Salz abschmecken.

FALAFEL MIT SESAMSAUCE UND SALAT

Streetfood aus dem Libanon

Für 4 Personen · Zubereitungszeit ca. 1 Std.
Einweichzeit 12 Std. · pro Portion 820 kcal

Für die Falafel:
200 g getrocknete Kichererbsen
1–2 Knoblauchzehen
je 3–4 Stängel Minze, glatte Petersilie
   und Koriandergrün
2 Frühlingszwiebeln
1 TL Backpulver
je 1 TL gemahlener Kreuzkümmel
   und Koriander
1 TL Harissa (arabische Chilipaste,
   ersatzweise Cayennepfeffer)
4 EL Zitronensaft
2–3 EL helle Sesamsamen
Für die Sesamsauce:
2–3 Knoblauchzehen
125 g Tahini (Sesampaste)
Saft von 2 Zitronen
Für den Salat:
2 Tomaten
4 Radieschen
1 Stück Salatgurke (ca. 6 cm)
1 kleine rote Zwiebel
je 2 Stängel glatte Petersilie
   und Minze
2 Blätter Römersalat
2 EL Zitronensaft
4 EL Olivenöl
Außerdem:
Salz · Cayennepfeffer
1 l Öl zum Frittieren
4 Pitabrote (kleine Fladenbrote)

1 Für die Falafel die Kichererbsen in kaltem Wasser mindestens 12 Std. (am besten über Nacht) einweichen.

2 Am nächsten Tag die Kichererbsen in ein Sieb abgießen und gut abtropfen lassen. Den Knoblauch schälen.

3 Die Kräuter waschen und trocken schütteln, die Blättchen abzupfen. Kichererbsen, Knoblauch und Kräuter
zweimal durch die feine Scheibe des Fleischwolfs
drehen oder in der Küchenmaschine zu einer groben
Paste pürieren und in eine Schüssel geben.

4 Die Frühlingszwiebeln putzen, waschen und in Ringe
schneiden. Mit Backpulver, Kreuzkümmel, Koriander,
1 1/2 TL Salz, Harissa und Zitronensaft zu der Kicher-
erbsenmischung geben und alles gut verkneten.
Aus der Masse mit feuchten Händen ca. 20 Bällchen
formen, diese mit Sesamsamen bestreuen.

5 Für die Sesamsauce den Knoblauch schälen, in grobe
Würfel schneiden und mit Tahini, Zitronensaft und
ca. 150 ml heißem Wasser mit dem Pürierstab zu einer
cremigen Sauce aufschlagen. Mit Salz und Cayennepfeffer abschmecken.

6 Für den Salat die Tomaten, die Radieschen und die
Gurke waschen, putzen und in dünne Scheiben schneiden. Die Zwiebel schälen und in feine Ringe schneiden.
Die Kräuter waschen und trocken schütteln, die Blättchen abzupfen. Die Salatblätter waschen, trocken tupfen und kleiner zupfen.

7 Alle vorbereiteten Salatzutaten mit Zitronensaft und
Olivenöl vermischen und mit Salz und Cayennepfeffer
kräftig würzen.

8 Zum Frittieren das Öl in einem hohen Topf erhitzen.
Es ist heiß genug, wenn an einem hineingehaltenen
Holzlöffelstiel kleine Bläschen aufsteigen. Die Kichererbsenbällchen portionsweise ins Öl geben und in
jeweils 2–3 Min. goldgelb ausbacken. Herausheben
und auf Küchenpapier abtropfen lassen.

9 Die Pitabrote im Toaster kurz knusprig aufbacken, mit
den Kichererbsenbällchen, etwas Salatmischung und
Sesamsauce füllen und servieren.

KARTOFFEL-WEDGES MIT MANGO-TOMATEN-SALSA

Couch-Potatoe-Klassiker auf neue Art

Für 4 Personen · Zubereitungszeit ca. 35 Min.
pro Portion 330 kcal

1 kg festkochende Kartoffeln · 1 Bio-Limette
1/2 EL mittelgrobes Salz (z. B. Fleur de sel)
4 EL neutrales Pflanzenöl · 1 Mango
250 g Tomaten · 1 TL Ahornsirup oder Honig
2 EL Olivenöl · 2 Frühlingszwiebeln
1 frische rote Chilischote · 6 Stängel Koriandergrün
1/2 TL gemahlener Koriander
Außerdem:
Backpapier für das Blech

1 Den Backofen auf 200° (Umluft 180°) vorheizen.
Das Backblech mit Backpapier auslegen. Die Kartoffeln
schälen, waschen und in gut 1 cm dicke Spalten
schneiden. Die Limette heiß waschen und abtrocknen,
die Schale fein abreiben und mit dem Salz und dem
neutralen Öl unter die Kartoffeln mischen. Die Kartoffeln auf dem Blech ausbreiten und im heißen Backofen

(Mitte) 25–30 Min. backen, bis sie weich und knusprig
sind. Dabei ein- bis zweimal wenden.

2 Inzwischen die Mango schälen und das Fruchtfleisch
vom Kern abschneiden. Die Tomaten waschen und
würfeln, dabei die Stielansätze entfernen. Mango und
Tomaten mit Ahornsirup oder Honig und Olivenöl zu
einer mittelgroben Salsa pürieren.

3 Die Frühlingszwiebeln und die Chilischote putzen,
waschen und fein hacken. Den Koriander waschen
und trocken schütteln, die Blätter fein schneiden.
Den Limettensaft auspressen. Alles unter die Salsa
rühren, mit Salz und gemahlenem Koriander abschmecken. Zu den Wedges essen.

KLASSISCHE VARIANTE
Die Kartoffelspalten nur mit Öl und Salz mischen
und wie beschrieben backen. Die Wedges dann
mit Mayonnaise und/oder Ketchup essen.

KARTOFFELN MIT MOJO

würzig-scharfe Kanarier

**Für 4 Personen · Zubereitungszeit ca. 45 Min.
pro Portion 415 kcal**

1 kg kleinere festkochende Kartoffeln
1 1/2 EL grobes Meersalz
1 Scheibe altbackenes Weißbrot (40 g)
2 rote Paprikaschoten
200 g eingelegte rote Paprikaschoten
   (aus dem Glas)
4 Knoblauchzehen
3 getrocknete Chilischoten · 100 ml Olivenöl
1 TL gemahlener Kreuzkümmel · Salz

1 Die Kartoffeln gründlich waschen und ungeschält in
einen Topf geben. Mit Wasser bedecken, das Meersalz
dazugeben und einmal aufkochen. Die Kartoffeln zugedeckt bei mittlerer Hitze in ca. 20 Min. weich garen.

2 Das Brot 10 Min. in Wasser einweichen. Die frischen
Paprikaschoten putzen, waschen und würfeln. Die ein-
gelegten Paprika ebenfalls würfeln. Den Knoblauch
schälen und grob hacken. Das Brot gut ausdrücken und
mit beiden Paprikasorten, Knoblauch und Chilis im
Mixer fein pürieren, dabei nach und nach das Öl einflie-
ßen lassen. Mojo mit Kreuzkümmel und Salz würzen.

3 Das Kochwasser abgießen und die Kartoffeln trocken
bei schwacher bis mittlerer Hitze zugedeckt noch einmal ca. 10 Min. garen, bis sie runzelig und von einer
weißen Salzschicht überzogen sind. Den Topf dabei ab
und zu rütteln. Die Kartoffeln mit der Mojo servieren.

DIP-VARIANTE
Die Kartoffeln schmecken auch mit einer **grünen
Salsa** unglaublich gut: 6 Knoblauchzehen schälen und grob zerschneiden. 1 Bund Koriandergrün waschen und trocken schütteln, die Blättchen abzupfen. Knoblauch und Koriander mit
100 ml Olivenöl fein pürieren und die Salsa mit
Salz abschmecken.

KARTOFFEL-TORTILLA

Klassiker aus Spanien

**Für 4 Personen · Zubereitungszeit ca. 40 Min.
pro Portion 380 kcal**

800 g vorwiegend
   festkochende Kartoffeln
2–3 Frühlingszwiebeln
1 Knoblauchzehe (nach Belieben)
8 Eier (Größe M)
Salz · Cayennepfeffer
Außerdem:
neutrales Pflanzenöl zum Braten

1 Die Kartoffeln schälen und in Pommes-frites-Form oder in 3 mm dicke Scheiben schneiden. Die Frühlingszwiebeln putzen, waschen und mit dem zarten Grün in schräge Ringe schneiden. Nach Belieben den Knoblauch schälen und fein hacken.

2 In einer Pfanne (ca. 28 cm Ø) mit hohem Rand 3 cm hoch Öl erhitzen. Es ist heiß genug, wenn an einem hineingehaltenen Holzlöffelstiel kleine Bläschen aufsteigen. Die Kartoffeln mit einem Küchentuch abreiben und ins heiße Öl geben. Bei mittlerer Hitze in 7–8 Min. unter gelegentlichem Wenden braten.

3 Inzwischen die Eier in einer großen Schüssel leicht verquirlen, aber nicht schaumig schlagen, und mit je 1 kräftigen Prise Salz und Cayennepfeffer würzen.

4 Die Frühlingszwiebeln und nach Belieben den Knoblauch zu den Kartoffeln geben und 2 Min. mitbraten. Die Kartoffeln durch ein Sieb abgießen, dabei das Öl auffangen; es kann wiederverwendet werden. Die Kartoffeln gut abtropfen lassen und salzen.

5 2 EL von dem aufgefangenen Öl in der Pfanne erhitzen. Die Kartoffeln unter die verquirlten Eier mischen, die Masse in das heiße Öl gießen und darin bei starker Hitze 2 Min. anbraten. Die Temperatur reduzieren und die Tortilla zugedeckt bei schwacher bis mittlerer Hitze in ca. 6 Min. stocken lassen.

6 Die Tortilla wenden. Dazu einen flachen Deckel oder einen großen Teller auf die Pfanne legen und die Pfanne umdrehen. Die Tortilla umgedreht wieder in die Pfanne gleiten lassen und bei mittlerer Hitze in ca. 6 Min. fertig braten.

7 Mit sanftem Fingerdruck auf die Mitte prüfen, ob die Tortilla fertig ist: Wenn sie nicht mehr nachgibt, sondern sich fest anfühlt, ist sie fertig. Auf eine Platte stürzen und warm oder kalt servieren. Dazu passt Bier.

VARIANTE

SPANISCHE KARTOFFELPFANNE

**Für 4 Personen · Zubereitungszeit ca. 1 Std.
pro Portion 310 kcal**

- 1 kg festkochende Kartoffeln schälen, waschen und in dünne Scheiben hobeln. 1 Zwiebel schälen und in feine Ringe schneiden. 1 grüne Paprikaschote waschen, putzen und in schmale Streifen schneiden.
- 4 EL Olivenöl in einer großen beschichteten Pfanne erhitzen und Kartoffeln, Zwiebelringe und Paprikastreifen darin 3 Min. unter Rühren anbraten. Mit weiteren 4 EL Olivenöl begießen und alles bei mittlerer Hitze in weiteren 5 Min. leicht bräunen, dabei die Kartoffeln vorsichtig wenden.
- 2 Knoblauchzehen schälen, sehr klein würfeln oder durchpressen und mit 1 TL gemahlenem Kreuzkümmel, 1 TL edelsüßem Paprikapulver und Salz und Pfeffer mischen. Je 50 ml trockenen Weißwein und Gemüsebrühe (Instant) unterrühren, die Mischung auf die Kartoffeln gießen.
- Einmal aufkochen, dann zugedeckt 25–30 Min. bei schwacher Hitze köcheln, bis die Kartoffeln gar sind. Mit Salz und Pfeffer abschmecken.

KRESSERÜHREI MIT SCHAFSKÄSE

preiswerter Express-Snack

**Für 4 Personen · Zubereitungszeit ca. 15 Min.
pro Portion 350 kcal**

1 große Zwiebel · 8 Eier (Größe M) · 6 EL Milch
2 Kästchen Gartenkresse (ersatzweise Schnittlauch)
Salz · 2 EL Butter · 200 g Schafskäse (Feta)

1 Die Zwiebel schälen und fein würfeln. Die Eier und die
Milch mit den Quirlen des Handrührgeräts oder dem
Schneebesen kurz verquirlen. Die Kresse mit einer
Schere abschneiden und unter die Eiermilch mischen.
Mit Salz würzen.

2 In zwei beschichteten Pfannen jeweils 1 EL Butter bei
mittlerer Hitze schmelzen. Die Zwiebel auf beide Pfannen verteilen und darin glasig dünsten. Die Eiermilch
ebenfalls auf die beiden Pfannen verteilen. Wenn sie zu
stocken beginnt, das Ganze mit dem Pfannenwender
umrühren. Den Schafskäse mit einer Gabel zerkrümeln,
darüberstreuen und unterrühren.

VARIANTE
GEMÜSEFRITTATA

**Für 4 Personen · Zubereitungszeit ca. 40 Min.
pro Portion 215 kcal**

- 2 Möhren schälen und in dünne Scheiben schneiden
oder hobeln. 4 mittelgroße vorwiegend festkochende
Kartoffeln und 1 Zwiebel schälen und klein würfeln.
- 2 EL Öl in einer beschichteten Pfanne erhitzen und das
Gemüse darin bei mittlerer Hitze 10 Min. zugedeckt
dünsten. 1 Knoblauchzehe schälen und dazupressen.
5 Eier (Größe M) mit einer Gabel verquirlen, mit Salz,
Pfeffer und Muskat würzen und über das Gemüse
geben. Zugedeckt bei schwacher Hitze in ca. 10 Min.
stocken lassen.

BROKKOLI-CURRY-OMELETT

indisch inspiriert

Für 2 Personen · Zubereitungszeit ca. 20 Min.
pro Portion 340 kcal

500 g Brokkoli
4 Eier (Größe M)
50 ml Milch (1,5 % Fett)
Salz · Pfeffer
1 Msp. Cayennepfeffer
2 TL Currypulver
2 TL Olivenöl
1 TL Kreuzkümmelsamen
1/2 TL braune Senfsamen
  (aus dem Asienladen)
50 g Frischkäse (16 % Fett)

1 Den Brokkoli waschen, putzen und in kleine Röschen
teilen. Die Stiele schälen, von den holzigen Teilen befreien und in Scheibchen schneiden.

2 Den Brokkoli in einen Dämpfeinsatz geben. Etwas
Wasser in einem Topf aufkochen. Den Brokkoli zugedeckt über dem Dampf in 4 Min. garen.

3 Inzwischen die Eier mit Milch, Salz, Pfeffer, Cayennepfeffer und Currypulver verquirlen.

4 Das Öl in einer Pfanne erhitzen. Die Kreuzkümmel-
und Senfsamen unter Rühren 1 Min. rösten, bis sie
duften. Den Brokkoli zugeben und unter Rühren
1–2 Min. braten.

5 Die Eiermilch über den Brokkoli gießen, dann den
Frischkäse in Flöckchen darauf verteilen. Zugedeckt
bei schwacher Hitze in ca. 4 Min. stocken lassen.

SPAGHETTI-NESTER

aus dem Muffinblech

**Für 12 Stück · Zubereitungszeit ca. 20 Min.
Backzeit 25 Min. · pro Stück 190 kcal**

250 g Spaghetti
Salz · 1 Tomate
1 Knoblauchzehe
3 Eier (Größe M)
150 g Sahne · Pfeffer
frisch geriebene Muskatnuss
150 g Mozzarella
1 Glas Pesto (Fertigprodukt, 90 g)
Außerdem:
Muffinblech mit 12 Mulden
beschichtete Alufolie
Öl für das Blech

1 Die Spaghetti in reichlich kochendem Salzwasser
8 Min. garen. Anschließend in ein Sieb abgießen und
abtropfen lassen. Den Backofen auf 200° vorheizen.

2 Die Tomate waschen und klein würfeln, dabei den
Stielansatz und die Kerne entfernen. Den Knoblauch
schälen, fein hacken und mit den Eiern und der Sahne
verquirlen. Mit Salz, Pfeffer und Muskat würzen. Den
Mozzarella klein würfeln.

3 Die Muffinmulden mit beschichteter Alufolie auslegen
und ölen. Aus den Spaghetti 12 Nester drehen und
in die Mulden des Blechs geben. Mit der Tomate
und dem Mozzarella bestreuen. Die Eiersahne darübergießen. Im heißen Backofen (Mitte, Umluft 180°) ca.
25 Min. backen. Mit dem Pesto servieren.

ÜBERBACKENE ARTISCHOCKENBÖDEN

perfekt zu einem Glas Sekt

**Für 12 Stück · Zubereitungszeit ca. 20 Min.
Backzeit 20 Min. · pro Stück 45 kcal**

12 Artischockenböden (aus der Dose)
1 Bund Schnittlauch
125 g Ricotta
1 Ei (Größe M)
Salz · Pfeffer
30 g Pecorino am Stück
Außerdem:
Muffinblech mit 12 Mulden
Öl für das Blech

1 Die Artischocken in einem Sieb abtropfen lassen.
Den Schnittlauch waschen, trocken schütteln und in
Röllchen schneiden.

2 Den Ricotta und das Ei verrühren. Den Schnittlauch
unterrühren. Salzen und pfeffern. Den Pecorino reiben.

3 Den Backofen auf 225° vorheizen. Die Mulden des
Muffinblechs ölen. In jede Mulde 1 Artischockenboden
legen. Anschließend die Ricottafüllung auf den Artischockenböden verteilen.

4 Die Artischockenböden mit dem geriebenen Käse
bestreuen. Im heißen Backofen (oben, Umluft 200°)
ca. 20 Min. überbacken.

PFIRSICH-ROQUEFORT-TÖRTCHEN

fruchtig-pikant

Für 12 Stück · Zubereitungszeit ca. 45 Min.
Ruhezeit 1 Std. · pro Stück 95 kcal

30 g Walnusskerne · 1 Ei (Größe M)
80 g Mehl · 30 g kalte Butter
Salz · 100 g Pfirsiche (aus der Dose)
50 g Roquefort · 1 EL Sahne
weißer Pfeffer · frisch geriebene Muskatnuss
Außerdem:
Muffinblech mit 12 Mulden
Fett für das Blech

1 Die Walnüsse fein mahlen. Das Ei verquirlen. Die Hälfte vom Ei, die Walnüsse, das Mehl, die Butter in Stückchen und 1 Prise Salz zu einem glatten Teig verkneten. Zugedeckt ca. 1 Std. kühl stellen.

2 Die Pfirsiche abtropfen lassen und in kleine Würfel schneiden. Den Roquefort mit einer Gabel fein zerdrücken und mit dem übrigen Ei und der Sahne verrühren. Mit Salz, Pfeffer und Muskat würzen.

3 Den Backofen auf 225° vorheizen. Die Mulden des Muffinblechs fetten. Aus dem Teig zwölf gleich große Kugeln formen. Jede Kugel zwischen Frischhaltefolie rund auf ca. 7 cm Ø ausrollen. In die gefetteten Mulden des Muffinblechs legen. Teig an Boden und Rand festdrücken. Pfirsiche und Käsesahne in die Teigmulden geben. Im heißen Backofen (unten, Umluft 200°) in ca. 20 Min. goldbraun backen.

ZWIEBEL-TOASTS

feine Fingerfood-Minis

Für 12 Stück · Zubereitungszeit ca. 20 Min.
pro Stück 90 kcal

100 g rote Zwiebeln
2 Frühlingszwiebeln
3 EL Olivenöl
Salz · Pfeffer
6 Scheiben Toastbrot
100 g Greyerzer
Außerdem:
Muffinblech mit 12 Mulden
Öl für das Blech

1 Die Zwiebeln schälen und in Streifen schneiden. Die Frühlingszwiebeln putzen, waschen und in feine Ringe schneiden.

2 1 EL Olivenöl erhitzen und die Zwiebelstreifen und Frühlingszwiebelringe darin ca. 5 Min. dünsten. Mit Salz und Pfeffer würzen.

3 Die Toastbrotscheiben diagonal halbieren und aus jeder Hälfte zwei Scheiben von ca. 6 cm Ø ausstechen. Mit 2 EL Öl bepinseln. Den Käse reiben. Den Backofen auf 200° vorheizen. Die Mulden des Muffinblechs ölen.

4 Die Toasts in die Mulden legen. Die Zwiebelfüllung darauf verteilen. Mit dem Käse bestreuen. Im heißen Backofen (Mitte, Umluft 180°) ca. 15 Min. backen.

DER LIEBLINGSKLASSIKER

SAMOSAS

gefüllte Teigtaschen fein und knusprig

**Für 20 Stück · Zubereitungszeit ca. 1 Std.
Ruhezeit 30 Min. · pro Stück 160 kcal**

Für die Füllung:
600 g mehligkochende Kartoffeln
Salz · 150 g TK-Erbsen
1 Stück frischer Ingwer (ca. 3 cm)
1 Bund Koriandergrün
2 EL Öl
1 TL Kreuzkümmelsamen
1/2 TL Cayennepfeffer
1/2 TL Garam Masala (s. Info S. 306)
Für den Teig:
Salz · 250 g Mehl
5 EL Öl
Außerdem:
Mehl zum Arbeiten
Öl zum Frittieren

1 Die Kartoffeln waschen und mit Salzwasser bedeckt in einem Topf ca. 25 Min. garen. Die Erbsen auf einen Teller geben und antauen lassen.

2 Inzwischen für den Teig das Mehl mit 1/2 TL Salz in eine Schüssel geben. Das Öl und 125 ml Wasser dazugeben und alles zu einem festen Teig verkneten. Zugedeckt 30 Min. ruhen lassen.

3 Für die Füllung den Ingwer schälen und fein reiben. Das Koriandergrün waschen und trocken schütteln, die Blättchen und zarten Stängel fein schneiden. Die Kartoffeln abgießen, kalt abschrecken, pellen und mit einer Gabel fein zerdrücken.

4 Das Öl in einer Pfanne erhitzen. Den Kreuzkümmel darin 1 Min. anrösten, bis er duftet. Den Ingwer dazugeben und unter ständigem Rühren anbraten. Die Kartoffeln, die Erbsen und den Cayennepfeffer unterrühren, salzen und unter Rühren ca. 5 Min. braten. Koriandergrün und Garam Masala untermischen. Vom Herd nehmen und abkühlen lassen.

5 Den Teig in zehn Portionen teilen und diese zu Kugeln formen. Auf der bemehlten Arbeitsfläche zu Kreisen von ca. 16 cm Ø ausrollen. Die Teigkreise mit einem scharfen Messer halbieren. Jeweils 1 gehäuften EL von der Füllung auf eine Seite geben, die andere Seite darüberklappen und die Ränder zusammendrücken.

6 Öl im Wok oder in der Fritteuse zum Frittieren erhitzen. Es ist heiß genug, wenn an einem hineingehaltenen Holzlöffelstiel Bläschen aufsteigen. Die Samosas darin portionsweise in 3–4 Min. goldbraun frittieren. Mit einem Schaumlöffel herausheben und auf Küchenpapier abtropfen lassen.

TAUSCH-TIPP
Statt der Erbsen können Sie auch andere Gemüsesorten wie Blumenkohl, Möhren oder Bohnen unter die Kartoffeln mischen.

RICOTTATÖRTCHEN MIT SPARGELSALAT

Antipasti-Spezialität aus der Toskana

**Für 6 Personen · Zubereitungszeit ca. 35 Min.
Backzeit 25 Min. · pro Portion 470 kcal**

Für den Salat:
400 g zarter grüner Spargel
1 Handvoll gemischte Kräuter (z. B. Minze,
   Petersilie, Estragon und Borretsch)
2 EL Zitronensaft
4 EL Olivenöl
Salz · Pfeffer
Für die Törtchen:
3 Eier (Größe M)
400 g frischer Ricotta
50 g frisch geriebener Pecorino
Salz · Pfeffer
frisch geriebene Muskatnuss
Für die Sauce:
6 Knoblauchzehen
2 EL Butter · 1 EL Pinienkerne
125 ml trockener Weißwein
   oder Gemüsebrühe (Instant)
Salz
Außerdem:
6 feuerfeste Förmchen
   (je ca. 125 ml Inhalt)
Butter für die Förmchen

1 Für den Salat den Spargel waschen und die holzigen
Enden abschneiden. Die Stangen am unteren Ende
mit dem Sparschäler dünn schälen und schräg in sehr
dünne Scheiben schneiden.

2 Die Kräuter waschen und trocken schütteln, die Blätter
abzupfen und mit dem Zitronensaft und dem Olivenöl im Blitzhacker zerkleinern und unter den Spargel
mischen. Den Spargel mit Salz und Pfeffer abschmecken und zugedeckt etwas ziehen lassen.

3 Für die Törtchen den Backofen auf 180° (Umluft 160°)
vorheizen. Die Förmchen mit Butter ausstreichen.

4 Die Eier leicht verquirlen. Den Ricotta mit dem Pecorino
verrühren, die Eier unterrühren. Mit Salz, Pfeffer und
Muskat abschmecken. Die Ricottamasse in die Förmchen füllen und die Törtchen im heißen Backofen
(Mitte) ca. 25 Min. backen, bis die Masse fest und
leicht gebräunt ist.

5 Inzwischen für die Sauce den Knoblauch schälen und
fein hacken. Die Hälfte der Butter bei schwacher Hitze
zerlassen, den Knoblauch mit den Pinienkernen darin
3–4 Min. andünsten. Mit dem Wein oder der Brühe
aufgießen und 5 Min. köcheln lassen. Die Sauce fein
pürieren, die übrige Butter in kleinen Stückchen unterschlagen. Die Sauce mit Salz abschmecken.

6 Den Spargelsalat noch einmal durchrühren. Die Tört-
chen aus dem Ofen nehmen und vorsichtig aus den
Förmchen lösen. Törtchen auf Tellern anrichten, den
Salat daneben verteilen. Die Knoblauchsauce über
die Törtchen geben und die Vorspeise rasch servieren.
Dazu schmeckt Weißbrot.

TAUSCH-TIPP
Es muss nicht immer Spargel sein: Mit dem würzigen Kräuterdressing können Sie auch Tomaten,
gekochte grüne Bohnen oder einfach einen Blatt-
salat anmachen.

PROFI-TIPP
Fetten Sie die **Förmchen** sehr gut ein, damit
sich die Törtchen nach dem Backen herauslösen
lassen. Wenn es doch einmal nicht klappt, die
Sauce einfach über die Törtchen in der Form
gießen und die Ricottamasse herauslöffeln.

MINI-PAPRIKA-QUICHES

spanisch inspiriert

**Für 12 Stück · Zubereitungszeit ca. 40 Min.
Ruhezeit 30 Min. · Backzeit 35 Min.
pro Stück 155 kcal**

200 g Weizenmehl · Salz · Zucker
1 Döschen gemahlener Safran (0,1 g)
100 g kalte Butter · 2 rote Paprikaschoten
250 g saure Sahne · 2 Eigelb (Größe M)
1 Knoblauchzehe · 1/2 TL mildes Paprikapulver
1/4 TL scharfes Paprikapulver
1 EL Paprikamark (aus der Tube)
Pfeffer · 12 Minzeblättchen
Außerdem:
Muffinblech mit 12 Mulden
Butter für das Blech
3 EL Mandelblättchen zum Ausstreuen
Mehl zum Arbeiten

1 Die Mulden des Muffinblechs fetten und mit den Mandeln ausstreuen. Für den Teig das Mehl in eine Schüssel sieben. Knapp 1 TL Salz, 1 Prise Zucker und den
Safran zugeben. Die kalte Butter in kleinen Stücken
ebenfalls dazugeben, alles zu einer krümeligen Masse
verarbeiten. Ca. 80 ml kaltes Wasser unterkneten,
sodass ein glatter Teig entsteht.

2 Den Teig in zwölf gleich große Stücke teilen und jeweils
auf wenig Mehl etwas größer als die Muffinblechmulde
ausrollen. Die Mulden mit dem Teig auskleiden, dabei
einen Rand hochziehen. 30 Min. kühl stellen.

3 Den Ofen auf 200° vorheizen. Für den Belag die Paprika mit dem Sparschäler dünn schälen, entkernen und
fein würfeln. Sahne und Eigelbe verrühren. Knoblauch
schälen, fein würfeln und mit Paprikapulver, -mark und
-würfeln unter die Sahne-Ei-Masse mischen, salzen und
pfeffern. Minzeblättchen waschen und trocken tupfen.

4 Die Paprikamasse in die Blechmulden füllen, jeweils
1 Minzeblättchen auflegen. Im Ofen (unten, Umluft
180°) ca. 35 Min. backen.

NUSS-MUFFINS
MIT STEINPILZEN

kräuter-aromatisch

**Für 12 Stück · Zubereitungszeit ca. 25 Min.
Backzeit 30 Min. · pro Stück 200 kcal**

15 g getrocknete Steinpilze
3 EL Weißwein
100 g gemischte Nüsse (z. B. Walnuss-,
    Haselnuss-, Cashew-, Pistazienkerne)
250 g Weizenmehl · 2 TL Backpulver
1/2 TL Natron · Zucker
je 1/2 TL getrockneter Thymian und
    Oregano (oder je 1 TL frische Kräuter)
1–2 TL Kräutersalz
1 TL grob gemahlene Koriandersamen
Pfeffer · 2 Eier (Größe M)
7 EL Olivenöl
250 ml Buttermilch
Außerdem:
12 Muffin-Papierförmchen
Muffinblech mit 12 Mulden

1 Die Pilze in heißem Wasser ca. 10 Min. einweichen
  und in ein Sieb abgießen. Mehrmals kalt waschen und
  abtropfen lassen. Pilze klein schneiden und mit dem
  Wein in einem kleinen Topf erhitzen; zur Seite stellen.

2 Die Nüsse grob hacken und in einer Pfanne ohne Fett
  bei mittlerer Hitze goldgelb rösten. Den Backofen auf
  190° vorheizen.

3 Mehl, Backpulver, Natron, 1 Prise Zucker, Kräuter,
  Kräutersalz, Koriandersamen, Pfeffer und Nüsse in
  einer Schüssel mischen. In einer zweiten Schüssel die
  Eier mit dem Olivenöl und der Buttermilch verquirlen
  und unter die Mehlmischung rühren. Die Pilze mit dem
  Weißwein unterheben. Den Teig evtl. noch etwas nachwürzen, er sollte kräftig abgeschmeckt sein.

4 Die Papierförmchen in die Mulden des Muffinblechs
  setzen. Den Teig einfüllen und die Muffins im heißen
  Ofen (Mitte, Umluft 170°) 25–30 Min. backen.

CIDRE-KÄSE-TARTE

Für 1 Springform (Ø 28–30 cm)
Zubereitungszeit ca. 20 Min.
Backzeit 35 Min.
bei 8 Stücken pro Stück 395 kcal

Für den Teig:
240 g Mehl
1 TL Backpulver
Salz · Zucker
80 ml neutrales Pflanzenöl
Für den Belag:
je 150 g Gruyère und Emmentaler
150 ml Cidre
Für den Guss:
150 ml Vollmilch (3,5 % Fett)
3 Eier (Größe M)
Salz · Pfeffer
frisch geriebene Muskatnuss
Außerdem:
Mehl zum Arbeiten

1 Für den Teig das Mehl, das Backpulver und je 1 Prise Salz und Zucker in eine gut verschließbare Plastikschüssel geben. Das Öl und 80 ml heißes Wasser dazugeben. Die Schüssel mit dem Deckel verschließen und gut durchschütteln. Die Schüssel öffnen und den Teig mit den Händen kurz durchkneten.

2 Den Teig auf wenig Mehl dünn ausrollen und in die Form legen, dabei einen 2 cm hohen Rand formen. Den Teigboden mit einer Gabel mehrmals einstechen. Den Backofen auf 220° vorheizen.

3 Für den Belag die beiden Käsesorten reiben, mit dem Cidre mischen und kurz ziehen lassen. Die Mischung auf dem Teigboden verteilen. Für den Guss die Milch und die Eier verquirlen und mit Salz, Pfeffer und Muskat würzen. Die Eiermilch über den Käse gießen.

4 Tarte im heißen Ofen (unten, Umluft 200°) ca. 35 Min. backen. Warm servieren. Dazu passt gekühlter Cidre.

SALATFLADEN MIT GORGONZOLA

pikant-knusprige Vorspeise

Für 1 Springform (26 cm Ø)
Zubereitungszeit ca. 35 Min.
Ruhezeit 50 Min. · Backzeit 20 Min.
bei 6 Stücken pro Stück 320 kcal

125 g Weizenmehl
100 g Dinkelvollkornmehl
1/2 TL Trockenhefe · Zucker · Salz
200 g gemischte bittere Salate
   (z. B. Rucola, Radicchio und Endivie)
2 Knoblauchzehen · 2 EL Olivenöl
Pfeffer · 150 g Gorgonzola
4 EL frisch geriebener Parmesan
2 EL Pinienkerne
Außerdem:
Öl für die Form · Mehl zum Arbeiten

1 Für den Hefeteig beide Mehlsorten in einer Schüssel
   mit der Hefe und je 1 Prise Zucker und Salz vermischen.
   Ca. 150 ml lauwarmes Wasser dazugießen und alles zu
   einem weichen Teig verkneten. Diesen zugedeckt an
   einem warmen Ort ca. 40 Min. gehen lassen, bis sich
   das Teigvolumen verdoppelt hat.

2 Die Salatblätter waschen, trocken schleudern und – bis
   auf den Rucola – in feine Streifen schneiden. Knoblauch schälen und klein würfeln.

3 Salatstreifen, Rucolablätter und Knoblauch im Öl braten, bis der Salat zusammenfällt. Salzen und pfeffern.

4 Die Springform mit Öl fetten. Den Teig auf wenig Mehl
   zu einem Kreis von ca. 26 cm Ø ausrollen. Den Teig in
   die Form legen und zugedeckt nochmals ca. 10 Min.
   gehen lassen. Den Backofen auf 220° vorheizen.

5 Die Salatmischung auf dem Teig verteilen. Den Gorgonzola zerbröckeln und auf den Fladen geben. Parmesan
   und Pinienkerne daraufstreuen. Im Ofen (Mitte, Umluft
   200°) in 15–20 Min. goldbraun backen.

GEGRILLTE CRÊPES-SATÉ

asiatisch inspirierte Edel-Vorspeise

Für 4 Personen · Zubereitungszeit ca. 1 Std. 15 Min.
pro Portion 760 kcal

Für die Crêpes:
1 1/2 EL Butter
150 g Mehl · 350 ml Milch
3 Eier (Größe M) · Salz
4 EL kohlensäurehaltiges Mineralwasser
Für die Erdnuss-Sauce:
3 EL brauner Zucker
50 ml Gemüsebrühe (Instant)
Saft von 7 Limetten
150 g geröstete, gesalzene Erdnüsse
4 getrocknete Chilischoten
Für die Spieße:
2 große, dicke Möhren
2 Zucchini · Salz
2 Knoblauchzehen · 4 EL Olivenöl
Außerdem:
16 Holzspieße
Butterschmalz zum Backen

1 Für die Crêpes die Butter schmelzen. Das Mehl und
die Milch verrühren, dann die Eier, 1 Prise Salz, die
Butter und das Mineralwasser unterschlagen. Den Teig
zugedeckt 30 Min. quellen lassen. Inzwischen für die
Erdnuss-Sauce 2 EL Zucker, die Gemüsebrühe und
8 EL Limettensaft in einem Topf einmal aufkochen.
Mit den Nüssen und den Chilischoten pürieren.

2 Für die Spieße in einem Topf reichlich Salzwasser
zum Kochen bringen. Die Möhren schälen, die Zucchini
putzen und waschen. Möhren und Zucchini längs in
sehr feine Scheiben schneiden und im kochenden
Salzwasser 1–2 Min. blanchieren. In ein Sieb abgießen,
mit kaltem Wasser abschrecken und abtropfen lassen.

3 Den Knoblauch schälen, durch die Knoblauchpresse
in eine Schüssel pressen und mit dem Öl, dem übrigen
Zucker und dem restlichen Limettensaft verrühren.
Den Backofen auf 250° (Umluft 230°) vorheizen.

4 Aus dem Teig nach und nach Crêpes backen: Dafür in
einer beschichteten Pfanne (am besten mit niedrigem
Rand) sehr wenig Butterschmalz bei mittlerer Hitze
erhitzen. Mit einer Schöpfkelle etwas Teig in die Mitte
der Pfanne geben und durch schnelles Drehen und
Wenden gleichmäßig verteilen. Überschüssigen Teig
zurück in die Teigschüssel gießen. So lange backen,
bis die Oberfläche fest wird, dann mit einem Holzspatel
vorsichtig vom Pfannenrand lösen und wenden.

5 Die fertigen Crêpes jeweils auf die Breite der Gemüsescheiben zuschneiden. Jeweils einige Gemüse- und
Crêpesstreifen aufeinanderlegen und wellenförmig
auf die Spieße stecken.

6 Die Spieße auf ein Backblech legen, mit Knoblauchsauce beträufeln und im heißen Backofen (Mitte)
2–4 Min. grillen. Mit der Erdnuss-Sauce servieren.

ALLTAGS-VARIANTE
PFANNKUCHEN MIT GEMÜSE

Für 8 Pfannkuchen · Zubereitungszeit ca. 45 Min.
pro Stück 190 kcal

- Aus 150 g Mehl, 150 ml Milch, 4 Eiern (Größe M) und
1 Prise Salz einen Pfannkuchenteig rühren und 15 Min.
quellen lassen.
- 250 g Möhren schälen und in streichholzdünne Streifen schneiden. 2 Zucchini waschen, putzen und in
dünne Scheiben schneiden. 2 Stangen Staudensellerie
waschen, putzen, in feine Scheiben schneiden.
- Möhren und Sellerie in 3 EL Olivenöl kurz andünsten,
die Zucchini kurz mitdünsten. Mit 1 EL Gemüsebrühe
(Instant) ablöschen und ca. 3 Min. bei schwacher Hitze
ziehen lassen. Salzen und pfeffern.
- Jeweils etwas Öl in einer beschichteten Pfanne erhitzen, 2–3 EL Teig dünn darin verteilen und von jeder
Seite 1 Min. backen. Auf diese Weise acht Pfannkuchen
backen. Zu Tüten formen und mit dem Gemüse füllen.

SPINAT-GORGONZOLA-WRAPS

(nicht nur) Popeyes Liebling

**Für 4 Personen · Zubereitungszeit ca. 25 Min.
pro Portion 250 kcal**

100 g Gorgonzola · 100 g Crème légère
Salz · Pfeffer · 2 EL Pinienkerne
300 g aufgetauter TK-Blattspinat
1 Knoblauchzehe
3 Frühlingszwiebeln · 1 Stange Lauch
1/2 Bund glatte Petersilie · 2 EL Olivenöl
2 TL gekörnte Gemüsebrühe
4 Tortilla-Wraps (Fertigprodukt)

1 Den Gorgonzola zerdrücken und mit der Crème légère
glatt rühren. Mit Salz und Pfeffer abschmecken. Die
Pinienkerne in einer Pfanne ohne Fett braun rösten.

2 Den Spinat abtropfen lassen. Den Knoblauch schälen
und klein würfeln. Frühlingszwiebeln putzen, waschen
und die weißen und grünen Teile getrennt in Ringe
schneiden. Den Lauch putzen, waschen und in schmale
Ringe schneiden. Die Petersilie waschen und trocken
schütteln, die Blätter abzupfen und klein schneiden.

3 Das Öl in einem Topf erhitzen und die weißen Zwiebelringe, den Knoblauch und den Lauch darin andünsten.
Den Spinat dazugeben, mit der gekörnten Brühe, Salz
und Pfeffer würzen und bei mittlerer Hitze 3–5 Min.
garen. Die Petersilie unterrühren.

4 Die Tortilla-Wraps nach Packungsanweisung erwärmen.
Mit der Käsecreme bestreichen und mit dem Zwiebelgrün bestreuen. Die Spinatmasse mit einer Gabel leicht
ausdrücken und auf den Wraps verteilen. Die Pinienkerne aufstreuen. Die Wraps aufrollen und servieren.

TAUSCH-TIPP
Wenn Ihnen der Gorgonzolageschmack zu intensiv
ist, nehmen Sie stattdessen 100 g Ziegenfrischkäse und mischen etwas gehacktes Basilikum
unter die Creme.

INDIA-WRAPS

gut gewürzt

**Für 4 Personen · Zubereitungszeit ca. 35 Min.
pro Portion 230 kcal**

450 g Mangold
150 g rote Linsen
1 Stück frischer Ingwer (ca. 2 cm)
2 Zwiebeln · 2 EL neutrales Öl
300 ml Gemüsebrühe (Instant)
1 TL scharfes Currypulver
1/4 TL gemahlene Kurkuma
1 TL gemahlener Kreuzkümmel
Salz · Pfeffer
1 Fleischtomate
200 g Joghurt
1 Knoblauchzehe
4 Tortilla-Wraps (Fertigprodukt)

1 Den Mangold putzen und waschen. Die weißen Stiele in
ca. 1 cm breite Streifen, die grünen Blätter in 2–3 cm
breite Streifen schneiden. Die Linsen in ein Sieb geben
und mit kaltem Wasser waschen. Den Ingwer schälen
und fein würfeln.

2 Die Zwiebeln schälen und fein würfeln. Das Öl in
einem Topf erhitzen und die Zwiebeln darin andünsten.
Die Linsen dazugeben, unter Rühren anschwitzen,
dann die Mangoldstiele, Brühe, Ingwer, Curry, Kurkuma
und 3/4 TL Kreuzkümmel dazugeben, das Linsencurry
salzen und pfeffern. Die Linsen 10–15 Min. bei schwacher Hitze köcheln lassen, 5 Min. vor Garzeitende das
Mangoldgrün unterrühren.

3 Inzwischen für den Dip die Tomate waschen, ohne den
Stielansatz in feine Würfel schneiden und diese unter
den Joghurt rühren. Den Knoblauch schälen und dazupressen. Den Dip mit Salz, Pfeffer und dem restlichen
Kreuzkümmel abschmecken.

4 Die Tortilla-Wraps nach Packungsanweisung erwärmen.
Das Linsencurry auf den Wraps verteilen, zusammenrollen und möglichst heiß mit dem Dip servieren.

KÄSEWAFFELN

fein zum Begrüßungscocktail

Für 12 Stück · Zubereitungszeit ca. 55 Min. pro Stück 245 kcal

100 g mittelalter Gouda
1/2 TL getrockneter Majoran
50 g zarte Haferflocken
125 g weiche Butter
Salz · 4 Eier (Größe M)
200 g Mehl
2 Msp. Backpulver
150 g Sahne
Außerdem:
Waffeleisen · Fett für das Waffeleisen

1 Den Käse fein reiben und mit dem Majoran mischen. Die Haferflocken in einer Pfanne ohne Fett leicht rösten. Die Butter mit 1/4 TL Salz cremig rühren, die Eier einzeln einrühren. Das Mehl, die Haferflocken und das Backpulver mischen und ebenfalls unterrühren. Anschließend den Käse und die Sahne unterziehen.

2 Das Waffeleisen vorheizen, die vier Backflächen dünn einfetten. Jeweils 2 EL Teig in die Mitte der unteren Backflächen geben, das Waffeleisen schließen. Die Waffeln nacheinander in 2–3 Min. goldgelb backen. Auf einen Kuchenrost legen und weiter so verfahren, bis der Teig verbraucht ist.

DAS SCHMECKT DAZU
Servieren Sie zu den Waffeln einen **mediterranen Tomatendip:** 1 Dose stückige Tomaten (400 g Inhalt) nach Geschmack mit etwas Tomatenketchup, gehacktem Knoblauch, ein wenig Zitronensaft, etwas Zucker, gehackter Petersilie oder Basilikum und Cayennepfeffer abschmecken. Wer mag, kann zusätzlich gehackte grüne oder schwarze Oliven unter den Dip ziehen.

PIZZAWAFFELN

fürs Partybüfett

**Für 12 Stück · Zubereitungszeit ca. 30 Min.
Ruhezeit 45 Min. · pro Stück 170 kcal**

1 Päckchen Trockenhefe · 1 TL Zucker
40 g Pinienkerne · 50 g getrocknete Tomaten in Öl
75 g grüne oder schwarze Oliven ohne Stein
1 TL getrockneter Oregano
300 g Mehl · Salz · Pfeffer
2 Eier (Größe M) · 75 ml Olivenöl
Außerdem:
Fett für das Waffeleisen · Waffeleisen

1 Die Hefe mit dem Zucker und 100 ml lauwarmem
Wasser verrühren. Zugedeckt 15 Min. an einem warmen
Ort ruhen lassen.

2 Währenddessen die Pinienkerne in einer Pfanne ohne
Fett rösten, bis sie duften. Die Tomaten auf Küchenpapier entfetten. Pinienkerne, Tomaten und Oliven mit-
telfein hacken und mischen. Mit dem Oregano würzen.

3 Das Mehl in eine Rührschüssel sieben. Das Hefewasser,
125 ml lauwarmes Wasser, 2 Prisen Salz, Pfeffer, die
Eier und das Olivenöl zum Mehl geben. Alles zu einem
glatten Teig verkneten. Zugedeckt 30 Min. an einem
warmen Ort ruhen lassen.

4 Den Oliven-Tomaten-Mix unter den Teig ziehen.
Das Waffeleisen vorheizen, die vier Backflächen dünn
einfetten. Jeweils 2 EL Teig in die Mitte der unteren
Backflächen geben. Die Waffeln in 2–3 Min. goldgelb
backen. Auf einen Kuchenrost legen. Weiter so verfahren, bis der Teig verbraucht ist.

VARIANTE MIT KÄSE
Für **Pizzawaffeln mit Mozzarella** 375 g Mozzarella
in feine Scheiben schneiden. Die Pizzawaffeln
damit belegen und mit Salz, Pfeffer und Oregano
würzen. Im auf 150° vorgeheizten Backofen
(Mitte, Umluft 130°) backen, bis der Käse leicht
zerläuft. Mit Basilikumblättchen bestreuen.

BROT MIT GEBRATENEM CHICORÉE

Ratzfatz-Imbiss

Für 4 Personen · Zubereitungszeit ca. 20 Min.
pro Portion 295 kcal

2–4 Stauden Chicorée (ca. 400 g)
250 g Räuchertofu (pur oder mit Pilzen)
2 TL scharfer Senf
2 1/2 EL saure Sahne
1 1/2 EL Mayonnaise (aus dem Glas)
Salz · Pfeffer · 2 EL Olivenöl
2 TL Zitronensaft
4 große Scheiben Misch- oder Vollkornbrot
1/2 Kästchen Gartenkresse

1 Vom Chicorée äußere welke Blätter abzupfen. Die Stauden waschen und der Länge nach achteln. Den Strunk so wegschneiden, dass die Blätter noch zusammenhalten. Den Räuchertofu abtropfen lassen und in Scheiben schneiden. Den Senf mit saurer Sahne und Mayo verrühren, salzen und pfeffern.

2 Das Öl in einer Pfanne erhitzen. Die Chicorée-Achtel nebeneinander einlegen und bei mittlerer Hitze ca. 8 Min. braten, bis sie schön braun und bissfest sind. Dabei ab und zu umdrehen. Mit Salz und Pfeffer würzen, mit dem Zitronensaft beträufeln.

3 Die Brotscheiben auf Teller legen, mit der Senfcreme bestreichen und mit Räuchertofuscheiben belegen. Chicorée daraufhäufen, Kresse mit der Küchenschere abschneiden und aufstreuen. Warm essen.

BROT MIT KARAMELLISIERTEN ZWIEBELN

mediterran kommt immer gut

Für 4 Personen · Zubereitungszeit ca. 25 Min.
pro Portion 265 kcal

1 Handvoll Rucola · 2–3 feste Tomaten
4 rote Zwiebeln · 4 Zweige Thymian
3 EL Olivenöl · 1/2 EL Zucker
Salz · Pfeffer · 1/2 EL Aceto balsamico
4 große Scheiben Weiß- oder Vollkornbrot
50 g Parmesan am Stück

1 Den Rucola waschen, verlesen und trocken schütteln, dicke Stiele entfernen. Die Tomaten waschen und in dünne Scheiben schneiden, dabei die Stielansätze entfernen. Die Zwiebeln schälen und in Achtel schneiden. Den Thymian waschen und trocken schütteln.

2 In einer Pfanne 2 EL Öl heiß werden lassen. Zwiebeln und Thymian darin bei mittlerer Hitze unter Rühren 3–4 Min. braten. Die Hitze kleiner schalten. Den Zucker einstreuen und die Zwiebeln 1–2 Min. weiterbraten, bis der Zucker schmilzt und die Zwiebeln karamellbraun werden. Dabei ständig rühren. Die Pfanne vom Herd ziehen und die Zwiebeln mit Salz und Pfeffer würzen. Balsamico mit dem übrigen Öl cremig rühren.

3 Die Brotscheiben auf Teller verteilen, mit Rucola und Tomaten belegen, leicht salzen und pfeffern. Die karamellisierten Zwiebeln darauf verteilen. Vom Parmesan feine Späne abhobeln und auf die Zwiebeln legen. Mit dem Balsamico-Öl beträufeln und warm essen.

TOMATEN-KÄSE-TOASTS

aus dem Sandwichtoaster

**Für 4 Personen · Zubereitungszeit ca. 15 Min.
pro Portion 325 kcal**

50 g Ricotta · 1 TL Tomatenmark oder Pesto rosso
(aus dem Glas) · Salz · Pfeffer · 1 Fleischtomate
(ca. 200 g) · 200 g Camembert · 8 getrocknete
Tomaten in Öl · 8 Scheiben Sandwichbrot

1 Den Ricotta mit dem Tomatenmark oder dem Pesto
verrühren und die Creme mit Salz und Pfeffer würzen.

2 Die Fleischtomate waschen und in dünne Scheiben
schneiden, dabei den Stielansatz entfernen. Den
Camembert in ca. 1/2 cm dicke Scheiben schneiden.
Getrocknete Tomaten abtropfen lassen und in dünne
Streifen schneiden.

3 Die Brotscheiben auf einer Seite mit der Ricottacreme
bestreichen. Auf der Hälfte der Brotscheiben die Tomatenscheiben überlappend auslegen. Den Camembert
und die Tomatenstreifen darauf verteilen. Mit den übrigen Brotscheiben abdecken, diese leicht andrücken.

4 Die belegten Toasts nacheinander im Sandwichtoaster
3–4 Min. backen. Heiß servieren.

> **PROFI-TIPP**
> Keinen Sandwichtoaster zu Hause? Braten Sie die
> Toasts in der Pfanne in etwas Öl bei starker Hitze
> pro Seite 2–3 Min. Dabei immer mit dem Pfannen-
> wender daraufdrücken, damit die Brotscheiben
> zusammenhalten.

ZUCCHINI-FETA-TOASTS

griechischer Sommersnack

**Für 4 Personen · Zubereitungszeit ca. 15 Min.
pro Portion 240 kcal**

1 Frühlingszwiebel
150 g Schafskäse (Feta)
50 g fester Naturjoghurt · Salz · Pfeffer
1 Msp. Honig
1 junger Zucchino (ca. 150 g)
4 Zweige Thymian · 2 TL Olivenöl
8 Scheiben Sandwichbrot
1 EL kleine Oliven ohne Stein oder
   4 eingelegte Peperoni (aus dem Glas)

1 Die Frühlingszwiebel putzen, waschen und fein schneiden. Schafskäse mit einer Gabel zerdrücken, mit dem
Joghurt und der Frühlingszwiebel mischen und mit
wenig Salz, Pfeffer und Honig würzen.

2 Den Zucchino waschen, putzen und in dünne Scheiben
schneiden. Den Thymian waschen und trocken schütteln, die Blättchen abstreifen und mit den Zucchinischeiben und dem Olivenöl mischen, mit Salz würzen.

3 Die Brotscheiben auf einer Seite mit der Schafskäse-
mischung bestreichen. Die Hälfte der Brotscheiben
mit den Zucchinischeiben belegen. Die Oliven oder
Peperoni auf die Käsemischung legen. Die übrigen
Brotscheiben auflegen, leicht andrücken.

4 Die belegten Toasts nacheinander im Sandwichtoaster 3–4 Min. backen oder in der Pfanne braten
(s. Tipp links). Heiß servieren.

GEFÜLLTE BRÖTCHEN MIT GEMÜSE

raffiniert kräuterwürzig

Für 4 Personen
Zubereitungszeit ca. 45 Min.
pro Portion 460 kcal

4 große Dinkel- oder Vollkornbrötchen
150 g kleine Champignons
1 Möhre
2 Frühlingszwiebeln
1 kleine Dose Gemüsemais
   (140 g Abtropfgewicht)
1 Knoblauchzehe
40 g Sonnenblumenkerne
4 EL Olivenöl
Salz · Pfeffer
2 TL Thymianblätter
   (oder 1 TL getrockneter Thymian)
150 g Kräuterfrischkäse
Außerdem:
Schnittlauchröllchen zum Bestreuen
   (nach Belieben)

1 Die Brötchen aufschneiden, die Krume herauslösen und hacken. Die Champignons putzen, die Möhre putzen und schälen und beides in dünne Scheiben schneiden. Die Frühlingszwiebeln putzen, waschen und nur das Weiße und Hellgrüne in feine Ringe schneiden; das Grün anderweitig verwenden.

2 Den Mais in einem Sieb abtropfen lassen. Den Knoblauch schälen und zerdrücken. Die Sonnenblumenkerne in einer Pfanne ohne Fett rösten, herausnehmen und abkühlen lassen. Den Backofen auf 220° (Umluft 200°) vorheizen.

3 2 EL Öl in einer Pfanne erhitzen, die Brötchenkrume und den Knoblauch hinzufügen, 1–2 Min. anbraten und herausnehmen. Das übrige Öl erhitzen. Möhre, Champignons und Frühlingszwiebeln darin unter Rühren 2–3 Min. braten. Mit Salz, Pfeffer und Thymian würzen. Mais, Sonnenblumenkerne und die Krumen-Knoblauch-Mischung unterheben.

4 Die halbierten Brötchen auf ein Backblech legen. Die Gemüsemischung in die Hälften füllen und jeweils 1 Klecks Kräuterfrischkäse obendrauf geben. Die gefüllten Brötchen im heißen Backofen (Mitte) 10–12 Min. überbacken. Nach Belieben mit Schnittlauchröllchen bestreuen.

AROMA-TIPP
Einige Spritzer Tabasco oder etwas scharfer Ajvar (Paprikapaste aus dem Glas) peppen die Brötchen pikant auf.

VARIANTE
ZWIEBELSTANGEN MIT SAUERKRAUT

Für 4 Personen · Zubereitungszeit ca. 45 Min.
pro Portion 680 kcal

- 4 Zwiebelstangen aufschneiden, die Krume herauslösen und hacken. Den Backofen bei 220° (Umluft 200°) vorheizen.
- 1 Dose Sauerkraut (400 g Inhalt) abtropfen lassen. 1 Zwiebel schälen und fein würfeln. 100 g Räuchertofu ebenfalls fein würfeln.
- 1 EL Öl in einer Pfanne erhitzen, darin die Zwiebel glasig braten, dann die Krume dazugeben und 2–3 Min. mitbraten.
- Das Sauerkraut, den Tofu und 2 EL Schmand hinzufügen, alles gut mischen. Mit Salz, Pfeffer und 1 TL Kümmel würzen.
- Die Mischung in die Zwiebelstangen füllen. 200 g Limburger Käse in Scheiben schneiden, auf die Brote legen. Im heißen Backofen (Mitte) 10 Min. überbacken.
- Inzwischen für den Paprikaquark 250 g Magerquark mit 5 EL Sahne und 2 EL Zitronensaft verrühren, salzen und pfeffern.
- 1 rote Spitzpaprika halbieren, putzen, waschen, fein würfeln und unterheben. Den Quark zu den Zwiebelstangen servieren.

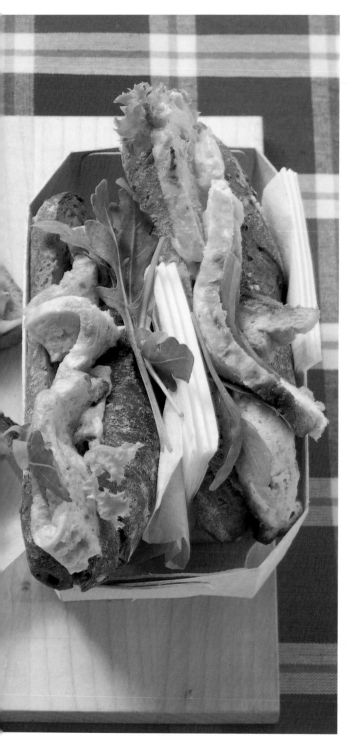

KÄSE-FRITTATA-SANDWICH

auch gut zum Mitnehmen

**Für 4 Personen · Zubereitungszeit ca. 25 Min.
pro Portion 490 kcal**

1 Stange Lauch
1 Knoblauchzehe
120 g Allgäuer Bergkäse
5 Eier (Größe M)
Salz · Pfeffer
3 EL Butterschmalz
4 EL weiche Butter
2 EL Senf
4 längliche Vollkornbrötchen
   (Kornspitz)
4–8 Salatblätter

1 Den Lauch gründlich waschen, putzen und in feine
Ringe schneiden. Den Knoblauch schälen und klein
würfeln. Den Käse grob raspeln. Die Eier verquirlen
und salzen und pfeffern.

2 Das Butterschmalz in einer Pfanne erhitzen und den
Lauch darin 3–5 Min. anbraten. Den Knoblauch dazugeben und kurz mitbraten. Die Eier darübergießen
und den Käse darüberstreuen. Die Frittata zugedeckt
bei mittlerer Hitze in ca. 6 Min. stocken lassen, etwas
abkühlen lassen.

3 Die Butter mit dem Senf vermengen. Die Brötchen
aufschneiden und mit der Senfbutter bestreichen. Die
Salatblätter waschen, trocken tupfen und darauflegen.

4 Die Käse-Frittata vierteln und auf die Brötchen legen.
Die oberen Brötchenhälften daraufklappen. Die Sand-
wichs sofort servieren.

LAUCH-RAREBITS

»very british«

**Für 4 Personen · Zubereitungszeit ca. 25 Min.
pro Portion 305 kcal**

1 Stange Lauch
2 EL Butterschmalz
Salz · Pfeffer
4 Scheiben Toastbrot
150 g Chester
5 EL Bier
2 EL Senf
2 Eigelb (Größe M)

1 Den Backofen auf 200° (Umluft 180°) vorheizen. Den
Lauch gründlich waschen, putzen und in feine Ringe
schneiden. Das Butterschmalz in einer Pfanne erhitzen
und den Lauch darin ca. 5 Min. bei mittlerer Hitze braten. Salzen und pfeffern und etwas abkühlen lassen.

2 Die Toastscheiben im Toaster toasten. Den Käse reiben
und mit Bier, Senf und Eigelben gut vermischen.

3 Den Lauch auf den Toasts verteilen, die Ei-Käse-Masse
darübergeben. Die Toasts im heißen Backofen (oben)
in 5–7 Min. hellbraun überbacken. Sofort heiß servieren und nach Belieben mit Pfeffer übermahlen.

> **VARIANTE**
> Für **Zwiebel-Käse-Toasts** 4 Scheiben Toastbrot
> toasten und mit 2 TL Butter bestreichen. 4 große
> Zwiebeln schälen, sehr fein würfeln und in 4 EL Öl
> glasig dünsten. Etwas abkühlen lassen. Inzwi-
> schen 150 g Emmentaler grob reiben. 1/2 Bund
> Petersilie waschen und trocken schütteln, die
> Blättchen fein hacken. Käse und Petersilie mit den
> Zwiebeln mischen, mit Pfeffer würzen und auf den
> Toastscheiben verteilen. Im auf 220° vorgeheizten
> Backofen (Mitte, Umluft 200°) ca. 8 Min. backen.

GORGONZOLACREME

für wahre Käsefreunde

**Für 4 Personen · Zubereitungszeit ca. 15 Min.
pro Portion 280 kcal**

1 EL Rosinen
2 EL Calvados (nach Belieben)
100 g Gorgonzola
50 g Sahne
3 EL Mascarpone
1 Stange Staudensellerie
30 g Walnusskerne
Salz · Pfeffer

1 Die Rosinen grob hacken und nach Belieben im Calvados marinieren. Inzwischen den Gorgonzola in Stücke schneiden, mit der Sahne mischen und mit einer Gabel zerdrücken. Den Mascarpone dazugeben und alles zu einer Creme rühren.

2 Den Sellerie waschen, putzen, entfädeln und ganz klein würfeln. Die Walnusskerne grob hacken. Beides zusammen mit den Rosinen unter die Käsemasse mengen. Vorsichtig salzen und pfeffern. Die Gorgonzolacreme passt gut auf Walnussbrot oder Baguette.

VEGANE VARIANTE
Für einen **Tofu-Nuss-Aufstrich** 200 g Tofu in Würfel schneiden und zusammen mit 50 g gehackten Walnusskernen, den Blättchen von je 4 Stängeln Oregano und Petersilie, 1 Frühlingszwiebel in Ringen und 3 EL Olivenöl pürieren. Mit Salz und 1 Prise gemahlenem Kreuzkümmel würzen.

ESTRAGON-ZIEGENKÄSE

fruchtig feiner Brotaufstrich

**Für 4 Personen · Zubereitungszeit ca. 15 Min.
pro Portion 60 kcal**

1 EL Pinienkerne
1/2 kleine, reife Birne
1 TL frisch gepresster Zitronensaft
2 Stängel Estragon
1/2 TL rosa Pfefferkörner
150 g Ziegenfrischkäse
Salz · Pfeffer

1 Die Pinienkerne in einer Pfanne ohne Fett rösten, bis sie leicht gebräunt sind, dann herausnehmen.

2 Inzwischen die Birne waschen, abtrocknen und winzig klein würfeln, dabei das Kerngehäuse entfernen. Die Birnenwürfel sofort mit dem Zitronensaft mischen.

3 Den Estragon waschen und trocken schütteln, die Blättchen abzupfen und fein hacken. Den rosa Pfeffer grob hacken und mit der Birne und dem Estragon unter den Ziegenkäse mischen.

4 Die Creme mit Salz und Pfeffer abschmecken und die Pinienkerne unterheben. Passt gut auf Baguette.

OBATZDA

bayerische Biergartenspezialität

Für 4 Personen · Zubereitungszeit ca. 25 Min.
pro Portion 320 kcal

300 g reifer Camembert
2 EL weiche Butter
2 EL Frischkäse
3 EL Bier
1 Zwiebel
1 TL edelsüßes Paprikapulver
1/4 TL gemahlener Kümmel
Salz · Pfeffer
1/2 Bund Schnittlauch

1 Die Rinde vom Camembert dünn abschneiden.
Das Innere grob zerschneiden. Den Camembert,
die Butter und den Frischkäse zusammen mit dem
Bier fein zermusen und vermengen.

2 Die Zwiebel schälen, fein würfeln und unter die
Käsemasse mischen. Mit Paprikapulver, Kümmel,
Salz und Pfeffer pikant abschmecken.

3 Den Schnittlauch waschen, trocken schütteln, in
Röllchen schneiden und über den Obatzden streuen.
Passt zu Brezeln und anderem Laugengebäck.

TOMATEN-PARMESAN-CREME

mit jeder Menge Italienaroma

Für 4 Personen · Zubereitungszeit ca. 20 Min.
pro Portion 120 kcal

2 reife Tomaten
1 Knoblauchzehe
1 EL Olivenöl
Salz · Pfeffer
2 EL frisch geriebener Parmesan
3 EL Mascarpone
3 EL gehacktes Basilikum
6 schwarze Oliven ohne Stein

1 Die Tomaten waschen, abtrocknen und in ca. 1 cm
dicke Scheiben schneiden, dabei die Stielansätze
entfernen. Die Knoblauchzehe schälen und in dünne
Scheiben schneiden.

2 Das Olivenöl in einer Pfanne erhitzen und die Tomaten
und den Knoblauch darin beidseitig je ca. 3 Min. braten, salzen und pfeffern. Vom Herd nehmen, in eine
Schüssel geben und abkühlen lassen.

3 Die abgekühlten Tomaten mit dem Pürierstab fein
pürieren, Parmesan, Mascarpone und Basilikum untermischen. Die Oliven hacken und unterrühren. Die
Creme mit Salz und Pfeffer würzen. Passt auf Ciabatta
(Rezept s. S. 182), Olivenbrot oder Pizzacracker.

CIABATTA

Für 1 Brot · Zubereitungszeit ca. 20 Min.
Ruhezeit 1 Std. 15 Min.
Backzeit 40 Min.
pro Brot 2375 kcal

1/2 Würfel frische Hefe (21 g)
100 ml lauwarme Milch
2 TL Zucker
500 g Mehl
100 g Weichweizengrieß
1 leicht gehäufter TL Salz
2 EL Olivenöl
Außerdem:
Mehl zum Arbeiten
Backpapier für das Blech

1 Die Hefe in der lauwarmen Milch und 200 ml lauwarmem Wasser zusammen mit dem Zucker auflösen. Das Mehl und den Grieß in einer Schüssel mit dem Salz mischen.

2 Das Olivenöl und die Hefelösung zum Mehl geben und alles zu einem glatten Teig verkneten. Diesen zugedeckt an einem warmen Ort mindestens 1 Std. gehen lassen.

3 Nach dieser Zeit den Teig nochmals durchkneten, dabei evtl. etwas Mehl zugeben, sodass er nicht mehr klebt. Das Backblech mit Backpapier belegen. Aus dem Teig einen länglichen Brotlaib formen, auf das Blech setzen und mit Mehl bestäuben. Den Teig abgedeckt noch einmal 15 Min. ruhen lassen. Inzwischen den Backofen auf 200° vorheizen.

4 Das Brot im heißen Backofen (Mitte, Umluft 180°) 35–40 Min. backen, bis es schön gebräunt ist.

AROMA-TIPP
Durch Zugabe von Walnüssen, Kräutern oder getrockneten Tomaten in den Teig lässt sich das Brot passend zur Art der Speisen auf dem Tisch beliebig variieren.

TÜRKISCHES FLADENBROT

darf auf keiner Mezze-Tafel fehlen

Für 1 Brot · Zubereitungszeit ca. 25 Min.
Ruhezeit 1 Std. 10 Min. · Backzeit 25 Min.
pro Brot 1880 kcal

40 g Butter
400 g Mehl
Salz · 2 TL Zucker
1 Päckchen Trockenhefe
1 Eigelb (Größe M)
2 EL Milch
2 EL helle Sesamsamen
Außerdem:
Backpapier für das Blech

1 Die Butter in einem Topf schmelzen, das Mehl mit
 1 gestrichenen TL Salz vermischen. Zucker und Hefe mit
 200 ml lauwarmem Wasser verrühren. Mit dem Mehl
 und der Butter zu einem geschmeidigen Teig verkneten,
 zugedeckt an einem warmen Ort 1 Std. ruhen lassen.

2 Nach dieser Zeit den Teig nochmals durchkneten
 und zu einem ovalen flachen Brotlaib formen. Ein
 Backblech mit Backpapier belegen und den Laib
 daraufsetzen.

3 Den Laib mit einem Messer kreuzweise über die
 gesamte Oberfläche einritzen und zugedeckt weitere
 10 Min. ruhen lassen.

4 Inzwischen den Backofen auf 200° vorheizen.
 Das Eigelb mit der Milch verquirlen. Den Brotlaib
 damit bestreichen und mit dem Sesam bestreuen.

5 Das Brot im heißen Backofen (Mitte, Umluft 180°)
 20–25 Min. backen, bis es schön gebräunt ist.

 AROMA-TIPP
 Zusätzlich können Sie das Fladenbrot vor dem
 Backen mit 1 TL Schwarzkümmelsamen bestreuen.

HUMMUS

sesamwürzig

Für 4 Personen · Zubereitungszeit ca. 10 Min.
pro Portion 240 kcal

250 g Kichererbsen (aus der Dose)
2 Knoblauchzehen
3–4 EL Limettensaft
2 EL Olivenöl
75 g Tahini (Sesampaste)
1/2 TL gemahlener Kreuzkümmel
1/2 TL edelsüßes Paprikapulver
Salz · Pfeffer

1 Die Kichererbsen in einem Sieb unter fließendem
Wasser gründlich waschen und abtropfen lassen.
Den Knoblauch schälen und grob hacken.

2 Die Kichererbsen und den Knoblauch mit 3 EL Limettensaft, dem Olivenöl, Tahini und 3 EL Wasser kräftig
durchpürieren, bis eine glatte Masse entstanden ist.
Kreuzkümmel und Paprika unterrühren und den Hummus mit Salz, Pfeffer und Limettensaft abschmecken.
Hält sich verschlossen im Kühlschrank 2–3 Tage.

TAUSCH-TIPP
Keine Limetten im Haus? Dann nehmen Sie stattdessen Zitronensaft: Er bringt dieselbe Säure,
doch einen etwas weniger herben Geschmack.

GRÜNE TAPENADE

Klassiker aus Frankreich

Für 4 Personen · Zubereitungszeit ca. 10 Min.
pro Portion 190 kcal

1 Knoblauchzehe
100 g grüne Oliven ohne Stein
1 EL Kapern (aus dem Glas)
50 g Mandelstifte
1 EL trockener Sherry
3 EL Olivenöl
1 TL getrockneter Thymian
1/2 TL Honig · Pfeffer

1 Den Knoblauch schälen. Oliven, Kapern, Mandeln,
Sherry und Olivenöl in einen Mixbecher geben. Knoblauch, Thymian und Honig dazugeben und alles fein
pürieren. Mit etwas Pfeffer abschmecken.

TAUSCH-TIPPS
Ein ganz besonderes Aroma bringen Pinienkerne
statt der Mandeln. Und für eine dunkle Tapenade
nehmen Sie schwarze Oliven und fügen zusätzlich
1 TL Dijonsenf zu.

PROFI-TIPP
Die Tapenade hält sich verschlossen im Kühlschrank mindestens 1 Woche.

BABA GHANOUSH

Orient-Klassiker

Für 4 Personen · Zubereitungszeit ca. 30 Min.
pro Portion 145 kcal

700 g Auberginen
3 EL Olivenöl · 2 Knoblauchzehen
1 EL Sesamsamen
2 EL Tahini (Sesampaste)
3 EL Zitronensaft
1/2 TL gemahlener Kreuzkümmel
Salz · Pfeffer
Außerdem:
Backpapier für das Blech

1 Den Backofen auf 180° vorheizen. Die Auberginen waschen, putzen und längs halbieren. Das Fruchtfleisch kreuzweise einschneiden und mit 2 EL Öl bestreichen. Den Knoblauch schälen, vierteln und in die Einschnitte der Auberginen drücken.

2 Ein Backblech mit Backpapier belegen und die Auberginen mit der Schnittfläche nach oben daraufsetzen. Im heißen Backofen (Mitte, Umluft 160°) ca. 20 Min. backen, bis sie gebräunt sind.

3 Die Sesamsamen in einer trockenen Pfanne rösten, bis sie duften, dann aus der Pfanne nehmen. Das Auberginenfruchtfleisch mitsamt dem Knoblauch mit einem Löffel aus der Haut lösen. Mit Tahini, Zitronensaft und Kreuzkümmel pürieren. Mit Salz und Pfeffer würzen. 1 EL Öl darübertraufeln, mit Sesam bestreuen.

SCHAFSKÄSE-DIP

scharfer Grieche

Für 4 Personen · Zubereitungszeit ca. 30 Min.
pro Portion 145 kcal

1 kleine rote Paprikaschote
1 grüne oder rote Peperoni
1 Knoblauchzehe
200 g Schafskäse (Feta)
1 EL Olivenöl
1 TL getrockneter Thymian
Pfeffer · Salz
Außerdem:
Backpapier für das Blech

1 Den Backofen auf 250° (Umluft 220°) vorheizen. Ein Backblech mit Backpapier belegen. Die Paprika halbieren, Kerne und Trennwände entfernen.

2 Peperoni und Paprikahälften mit der Hautseite nach oben auf das Blech setzen. Im heißen Ofen (Mitte) ca. 10 Min. backen, bis die Haut schwarz ist. Die Früchte aus dem Ofen nehmen, in einen Gefrierbeutel geben und 5 Min. ruhen lassen.

3 Die Paprika und Peperoni häuten. Die Peperoni halbieren und die Samen und Trennwände entfernen.

4 Den Knoblauch schälen, mit Schafskäse, Paprika, Olivenöl, Thymian und der Hälfte der Peperoni pürieren. Mit Pfeffer und evtl. Salz abschmecken, nach Geschmack mehr Peperoni zugeben und pürieren.

SUPPEN
UND EINTÖPFE

Klar wie Brühe!

Perfekte Grundlage für vegetarische Suppen und Eintöpfe ist ein selbst gekochter Gemüsefond. Damit dieser geballte Aromenpower liefert, benötigen Sie ein paar Gemüsesorten, die kräftigen Geschmack liefern, und dann nur noch ein wenig Geduld.

Basisfond für alle Fälle

Klassische Suppengemüse, Kräuter und etwas Weißwein sorgen für intensiven Geschmack, die geröstete Zwiebel gibt dem Fond eine schöne Farbe:

Für gut 1 l Gemüsefond benötigen Sie 2 Zwiebeln, 2 Möhren, 1 Stange Lauch, 2 Stangen Staudensellerie mit Grün, 1 Handvoll kleine Champignons, 1 EL Öl, 200 ml Weißwein, 1 TL schwarze Pfefferkörner, 1 Zweig Thymian, 2 Stängel Petersilie und 1 Lorbeerblatt.

Und so einfach wird der Fond gekocht:

• Halbieren Sie 1 Zwiebel mit Schale und rösten Sie die Schnittflächen in einer Pfanne ohne Fett bei großer Hitze an. Dann beiseitelegen.

• Die zweite Zwiebel schälen und achteln. Die Möhren ebenfalls schälen und klein schneiden. Lauch und Staudensellerie gründlich waschen, putzen und grob zerkleinern. Das dunkle Lauchgrün können Sie hier mitverwenden. Zupfen Sie die Sellerieblättchen von den Stielen, sie werden später noch gebraucht. Die Champignons putzen, zum Säubern feucht abwischen und halbieren.

• In einem großen Topf das Öl erhitzen. Dünsten Sie die Zwiebelachtel darin an, ohne dass sie braun werden. Dann rühren Sie das übrige Gemüse und die Pilze unter und geben die gerösteten Zwiebelhälften dazu. Alles mit dem Wein ablöschen, gut 2 l Wasser zugießen, aufkochen und 20–30 Min. offen kochen. Dann Pfefferkörner, Sellerieblätter, Kräuter und Lorbeer in den Topf werfen. Alles gut 5 Min. weiterköcheln lassen.

• Zuletzt den Fond durch ein feinmaschiges Sieb in einen Topf abseihen, dabei das Gemüse ausdrücken.

Heiße Tipps und Varianten

Weniger ist mehr Für intensiveren Geschmack den Fond auf gut 1 l Flüssigkeit einkochen.
Noch mehr Aroma 1 ganze, gewaschene Chilischote, Nelken, Pimentkörner oder Fenchelsamen ganz nach persönlichem Geschmack zum Sud geben und mitgaren. Oder in den letzten Minuten ein paar Oregano- und/oder Rosmarinzweige sowie 2 angedrückte Knoblauchzehen dazugeben. Auf diese Weise bekommt der Sud ein mediterranes Flair.
Quer durch den Gemüsegarten Auch Fenchel, Frühlingszwiebel, Petersilienwurzel, Pastinake und Knollensellerie verleihen dem Gemüsefond gern ihr Aroma. Manche Köche schwören auf Tomate im Sud. Wirsing und Weißkohl nur in Mini-Mengen verwenden – sie sind geschmacklich sehr dominant.

Süppchen für jede Jahreszeit

Mit erntefrischem Gemüse verwandelt sich der Fond ganz schnell zum Lieblingseintopf, und das zu jeder Saison: Was zur gleichen Zeit auf Feld und Beet reift, passt auch im Suppentopf prima zusammen.
Größeres Gemüse grundsätzlich gut waschen oder schälen und in mundgerechte, etwa gleich große Stückchen, Würfel oder Scheiben schneiden. Das Gemüse in etwas Öl andünsten, dann kochend heißen Fond angießen. ▶

FOND AUF VORRAT
Entweder den kochend heißen Fond in gut ausgespülte Schraubverschlussgläser gießen, sofort verschließen und abkühlen lassen. Im Kühlschrank hält er sich auf diese Weise mindestens zwei Wochen. Oder abgekühlten Fond in Portionsschälchen einfrieren. Im Tiefkühlfach können Sie ihn drei Monate lagern.

SALAT passt wunderbar zu heißer Suppe. Blätter fein schneiden, kurz anbraten, dann unterrühren.

ASIA-STYLE: Ingwer, Zitronengras und Koriandergrün für trendige Süppchen.

Das Gemüse je nach Größe und gewünschtem »Biss« 15–30 Min. darin kochen, mit Salz und Pfeffer kräftig würzen. 1 Handvoll Nudeln, Kartoffelwürfel, Graupen oder Reis mitgaren – das macht aus dem Gemüsetopf eine ganze Mahlzeit. Lecker: Die Suppe mit frisch geriebenem Käse toppen oder mit einem Klecks Pesto servieren.

Im Frühling dürfen junger Kohlrabi und zarte Bundmöhren im Suppentopf nicht fehlen. Jetzt werden auch Zuckerschoten, Frühlingszwiebel und natürlich grüner und weißer Spargel gern gelöffelt. Mischen Sie zum Schluss mal Salat unter die Suppe – ein Vitamin- und Geschmackskick! Dafür Blätter von erstem Freiland-Kopfsalat in feine Streifen schneiden, in 1 EL Olivenöl ganz kurz unter Rühren anbraten, auf Küchenpapier abtropfen lassen und dann unter den heißen Gemüsemix rühren. Mit Schnittlauchröllchen, Bärlauchstreifen oder zartem Kerbel bestreut servieren.

Im Sommer Ab in den Topf mit sonnenverwöhntem Gemüse! Paprika, Tomaten, Fenchel, Zucchini und knackfrischer Blumenkohl schwimmen jetzt am liebsten im Fond. Mit ausgeprägtem Geschmack, viel pflanzlichem Eiweiß und reichlich Ballaststoffen locken

grüne Bohnen. Stangenbohnen in Rauten schneiden. Feine Kenia-Böhnchen nur von den Enden befreien. Willkommen in der Suppenschüssel sind auch frische Erbsen: in der Schote kaufen, palen und nur wenige Minuten mitgaren: Lecker! Zur Sommersuppe passt mediterrane Würze: mit frischem Knoblauch, Thymian oder Rosmarin und Fenchelsamen nicht sparen!

Im Herbst muss ein Veggie-Pichelsteiner auf den Tisch! Zutaten querbeet auswählen: Wirsing, Fenchel, Möhren, Kartoffeln und natürlich Kürbis. Dazu können sich jetzt gut Staudensellerie, Topinambur, Spitzkohl, Brokkoli oder Möhren gesellen. Lauch stammt im Herbst häufig vom heimischen Freiland und strotzt vor Aroma. Ihn erst zum Schluss der Garzeit unterrühren, er braucht nur 5 Minuten.

Im Winter ist nichts los in der Suppenküche? Ganz im Gegenteil: Jetzt geben Kraut und Rüben dem Eintopf kreativen Kick, z. B. Sellerie, Pastinaken, Petersilienwurzeln, Wintermöhren oder Rosenkohl. Kräftigen Winter-Weißkohl und Wirsing in feine Streifen schneiden. Das macht die Suppe bekömmlicher und spart Zeit beim Garen. Damit der Eintopf in der kalten Jahreszeit nicht zu altbacken daherkommt, den Fond mit Ingwer, Zitronengras und Korianderwurzel würzen – das sorgt für spannende Abwechslung an grauen Tagen.

Fixe Basis

Keine Lust oder Zeit zum Fondkochen? Mit Würfeln oder Pulver zaubern Sie in Sekundenschnelle gut gewürzte Gemüsebrühe: Würfel kurz mit Wasser aufkochen, Pulver nur mit kochend heißem Wasser übergießen.

Was steht drauf? Was landläufig Gemüsebrühe genannt wird, kann auch »Klare Suppe« oder »Allzweckwürze« heißen.

Was steckt drin? Die klaren Suppen werden mit Quellstoffen (z. B. Maisstärke) leicht gebunden, Brühen nicht. Hauptzutaten bei Suppe und Brühe sind in der Regel pflanzliche Fette, Gemüse, Kräuter und Gewürze, dazu

SUPPENWÜRZE AUS UROMAS TRICKKISTE

Hausgemachte Gemüse-Kräuter-Paste verpasst Süppchen und Saucen kräftigen Geschmack. Salz dient dabei als Konservierungsstoff. Für ein paar Gläschen benötigen Sie je 200 g Möhren, Sellerie oder Petersilienwurzel, Lauch und Petersilienblätter, ganz nach Geschmack auch mit Thymian, Oregano oder/und Rosmarin vermischt. Wer Schärfe liebt, nimmt noch 1 frische Chilischote dazu. Gemüse, Chili und Kräuter putzen, gründlich waschen und trocken tupfen oder schälen. Alles grob schneiden, im Blitzhacker oder in der Küchenmaschine fein zerkleinern oder mit einem großen Messer in winzigste Würfel hacken. Mischung mit 200 g Salz gründlich vermischen und für den Vorrat in kleine, penibel gesäuberte und kochendheiß ausgespülte Schraubverschlussgläser füllen. Kühl und dunkel aufbewahren. Zum Würzen die Paste vorsichtig dosieren. Meist reicht schon 1 Löffelchen.

reichlich Salz und Zucker – auf der Zutatenliste Glukose. Konventionelle Produkte enthalten darüber hinaus oft auch Farbstoffe, naturidentische oder künstliche Aromen sowie häufig Geschmacksverstärker wie Mononatriumglutamat. Bioerzeugnisse setzen stattdessen häufig Hefeextrakt ein. Der enthält jedoch ebenfalls Glutamat, wenn auch in kleinerer Menge. Wenn Sie darauf verzichten wollen – mittlerweile finden Sie überall auch Instantprodukte, die sowohl ohne Geschmacksverstärker als auch ohne Hefeextrakt auskommen.

Fond aus dem Glas

... ist generell deutlich teurer als Brühe aus Würfel oder Pulver. Hochwertige, aus frischem Gemüse gekochte Extrakte kommen selbst gekochtem Fond sehr nahe. Meist duften und schmecken sie dezenter als Brühe aus Instantprodukten, denn sie sind schwächer gesalzen und weniger überwürzt – für Profis eine hochwertige Grundlage für Suppen und Saucen, weil sie Spielraum für eigene Würzideen lassen. Vegetarier finden in Feinkostgeschäften auch Waldpilz- oder Spargelfond. In jedem Fall lohnt sich ein Blick auf die Zutatenliste der Gläser: Manche Gemüsefonds enthalten z. B. Geschmacksverstärker oder Hühnereiweiß.

Das Salz in der Suppe

Gab es früher kaum mehr als eine Sorte Salz im Supermarkt, können wir heute zwischen vielen schönen Tüten, Päckchen und Dosen wählen. Was sich nicht geändert hat: Wir brauchen nur ein paar Gramm Salz am Tag. Deshalb sollten wir unser wichtigstes Würzmittel in jedem Fall sparsam dosieren!

Steinsalz wird in Bergwerken gewonnen, dort, wo es vor vielen Millionen Jahren mal ein Meer gab. Damit ist Steinsalz auch ein Meersalz, aber ein sehr altes, weshalb es auch Ursalz heißt. Es wird nicht gereinigt und enthält deshalb mehr Mineralstoffe und Spurenelemente als unser übliches Salz. Das rosafar-

bene Himalayasalz, das nicht zwingend aus dem Himalaya stammen muss, ist ebenfalls ein ungereinigtes Steinsalz. Es soll genau jene 84 Elemente enthalten, aus denen auch unser Körper besteht. Das ist jedoch wissenschaftlich nicht bewiesen.

Meersalz bleibt übrig, wenn Meerwasser verdunstet. Es wird in Salzgärten, d. h. speziell angelegten Wasserbecken, vor allem in Frankreich, Portugal, Spanien und Afrika gewonnen. Wird es nicht weiterbearbeitet, so enthält es noch kleine Mengen Magnesium, Kupfer, Kalzium und Jod. Besonders begehrt sind französisches »Fleur de sel« bzw. spanisches »Flor de sel« – Salzgärtner in der Bretagne, der Camargue oder auf Mallorca lassen dafür Meersalz von Sonne und Wind verdunsten, bis eine Sole entsteht. Von deren Oberfläche schöpfen sie die »Salzblumen« ab.

Tafelsalz ist Stein- oder Meersalz, das durch einen Siedeprozess gewonnen wird und deshalb auch Siede- oder Kochsalz heißt. Es enthält keine natürlichen Mineralstoffe mehr, ist weiß und klumpt nicht zusammen. Häufig wird es nachträglich mit den Mineralstoffen Fluorid und/oder Jod angereichert.

GENUSS FÜR GOURMETS
Ob aus dem Atlantik oder dem Mittelmeer: Französisches Fleur de sel wird in den Salzgärten in der Bretagne und der Camargue auf traditionelle Art gewonnen – für viele Feinschmecker das allerbeste Salz.

KLARE GEMÜSEBRÜHE

aromatisches Suppen-Basic

**Für 4 Personen · Zubereitungszeit ca. 35 Min.
Kochzeit 1 Std. · pro Portion 140 kcal**

2 Zwiebeln
2 Knoblauchzehen
1/2 Knollensellerie (ca. 300 g)
4 Möhren
2 Stangen Lauch (ca. 500 g)
1 Fenchelknolle
2 Stangen Staudensellerie
3 EL Olivenöl
1 Kräuterstrauß (5 Zweige Thymian,
    4 Stängel Petersilie, 2 Lorbeerblätter)
10 schwarze Pfefferkörner
Salz · Pfeffer

1 Die Zwiebeln schälen und halbieren. Den Knoblauch
schälen und grob hacken. Den Sellerie und die Möhren
putzen, schälen und grob würfeln.

2 Lauch, Fenchel und Staudensellerie putzen, waschen
und in grobe Stücke schneiden.

3 In einem großen Topf 1 EL Öl erhitzen, die Zwiebelhälften darin mit der Schnittfläche nach unten dunkelbraun anrösten. Das übrige Öl zugeben und erhitzen,
den Knoblauch und die Gemüsestücke dazugeben
und 4 Min. mitdünsten. Nicht bräunen!

4 Das Gemüse mit 2,5 l kaltem Wasser auffüllen.
Den Kräuterstrauß und die Pfefferkörner hinzufügen.
Die Brühe aufkochen und alles zugedeckt bei mitt-
lerer Hitze 1 Std. kochen.

5 Die Brühe durch ein feines Sieb gießen. Das Gemüse
nicht zerdrücken, damit die Brühe klar bleibt. Brühe
salzen und pfeffern. Für einen Gemüsefond die Brühe
offen bei starker Hitze um die Hälfte einkochen.

EINLAGE 1
RÄUCHERTOFU-KNÖDEL

**Für 4 Personen · Zubereitungszeit ca. 30 Min.
Ruhezeit 30 Min. · pro Portion 180 kcal**

- 150 g altbackenes Weißbrot und 100 g Räuchertofu
(aus dem Bioladen) sehr klein würfeln, beides miteinander mischen.
- 125 ml lauwarme Milch und 1 Ei (Größe M) verquirlen,
mit Salz und Pfeffer würzen. Die Eiermilch über die
Brotmischung gießen.
- 1 Schalotte schälen, fein würfeln und in 2 TL Butter
glasig dünsten. Mit 2 EL Schnittlauchröllchen zum Brot
geben. Die Masse mit den Händen verkneten, eventuell
noch 1 EL Mehl dazugeben.
- Die Masse 30 Min. ruhen lassen. Dann mit feuchten
Händen daraus zwölf kleine Knödel formen.
- Die Knödel in reichlich kochendem Salzwasser in
8–10 Min. gar ziehen lassen. Herausheben, abtropfen
lassen und in der Brühe servieren.

EINLAGE 2
GEMÜSECHIPS

**Für 4 Personen · Zubereitungszeit ca. 35 Min.
pro Portion 85 kcal**

- 1 kleine Rote Bete, 1 jungen Kohlrabi und 1 Möhre
schälen, alles in hauchdünne Scheiben hobeln oder
schneiden. Größere Scheiben eventuell halbieren.
Das Gemüse getrennt mit je 1/2 TL Meersalz mischen
und 10 Min. ziehen lassen, dann trocken tupfen.
- 1 l Fett oder Öl zum Frittieren erhitzen, das Gemüse
darin portionsweise 1–2 Min. frittieren. Herausheben,
auf Küchenpapier abtropfen lassen.
- Die Chips leicht salzen und in der Brühe servieren.

TOMATENBOUILLON MIT GEMÜSE

im Handumdrehen was Gästefeines

Für 4 Personen · Zubereitungszeit ca. 25 Min.
pro Portion 50 kcal

1 Knoblauchzehe
1 frische kleine rote Chilischote
500 g reife Tomaten · 1 mittelgroße Möhre
1 Stange Staudensellerie
200 g Cocktailtomaten
1 l Gemüsebrühe (Rezept S. 190 oder Instant)
Salz · Pfeffer · 2–3 Stängel Basilikum

1 Den Knoblauch schälen und grob hacken, die Chilischote waschen, putzen und ohne Kerne hacken.
Die Tomaten waschen und vierteln, dabei die Stielansätze entfernen. Tomaten, Chili und Knoblauch fein
pürieren. Dann durch ein mit einem Passiertuch ausgelegtes Sieb streichen.

2 Die Möhre schälen, den Sellerie waschen, beides putzen und in feine Würfel schneiden.

3 Die Stielansätze der Cocktailtomaten herausschneiden,
die Tomaten mit kochendem Wasser überbrühen,
abschrecken und die Haut abziehen. Die Cocktailtomaten auf vier Suppentassen verteilen.

4 Die Brühe in einem Topf aufkochen und die Möhren-
und Selleriewürfelchen darin 1–2 Min. kochen.
Die Tomatenflüssigkeit einrühren und alles noch
einmal aufkochen. Mit Salz und eventuell Pfeffer
würzen. Das Basilikum waschen und trocken tupfen,
die Blättchen abzupfen und in feine Streifen schneiden. Die heiße Tomatenbouillon über die Cocktailtomaten gießen, das Basilikum darüberstreuen.

DAS SCHMECKT DAZU
Für **knusprige Parmesancroûtons** 2 Scheiben
Toastbrot klein würfeln. 30 g Parmesan fein reiben.
Die Toastbrotwürfel in 2 EL Butter unter Wenden
bräunen. Den Parmesan untermischen. Mit Pfeffer
würzen. Die Croûtons auf die heiße Suppe geben.

MINESTRONE

gemüsereiche Spezialität aus Italien

Für 4 Personen · Zubereitungszeit ca. 40 Min.
pro Portion 180 kcal

500 g Spargel (weiß oder weiß-violett) · 1 Kohlrabi
200 g Möhren · 200 g Cocktailtomaten · 3 EL Olivenöl
Salz · Pfeffer · 1 l Spargelbrühe (s. Tipp, ersatzweise
Gemüsefond aus dem Glas) · 5 Stängel Basilikum
abgeriebene Schale von 1/2 Bio-Zitrone
2 EL geriebener Parmesan · 1 Knoblauchzehe

1 Den Spargel waschen und schälen, holzige Enden
abschneiden. Die Stangen in Stücke schneiden.
Den Kohlrabi und die Möhren putzen, schälen und in
mundgerechte Stücke schneiden. Zarte Kohlrabiblätter
beiseitelegen. Die Tomaten waschen und halbieren.

2 Den Kohlrabi und die Möhren im heißen Öl 2 Min.
andünsten. Salzen und pfeffern. Die Spargelbrühe
angießen und aufkochen. Den Spargel zufügen und
alles in 10–15 Min. bissfest garen.

3 Für die »Gremolata« das Basilikum waschen und
trocken schütteln, die Blättchen von den Stängeln
zupfen und fein schneiden. Mit der Zitronenschale
und dem Parmesan vermischen. Den Knoblauch schälen und dazupressen.

4 Die Suppe mit Salz und Pfeffer abschmecken. Die Kohlrabiblätter hacken und mit den Tomaten unterrühren.
Die Minestrone bei Tisch mit der Gremolata bestreuen.

PROFI-TIPP
So kochen Sie eine **Spargelbrühe:** Für 4 Personen
die Schalen und Enden von 1 1/2–2 kg Spargel
in einem Topf gut mit kaltem Wasser bedecken,
zum Kochen bringen und 20–30 Min. köcheln
lassen. Den Sud durch ein Sieb gießen, dabei
die Schalen mit einem Löffel noch etwas ausdrücken. 1 kräftige Prise Salz, 1 Prise Zucker und
2 TL Butter in den Sud geben und wie in Schritt 2
beschrieben zum Gemüse gießen.

DER LIEBLINGSKLASSIKER

KLARE STEINPILZSUPPE MIT POLENTAKLÖSSCHEN

mit feinen Herbstaromen

**Für 4 Personen · Zubereitungszeit ca. 55 Min.
pro Portion 230 kcal**

Für die Suppe:
25 g getrocknete Steinpilze
200 g Champignons
200 g frische Steinpilze
2 EL Olivenöl
Salz · Pfeffer
150 ml trockener Weißwein
800 ml Gemüsebrühe
(Rezept Seite 190 oder Instant)
2–3 EL weißer Portwein
(nach Belieben)
Für die Polentaklößchen:
1 gehäufter EL Butter
Salz · Pfeffer
frisch geriebene Muskatnuss
80 g Instant-Polenta (Maisgrieß)
2–3 Zweige frischer Thymian
1 Ei (Größe M)

1 Für die Supper die getrockneten Steinpilze in einem
Schälchen mit 200 ml kochendem Wasser übergießen
und einweichen.

2 Inzwischen für die Polentaklößchen 300 ml Wasser
mit der Butter, 1/2 TL Salz, etwas Pfeffer und Muskat
aufkochen. Unter ständigem Rühren die Polenta einrieseln lassen. Den Brei bei schwacher Hitze ca. 10 Min.
ausquellen lassen, dabei immer wieder umrühren.

3 Den Thymian waschen und trocken schütteln, die
Blättchen abzupfen und fein hacken. Die Polenta in
eine Schüssel geben. Die Thymianblättchen und das
Ei unter die Klößchenmasse rühren.

4 In einem Topf reichlich Salzwasser aufkochen. Aus der
Klößchenmasse mit zwei in kaltes Wasser getauchten
Teelöffeln kleine Klößchen formen und bei schwacher
Hitze im siedenden Wasser in ca. 5 Min. gar ziehen las-
sen. Die Klößchen mit einer Schaumkelle herausheben
und mit Frischhaltefolie bedeckt warm halten.

5 Die frischen Pilze gründlich putzen, feucht abreiben
und in Scheiben schneiden. Das Olivenöl in einem
Topf erhitzen, die Pilze darin 2 Min. kräftig anbraten,
salzen und pfeffern. Mit dem Weißwein ablöschen,
etwas einkochen, dann die Gemüsebrühe dazugießen
und aufkochen. Die Einweichflüssigkeit der Steinpilze
durch einen Papier-Kaffeefilter dazugießen, die eingeweichten Pilze wegwerfen. Die Suppe noch 2 Min.
weiterkochen und nach Belieben mit Portwein, Salz
und Pfeffer abschmecken.

6 Die Polentaklößchen auf vier Suppenteller verteilen.
Die heiße Suppe daraufgießen.

PROFI-TIPP
Um ganz sicherzugehen, dass die Klößchen beim
Kochen nicht zerfallen, am besten zuerst ein
»Probeklößchen« kochen. Wird es zu weich,
etwas Speisestärke in den Teig einarbeiten.

KLARE SPARGELSUPPE

aromatisch und leicht

Für 4 Personen · Zubereitungszeit ca. 30 Min.
Kochzeit 45 Min. · pro Portion 30 kcal

500 g Bruchspargel
4 dünne Scheiben von 1 Bio-Zitrone
Salz · 1 TL Zucker
1 TL Butter
1 Bund Schnittlauch

1 Die Spargelstücke waschen und schälen. Die Schalen aufheben. 1,5 l Wasser mit den Zitronenscheiben aufkochen und mit 1 TL Salz, dem Zucker und der Butter würzen. Den Spargel in das kochende Wasser geben und 15–20 Min. leise kochen, dann aus dem Sud nehmen und beiseitestellen.

2 Die Schalen in den Sud geben und 45 Min. darin ziehen lassen. Durch ein feines Sieb abgießen, dabei den Sud auffangen, die Schalen wegwerfen.

3 Den Schnittlauch waschen, trocken schütteln und in Röllchen schneiden.

4 Den Spargelsud erneut aufkochen und eventuell nachwürzen. Den Spargel hineingeben und noch einmal erhitzen. Die Suppe mit Schnittlauch bestreuen.

KRÄUTERFLÄDLESUPPE

ganz einfach

Für 4 Personen · Zubereitungszeit ca. 30 Min.
pro Portion 235 kcal

1/2 Bund Petersilie
1/2 Bund Schnittlauch
125 ml Milch
100 g Mehl (Type 405)
2 Eier (Größe M) · Salz
1 l Gemüsebrühe
   (Rezept Seite 190 oder Instant)
3 EL Sonnenblumenöl
Außerdem:
gehackte Petersilie zum Bestreuen
   (nach Belieben)

1 Für den Flädleteig die Kräuter waschen und trocken schütteln, die Blätter und Halme grob schneiden und mit der Milch in einem hohen Gefäß pürieren.

2 Das Mehl, die Eier und 1 Prise Salz zur Kräutermilch geben und alles kräftig verrühren. Den Teig ca. 10 Min. ruhen lassen.

3 Die Gemüsebrühe zum Kochen bringen. Etwas Öl in einer beschichteten Pfanne erhitzen und aus dem Teig nacheinander drei bis vier dünne Pfannkuchen backen, diese aufrollen und quer in schmale Streifen (Flädle) schneiden.

4 Die Flädle auf vier Suppenteller verteilen, die heiße Brühe darübergießen und nach Belieben mit gehackter Petersilie bestreuen.

TORTELLINI IN BRODO

kinderleicht und superschnell

Für 2 Personen · Zubereitungszeit ca. 10 Min.
pro Portion 410 kcal

Salz
150 g frische Tortellini (vegetarische Füllung
  nach Belieben; aus der Kühltheke)
400 ml Gemüsebrühe
  (Rezept S. 190 oder Instant)
2–3 braune Champignons
1 Frühlingszwiebel
1/2 Bund Schnittlauch

1 In einem großen Topf reichlich Wasser aufkochen,
salzen und die Tortellini darin nach Packungsanweisung 2–5 Min. garen. Gleichzeitig in einem anderen
Topf die Brühe erhitzen.

2 Die Pilze putzen, in feine Scheiben schneiden und zur
Brühe geben. Die Frühlingszwiebel putzen, waschen
und in feine Ringe schneiden. Den Schnittlauch
waschen, 4 Halme für die Deko beiseitelegen, den
Rest in Röllchen schneiden.

3 Die Tortellini in ein Sieb abgießen, kurz abtropfen
lassen und in zwei Suppentassen verteilen. Die
Schnittlauchröllchen und Frühlingszwiebelringe
darübergeben, die heiße Brühe samt Pilzen darüber-
schöpfen. Mit den Schnittlauchhalmen garnieren.

FRÜHLINGSZWIEBEL-SUPPE

unkomplizierte Bistroküche

Für 4 Personen · Zubereitungszeit ca. 30 Min.
pro Portion 210 kcal

2 Bund Frühlingszwiebeln (ca. 400 g)
3 EL Butter
250 ml Weißwein
750 ml heiße Gemüsebrühe
  (Rezept S. 190 oder Instant)
4 Scheiben Baguette
frisch geriebene Muskatnuss
Cayennepfeffer
Salz · Pfeffer
4 TL Crème fraîche

1 Die Frühlingszwiebeln putzen, waschen und in feine
Ringe schneiden. 2 EL Butter in einem Topf zerlassen
und die Zwiebelringe darin 2–3 Min. andünsten.
Den Weißwein und die Brühe angießen und die Suppe
zum Kochen bringen. Alles zugedeckt 10–15 Min. bei
mittlerer Hitze garen.

2 Inzwischen die Baguettescheiben in 1–2 cm große
Würfel schneiden. Die übrige Butter in einer Pfanne
zerlassen, mit Muskat und 1 kräftigen Prise Cayennepfeffer würzen. Die Brotwürfel einrühren und bei mittlerer Hitze rundum knusprig braten.

3 Die Zwiebelsuppe salzen, pfeffern und auf Schälchen
verteilen. Jeweils 1 TL Crème fraîche daraufgeben, mit
Brotwürfeln bestreuen und gleich servieren.

DER LIEBLINGSKLASSIKER

TOMATENCREMESUPPE

Mit sonnensatten Tomaten am besten!

Für 4 Personen · Zubereitungszeit ca. 25 Min. Kochzeit 30 Min. · pro Portion 205 kcal

1 kg vollreife (Flaschen-)Tomaten
   (ersatzweise 1 Dose geschälte Tomaten,
   800 g Inhalt)
1 Stange Staudensellerie
1 kleine Möhre · 1 Zwiebel
1 Knoblauchzehe
1 frische kleine rote Chilischote
   (nach Belieben)
3 EL Olivenöl
50 ml Weißwein
   (ersatzweise Gemüsebrühe)
400 ml Gemüsebrühe
   (Rezept S. 190 oder Instant)
Salz · Pfeffer
2–3 Prisen Zucker
4 Stängel Basilikum
100 g Sahne (nach Belieben)

1 Die Tomaten waschen und in grobe Stücke schneiden, dabei die Stielansätze entfernen und den ablaufenden Saft auffangen.

2 Den Staudensellerie waschen und putzen, die Möhre, die Zwiebel und den Knoblauch schälen und alles klein würfeln. Wer Schärfe schätzt: Die Chilischote waschen, putzen und ohne Kerne fein hacken.

3 Das Öl in einem Suppentopf erhitzen. Darin bei mittlerer Hitze Zwiebel, Knoblauch und nach Wunsch die Chilischote andünsten. Sellerie und Möhre dazugeben und 2–3 Min. mitdünsten. Mit dem Wein ablöschen und das Gemüse unter Rühren weiterdünsten, bis die Flüssigkeit verdampft ist.

4 Die Tomaten samt Saft und die Brühe unter das Gemüse rühren, mit Salz, Pfeffer und Zucker würzen. Offen bei schwacher Hitze ca. 30 Min. köcheln lassen.

5 Die Suppe mit dem Pürierstab pürieren und nach Wunsch noch durch ein Sieb streichen. Das Basilikum waschen und trocken schütteln, die Blätter abzupfen und in Streifen schneiden.

6 Nach Belieben die Sahne mit den Quirlen des Handrührgeräts steif schlagen. Die Suppe auf Teller verteilen und nur mit Basilikum bestreuen oder zusätzlich noch 1 Klecks Sahne daraufgeben.

VARIANTE

TOMATEN-BROT-SUPPE

Für 4 Personen · Zubereitungszeit ca. 25 Min. Kochzeit 1 Std. · pro Portion 530 kcal

- 1 kg Tomaten waschen und klein schneiden, dabei die Stielansätze entfernen. 2 Knoblauchzehen schälen, fein hacken und in 5 EL Olivenöl andünsten. Die Tomaten mit 400 ml Gemüsebrühe dazugeben, mit Salz und Pfeffer würzen. Offen bei schwacher Hitze ca. 45 Min. köcheln lassen.
- 400 g altbackenes Ciabatta in ca. 1 1/2 cm große Würfel schneiden. 6 EL Olivenöl in einer beschichteten Pfanne erhitzen, 1 Knoblauchzehe dazupressen und 1 TL gehackte Fenchelsamen unterrühren. Das Brot dazugeben und hellbraun rösten.
- Das Brot unter die Suppe rühren und diese weitere 15 Min. köcheln lassen. Dabei aufpassen, dass die Suppe nicht am Topfboden anhängt, darum ab und zu umrühren. Mit gehacktem Basilikum bestreuen.

GRÜNE SPARGEL-
LIMETTEN-SUPPE

herrlich frisch

**Für 4 Personen · Zubereitungszeit ca. 45 Min.
pro Portion 195 kcal**

500 g grüner Spargel
3 Frühlingszwiebeln
1 Bio-Limette
2 EL Butter
800 ml Gemüsebrühe
   (Rezept S. 190 oder Instant)
150 g Sahne · Salz
Pfeffer · Zucker
3–4 Stängel Basilikum

1 Den Spargel waschen und nur im unteren Drittel schälen, die holzigen Enden abschneiden. Die Spargelspitzen abschneiden und längs halbieren, die Stangen in
Stücke schneiden.

2 Die Frühlingszwiebeln putzen, waschen und in feine
Ringe schneiden. Die Limette heiß waschen, abtrocknen, die Schale in feinen Streifen abziehen und den
Saft auspressen. 1 EL Butter erhitzen und die Frühlingszwiebeln und die Spargelstangen darin 3 Min. andünsten. Die Brühe dazugießen und einmal aufkochen.
Zugedeckt bei mittlerer Hitze 10–15 Min. garen.

3 Die Suppe vom Herd nehmen und mit dem Pürierstab
fein pürieren. Die Sahne einrühren, weitere 5 Min.
kochen. Mit Salz, Pfeffer, 1 Prise Zucker und 1–2 EL
Limettensaft würzen. Das Basilikum waschen und
trocken schütteln, die Blätter abzupfen.

4 Die restliche Butter erhitzen, die Spargelspitzen und
die Limettenschale darin 3–4 Min. unter Wenden
anbraten, auf der Suppe anrichten. Mit Basilikumblättchen garnieren.

SPARGELCREMESUPPE

feiner Auftakt zum Spargelessen

**Für 4 Personen · Zubereitungszeit ca. 35 Min.
pro Portion 495 kcal**

1 Zwiebel
3 EL Butter
4 EL Mehl
1 l lauwarmer Spargelfond
 (Rezept S. 193)
6 Stangen gekochter Spargel
1 Bund Schnittlauch
2 Eigelb (Größe M)
400 g Sahne
Salz · Zucker
Zitronensaft

1 Die Zwiebel schälen und in feine Würfel schneiden.
 Die Butter in einem Topf erhitzen und die Zwiebelwürfel darin glasig dünsten. Das Mehl dazugeben,
 gut verrühren und bei schwacher Hitze ca. 2 Min.
 anschwitzen, bis es schäumt.

2 Den Spargelfond dazugießen und mit einem Schneebesen sorgfältig unterrühren. Die Suppe aufkochen
 und bei schwacher Hitze ca. 15 Min. kochen.

3 Inzwischen den gekochten Spargel in mundgerechte
 Stücke schneiden. Den Schnittlauch waschen, trocken
 schütteln und in Röllchen schneiden.

4 Die Eigelbe mit 100 ml Sahne verquirlen und beiseitestellen. Die übrige Sahne zur Suppe geben und 1 Min.
 kochen. Die Spargelsuppe mit Salz, Zucker und etwas
 Zitronensaft abschmecken.

5 Den Spargel in die Suppe geben. Von der Suppe
 ca. 250 ml abschöpfen und mit der Eigelb-Sahne-
 Mischung verrühren. Unter die Suppe rühren und
 nicht mehr kochen. Zum Servieren mit den Schnittlauchröllchen bestreuen.

KÜRBIS-HASELNUSS-SUPPE

ganz trendy im Glas angerichtet

**Für 6 Personen · Zubereitungszeit ca. 30 Min.
pro Portion 245 kcal**

80 g Haselnusskerne · 1 Stück Kürbis mit orange-
farbenem Fruchtfleisch (ca. 600 g) · 1 Knoblauchzehe · 2 EL Haselnussöl · 1 TL mildes Currypulver
750 ml Gemüsebrühe (Rezept S. 190 oder Instant)
5 Kardamomkapseln · Salz · Pfeffer
20 g ganze Mandeln · 1 TL neutrales Öl
1/2 TL scharfes Currypulver · 125 g Crème fraîche
Außerdem:
6 hitzefeste Gläser (je 250 ml)

1 Die Haselnüsse in einer beschichteten Pfanne ohne
Fett rösten; dann auf ein Geschirrtuch legen und die
Häutchen abreiben. Haselnüsse beiseitestellen.

2 Den Kürbis schälen, die Fasern und Kerne entfernen,
das Kürbisfleisch in Würfel schneiden. Den Knoblauch
schälen und fein hacken.

3 Das Haselnussöl in einem großen Topf erhitzen
und die Kürbiswürfel mit dem Knoblauch darin
anschwitzen. Mit Currypulver bestreuen und mit
der Brühe ablöschen. Die Kardamomkapseln zer-
quetschen und in die Suppe geben. Zugedeckt
ca. 15 Min. köcheln lassen, bis der Kürbis weich ist.

4 Die Kardamomkapseln herausnehmen und die
Haselnüsse in die Suppe geben. Die Suppe mit dem
Pürierstab fein pürieren, dann mit Salz und Pfeffer
abschmecken.

5 Die Mandeln in einer beschichteten Pfanne mit
dem Öl vermengen und leicht rösten, bis sie duften.
Das Currypulver darüberstreuen und noch kurz weiter-
rösten. Die Curry-Mandeln grob hacken.

6 Die heiße Suppe in die Gläser einfüllen und jeweils
eine Crème-fraîche-Haube daraufsetzen. Mit den Curry-
Mandeln bestreuen und sofort servieren.

MÖHREN-MANGO-CAPPUCCINO

asiatisch abgeschmeckt

**Für 6 Personen · Zubereitungszeit ca. 40 Min.
pro Portion 195 kcal**

400 g Möhren · 1 Schalotte
1 Knoblauchzehe · 1 Stück frischer Ingwer
(ca. 2 cm) · 3 EL Rapsöl
500 ml Gemüsebrühe
   (Rezept S. 190 oder Instant)
1 Mango · 1 Bio-Limette
Tabascosauce · Zucker · Salz
Für den Kokosmilch-Schaum:
4 Kaffir-Limettenblätter (aus dem Asienladen)
200 ml Kokosmilch (aus der Dose)
100 g Sahne
Außerdem:
6 hitzefeste Gläser (je 250 ml)

1 Die Möhren, die Schalotte, den Knoblauch und den
Ingwer schälen und alles in Stücke schneiden. Das Öl
in einem breiten Topf erhitzen und alles darin anbraten.

2 Den Topfinhalt mit der Gemüsebrühe ablöschen und
zugedeckt 20 Min. köcheln lassen.

3 Inzwischen die Limettenblätter waschen, trocken tupfen und fein schneiden. Kokosmilch mit Sahne und
Limettenblättern erhitzen und zugedeckt auf der aus-
geschalteten Herdplatte 20 Min. ziehen lassen.

4 Die Mango schälen, das Fruchtfleisch vom Stein und in
Würfel schneiden. Die Hälfte der Würfel in die Suppe
geben und mit dem Pürierstab durchmixen. Die Limette
heiß waschen und abtrocknen, die Schale fein abreiben
und den Saft auspressen. Die Suppe mit Limettensaft,
Tabasco, 1 Prise Zucker und Salz pikant abschmecken.

5 Die restlichen Mangowürfel auf die Gläser verteilen
und mit der heißen Suppe begießen. Die Kokosmilch
durch ein Sieb geben und mit einem Miniquirl kräftig
aufschäumen. Den Kokosschaum auf der Suppe verteilen und mit der Limettenschale bestreuen.

KOHLRABI-SCHAUMSUPPE

mild und edel

Für 4 Personen · Zubereitungszeit ca. 30 Min.
pro Portion 165 kcal

500 g Kohlrabi
100 g mehligkochende Kartoffeln
1 Zwiebel
2 EL Öl
600 ml Gemüsebrühe
   (Rezept S. 190 oder Instant)
50 ml Weißwein
   (ersatzweise Wasser)
1/2 Bund Petersilie
100 g Sahne
Salz · Pfeffer
frisch geriebene Muskatnuss

1 Die Kohlrabi, Kartoffeln und Zwiebel schälen und würfeln. Das Öl in einem Topf erhitzen und die Zwiebel darin glasig dünsten. Die Gemüsewürfel zufügen und bei starker Hitze 1–2 Min. mitbraten. Brühe und Weißwein angießen und das Gemüse zugedeckt bei mittlerer Hitze in ca. 15 Min. garen.

2 Die Petersilie waschen und trocken schütteln, die Blättchen abzupfen und fein hacken. Die Sahne mit den Quirlen des Handrührgeräts steif schlagen.

3 Die Suppe mit dem Pürierstab pürieren und mit Salz, Pfeffer und Muskatnuss abschmecken. Die Sahne und die Petersilie in die Suppe rühren.

ZITRONENSUPPE

aus Griechenland

Für 4 Personen · Zubereitungszeit ca. 20 Min.
pro Portion 230 kcal

1 l Gemüsebrühe
   (Rezept S. 190 oder Instant)
100 g Langkornreis
250 g grüner Spargel
100 g TK-Erbsen
2 Zitronen
3 Eier (Größe M)
Salz · Pfeffer
4 dünne Scheiben von 1 Bio-Zitrone
2 EL fein geschnittene Dillspitzen

1 Die Gemüsebrühe aufkochen. Den Reis darin in ca. 15 Min. bissfest kochen.

2 Inzwischen den Spargel putzen, im unteren Drittel schälen und die holzigen Enden abschneiden. Die Stangen in dünne Scheiben schneiden und zusammen mit den Erbsen 5 Min. vor Ende der Garzeit zum Reis in die Suppe geben.

3 Die Zitronen auspressen, die Eier trennen. Die Eiweiße halbsteif schlagen. Zuerst die Eigelbe, dann den Zitronensaft unter den Eischnee rühren.

4 Die Eiermischung mit 1 großen Kelle voll Brühe verrühren, in den Topf dazugeben und unter Rühren erhitzen (nicht mehr kochen lassen!), bis die Suppe bindet. Salzen, pfeffern und in Teller füllen. Mit Zitronenscheiben und Dill garnieren.

SAUERAMPFERSUPPE

säuerlich mild

Für 4 Personen · Zubereitungszeit ca. 40 Min.
pro Portion 390 kcal

400 g mehligkochende Kartoffeln
1 Zwiebel
1 EL Butter
500 ml Gemüsebrühe
   (Rezept S. 190 oder Instant)
3 Bund Sauerampfer
250 ml Milch
100 g Crème fraîche
Salz · Pfeffer
frisch geriebene Muskatnuss
200 g Sahne

1 Die Kartoffeln schälen und grob zerteilen. Die Zwiebel
schälen, in feine Würfel schneiden und in der Butter
glasig dünsten. Die Kartoffeln dazugeben und kurz mitdünsten. Die Gemüsebrühe angießen und die Kartoffeln drin in ca. 20 Min. weich kochen, dann pürieren.

2 Den Sauerampfer waschen und trocken schütteln. Die
Blätter ohne die groben Stiele mit der Milch pürieren.

3 Die Crème fraîche zur Suppe geben und alles mit Salz,
Pfeffer und Muskat abschmecken.

4 Zum Schluss das Sauerampferpüree in die Suppe
geben und einmal aufkochen. Die Suppe sofort servieren, die Sahne getrennt dazu reichen.

BÄRLAUCHSUPPE

aromatischer Frühlingsbote

Für 4 Personen · Zubereitungszeit ca. 35 Min.
pro Portion 230 kcal

50 g Bärlauch
50 g zarter Blattspinat
1 Schalotte
1 EL Butter
1 EL Mehl
500 ml Gemüsebrühe
   (Rezept S. 190 oder Instant)
200 g Sahne
Salz · Pfeffer
1 Eigelb (Größe M)

1 Den Bärlauch und den Spinat waschen und getrennt
in feine Streifen schneiden. Die Schalotte schälen und
in feine Würfel schneiden.

2 Die Butter in einem Topf erhitzen und die Schalotte
darin glasig dünsten. Das Mehl darüberstäuben, mit
heißer Gemüsebrühe auffüllen und alles 5 Min. kochen.
Inzwischen den Spinat mit zwei Dritteln der Sahne
pürieren, dann zur Brühe geben und 2 Min. mitgaren.
Alles salzen und pfeffern. Den Bärlauch dazugeben
und alles aufkochen.

3 Die restliche Sahne und das Eigelb mit etwas Suppe
verquirlen, dann unter die Suppe rühren und unter
Rühren erhitzen (nicht mehr kochen lassen!), bis die
Suppe bindet. Sofort servieren.

PARMESANSUPPE MIT GRÜNEM SPARGEL

wunderbar cremig

**Für 4 Personen · Zubereitungszeit ca. 25 Min.
pro Portion 340 kcal**

500 g grüner Spargel
Salz · 2 Schalotten
2 EL Butter
1 TL getrockneter Thymian
50 g Milch- oder Risottoreis
100 ml trockener Wermut (z. B. Noilly Prat),
   trockener Weißwein oder Gemüsebrühe (Instant)
150 g Sahne
100 g frisch geriebener Parmesan
Pfeffer

1 Den Spargel waschen, im unteren Drittel schälen und
die holzigen Enden abschneiden. Die Spargelköpfe abschneiden, die Stangen in ca. 1 cm lange Stücke teilen.

2 800 ml Wasser mit Salz in einem großen Topf zum
Kochen bringen. Die Spargelstangen und -köpfe
darin ca. 4 Min. zugedeckt köcheln lassen. In ein Sieb
abgießen, dabei den Spargelsud auffangen.

3 Die Schalotten schälen und klein würfeln. Die Butter
zerlassen und die Schalotten mit dem Thymian darin
andünsten. Den Reis kurz mitbraten, bis er glasig ist.
Dann den Spargelsud mit Noilly Prat, Wein oder
Brühe angießen und alles offen ca. 10 Min. bei mittlerer Hitze kochen.

4 Die Spargelbrühe durch ein Sieb in einen anderen
Topf gießen. Die Sahne untermischen und den Parme-
san unter Rühren in der Suppe schmelzen lassen.
Die Suppe mit Salz und Pfeffer abschmecken, den
Spargel darin erwärmen. Gleich servieren.

MANDELSUPPE MIT OLIVEN UND SAFRAN

sämige Spezialität aus Andalusien

Für 4 Personen · Zubereitungszeit ca. 25 Min.
pro Portion 450 kcal

6 Knoblauchzehen
50 g grüne Oliven ohne Stein
1 Bund Petersilie
4 EL Olivenöl
200 g fein geriebene Mandeln
1 l Gemüsebrühe
  (Rezept S. 190 oder Instant)
1 Döschen Safranfäden (0,1 g)
Salz · Pfeffer
2 TL edelsüßes Paprikapulver
2 Scheiben altbackenes Weißbrot

1 Den Knoblauch schälen und sehr fein hacken oder durchpressen. Die Oliven ebenfalls sehr fein schneiden. Die Petersilie waschen und trocken schütteln, die Blättchen abzupfen und fein schneiden. Einen Teil zum Bestreuen beiseitelegen.

2 Gut die Hälfte des Olivenöls in einem Topf erhitzen. Knoblauch, Oliven und Petersilie darin andünsten. Die Mandeln dazugeben und mitbraten, bis sie fein duften. Mit der Brühe aufgießen.

3 Den Safran mit den Fingern zerreiben und in wenig warmem Wasser anrühren. Zur Suppe geben. Die Suppe mit Salz, Pfeffer und Paprika würzen und offen bei schwacher Hitze ca. 10 Min. sanft kochen.

4 Inzwischen das Weißbrot entrinden, in kleine Würfel schneiden und im übrigen Öl knusprig rösten. Die Croûtons zusammen mit der übrigen Petersilie unter die Suppe mischen, abschmecken und servieren.

ROTE-LINSEN-KOKOS-SUPPE

cremig-würzig

**Für 4 Personen · Zubereitungszeit ca. 20 Min.
Kochzeit 25 Min. · pro Portion 260 kcal**

1 Zwiebel · 1–2 Knoblauchzehen
1 rote Paprikaschote
1 Stange Staudensellerie · 1 große Möhre
1 Stück frischer Ingwer (ca. 3 cm)
1–2 EL Öl · 2–3 TL mildes Currypulver
175 g rote Linsen
ca. 700 ml Gemüsebrühe (Rezept S. 190 oder Instant)
400 ml Kokosmilch (aus der Dose)
2 EL Zitronensaft
Salz · Cayennepfeffer
2–3 Stängel Thai-Basilikum
(Bai horapha, s. Info S. 434)

1 Die Zwiebel und den Knoblauch schälen und klein
würfeln. Paprikaschote und Staudensellerie waschen,
putzen, klein schneiden. Möhre schälen und würfeln.
Ingwer schälen und klein würfeln. Das Öl in einem
Topf erhitzen. Zwiebel, Knoblauch, Ingwer und Currypulver darin unter Rühren ca. 1 Min. andünsten.

2 Die Linsen in einem Sieb waschen, abtropfen lassen
und mit Paprika, Sellerie und Möhre zu den Zwiebeln
geben. Gemüsebrühe und Kokosmilch dazugießen
und aufkochen. Alles 20–25 Min. sanft kochen, bis
die Linsen zerfallen sind und das Gemüse weich ist.

3 Die Suppe mit dem Pürierstab pürieren, nach Belieben
durch ein feines Sieb passieren. Suppe mit Zitronensaft, Salz und Cayennepfeffer würzen. Das Thai-Basilikum waschen und trocken schütteln, die Blättchen
abzupfen und auf die heiße Suppe streuen.

VARIANTE 1
MUNG-DAL-SUPPE

**Für 4 Personen · Zubereitungszeit ca. 25 Min.
Kochzeit 25 Min. · pro Portion 160 kcal**

- 1 rote Zwiebel schälen und klein würfeln. 1 mittelgroße
Fenchelknolle und 1 Stange Lauch gründlich waschen,
putzen und klein schneiden, das Fenchelgrün beiseitelegen. 1 Stück frischen Ingwer (ca. 4 cm) schälen und
fein hacken.
- Je 2 TL fein zerstoßene Fenchel-, Kreuzkümmel-
und Koriandersamen unter Rühren in 1 EL Öl anrösten,
bis sie duften.
- Ingwer, Zwiebel, Lauch, Fenchel und 150 g rote oder
gelbe Linsen dazugeben und 1–2 Min. andünsten.
- 1,2 l Gemüsebrühe (Rezept S. 190 oder Instant) zu
den Linsen geben und aufkochen.
- Alles bei schwacher Hitze ca. 25 Min. sanft kochen, bis
die Linsen zerfallen sind.
- Die Suppe mit Cayennepfeffer, 1–2 EL Zitronensaft und
Salz abschmecken. Das Fenchelgrün fein hacken und
auf die Suppe streuen.

VARIANTE 2
LINSEN-PETERSILIENWURZEL-PÜREE

**Für 4 Personen · Zubereitungszeit ca. 25 Min.
Kochzeit 20 Min. · pro Portion 235 kcal**

- 400 g Petersilienwurzeln schälen und klein schneiden.
1 Zwiebel und 2–3 Knoblauchzehen schälen, klein
würfeln und in 3 EL Butter glasig dünsten. Petersilienwurzeln, 200 g gelbe Linsen, 1 TL Salz, 600 ml Gemüsebrühe (Rezept S. 190 oder Instant) und 1 Lorbeerblatt
dazugeben. Aufkochen und bei schwacher Hitze
20 Min. sanft kochen.
- Das Lorbeerblatt entfernen. Die Linsenmischung
durchsieben und dabei die Kochflüssigkeit auffangen.
Die Linsenmischung pürieren, dabei soviel Flüssigkeit
zugeben, dass das Püree cremig wird.
- Das Linsenpüree mit Salz, Cayennepfeffer und 1–2 EL
Zitronensaft würzen. Es passt zu allem, wozu sonst
Kartoffelpüree gereicht wird, also z. B. zu Weißkohl,
Wirsing, Kürbis oder Lauch – Hauptsache, es ist reich-
lich Sauce dabei!

BROKKOLICREME MIT PINIENKERNEN

schnell, gesund und lecker

**Für 4 Personen · Zubereitungszeit ca. 30 Min.
pro Portion 100 kcal**

500 g Brokkoli
2 Schalotten · 1 EL Butter
500 ml heiße Gemüsebrühe
   (Rezept S. 190 oder Instant)
Salz · Pfeffer
frisch geriebene Muskatnuss
1–2 EL Zitronensaft
2 EL Pinienkerne

1 Das harte Ende vom Brokkolistrunk abschneiden,
Brokkoli in kleinere Röschen zerteilen. Die größeren
Stiele von den Röschen abtrennen, schälen und in
feine Scheiben schneiden. Alles in ein Sieb geben
und waschen.

2 Die Schalotten schälen, fein hacken und in der Butter
kurz andünsten. Die Brokkolistiele und -röschen einrühren und ca. 1 Min. mitdünsten. Die Brühe angießen
und alles ca. 10 Min. halb zugedeckt bei schwacher
Hitze köcheln lassen.

3 Den Topf vom Herd nehmen, die Suppe im Topf
pürieren. Mit Salz, Pfeffer, Muskat und Zitronensaft
abschmecken. Pinienkerne in einer Pfanne ohne Fett
ganz kurz anrösten, bis sie duften. Die Brokkolicreme
auf Teller oder Tassen verteilen, die Pinienkerne aufstreuen. Die Suppe gleich servieren.

BLUMENKOHLSUPPE MIT SALBEI

italienisch inspiriert

**Für 4 Personen · Zubereitungszeit ca. 30 Min.
pro Portion 245 kcal**

1 Blumenkohl (ca. 1 kg)
3 Schalotten · 2 EL Butter
1 l Gemüsebrühe (Rezept S. 190 oder Instant)
12 große Salbeiblätter
1 EL Olivenöl
4 getrocknete Tomaten in Öl
1/2 Bund Petersilie · 150 g Sahne
Salz · Pfeffer · 1 EL Zitronensaft

1 Den Blumenkohl waschen, putzen und in Röschen
teilen. Die Schalotten schälen, in Würfel schneiden
und in einem Topf in der Butter glasig dünsten.
Den Blumenkohl dazugeben und mit der Brühe ablöschen. Zugedeckt 10–12 Min. garen.

2 Inzwischen die Salbeiblätter abzupfen und abreiben.
In einer kleinen Pfanne in dem heißen Öl knusprig
braun braten, dann herausnehmen. Die getrockneten
Tomaten klein würfeln. Die Petersilie waschen und
trocken schütteln, die Blätter abzupfen und hacken.

3 Die Hälfte des Kohls herausnehmen und die Suppe
pürieren. Die restlichen Blumenkohlröschen und
die Sahne hinzufügen und das Ganze 5 Min. kochen.
Die Suppe mit Salz, Pfeffer und etwas Zitronensaft abschmecken. Die Salbeiblätter, die Petersilie und die
Tomatenwürfel daraufstreuen.

POLENTA-SUPPE MIT KOPFSALAT

schnell was Warmes

Für 4 Personen · Zubereitungszeit ca. 20 Min.
pro Portion 185 kcal

1 Zwiebel · 1/4 Kopfsalat
2 EL neutrales Öl
100 g Polenta (Maisgrieß; ersatzweise Weizengrieß)
1 l Gemüsebrühe (Rezept S. 190 oder Instant)
Salz · Pfeffer
frisch geriebene Muskatnuss

1 Die Zwiebel schälen und in feine Würfel schneiden.
Den Salat putzen, waschen, abtropfen lassen und in
sehr feine Streifen schneiden.

2 In einem Topf das Öl erhitzen, die Zwiebel darin
glasig dünsten. Den Maisgrieß dazugeben, hellbraun
anrösten und mit der Gemüsebrühe aufgießen.

3 Die Suppe ca. 5 Min. kochen, mit Salz, Pfeffer und
1 Msp. Muskat würzen. Zum Servieren den Salat auf
der Suppe verteilen.

> **KERNIGE VARIANTE**
> Darf's mal ein kerniges Gemüsesüppchen sein?
> Für **Grünkernsuppe** 1 Zwiebel und 1 Bund Suppen-
> gemüse schälen bzw. putzen, würfeln und in
> 2 EL Öl andünsten. 200 g Grünkernschrot zugeben,
> anrösten und mit 1,5 l Gemüsebrühe auffüllen.
> Bei schwacher Hitze in ca. 10 Min. weich kochen
> und mit Salz, Pfeffer und 1 Msp. Muskat würzen.

MAISCREMESUPPE

cremiger Kinderliebling

Für 4 Personen · Zubereitungszeit ca. 1 Std.
pro Portion 515 kcal

Salz
4 Maiskolben (je ca. 200 g;
    vakuumverpackt)
1 große Zwiebel
2 EL Butter · 2 EL Mehl
400 ml Milch
150 g Crème fraîche
1 rote Paprikaschote · Pfeffer
rosenscharfes Paprikapulver
1 Kästchen Gartenkresse

1 1 l Salzwasser aufkochen, die Maiskolben darin 5 Min.
garen, dann herausheben (Wasser aufheben!) und
abschrecken. Die Körner von den Kolben schneiden.
125 g davon beiseitelegen. Die Zwiebel schälen und
in feine Würfel schneiden.

2 Die Butter erhitzen und die Zwiebelwürfel und Maiskörner darin 3 Min. andünsten. Das Mehl darüberstäuben und anschwitzen. Mit 600 ml Maiskochwasser und
der Milch aufgießen, 10 Min. bei mittlerer Hitze kochen.
Die Suppe glatt pürieren und durch ein Sieb passieren.

3 Die Suppe mit der Crème fraîche erneut aufkochen.
Die Paprikaschote waschen, putzen, klein würfeln
und mit dem restlichen Mais hinzufügen. Die Suppe
10 Min. kochen, mit Salz, Pfeffer und Paprika würzen.
Die Kresse mit einer Küchenschere vom Beet schneiden
und aufstreuen.

MOSTSUPPE MIT SCHWARZBROT-ZIMT-CROÛTONS

Festtagssuppe für Gäste

**Für 4 Personen · Zubereitungszeit ca. 40 Min.
pro Portion 480 kcal**

1/2 Zwiebel · 2 Stück Sternanis
600 ml Apfelmost (vergorener Apfelsaft,
    ersatzweise Cidre)
3 Lorbeerblätter
1 l kräftige Gemüsebrühe
    (Rezept S. 190 oder Instant)
400 g Sahne · 2 Möhren
1 Msp. Zimtpulver
Salz · Pfeffer
Für die Croûtons:
3 Scheiben Schwarzbrot
2 EL Butter
1/2 TL Zimtpulver · Salz

1 Die Zwiebel schälen und in Ringe schneiden. Sternanis
leicht zerstoßen. In einem Topf den Most mit Zwiebelringen, Lorbeerblättern und Sternanis offen bei starker
Hitze in ca. 10 Min. auf die Hälfte einkochen. Die
Mischung in ein Sieb abgießen und dabei die Flüssigkeit auffangen.

2 Den Most zurück in den Topf geben, die Gemüsebrühe
und die Sahne zugießen und das Ganze ca. 10 Min.
einkochen. Inzwischen die Möhren putzen, schälen und
in sehr feine Streifen schneiden oder mit der Küchenreibe fein reiben und zur Suppe geben. Weitere 10 Min.
köcheln lassen.

3 Für die Croûtons das Schwarzbrot in Würfel schneiden.
Die Butter in einer Pfanne zerlassen. Die Brotwürfel
zugeben, mit dem Zimtpulver und 1/2 TL Salz würzen
und knusprig braten. Aus der Pfanne nehmen und auf
Küchenpapier abtropfen lassen.

4 Die Suppe mit 1 Msp. Zimtpulver, Salz und Pfeffer
abschmecken, auf vier Teller verteilen und mit den
Croûtons servieren.

PIKANTE SUPPE MIT DELIKATESSGURKEN

auf Fränkisch: Kümmerlsuppe

**Für 4 Personen · Zubereitungszeit ca. 30 Min.
pro Portion 210 kcal**

1 große Zwiebel · 1 Knoblauchzehe
3 EL Butter · 3 EL Mehl
750 ml Gemüsebrühe
(Rezept S. 190 oder Instant)
250 ml trockener Weißwein
(Silvaner; ersatzweise Gemüsebrühe)
1 Bund Dill
2 dicke Gewürzgurken
(aus dem Glas) + 3 EL Lake
50 g Sahne · Salz · Pfeffer

1 Die Zwiebel und den Knoblauch schälen und fein
hacken. In einem Suppentopf die Butter heiß werden
lassen, Zwiebel und Knoblauch darin bei mittlerer
Hitze goldgelb dünsten. Das Mehl einrühren und einmal aufschäumen lassen. Den Topf vom Herd nehmen
und etwas abkühlen lassen.

2 Die Brühe und den Wein in den Topf gießen und unter
Rühren aufkochen. Bei mittlerer Hitze offen ca. 10 Min.
köcheln lassen.

3 Den Dill waschen und trocken schütteln, die Dillspitzen
abzupfen und einige davon beiseitelegen, den Rest
fein schneiden. Die Gurken klein würfeln.

4 Die Gurkenwürfel, den geschnittenen Dill und die
Gurkenlake unter die Suppe rühren und die Sahne
unterquirlen. Die Suppe mit Salz und Pfeffer abschmecken und mit den Dillspitzen garniert servieren.

TAUSCH-TIPP
Statt mit Mehl-Butter können Sie die Suppe auch
mit 1 Kartoffel binden: Diese schälen, in sehr
kleine Würfel schneiden und andünsten. Mit Brühe
und Wein aufgießen, 15 Min. garen und die Suppe
mit dem Pürierstab glatt pürieren, bevor Gurken
und Dill dazukommen.

213

ERBSENCREMESUPPE

fein kombiniert

Für 4 Personen · Zubereitungszeit ca. 40 Min.
pro Portion 615 kcal

Für das Minzepesto:
2 EL Sonnenblumenkerne · 1/2 Bund Minze
1/2 Bund glatte Petersilie
1 Stück Bio-Zitronenschale (ca. 5 cm)
2 EL frisch geriebener Parmesan
5–6 EL Olivenöl · Salz · Pfeffer
Für die Suppe:
1,25 kg frische Erbsen in der Schote
    (ersatzweise 450 g TK-Erbsen)
1 Schalotte · 1 EL Butter
500 ml Gemüsefond (Rezept S. 187
    oder aus dem Glas)
100 ml trockener Weißwein (ersatzweise
    Gemüsefond und 1 EL Zitronensaft)
200 g Sahne · Salz · Pfeffer
1 Prise Zucker (nach Belieben)

1 Für das Pesto die Sonnenblumenkerne in einer beschichteten Pfanne ohne Fett leicht anrösten. Herausnehmen und abkühlen lassen. Die Minze und die Petersilie waschen und trocken schütteln, die Blättchen
abzupfen und mit den Sonnenblumenkernen, der
Zitronenschale und dem Parmesan fein pürieren.
Das Olivenöl nach und nach zugießen, bis das Pesto
sämig ist. Das Pesto mit Salz und Pfeffer abschmecken.

2 Für die Suppe die Erbsen aus den Schoten lösen.
Die Schalotte schälen und in kleine Würfel schneiden.
Die Butter in einem Topf zerlassen und die Erbsen
und die Schalotte darin andünsten. Dann Gemüsefond
und Wein zugeben. Alles einmal aufkochen, dann offen
ca. 10 Min. sanft kochen. 2 EL Erbsen herausnehmen
und beiseitestellen.

3 Die Sahne in die Suppe gießen. Die Suppe mit dem
Pürierstab pürieren und mit Salz, Pfeffer und nach
Belieben dem Zucker abschmecken. Mit den übrigen
Erbsen und dem Pesto garniert servieren.

KRÄUTERSUPPE

erfrischt an heißen Tagen

Für 4 Personen · Zubereitungszeit ca. 35 Min.
pro Portion 235 kcal

1 Stange Lauch
1 großes Bund glatte Petersilie
200 g Brunnenkresse
1 großes Bund Basilikum
1 Bund Estragon · Salz
1 EL Kapern (aus dem Glas)
100 g milde grüne Oliven ohne Stein
6–10 Eiswürfel
8 EL Olivenöl
ca. 75 ml Zitronensaft
Pfeffer

1 Den Lauch putzen, gründlich waschen und in dünne
Scheiben schneiden. Petersilie, Brunnenkresse, Basilikum und Estragon waschen und trocken schütteln
bzw. abtropfen lassen.

2 750 ml Wasser aufkochen und salzen. Lauch, Petersilie
und Brunnenkresse darin 2 Min. blanchieren, in ein
Sieb über einer Schüssel abgießen, dabei die Flüssigkeit auffangen.

3 Von Basilikum und Estragon die Blättchen abzupfen
und grob hacken. Lauch, Petersilie und Brunnenkresse
mit Basilikum, Estragon, Kapern und Oliven mit dem
Pürierstab pürieren.

4 Die Eiswürfel, 6 EL Olivenöl, den Zitronensaft und nach
und nach soviel abgekühlte Kochflüssigkeit unterrühren, bis die Suppe flüssig genug ist. Eventuell noch
etwas kaltes Wasser unterrühren. Die Suppe mit Salz
und Pfeffer abschmecken.

5 Zum Servieren die Suppe in gekühlte Teller geben und
das restliche Olivenöl darüberträufeln.

LINKS VORNE Kräutersuppe
RECHTS HINTEN Erbsencremesuppe

FRUCHTIGE KÜRBIS-MELONEN-SUPPE

mit Wasabisahne verschärft

**Für 2 Personen · Zubereitungszeit ca. 55 Min.
pro Portion 250 kcal**

100 g rote Zwiebeln
20 g frischer Ingwer
1/2 Hokkaido-Kürbis
   (ca. 300 g Fruchtfleisch)
100 g Kartoffeln
2 TL Rapsöl
250 ml Gemüsebrühe
   (Rezept S. 190 oder Instant)
1/2 kleine, reife Galiamelone
   (ca. 250 g Fruchtfleisch)
100 ml frisch gepresster Orangensaft
100 g saure Sahne
2–3 TL frisch gepresster Zitronensaft
Salz · grüner Pfeffer
1 TL Wasabipaste (aus der Tube)

1 Die Zwiebeln und den Ingwer schälen und fein hacken.
Den Kürbis entkernen, waschen und das Fruchtfleisch
grob würfeln. Die Kartoffeln schälen und klein würfeln.

2 Das Öl in einem Topf erhitzen und die Zwiebeln darin
in 4–5 Min. weich dünsten. Ingwer und Kürbis zugeben
und unter Rühren kurz anbraten. Die Brühe zugießen
und aufkochen. Die Kartoffelwürfel darin in 15–18 Min.
garen. Die Melone entkernen, schälen und in grobe
Würfel schneiden.

3 Den Kürbis mit dem Pürierstab pürieren. Die Melonen-
würfel, den Orangensaft und die Hälfte der sauren
Sahne zugeben und das Ganze nochmals durchmixen.
Mit Zitronensaft, Salz und Pfeffer abschmecken.

4 Die restliche saure Sahne mit Wasabi und 1 Prise Salz
verrühren. Die Suppe anrichten und je 1 Klecks Wasabisahne obendrauf setzen.

MÖHRENCREMESUPPE MIT CURRY

einfach fein als Vorspeise

Für 4 Personen · Zubereitungszeit ca. 1 Std.
pro Portion 220 kcal

400 g Möhren
100 g Süßkartoffeln
   (ersatzweise Kartoffeln)
1 Zwiebel
1 Knoblauchzehe
2 EL Öl
2 TL scharfes Currypulver
800 ml Gemüsebrühe
   (Rezept S. 190 oder Instant)
300 g Sahnejoghurt
2 TL Mehl
Salz · Pfeffer
1/2 Bund Koriandergrün
   (ersatzweise Petersilie)

1 Die Möhren und Süßkartoffeln schälen und grob
in Würfel schneiden. Die Zwiebel schälen und fein
hacken. Den Knoblauch schälen.

2 In einem Topf das Öl erhitzen und die Zwiebel darin
glasig dünsten. Den Knoblauch dazupressen. Die
Möhren, die Süßkartoffeln und das Currypulver unterrühren. Die Brühe dazugießen, zugedeckt aufkochen
und alles bei schwacher Hitze 25 Min. garen.

3 Die Suppe mit dem Pürierstab fein pürieren. Joghurt bis
auf 4 TL mit dem Mehl vermischen, in die Suppe rühren
und aufkochen. Bei schwacher Hitze ca. 5 Min. kochen,
dann mit Salz und Pfeffer abschmecken.

4 Das Koriandergrün waschen und trocken schütteln,
die Blätter abzupfen und hacken. Die Suppe mit dem
restlichen Joghurt und dem Koriander garnieren.

SCHWAMMERLSUPPE

Pilzgenuss auf die einfache Art

**Für 4 Personen · Zubereitungszeit ca. 15 Min.
Kochzeit 20 Min. · pro Portion 265 kcal**

250 g Pilze der Saison (Pfifferlinge,
   Steinpilze, Champignons usw.)
1 Zwiebel
1 EL Öl
2 EL Mehl
1 l Gemüsebrühe
   (Rezept S. 190 oder Instant)
1/2 Bund Petersilie
1 Knoblauchzehe
Salz · Pfeffer
125 g Crème fraîche

1 Die Pilze putzen und in kleine Stücke schneiden. Die
Zwiebel schälen und in Würfel schneiden. Das Öl in
einer Pfanne erhitzen und die Pilze darin anbraten,
die Zwiebelwürfel zugeben und kurz mitdünsten. Mit
Mehl bestäuben und unter Rühren 1 Min. weiterbraten.

2 Die Pilzmischung mit der Gemüsebrühe aufgießen und
umrühren. Die Petersilie waschen und trocken schütteln, die Blättchen abzupfen und hacken. Den Knoblauch schälen und klein würfeln.

3 Die Suppe mit Salz, Pfeffer und dem Knoblauch würzen.
Bei mittlerer Hitze ca. 20 Min. offen köcheln lassen.

4 Nach dieser Zeit die Crème fraîche einrühren. Die
Suppe noch einmal abschmecken, auf vier Suppenteller verteilen und mit der Petersilie bestreuen.

TAUSCH-TIPPS
Probieren Sie die Suppe einmal mit verschiedenen
Kräutern wie Thymian oder Majoran. Anstatt
Crème fraîche kann auch saure Sahne verwendet
werden. Dann die Suppe allerdings nicht mehr
kochen; sonst flockt die Sahne aus.

KARTOFFELSUPPE MIT STEINPILZEN

aromatische Spezialität aus Südtirol

**Für 4 Personen · Zubereitungszeit ca. 45 Min.
pro Portion 195 kcal**

100 g kleine Steinpilze
500 g vorwiegend
   festkochende Kartoffeln
1 Zwiebel
2 Knoblauchzehen
3 EL Olivenöl
1 l Gemüsebrühe (Rezept S. 190 oder Instant)
100 g Graukäse (ersatzweise
   nicht durchgereifter Harzer Käse)
Salz · Pfeffer
1 Bund Schnittlauch

1 Die Steinpilze putzen und säubern, kleine Pilze vierteln,
   größere in Stücke oder Scheiben schneiden.

2 Die Kartoffeln schälen, waschen und würfeln. Die Zwiebel und den Knoblauch schälen und klein hacken.

3 In einem großen Suppentopf 2 EL Olivenöl erhitzen.
   Die Zwiebelwürfel darin bei mittlerer Hitze leicht
   anbräunen. Den Knoblauch, dann die Kartoffeln zugeben und alles kurz andünsten. Dann die Gemüsebrühe angießen und alles zugedeckt bei mittlerer
   Hitze ca. 20 Min. garen.

4 Den Graukäse in Würfel schneiden, in die Suppe
   geben und unter Rühren erhitzen, bis er geschmolzen
   ist. Die Suppe mit dem Pürierstab glatt pürieren und
   mit Salz und Pfeffer abschmecken.

5 Das restliche Olivenöl erhitzen und die Steinpilze bei
   mittlerer Hitze unter Rühren leicht anbraten. Mit Salz
   und Pfeffer würzen.

6 Den Schnittlauch waschen, trocken schütteln und in
   feine Röllchen schneiden. Die Suppe auf vier Teller
   verteilen, mit Steinpilzen und Schnittlauch bestreuen
   und sofort servieren.

DER LIEBLINGSKLASSIKER

GAZPACHO

spanische Gemüsesuppe eiskalt

**Für 4 Personen · Zubereitungszeit ca. 45 Min.
Kühlzeit 2 Std. · pro Portion 260 kcal**

150 g Weißbrot
1 weiße Zwiebel
1 Knoblauchzehe
600 g Tomaten
5 EL Olivenöl
2 EL Sherryessig
2 grüne Spitzpaprika
1/2 Salatgurke
100 ml kalte Gemüsebrühe
  (Rezept S. 190 oder Instant)
Salz · Pfeffer
1–2 Prisen Zucker
1–2 Msp. Cayennepfeffer

1 Das Brot in kleine Würfel schneiden. Die Zwiebel und
den Knoblauch schälen und beides ebenfalls in kleine
Würfel schneiden.

2 Die Tomaten waschen und in grobe Stücke schneiden,
dabei die Stielansätze entfernen und den ablaufenden
Saft auffangen. Die Tomaten samt dem Saft mit den
Zwiebelwürfeln, jeweils der Hälfte des Knoblauchs und
des Brots, 3 EL Olivenöl und dem Sherryessig in einer
Schüssel mischen. Zugedeckt im Kühlschrank 30 Min.
ziehen lassen.

3 Inzwischen übriges Öl in einer beschichteten Pfanne
erhitzen. Die restlichen Brotwürfel und den übrigen
Knoblauch darin bei mittlerer Hitze goldgelb rösten,
aus der Pfanne nehmen.

4 Die Paprikaschoten halbieren, putzen, waschen und
in grobe Stücke schneiden. Die Gurke schälen, längs
halbieren und die Kerne mit einem Löffel herauskratzen, das Fruchtfleisch grob würfeln.

5 Die Tomaten-Brot-Mischung mit Paprika, Gurke und
Brühe mit einem Pürierstab oder in der Küchenmaschine fein pürieren und evtl. noch durch ein
Sieb streichen. Die Suppe mit Salz, Pfeffer, Zucker
und Cayennepfeffer pikant abschmecken und 2 Std.
im Kühlschrank durchziehen lassen. Den Gazpacho
vor dem Servieren mit Brotwürfeln bestreuen.

VARIANTE
GRÜNER GAZPACHO

**Für 4 Personen · Zubereitungszeit ca. 40 Min.
Kühlzeit 2 Std. · pro Portion 205 kcal**

- 80 g Weißbrot klein würfeln und in 100 ml kaltem
Gemüsefond (Rezept S. 187 oder aus dem Glas)
ca. 10 Min. einweichen. Inzwischen 1 Salatgurke,
2 grüne Spitzpaprika, 1 grünen Apfel, 1 frische grüne
Chilischote, 1 Knoblauchzehe und 2 Frühlingszwiebeln
waschen oder schälen, putzen, entkernen und klein
schneiden. 250 g Fruchtfleisch einer Galia-Melone
ebenfalls klein schneiden.
- Alles mit 1 EL klein geschnittenem Borretsch und
4 EL Olivenöl mit einem Pürierstab oder in der Küchenmaschine fein pürieren. Gazpacho mit 4–5 EL Weißweinessig, Salz, Pfeffer und Zucker würzen und mindestens 2 Std. im Kühlschrank durchziehen lassen.

AVOCADOCREME MIT SALSA

cremig-mild mit Chilikick

**Für 4 Personen · Zubereitungszeit ca. 20 Min.
pro Portion 520 kcal**

3 vollreife Avocados (je ca. 350 g)
2 Limetten · 5 Frühlingszwiebeln
450 ml kalte Gemüsebrühe
   (Rezept S. 190 oder Instant)
250 ml Milch · 100 g saure Sahne
Salz · Pfeffer · Cayennepfeffer
1 TL gemahlener Kreuzkümmel
1 große Fleischtomate
1 frische grüne Chilischote
6–8 Stängel Koriandergrün

1 Die Avocados längs halbieren, die Kerne entfernen und das Fruchtfleisch mit einem Löffel aus den Schalenhälften kratzen. Die Limetten halbieren und den Saft auspressen. Das Avocadofleisch sofort mit 6 EL Limettensaft verrühren.

2 Die Frühlingszwiebeln putzen, waschen und samt Grün in dünne Ringe schneiden. Die Hälfte davon mit Brühe und Milch zu den Avocados geben, alles mit dem Pürierstab fein pürieren (für eine richtig kalte Suppe 5–6 Eiswürfel mitpürieren), dann die saure Sahne kurz untermixen. Creme mit Salz, Pfeffer, Cayennepfeffer und Kreuzkümmel würzen. Eventuell kalt stellen.

3 Die Tomate waschen und in Würfelchen schneiden, dabei den Stielansatz entfernen. Die Chilischote waschen, putzen und ohne Kerne fein hacken. Den Koriander waschen und trocken schütteln, die Blättchen hacken – es sollten 2 EL sein. Tomate, Chili und Koriander mit den übrigen Zwiebelringen und 2–3 EL Limettensaft mischen. Die Salsa mit Salz und Pfeffer abschmecken. Eventuell kalt stellen.

4 Die Avocadocreme auf vier Schälchen verteilen und jeweils etwas Salsa daraufgeben. Dazu schmecken Nacho-Chips.

KRÄUTERKALTSCHALE MIT AUBERGINE

erfrischt an heißen Tagen

**Für 4 Personen · Zubereitungszeit ca. 35 Min.
Kühlzeit 1 Std. · pro Portion 310 kcal**

1 große Aubergine
1 Knoblauchzehe
4 EL Olivenöl
1 Bund gemischte Kräuter (z. B. Petersilie,
   Basilikum, Minze, Dill, Schnittlauch)
1–2 EL frisch gepresster Zitronensaft
1 Msp. abgeriebene Bio-Zitronenschale
200 g Schmand
je 250 g Naturjoghurt und Dickmilch
Salz · Pfeffer
1 gute Prise Zucker

1 Die Aubergine waschen, putzen und 1 cm groß würfeln.
Den Knoblauch schälen und fein hacken. In einer beschichteten Pfanne 2 1/2 EL Öl erhitzen. Aubergine
und die Hälfte des Knoblauchs dazugeben und unter
Rühren 5–7 Min. bei mittlerer Hitze braten, dabei
ab und zu 1–2 EL Wasser dazugeben, damit nichts
anbrennt; das Wasser sollte aber immer sofort wieder
verdampfen. Die Pfanne vom Herd nehmen.

2 Die Kräuter waschen und trocken schütteln, grobe
Stängel wegschneiden, ein paar Kräuter beiseitelegen,
den Rest grob schneiden. Die Kräuter mit übrigem
Knoblauch, 1 EL Zitronensaft, der Zitronenschale und
der Hälfte des Schmands mit dem Pürierstab fein
pürieren. Übrigen Schmand, Joghurt und Dickmilch
kurz untermixen. Mit Salz, Pfeffer, Zucker und eventuell
noch etwas Zitronensaft würzen. Zugedeckt ca. 1 Std.
im Kühlschrank durchkühlen lassen.

3 Die übrigen Kräuter fein hacken und mit den Aubergi-
nenwürfeln mischen. Die Kaltschale auf Schälchen verteilen, den Auberginenmix daraufgeben und mit dem
restlichen Öl beträufeln.

TOMATEN-ORANGEN-SUPPE

erfrischend fruchtig und leicht

Für 4 Personen · Zubereitungszeit ca. 25 Min.
pro Portion 90 kcal

1 Zwiebel
2 Knoblauchzehen
2 EL Olivenöl
1 Dose stückige Tomaten
   (400 g Inhalt)
1 Lorbeerblatt
1 TL Zucker
400 ml Gemüsefond
   (Rezept S. 187 oder aus dem Glas)
200 ml Orangensaft
Salz · Cayennepfeffer
1/2 Bund Basilikum
Außerdem:
8 Eiswürfel

1 Die Zwiebel und den Knoblauch schälen, in kleine
  Würfel schneiden und in dem Olivenöl glasig dünsten.
  Die Dosentomaten, das Lorbeerblatt und den Zucker
  zufügen und alles ca. 5 Min. sanft kochen.

2 Nach dieser Zeit den Gemüsefond dazugießen. Alles
  zusammen mit den Eiswürfeln und 200 ml Orangensaft
  mit dem Pürierstab fein pürieren.

3 Die Suppe mit Salz und Cayennepfeffer abschmecken.
  1/2 Bund Basilikum waschen und trocken schütteln,
  die Blätter abzupfen und auf der Suppe verteilen.

TRAUBEN-MANDEL-SUPPE

südspanischer Klassiker

Für 4 Personen · Zubereitungszeit ca. 20 Min.
Kühlzeit 30 Min. · pro Portion 365 kcal

100 g Weißbrot
2 Knoblauchzehen
100 g geschälte Mandeln
4 EL Olivenöl
   (am besten fruchtiges)
1 EL Sherryessig
Salz · Pfeffer
125 g kernlose grüne Weintrauben
Außerdem:
2 EL Olivenöl zum Beträufeln
   (nach Belieben)

1 Das Weißbrot entrinden und 10 Min. in kaltem Wasser
  einweichen. Inzwischen den Knoblauch schälen.

2 Das Weißbrot gut ausdrücken und mit dem Knoblauch
  und den Mandeln im Blitzhacker oder mit dem Pürierstab pürieren.

3 Die Paste in eine Schüssel geben. 4 EL Olivenöl und
  nach und nach 750 ml Wasser unterrühren. Mit dem
  Sherryessig, Salz und Pfeffer kräftig würzen. Die Suppe
  30 Min. kühl stellen.

4 Die Weintrauben waschen, trocken tupfen, halbieren
  und in die Suppe geben. Nach Belieben noch 2 EL Olivenöl in dünnem Strahl darüberträufeln.

GEEISTE PAPRIKASUPPE

südländisch-feurig

Für 4 Personen · Zubereitungszeit ca. 25 Min.
pro Portion 190 kcal

4 rote Paprikaschoten
2 Knoblauchzehen
4 EL Olivenöl
2 kleine Zweige Rosmarin
400 ml Gemüsefond
  (Rezept S. 187 oder aus dem Glas)
400 ml Tomatensaft
Salz · Cayennepfeffer
Außerdem:
4–6 Eiswürfel
Brotchips (Fertigprodukt)
  zum Bestreuen

1 Die Paprikaschoten waschen, putzen und klein schneiden. Den Knoblauch schälen und klein würfeln.

2 Die Paprika in dem Olivenöl ca. 5 Min. anbraten. Den Knoblauch, die Rosmarinzweige und den Gemüsefond hinzufügen. Alles aufkochen und zugedeckt 5 Min. sanft kochen.

3 Den Rosmarin aus der Suppe nehmen, die Eiswürfel dazugeben. Mit dem Pürierstab pürieren und durch ein feines Sieb streichen.

4 Die Suppe mit ca. 400 ml Tomatensaft verrühren, völlig abkühlen lassen und mit Salz und Cayennepfeffer würzen. Die Paprikasuppe auf Teller verteilen und mit je 2–3 Brotchips bestreuen.

GURKEN-JOGHURT-SUPPE

cremig-frisch und preiswert

Für 4 Personen · Zubereitungszeit ca. 25 Min.
pro Portion 215 kcal

1 Salatgurke (ca. 500 g)
1 Knoblauchzehe
500 g Naturjoghurt
125 g Crème fraîche
1 EL Dillspitzen
1–2 TL abgeriebene Bio-Zitronenschale
2–3 EL Zitronensaft
Salz · Cayennepfeffer

1 Die Gurke schälen, längs halbieren und entkernen, das Fruchtfleisch grob zerkleinern und in einen Rührbecher geben. Den Knoblauch schälen und dazupressen. Den Joghurt dazugeben und alles mit dem Pürierstab fein pürieren. Die Crème fraîche unterrühren.

2 Die Dillspitzen fein hacken. Die Gurken-Joghurt-Mischung mit der Zitronenschale, dem Zitronensaft, dem Dill, etwas Salz und Cayennepfeffer kräftig abschmecken. Kurz vorm Servieren 150–200 ml kaltes Wasser unterrühren.

DER LIEBLINGSKLASSIKER

GEMÜSEEINTOPF MIT KRÄUTERFLÄDLE

einmal quer durchs Gemüsebeet

Für 4 Personen · Zubereitungszeit ca. 1 Std.
pro Portion 315 kcal

Für die Kräuterflädle:
2–3 EL Butter
75 g Mehl
ca. 125 ml Milch
1 Ei (Größe M) · Salz
1 Bund Frühlingskräuter (z. B. Schnittlauch,
  glatte Petersilie, Kerbel, Estragon)

Für den Gemüseeintopf:
ca. 800 g Frühlingsgemüse (z. B. Möhren,
  Kohlrabi, Brokkoli, Mairübchen,
  grüner Spargel, Zuckerschoten)
250 g vorwiegend festkochende
  Kartoffeln
1 Zwiebel
1–2 Knoblauchzehen
1 EL Olivenöl
1,25 l kräftige Gemüsebrühe
  (Rezept S. 190 oder Instant)
2 Lorbeerblätter
Salz · Pfeffer
frisch geriebene Muskatnuss

1 Für die Kräuterflädle 1 EL Butter schmelzen. Das Mehl in eine Schüssel geben. Milch, flüssige Butter und Ei hinzugeben und mit einem Schneebesen gründlich verrühren. Den Teig mit Salz würzen. Kräuter waschen und trocken schütteln, die Blättchen hacken. Die Hälfte davon unter den Flädleteig rühren, restliche Kräuter für den Eintopf beiseitestellen.

2 In einer beschichteten Pfanne jeweils etwas Butter erhitzen, eine kleine Suppenkelle Teig hineingeben und einen dünnen Pfannkuchen backen. Wenden und fertig backen, wenn die Unterseite leicht knusprig gebacken ist. Mit dem übrigen Teig ebenso verfahren. Die Pfannkuchen aufrollen (so lassen sie sich später besser schneiden) und abkühlen lassen.

3 Für den Gemüseeintopf alle Gemüsesorten putzen, waschen bzw. schälen und in mundgerechte Stücke schneiden. Die Kartoffeln schälen und in Stücke schneiden. Die Zwiebel und den Knoblauch schälen und klein würfeln.

4 In einem großen Topf das Öl erhitzen und die Zwiebel und den Knoblauch darin kurz glasig dünsten. Die Gemüsebrühe angießen, die Lorbeerblätter hineingeben und alles aufkochen. Die Kartoffel- und Möhrenstücke dazugeben und 5 Min. darin zugedeckt kochen. Dann die restlichen Gemüsesorten hineingeben und den Eintopf weitere 5–8 Min. kochen, bis alle Gemüsesorten gar sind.

5 Die beiseitegestellten Kräuter in die Suppe rühren. Die Suppe mit Salz, Pfeffer und Muskat würzen. Die Lorbeerblätter entfernen. Die Pfannkuchenrollen in schmale Streifen schneiden und in die heiße Suppe geben. Die Suppe sofort servieren.

AROMA-TIPP
Rühren Sie zusätzlich 2 EL Basilikum- oder Bärlauchpesto in die heiße Suppe.

KARTOFFELSAMTSUPPE MIT LAUCH

Klassiker neu abgeschmeckt

**Für 4 Personen · Zubereitungszeit ca. 50 Min.
pro Portion 355 kcal**

750 g mehligkochende Kartoffeln
1 Zwiebel
1 EL Sesamöl
1 TL Currypulver
1,2 l Gemüsebrühe
   (Rezept S. 190 oder Instant)
2 Stangen Lauch
2 EL Rapsöl
2 EL Sesamsamen
150 g Sahne
Salz · Pfeffer

1 Die Kartoffeln schälen und in grobe Würfel schneiden.
Die Zwiebel schälen und klein würfeln. Das Sesamöl
in einem Topf erhitzen und die Zwiebeln darin glasig
dünsten. Die Kartoffeln kurz mitbraten, das Currypulver
darüberstäuben.

2 Die Brühe angießen, aufkochen und die Kartoffeln bei
schwacher Hitze zugedeckt in ca. 15 Min. weich garen.

3 Inzwischen den Lauch putzen, in Ringe schneiden,
diese gründlich waschen und abtropfen lassen.
Das Rapsöl in einer Pfanne erhitzen, die Lauchringe
darin anbraten und anschließend zugedeckt ca.
5–10 Min. dünsten.

4 Die Sesamsamen in einer Pfanne ohne Fett rösten,
bis sie duften.

5 Die Sahne zur Suppe geben und alles fein pürieren.
Die Suppe mit Salz und Pfeffer abschmecken. Auf vier
Teller verteilen und mit Lauchringen und Sesamsamen
bestreut servieren.

PROFI-TIPP
Die Kartoffelsamtsuppe lässt sich – ohne Lauch –
sehr gut einfrieren.

REISSUPPE MIT ZUCCHINI UND FETA

mild-würzig auf griechische Art

**Für 4 Personen · Zubereitungszeit ca. 35 Min.
pro Portion 390 kcal**

2 junge Zucchini
1 rote Paprikaschote
1 Zwiebel
2 Knoblauchzehen
2 Zweige Thymian
2 EL Olivenöl
150 g Langkornreis
1 l Gemüsebrühe
  (Rezept S. 190 oder Instant)
2 TL Tomatenmark
100 g Sahne
Salz · Pfeffer
1 TL edelsüßes Paprikapulver
100 g Schafskäse (Feta)

1 Die Zucchini und die Paprika waschen, putzen und klein würfeln. Die Zwiebel und den Knoblauch schälen und fein würfeln. Den Thymian waschen, trocken schütteln und die Blättchen von den Stielen streifen.

2 Das Öl in einem Suppentopf erhitzen und Zwiebel, Knoblauch und Thymian darin andünsten. Die Zucchini und Paprika kurz mitgaren. Den Reis unterrühren, die Brühe dazugießen und erhitzen. Das Tomatenmark untermischen und die Suppe zugedeckt bei schwacher Hitze ca. 20 Min. köcheln, bis der Reis bissfest ist.

3 Die Sahne untermischen und die Suppe mit Salz, Pfeffer und Paprika abschmecken. Den Schafskäse in kleine Würfel krümeln und vor dem Servieren auf die Suppe streuen. Dazu passt Fladenbrot mit Sesam (Rezept S. 183 oder fertig gekauft).

FRANZÖSISCHE ZWIEBELSUPPE

»der« Bistro-Klassiker

Für 4 Personen · Zubereitungszeit ca. 1 Std.
pro Portion 445 kcal

800 g Zwiebeln
3 Zweige Thymian
3 EL Butter
200 ml Weißwein
   (ersatzweise Gemüsebrühe)
1,2 l Gemüsebrühe
   (Rezept S. 190 oder Instant)
1 Lorbeerblatt
120 g Gruyère
4 Scheiben Toastbrot
3 EL frisch geriebener Parmesan
Salz · Pfeffer

1 Die Zwiebeln schälen, längs halbieren und in dünne Streifen schneiden. Den Thymian waschen und trocken schütteln, die Blättchen abstreifen und hacken. Die Butter in einem Suppentopf zerlassen, die Zwiebeln darin bei mittlerer Hitze in 6–8 Min. goldgelb dünsten.

2 Mit 1 Schuss Weißwein ablöschen und einkochen. Den übrigen Wein angießen, kurz aufkochen, dann die Brühe dazugießen. Lorbeerblatt und Thymian unterrühren und alles zugedeckt bei schwacher Hitze ca. 30 Min. köcheln lassen.

3 Inzwischen den Grill des Backofens vorheizen. Den Gruyère fein reiben. Die Toastscheiben im Toaster hellbraun rösten, abkühlen lassen und diagonal halbieren. Die Toastecken mit Gruyère bestreuen und im heißen Backofen (oben) gratinieren, bis der Käse geschmolzen ist.

4 Den Parmesan in die Suppe rühren. Die Suppe mit Salz und Pfeffer abschmecken. Die Suppe auf Teller verteilen und mit je 2 Toastecken belegen. Sofort servieren.

GRÜN-WEISSER BOHNENTOPF

ganz einfach, schön würzig

Für 2 Personen · Zubereitungszeit ca. 35 Min.
pro Portion 410 kcal

100 g Zwiebeln
200 g Staudensellerie
2 frische grüne Chilischoten
1 Bund glatte Petersilie
300 g grüne Bohnen
   (frisch oder TK)
Salz · 2 TL Rapsöl
300 ml Gemüsebrühe
   (Rezept S. 190 oder Instant)
1 Dose weiße Bohnen
   (250 g Abtropfgewicht)
100 g Schafskäse (Feta) · Pfeffer

1 Die Zwiebeln schälen und würfeln. Staudensellerie waschen, putzen und in 1/2 cm große Würfel schneiden. Die Chilischoten waschen, putzen und ohne Kerne fein hacken. Petersilie waschen und trocken schütteln, die Blätter hacken. Frische grüne Bohnen waschen, putzen, in mundgerechte Stücke schneiden und in einen Dämpfeinsatz geben.

2 Etwas Wasser in einem Topf aufkochen, die Bohnen über Dampf in ca. 8 Min. garen, leicht salzen. TK-Bohnen nach Packungsanweisung garen.

3 Inzwischen das Öl erhitzen und die Zwiebeln darin in 5 Min. glasig dünsten. Staudensellerie und Chilischoten zugeben und 2 Min. mitdünsten. Die Brühe zugießen, aufkochen und 2–3 Min. köcheln lassen. Die weißen Bohnen in ein Sieb abgießen, waschen und im Eintopf erwärmen. Grüne Bohnen untermischen.

4 Den Schafskäse darüberbröckeln. Den Eintopf zugedeckt kurz stehen lassen, bis der Käse leicht schmilzt. Mit Pfeffer würzen und mit der Petersilie bestreuen.

ROTE-BETE-EINTOPF MIT MEERRETTICHCREME

deftig-würziger Wintertopf

Für 4 Personen · Zubereitungszeit ca. 20 Min.
Kochzeit 45 Min. · pro Portion 240 kcal

500 g vorwiegend
    festkochende Kartoffeln
2 mittelgroße Rote Beten
250 g Möhren
1 Zwiebel
1 EL Öl
ca. 1,2 l kräftige Gemüsebrühe
    (Rezept S. 190 oder Instant)
2 Lorbeerblätter
3 Pimentkörner
1 kleines Stück frischer Meerrettich
    (ca. 5 cm; ersatzweise 1 EL Sahne-
    meerrettich aus dem Glas)
1 EL Zitronensaft
150 g Crème fraîche
1/2 Bund Schnittlauch
Salz · Pfeffer

1 Die Kartoffeln, Rote Beten und Möhren schälen und
in grobe Würfel schneiden. Die Zwiebel schälen und
in Streifen schneiden.

2 Das Öl in einem Topf erhitzen und die Zwiebel darin
glasig dünsten. Rote Beten, Gemüsebrühe, Lorbeer
und Piment hinzufügen. Alles aufkochen und zugedeckt 20 Min. kochen.

3 Die Kartoffel- und Möhrenwürfel hinzufügen und alles
weitere 20–25 Min. sanft kochen.

4 Den frischen Meerrettich schälen, fein reiben und mit
dem Zitronensaft und der Crème fraîche vermischen.
Den Schnittlauch waschen, trocken schütteln und in
Röllchen schneiden.

5 Die Suppe mit Salz und Pfeffer abschmecken, mit der
Meerrettich-Crème-fraîche krönen und mit Schnittlauch
bestreut servieren.

TOMATEN-KÜRBIS-SUPPE MIT NUDELN

italienisch angehaucht

Für 4 Personen · Zubereitungszeit ca. 25 Min.
pro Portion 325 kcal

1 l Gemüsebrühe
  (Rezept S. 190 oder Instant)
1 Dose stückige Tomaten (400 g Inhalt)
1–2 EL Honig
400 g Hokkaido-Kürbis (geputzt ca. 300 g)
  oder Muskatkürbis
200 g Petersilienwurzel
1 Knoblauchzehe
150 g Lauch
100 g Makkaroni
50 g Sahne
2–3 TL Tomatenmark
4 TL Pesto alla genovese (aus dem Glas)
40 g Parmesan

1 Die Brühe mit den Tomaten und 1 EL Honig aufkochen. Inzwischen den Kürbis gründlich waschen, putzen, entkernen und in Streifen schneiden.

2 Die Petersilienwurzel schälen und in feine Würfel schneiden. Den Knoblauch schälen und fein hacken. Den Lauch putzen, waschen und in Ringe schneiden.

3 Das Gemüse in die Brühe geben und 2 Min. kochen. Die Makkaroni mehrmals durchbrechen und in die Suppe geben. Unter gelegentlichem Rühren 7–9 Min. bei schwacher Hitze kochen, bis die Nudeln gar sind.

4 Die Sahne in die Suppe rühren, die Suppe mit Tomatenmark und Honig abschmecken. Die Suppe auf vier Teller verteilen, je 1 TL Pesto daraufgeben und den Parmesan frisch darüberreiben oder -hobeln.

GRAUPENEINTOPF MIT KÄSEKLÖSSCHEN

schmeckt wie auf der Berghütte

Für 4 Personen · Zubereitungszeit ca. 1 Std.
pro Portion 415 kcal

Für die Klößchen:
1/4 Bund Schnittlauch
80 g Bergkäse
70 g Ricotta
2 EL Semmelbrösel
3 EL gehackte Mandeln
1 Eigelb (Größe M)
frisch geriebene Muskatnuss
Pfeffer · Salz
Für den Eintopf:
150 g Perlgraupen
Salz · 400 g Rosenkohl
4 kleine Möhren
1 Petersilienwurzel
100 g Lauch
1 Zwiebel
1 Knoblauchzehe
1 EL Butter
1 l Gemüsebrühe
   (Rezept S. 190 oder Instant)
3/4 Bund Schnittlauch
Pfeffer
2 EL körniger Senf

1 Für die Klößchen den Schnittlauch waschen, trocken schütteln und in Röllchen schneiden. Den Bergkäse fein reiben und mit Ricotta, Semmelbröseln, Mandeln und dem Eigelb vermengen. Schnittlauch unterrühren, die Masse mit Muskat und Pfeffer würzen und zugedeckt im Kühlschrank kalt stellen.

2 Inzwischen für den Eintopf die Graupen in einem Sieb waschen und nach Packungsanweisung in Salzwasser in 30–45 Min. leicht bissfest garen. Dann in ein Sieb abgießen und abtropfen lassen.

3 Während der Garzeit den Rosenkohl waschen und putzen, große Röschen halbieren, kleine nur unten am Strunk kreuzweise einschneiden. Die Möhren schälen und in ca. 1/2 cm dicke Scheiben schneiden.

4 Die Petersilienwurzel schälen und in 1 1/2 cm große Würfel schneiden. Den Lauch längs halbieren, gründlich waschen, putzen und in 1 cm dicke Ringe schneiden. Die Zwiebel und den Knoblauch schälen und in kleine Würfel schneiden.

5 Die Butter in einem Suppentopf zerlassen und Zwiebel- und Knoblauchwürfel darin andünsten, Das Gemüse dazugeben und unter Rühren 1–2 Min. mitdünsten. Die Brühe dazugießen und alles zugedeckt 20–25 Min. bei mittlerer Hitze kochen.

6 Währenddessen aus der Käsemasse mit leicht angefeuchteten Händen ca. zwölf Klößchen formen. Reichlich Wasser in einem weiten Topf zum Kochen bringen, salzen und die Klößchen darin bei schwacher Hitze in 3–5 Min. gar ziehen lassen. Mit einem Schaumlöffel vorsichtig herausheben, abtropfen lassen und auf vier tiefe Teller verteilen.

7 Den Schnittlauch für den Eintopf waschen, trocken schütteln und in Röllchen schneiden. Die Graupen in den Eintopf geben und heiß werden lassen.

8 Den Eintopf mit Salz, Pfeffer und Senf abschmecken und auf die Teller mit den Klößchen verteilen. Mit reichlich Schnittlauch bestreuen.

GERSTENSUPPE MIT ROSENKOHL

kostet wenig und macht schön satt

Für 4 Personen · Zubereitungszeit ca. 1 Std.
pro Portion 390 kcal

1 große Zwiebel
1/4 Bio-Zitrone
1/2 Bund Petersilie
3 EL Butter
2 TL Kümmelsamen (nach Belieben)
100 g Gerstengraupen
1,4 l Gemüsebrühe
   (Rezept S. 190 oder Instant)
500 g Rosenkohl · 75 g Sahne
3 EL Pinienkerne · Salz · Pfeffer

1 Die Zwiebel schälen und in kleine Würfel schneiden. Die Zitrone heiß waschen und abtrocknen, die Schale sehr dünn abschneiden und ebenfalls fein schneiden. Die Petersilie waschen und trocken schütteln. Ein paar Blättchen beiseitelegen, den Rest fein hacken.

2 2 EL Butter in einem Suppentopf schmelzen und Zwiebel, Zitronenschale und Petersilie darin 1–2 Min. unter Rühren andünsten. Kümmel und Graupen dazugeben und gut durchrühren. Die Brühe dazugeben und warm werden lassen. Die Suppe halb zugedeckt bei schwacher Hitze ca. 45 Min. köcheln lassen.

3 Nach ca. 30 Min. den Rosenkohl waschen und putzen, dann die Blätter einzeln ablösen oder die Röschen in Scheiben oder Achtel schneiden. Den Rosenkohl mit der Sahne unter die Gerstensuppe rühren und die Suppe noch mal ca. 15 Min. garen, bis Rosenkohl und Gerste weich sind.

4 Vor dem Servieren die übrige Butter erhitzen und die Pinienkerne darin bei mittlerer Hitze goldbraun rösten. Restliche Petersilie grob hacken. Die Suppe mit Salz und Pfeffer würzen, in vier Teller füllen und mit Pinienkernen und Petersilie bestreuen.

KARTOFFEL-PILZ-GULASCH

wenig Arbeit, viel Genuss

Für 4 Personen · Zubereitungszeit ca. 40 Min.
pro Portion 320 kcal

800 g festkochende Kartoffeln
1/2 Salatgurke (ca. 300 g)
400 g kleine Champignons oder Egerlinge
1 Bund Frühlingszwiebeln
2 EL Butter
250 ml Gemüsebrühe
   (Rezept S. 190 oder Instant)
je 1/2 Bund Dill, Petersilie und Borretsch
   oder Brunnenkresse oder Basilikum
125 g Crème fraîche
Salz · Pfeffer
1 Prise gemahlener Kümmel
1/2 TL edelsüßes Paprikapulver

1 Die Kartoffeln schälen, waschen und in ca. 2 cm große
Würfel schneiden. Die Gurke schälen, längs halbieren
und die Kerne herauskratzen. Die Gurkenhälften quer

in 1 cm breite Stücke schneiden. Die Pilze mit einem
feuchten Küchenpapier abreiben, die Stielenden
abschneiden. Kleine Pilze ganz lassen, andere halbieren. Die Frühlingszwiebeln putzen, waschen und in
1–2 cm lange Stücke schneiden. Diese noch einmal
längs halbieren.

2 Die Butter in einem großen Topf zerlassen. Die Kartoffeln einrühren und 1–2 Min. braten. Die Pilze dazugeben und 1 Min. mitbraten. Dann die Zwiebeln und
Gurkenstücke untermischen und ebenfalls kurz mitbraten. Die Gemüsebrühe dazugießen und das Gulasch
zugedeckt bei schwacher Hitze 15–20 Min. schmoren,
bis die Kartoffeln weich sind.

3 Inzwischen die Kräuter waschen und trocken schütteln,
die Blättchen abzupfen und fein schneiden. Die Kräuter
zusammen mit der Crème fraîche unter das Gulasch
rühren. Das Gulasch mit Salz, Pfeffer, Kümmel und
Paprika abschmecken.

CHILIBOHNEN MIT KNOBLAUCHBROT

auch ohne Fleisch ein Partyhit

**Für 4 Personen · Zubereitungszeit ca. 25 Min.
pro Portion 490 kcal**

2 größere Zwiebeln
je 1 große rote, grüne und gelbe Paprikaschote
4 getrocknete Chilischoten · 2 EL Olivenöl
1 TL getrockneter Thymian · 200 ml Gemüsebrühe
(Rezept S. 190 oder Instant) · 1 EL Tomatenmark
2 Dosen Kidneybohnen (je 250 g Abtropfgewicht)
Salz · Zucker · 1/2 Bund Petersilie
4 Knoblauchzehen · 50 g weiche Butter
1/2 Baguette · 100 g saure Sahne

1 Den Backofen auf 225° (Umluft 200°) vorheizen.
Die Zwiebeln schälen, halbieren und in Streifen
schneiden. Die Paprikaschoten waschen, vierteln,
putzen und ebenfalls in Streifen schneiden. Die
getrockneten Chilischoten zerkrümeln.

2 Das Öl in einem Topf erhitzen. Zwiebel- und Paprikastreifen darin mit dem Thymian und den Chilis andünsten. Mit der Brühe aufgießen und das Tomatenmark
untermischen. Das Gemüse zugedeckt bei schwacher
Hitze ca. 5 Min. schmoren.

3 Inzwischen die Bohnen in einem Sieb kalt waschen
und abtropfen lassen. Unter das Gemüse mischen,
mit Salz und 1 Prise Zucker abschmecken und nochmals ca. 5 Min. garen.

4 Währenddessen Petersilie waschen und trocken schütteln, die Blätter abzupfen. Knoblauch schälen und mit
der Petersilie sehr fein hacken. Mit etwas Salz unter
die Butter mischen. Baguette längs aufschneiden,
quer halbieren. Mit der Knoblauchbutter bestreichen
und im Ofen (Mitte) ca. 5 Min. aufbacken.

5 Das Chili abschmecken, in vier tiefe Teller verteilen und
mit je 1 Klecks saurer Sahne garnieren. Das Knoblauch-
brot dazu servieren.

ROTE-LINSEN-TOMATEN-SUPPE

mit würzigem Thaicurry

**Für 2 Personen · Zubereitungszeit ca. 45 Min.
pro Portion 220 kcal**

80 g Zwiebeln
20 g frischer Ingwer
1 Knoblauchzehe
70 g rote Linsen
2 TL Olivenöl
2 EL Tomatenmark
1–2 TL rote Thai-Currypaste
   (aus dem Asienladen)
400 ml Gemüsebrühe
   (Rezept S. 190 oder Instant)
1 Dose stückige Tomaten
   (400 g Inhalt)
1/2 Bund Koriandergrün
Salz · Pfeffer
2 TL Crème légère

1 Die Zwiebeln, den Ingwer und den Knoblauch schälen
und fein hacken. Die Linsen in einem Sieb waschen
und abtropfen lassen.

2 Das Öl in einem Topf erhitzen und die Zwiebeln darin
in 5 Min. glasig dünsten. Ingwer und Knoblauch zugeben und unter Rühren 1 Min. mitdünsten. Das Tomatenmark und die Thai-Currypaste zugeben und unter
Rühren 2 Min. anrösten. Die Linsen zufügen und 2 Min.
andünsten. Die Brühe zugießen und 3 Min. köcheln
lassen. Die Dosentomaten zufügen und alles zugedeckt
15–18 Min. köcheln lassen.

3 Inzwischen das Koriandergrün waschen und trocken
schütteln, die zarten Stängel und die Blätter hacken.
Die Suppe mit Salz und Pfeffer abschmecken, in
zwei tiefe Teller oder Schalen füllen, jeweils 1 Klecks
Crème légère obendrauf setzen und mit Koriandergrün bestreuen.

BROTSUPPE MIT TOMATEN UND KÄSE

wärmt Leib und Seele

Für 4 Personen · Zubereitungszeit ca. 20 Min.
pro Portion 300 kcal

150 g altbackenes Weißbrot
200 g Tomaten
100 g Champignons
1 rote Zwiebel
2 Knoblauchzehen
2 Zweige Thymian
4 EL Olivenöl
1 l Gemüsebrühe
   (Rezept S. 190 oder Instant)
80 g mittelalter Pecorino
Salz · Pfeffer

1 Das Brot 1 cm groß würfeln. Die Tomaten waschen und
würfeln, dabei die Stielansätze entfernen. Die Pilze putzen und in dünne Scheiben schneiden. Zwiebel und
Knoblauch schälen und hacken. Den Thymian waschen
und trocken schütteln, die Blättchen abstreifen.

2 Zwiebel, Knoblauch und Thymian in 3 EL Öl andünsten.
Das Brot dazugeben und anbraten. Die Pilze kurz mitbraten. Die Brühe mit den Tomaten dazugeben und
die Suppe offen ca. 5 Min. köcheln lassen.

3 Den Käse entrinden, in Stücke brechen und unter die
Suppe mischen. Die Suppe salzen, pfeffern und mit
dem übrigen Öl beträufeln.

PETERSILIENWURZEL-SUPPE

winterlich-würzig

Für 4 Personen · Zubereitungszeit ca. 40 Min.
pro Portion 205 kcal

400 g Petersilienwurzeln
1 mittelgroße Stange Lauch
2–3 Knoblauchzehen
1 EL Rosmarinnadeln (frisch oder getrocknet)
4 EL Olivenöl
750 ml Gemüsefond (Rezept S. 187
   oder aus dem Glas)
75 g milde schwarze Oliven ohne Stein
Salz · Pfeffer
100 g Schafskäse (Feta)

1 Die Petersilienwurzeln putzen, schälen und in ca. 1 cm
große Würfel schneiden. Den Lauch putzen, längs aufschneiden, gründlich waschen und in schmale Streifen
schneiden. Den Knoblauch schälen und fein würfeln.
Die Rosmarinnadeln fein hacken.

2 Das Öl in einem Topf erhitzen und die Petersilienwurzeln und den Lauch darin ca. 5 Min. andünsten.
Den Knoblauch und den Rosmarin dazugeben und
kurz mitdünsten.

3 Den Fond dazugießen, alles aufkochen und 5–10 Min.
kochen. Die Oliven hacken und unterrühren. Die Suppe
mit Salz und Pfeffer abschmecken. Den Schafskäse
darüberkrümeln.

RHABARBERSUPPE

ungewöhnlich lecker

Für 4 Personen · Zubereitungszeit ca. 30 Min.
pro Portion 235 kcal

2 Zwiebeln · 1 EL Öl
1 TL mildes Currypulver
500–750 ml Gemüsebrühe
  (Rezept S. 190 oder Instant)
150 g rote Linsen
500 g Rhabarber
Salz · 1–2 EL Zucker
1/4 TL Harissa (arabische Chilipaste,
  nach Belieben)
1 kleines Bund Basilikum
100 g Joghurt

1 Die Zwiebeln schälen, halbieren und in Streifen
schneiden. Das Öl in einem Topf erhitzen, die Zwiebelstreifen darin andünsten und mit dem Curry bestäuben. Dann 500 ml Gemüsebrühe dazugießen und die
Linsen darin 5 Min. kochen.

2 Den Rhabarber waschen, putzen und in 2 cm lange
Stücke schneiden. Zur Suppe geben und ca. 5 Min. bei
schwacher Hitze mitkochen. Falls nötig, noch etwas
Brühe nachgießen.

3 Die Suppe mit Salz, Zucker und Harissa abschmecken.
Das Basilikum waschen und trocken schütteln, die
Blätter abzupfen und in Streifen schneiden. Die Suppe
auf vier Teller verteilen und mit Basilikum und jeweils
1 Klecks Joghurt servieren.

LINSENEINTOPF
MIT TOFU

wärmt und macht satt

Für 4 Personen · Zubereitungszeit ca. 1 Std.
pro Portion 310 kcal

2 Zwiebeln · 1 EL Butter
300 g Tellerlinsen
1,2 l Gemüsebrühe
  (Rezept S. 190 oder Instant)
250 g Möhren
150 g Knollensellerie
1 Stange Lauch
200 g Räuchertofu
Salz · Pfeffer
3 EL Weißweinessig
1 Bund Schnittlauch

1 Die Zwiebeln schälen, halbieren, in feine Streifen
schneiden und in der Butter in einem Topf glasig
dünsten. Die Linsen mit der Brühe zugeben und zugedeckt bei mittlerer Hitze 30–40 Min. kochen.

2 Inzwischen die Möhren und den Sellerie putzen,
schälen und in ca. 1 cm große Würfel schneiden.
In den Eintopf geben und alles weitere 10 Min. garen.

3 Den Lauch waschen, putzen und in feine Ringe schneiden. Den Tofu würfeln. Beides in den Eintopf geben
und 5 Min. mitgaren. Den Eintopf mit Salz, Pfeffer und
Essig abschmecken. Den Schnittlauch waschen, trocken schütteln, in Röllchen schneiden und aufstreuen.

SÜSSKARTOFFEL-KOKOS-SUPPE

thailändisch inspiriert

Für 4 Personen · Zubereitungszeit ca. 1 Std.
pro Portion 365 kcal

2 Stangen Zitronengras
1 kleine rote Zwiebel
3–4 Knoblauchzehen
1 Stück frischer Ingwer (ca. 5 cm)
1 frische kleine rote Chilischote
je 1 TL Kreuzkümmel- und
    Koriandersamen
1/2 TL Zimtpulver
500 g Süßkartoffeln
2–3 EL Öl
400 ml Kokosmilch (aus der Dose)
200 ml Gemüsebrühe
    (Rezept S. 190 oder Instant)
2–3 TL Sojasauce · Salz
1/2 Bund Koriandergrün

1 Das Zitronengras von den äußeren harten Blättern
befreien und in Ringe schneiden. Zwiebel, Knoblauch
und Ingwer schälen und grob würfeln. Die Chilischote
waschen, putzen und mit den Kernen klein schneiden.
Mit Zitronengras, Zwiebel, Knoblauch, Ingwer, Kreuz-
kümmel- und Koriandersamen sowie Zimtpulver im
Blitzhacker fein pürieren.

2 Die Süßkartoffeln schälen und grob würfeln. Das Öl in
einem Topf erhitzen, die Gewürzpaste dazugeben und
darin unter Rühren 1 Min. anbraten.

3 Die Kokosmilch, die Brühe und die Süßkartoffeln dazugeben. Alles einmal aufkochen, dann 10–15 Min.
köcheln lassen, bis die Süßkartoffeln gar, aber nicht
zu weich sind. Die Suppe mit Sojasauce und Salz
würzen. Das Koriandergrün waschen und trocken
schütteln, die Blättchen abzupfen und darüberstreuen.

KARTOFFEL-BLUMENKOHL-CURRY

ganz einfach und preiswert

**Für 2 Personen · Zubereitungszeit ca. 35 Min.
pro Portion 365 kcal**

400 g festkochende Kartoffeln
250 g Blumenkohl
1 Stück frischer Ingwer (ca. 2 cm)
1 EL neutrales Pflanzenöl
2 TL Currypulver
2 TL Tomatenmark
200 ml Kokosmilch (aus der Dose)
200 ml Gemüsefond
   (Rezept S. 187 oder aus dem Glas)
Salz · Pfeffer
1 TL Zitronensaft
1–2 TL heller Saucenbinder

1 Die Kartoffeln schälen, waschen und in 2 cm große Stücke schneiden. Den Blumenkohl waschen, den Strunk entfernen und den Blumenkohl in Röschen zerteilen. Den Ingwer schälen und sehr fein würfeln.

2 Das Öl in einem breiten Topf erhitzen und den Ingwer darin andünsten, aber nicht bräunen. Das Currypulver darüberstäuben und kurz andünsten. Das Tomatenmark einrühren, dann die Kartoffeln und den Blumenkohl dazugeben. Die Kokosmilch und den Gemüsefond angießen und alles zum Kochen bringen. Das Curry bei mittlerer Hitze 15–20 Min. offen kochen, dabei gelegentlich umrühren.

3 Das Curry mit Salz, Pfeffer und dem Zitronensaft abschmecken. Den Saucenbinder einrühren.

> **AROMA-TIPP**
> Streuen Sie vor dem Servieren die fein geschnittenen Blätter von 4 Stängeln glatter Petersilie auf.

KARTOFFELN, GEMÜSE UND HÜLSENFRÜCHTE

Die Stars in der Veggie-Küche

Zum Glück sind die Zeiten vorbei, als sie nur in deftigen Eintöpfen ihre Stärke zeigen durften: Heute kommen Linsen, Bohnen und Kichererbsen auch in der Sterneküche ganz groß raus. Hülsenfrüchte punkten mit Vitaminen und Mineralstoffen wie Folsäure, Kalium, Eisen und Magnesium. Sie haben einen hohen Anteil an Ballaststoffen – deshalb machen sie schön satt. Insbesondere aber sind getrocknete Hülsenfrüchte großzügigste Lieferanten von pflanzlichem Eiweiß. Und deshalb besonders wertvoll für alle, die auf Fleisch verzichten.

Who is who?

Erbsen Getrocknete gibt's in Gelb und Grün, bereits geschält oder noch mit Schale. Die ungeschälten unbedingt vor dem Garen einweichen. Große Auswahl bieten Asienläden, die indische Spezialitäten im Programm haben. Im Sommer frische Erbsen in der Schote kaufen. Zum Herauslösen die »Nähte« drücken, bis sie aufplatzen. Schoten dann aufbrechen und die Erbsen mit den Fingern herausstreichen. Sie sind schon nach wenigen Minuten Garzeit ein Genuss! Im Winter können TK-Erbsen frische Hülsenfrüchte gut ersetzen.

Bohnen Ob in Weiß, Rot oder Schwarz, mit Pünktchen oder kleinen Sprenkeln: Alle getrockneten Bohnen müssen vor dem Garen eingeweicht werden. Im Sommer schmecken frische dicke Bohnen aus der Schote, die wie Erbsen gepalt werden (s. o.). In großen Supermärkten finden Sie auch TK-Sojabohnen und tiefgekühlte Dicke Bohnen.

Linsen Die kleinsten und feinsten Hülsenfrüchte! Rote Linsen sind bereits geschält und deshalb ohne Einweichen in knapp 15 Min. gar. Sie kochen sämig, im Gegensatz zu den kleinen, schwarzen Beluga-Linsen, die gekocht dem gleichnamigen Kaviar ähneln. Auch die aromatisch-nussigen Puy-Linsen bleiben bissfest – eine echte Spezialität! Die großen grünlich-braunen Tellerlinsen besser quellen lassen, das verkürzt die Garzeit von bis zu 45 Min.

CLEVER GEWÜRZT
Kümmel- und Fenchelsamen machen Hülsenfrüchte bekömmlicher.

Kichererbsen Die kugeligen Hülsenfrüchte spielen in den Küchen der Welt eine große Rolle, vor allem im Orient, im Mittelmeerraum, in Indien und Mexiko. Bis sie ihr intensives Aroma preisgeben, müssen sie unbedingt über Nacht einweichen. Sie haben auch dann noch eine lange Garzeit. Hummus, Lieblingsdip im Orient, lässt sich ganz schnell mit Kichererbsen aus der Dose zubereiten. Im Asien- und Bioladen finden Sie auch Kichererbsenmehl, z. B. für Falafel.

Pilze – aromatische Aufsteiger in der Gemüseküche

Für uns gehören sie zum Gemüse, Biologen dagegen ordnen Pilze in ein eigenes Reich ein. In jedem Fall bringen sie Abwechslung und Vitalstoffe in den vegetarischen Küchenalltag – am liebsten im Herbst.

SALZ UND SÄURE ERST ZUM SCHLUSS!

Erbsen, Linsen und Bohnen grundsätzlich in ungesalzenem Wasser oder Fond garen und erst zum Schluss mit Salz, Essig oder Zitronensaft würzen – die Hülsenfrüchte werden sonst nicht weich. Übrigens enthalten auch Tomaten Säure. Deshalb dürfen sie ebenfalls erst zum Schluss der Garzeit ins Kichererbsengemüse oder in den Bohneneintopf. Hartes, stark kalkhaltiges Wasser verlängert die Garzeit ebenfalls. In diesem Fall 1 kräftige Prise Natron untermischen – sie macht das Wasser weicher.

Die Top 5 bei frischen Pilzen

Seitlinge Dazu zählen die fleischigen Austern-pilze und die Kräuterseitlinge, die es ge-schmacklich mit Steinpilzen aufnehmen kön-nen. Ihr Frischekennzeichen: festes Fleisch und ein glatter, nach unten zeigender Hutrand. Seitlinge nicht lange braten, sie werden zäh.

Champignons Ob weiß, rosa oder braun: Sie sind unkomplizierte Alleskönner! Ein Blick auf den Hut verrät, wie frisch sie sind. Lassen Sie runzlige oder fleckige Champignons und Egerlinge im Gemüseregal. Champignons schmecken auch roh sehr gut, z. B. als Carpac-cio oder im Salat. Dann enthalten sie auch das Maximum an Folsäure.

Pfifferlinge sind besonders eisenhaltig. Stark verschmutzte Exemplare mit Mehl be-stäuben. Das bindet die Erde auch zwischen den Lamellen. Pilze ganz kurz in stehendem Wasser waschen, abbrausen und sofort sehr gut trocken tupfen.

Shiitake-Pilze Ihr intensives Aroma erinnert an Steinpilze. Topfrische Shiitake sind schön fleischig, gold- bis dunkelbraun und haben gewölbte Hüte. Getrocknete finden Sie unter ihrem chinesischen Namen Tongku. Bei fri-schen Pilzen nur die Stiele kürzen. Getrock-nete mit warmem Wasser übergießen und 10–20 Min. einweichen. Danach die Stiele herausdrehen, sie bleiben zäh.

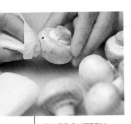

PILZE PUTZEN
Champignons einfach nur mit einem feuchten Tuch abreiben.

IN RAHMSAUCE schwimmen Pilze am liebsten – ganz gleich ob Egerlinge, Pfiffer-linge oder auch Steinpilze.

Steinpilze Mit ihrem starken Geschmack und dem intensiven Duft sind sie Feinschmeckern lieb und teuer. Frische Steinpilze müssen fest und frei von Würmern sein. Das erkennen Sie am besten bei aufgeschnittenen Exemplaren. Erdreste mit einem kleinen Messer abkratzen, hässliche Stellen herausschneiden. Getrock-nete Steinpilze müssen nicht gesäubert wer-den. Lassen Sie sie mindestens 30 Min. in Wasser quellen. Das Einweichwasser filtern und mitverwenden – ein aromatischer Fond!

Tipps & Tricks

• Frische Pilze sehen prall und trocken, aber nicht vertrocknet aus, und sie duften ange-nehm. Fleckige oder schmierige Pilze beim Händler lassen!

• Nur wer sich gut auskennt, darf Pilze selber sammeln. Denn die beliebtesten Emporkömm-linge haben hochgiftige Doppelgänger.

• Zu Hause frische Pilze am besten gleich zubereiten, durchs Lagern verlieren sie an Geschmack. Für einen Kurzaufenthalt dürfen sie ins Gemüsefach des Kühlschranks, aber bitte nicht in Plastikverpackung!

• Champignons, Austern- oder Steinpilze möglichst nicht waschen – sie saugen sich voll wie ein Schwamm, ihr Aroma verwässert. Die Pilze am besten mit einer Bürste säubern, aber nicht zu stark schrubben! Sie können sie auch mit einem weichen Tuch abwischen. Pilzgerichte dürfen einmal aufgewärmt wer-den, besser werden sie dadurch aber nicht. Falls was übrigbleibt von Champignons in Ing-wersauce oder Pfifferlingsragout: Reste schnell abkühlen lassen, nur kurz und kühl aufbewah-ren und vorm Servieren sehr gut erhitzen.

Shoppen auf dem Bauernmarkt

Gemüse mit Heimvorteil: Auf dem Bauern-markt bekommen Sie frisch gestochenen Spargel, Tomaten, Kartoffeln und Kürbis direkt vom Erzeuger aus Ihrer Region und häufig auch in Bioqualität – für clevere Einkäufer ein Paradies. Kein Bauernmarkt in Ihrer Nähe?

KARTOFFELN – WELCHER TYP DARF'S SEIN?

Mehligkochende Kartoffeln (z. B. Irmgard, Aula, Datura, Monza) haben eine dicke Schale, einen hohen Stärkegehalt und eignen sich am besten für Püree, sämige Suppe, Gnocchi und Knödel.
Vorwiegend festkochende Sorten (z. B. Berolina, Christa, Gra-nola, Grandifolia, Gloria, Jetta) sind Allrounder: Salz- und Pell-kartoffeln, Gratins und Ofenkartoffeln gelingen damit perfekt.
Festkochende Kartoffeln (z. B. Sieglinde, Linda, Nicola, Selma, Hansa) enthalten wenig Stärke. Gut für Bratkartoffeln, Rösti, Auflauf und Salat.
Süßkartoffeln sind fester als unsere Sorten. Sie schmecken wie mehligkochende Kartoffeln mit süßlicher Note.

Im Internet (unter www.erzeuger-direkt.de) finden Sie die Adressen von Bauernhöfen, die ihre Erzeugnisse direkt im Hofladen verkaufen. Ein Besuch lohnt sich. Auch auf »normalen« Wochenmärkten finden Sie Obst und Gemüse aus Ihrer Nachbarschaft. Mittlerweile machen außerdem viele Supermärkte in ihrer Obst- und Gemüseabteilung auf regional erzeugte Produkte aufmerksam. Greifen Sie zu!

Bio = besser?

Ist Gemüse aus Öko-Anbau wirklich besser? Untersuchungen haben bewiesen, dass Biofrüchte tatsächlich mehr sekundäre Pflanzenstoffe aufweisen als konventionell angebaute Ware. Außerdem enthalten sie natürlich weniger Schadstoffe. Denn Öko-Landwirte verzichten auf chemisch-synthetische Pflanzenschutzmittel, auf leicht lösliche und damit schnell wirksame Düngemittel sowie auf gentechnisch veränderte Samen. Das staatliche Biosiegel garantiert den Verzicht auf Gentechnik und Pestizide. Die großen Anbauverbände setzen noch konsequenter auf Nachhaltigkeit. Produkte von Demeter, Bioland oder Naturland werden nach eigenen, sehr strengen Richtlinien produziert und kontrolliert. Deshalb kosten sie auch mehr. Tipp: Kaufen Sie auch Bio-

DAS EU-BIOSIEGEL kennzeichnet neuerdings Produkte, die den Bioverordnungen, dem Mindeststandard der Europäischen Union, entsprechen.

gemüse saisonal ein. Dann ist es frischer und preiswerter. Und prüfen Sie Biofrüchte beim Einkauf auf Frische.

Bunt & gesund!

Frisches Gemüse braucht kein großes Rezept. Ganz schnell geschnippelt sind Rohkoststückchen – mit Pesto oder Joghurtdip ein gesunder, knackig-farbenfroher Snack. Zum Knabbern eignen sich Möhren, Chicorée, Fenchel, Paprika, Kohlrabi, Staudensellerie oder Radieschen besonders gut. Probieren Sie auch mal Mairübchen, zarte Zucchini oder jungen frischen Blumenkohl. Das Gemüse gründlich waschen oder schälen, putzen und in Stäbchen oder mundgerechte Stücke schneiden.

SAISONKALENDER FÜR HEIMISCHES GEMÜSE

FREUEN SIE SICH ÜBER ABWECHSLUNG – ENTDECKEN SIE JEDE JAHRESZEIT NEU!

FRÜHLING	Gute Zeit für Blumenkohl, Brokkoli, Chinakohl, Frühlingszwiebeln, Kohlrabi, Lauch, Möhren, Radieschen, Spargel, Spinat, Spitzkohl
SOMMER	Gute Zeit für Auberginen, Blumenkohl, Brokkoli, Dicke Bohnen, Erbsen, Fenchel, Frühlingszwiebeln, grüne Bohnen, Gurken, Kohlrabi, Lauch, Mangold, Möhren, Paprika, Radieschen, Rettich, Spinat, Spitzkohl, Staudensellerie, Tomaten, Wirsing, Zucchini, Zuckerschoten
HERBST	Gute Zeit für Blumenkohl, Brokkoli, Frühlingszwiebeln, Gurken, Kartoffeln, Knollensellerie, Kohlrabi, Kürbis, Lauch, Mangold, Möhren, Paprika, Pastinaken, Petersilienwurzeln, Rettich, Rote Bete, Rotkohl, Schwarzwurzeln, Spinat, Spitzkohl, Staudensellerie, Topinambur, Weißkohl, Wirsing, Zucchini
WINTER	Gute Zeit für Chicorée, Chinakohl, Grünkohl, Knollensellerie, Lauch, Möhren, Pastinaken, Petersilienwurzeln, Rosenkohl, Rote Bete, Rotkohl, Schwarzwurzeln, Topinambur, Weißkohl

AROMAKARTOFFELN MIT GEMÜSEREMOULADE

optisch und geschmacklich ein Hit

**Für 4 Personen · Zubereitungszeit ca. 30 Min.
Backzeit 30 Min. · pro Portion 580 kcal**

Für die Aromakartoffeln:

1 kg kleine neue Kartoffeln
4 EL Olivenöl
2 TL grobes Meersalz
1–2 TL Chiliflocken
2 Knoblauchzehen

Für die Remoulade:

Salz · 2 frische Maiskolben (ca. 500 g)
2 mittelgroße Möhren
1 Gewürzgurke (aus dem Glas, ca. 60 g)
100 g Salatmayonnaise (aus dem Glas)
100 g Joghurt · Pfeffer
2–3 TL frisch gepresster Zitronensaft
1/2 Bund Petersilie

Außerdem:

4 Bögen Backpapier (je ca. 40 x 40 cm)
Küchengarn

1 Die Kartoffeln unter fließendem Wasser schrubben, abtrocknen und längs halbieren. Das Olivenöl mit dem Meersalz und den Chiliflocken in einer Schüssel verrühren. Den Knoblauch schälen und in Scheibchen schneiden. Mit den Kartoffeln im Würzöl wenden.

2 Den Backofen auf 200° (Umluft 180°) vorheizen. Die Kartoffelhälften auf die Backpapierbögen verteilen. Das Papier über den Kartoffeln mehrmals falten, die seitlichen Enden zusammendrehen und mit Küchengarn festbinden. Die Päckchen auf ein Backblech legen und im heißen Backofen (unten) ca. 30 Min. backen.

3 Inzwischen in einem großen Topf reichlich Salzwasser zum Kochen bringen. Für die Remoulade die Maiskolben evtl. aus den Blättern schälen und im kochenden Salzwasser ca. 5 Min. garen, dann in ein Sieb abgießen, kalt abschrecken und abtropfen lassen. Die Maiskörner mit einem Messer von den Kolben schneiden – es sollten ca. 250 g sein.

4 Die Möhren putzen, schälen und fein würfeln. Die Gewürzgurke ebenfalls fein würfeln. Die Mayonnaise mit Joghurt, Salz, Pfeffer und Zitronensaft verrühren. Möhren, Gewürzgurke und Maiskörner unterrühren. Die Petersilie waschen und trocken schütteln, die Blätter abzupfen, fein hacken und unterheben. Die Kartoffeln mit der Gemüse-Remoulade anrichten.

VARIANTE

BACKKARTOFFELN MIT GURKENZAZIKI

**Für 4 Personen · Zubereitungszeit ca. 40 Min.
Backzeit 1 Std. 20 Min. · pro Portion 440 kcal**

• 4 große mehligkochende Kartoffeln (je 250–300 g) waschen, abtrocknen, mit einem Holzspieß rundherum einstechen. Den Backofen auf 200° vorheizen.

• 4 Stücke Alufolie (je ca. 30 x 20 cm) jeweils mit 1–2 TL Olivenöl bepinseln und mit Salz bestreuen. Je 1 Kartoffel in ein Folienstück wickeln und im Backofen (unten, Umluft 180°) 75–80 Min. backen.

• Inzwischen 250 g Quark und 200 g saure Sahne mit 2 EL Olivenöl verrühren. Mit 1 TL abgeriebener Bio-Zitronenschale, 1 TL Zitronensaft und Salz und Pfeffer würzen. 1 weiße Zwiebel schälen und fein würfeln. 250 g Bio-Minisalatgurken waschen, längs halbieren, entkernen und ungeschält fein würfeln. Die Zwiebel- und Gurkenwürfel unter den Quark rühren.

• Die Kartoffeln aus der Folie wickeln, über Kreuz einschneiden, etwas auseinanderbrechen und je 2 EL Zaziki daraufgeben. Mit 2 EL Schnittlauchröllchen und 1–2 EL Röstzwiebeln (Fertigprodukt) bestreuen. Den übrigen Quark extra servieren.

KARTOFFELTALER
AUF RAHMSPINAT

Raffiniertes aus dem Vorrat

**Für 4 Personen · Zubereitungszeit ca. 45 Min.
pro Portion 745 kcal**

750 g Kartoffelkloßteig halb und halb
  (Fertigprodukt, aus dem Kühlregal)
2 EL Mehl · 2 Eier (Größe M)
50 g geriebener Gouda
Salz · Pfeffer
frisch geriebene Muskatnuss
6 EL Öl · 1 Zwiebel
150 ml Gemüsebrühe (Instant)
200 g Crème fraîche
600 g TK-Blattspinat

1 Den Knödelteig mit Mehl, Eiern, Gouda, Salz, Pfeffer
und Muskat gut verkneten. Aus der Masse mit angefeuchteten Händen zwölf Taler formen.

2 In einer beschichteten Pfanne 4 EL Öl erhitzen und die
Kartoffeltaler darin in zwei Portionen bei mittlerer Hitze
von jeder Seite in 5 Min. goldbraun braten.

3 Inzwischen die Zwiebel schälen, fein würfeln und im
restlichen Öl in einem Topf glasig dünsten. Brühe und
Crème fraîche unterrühren. Den Spinat dazugeben, aufkochen und zugedeckt bei schwacher Hitze in 10 Min.
auftauen lassen. Ab und zu umrühren.

4 Den Spinat mit Salz, Pfeffer und Muskat abschmecken.
Die Kartoffeltaler mit der Spinatsauce servieren.

OFENKARTOFFELN
MIT ROHKOST

ganz einfach und supergesund

**Für 4 Personen · Zubereitungszeit ca. 30 Min.
Backzeit 1 Std. 30 Min. · pro Portion 485 kcal**

4 vorwiegend festkochende Kartoffeln
(je 250–300 g) · 250 g Quark · 100 g Crème fraîche
Salz · Pfeffer · 3–4 EL Schnittlauchröllchen
400 g Möhren · 200 g schwarzer Winterrettich
1 roter Apfel (ca. 200 g) · 2 EL Zitronensaft
2 TL flüssiger Honig · 3 EL Öl
Außerdem:
Öl zum Einfetten · Alufolie

1 Ofen auf 220° (Umluft 200°) vorheizen. Die Kartoffeln
waschen, abbürsten und einzeln in je ein Stück geölte
Alufolie wickeln. Im Backofen (Mitte) 1 1/2 Std. backen.

2 Inzwischen den Quark mit der Crème fraîche und
3 EL Wasser cremig rühren und mit Salz und Pfeffer
würzen. Die Schnittlauchröllchen untermischen.

3 Möhren und Rettich putzen, schälen und raspeln.
Den Apfel waschen, vierteln, entkernen und raspeln.
Alles mit Salz durchkneten und 15 Min. ziehen lassen,
dann leicht ausdrücken und mit Zitronensaft, Honig,
Salz, Pfeffer und Öl anmachen.

4 Die Kartoffeln aus dem Ofen nehmen und die Folie öffnen. Die Kartoffeln kreuzweise einschneiden und aus-
einanderdrücken, Quark und nach Belieben etwas Rohkost daraufgeben. Die restliche Rohkost dazu reichen.

WALNUSS-BRATKARTOFFELN

mit mediterranem Touch

Für 4 Personen · Zubereitungszeit ca. 40 Min.
pro Portion 485 kcal

800 g festkochende Kartoffeln
Salz · 2 rote Zwiebeln
2 Knoblauchzehen
2 Zweige Rosmarin
100 g Walnusskerne
2 Tomaten · 1/2 Bund Petersilie
4 EL Olivenöl · Pfeffer
200 g Schafskäse (Feta)

1 Die Kartoffeln waschen und mit Schale in Salzwasser knapp gar kochen. Abgießen, pellen, in ca. 1/2 cm dicke Scheiben schneiden und abkühlen lassen.

2 Inzwischen die Zwiebeln schälen und klein würfeln. Knoblauch schälen und in feine Scheiben schneiden. Die Rosmarinnadeln abzupfen und hacken. Die Nüsse grob hacken. Die Tomaten waschen, vierteln, von Stielansatz und Kernen befreien und würfeln. Die Petersilie waschen und trocken schütteln, die Blätter abzupfen und fein hacken.

3 Das Öl in einer großen Pfanne erhitzen und die Kartoffeln darin bei mittlerer Hitze in 6 Min. auf beiden Seiten goldbraun braten. Zwiebeln, Knoblauch, Rosmarin und Nüsse hinzufügen und 2–3 Min. mitbraten. Tomaten und Petersilie untermengen, salzen und pfeffern. Den Schafskäse zerbröckeln und aufstreuen.

ENDIVIEN-KARTOFFEL-PÜREE

grün-gelbes Kraftpaket

Für 4 Personen · Zubereitungszeit ca. 40 Min.
pro Portion 235 kcal

800 g mehligkochende Kartoffeln
Salz · 350 g Endiviensalat
1 Zwiebel · 2 EL Öl
2 EL Butter
200 ml Milch
Pfeffer
frisch geriebene Muskatnuss

1 Die Kartoffeln schälen, waschen, in Stücke schneiden und in Salzwasser 20 Min. kochen. Inzwischen den Endiviensalat putzen, waschen, trocken schleudern und in feine Streifen schneiden.

2 Die Zwiebel schälen und klein würfeln. Öl und Butter in einer großen Pfanne erhitzen und die Zwiebel darin glasig dünsten. Den Endiviensalat dazugeben und in 1–2 Min. bei mittlerer Hitze zusammenfallen lassen.

3 Die Kartoffeln abgießen und kurz ausdampfen lassen, dann zerdrücken. Die Milch aufkochen und mit den Quirlen des Handrührgeräts unter das Püree schlagen. Die Endivien-Mischung unterheben und das Ganze mit Salz, Pfeffer und Muskat abschmecken.

| DAS SCHMECKT DAZU
Zu dem Püree passen wachsweiche oder pochierte Eier (s. S. 121).

KARTOFFELPÜREE MIT OFENTOMATEN

kräuterfrisch abgeschmeckt

Für 2 Personen · Zubereitungszeit ca. 30 Min.
Backzeit 1 Std. · pro Portion 360 kcal

Für die Tomaten:
500 g Cocktailtomaten
1/4 Bund Petersilie
2 Zweige Thymian
1 Knoblauchzehe
1 Stück Bio-Zitronenschale
2 EL Olivenöl · Salz · Pfeffer
Für das Püree:
500 g vorwiegend festkochende Kartoffeln · Salz
1/2 Bund gemischte Kräuter (z. B. für Grüne Sauce)
150 ml Milch · 1 EL Butter
frisch geriebene Muskatnuss

1 Den Backofen auf 150° vorheizen. Die Tomaten
waschen und halbieren. Mit den Schnittflächen nach
oben nebeneinander in eine feuerfeste Form setzen.

2 Die Kräuter waschen und trocken schütteln, die Blättchen abzupfen und fein hacken. Den Knoblauch schälen und durchpressen. Die Zitronenschale fein hacken.
Kräuter, Knoblauch und Zitronenschale mit dem Öl
verrühren und kräftig salzen und pfeffern. Die Würz-
mischung auf den Tomaten verstreichen. Die Tomaten
im Ofen (Mitte, Umluft 130°) ca. 1 Std. backen.

3 Nach der Hälfte der Backzeit die Kartoffeln schälen,
waschen und in ca. 2 cm große Würfel schneiden.
In einen Topf mit Salzwasser geben, aufkochen und
zugedeckt bei mittlerer Hitze in ca. 15 Min. weich
kochen. Inzwischen die Kräuter waschen und trocken
schütteln, die Blättchen sehr fein hacken. Die Milch
erhitzen, die Butter klein würfeln.

4 Die Kartoffeln abgießen und in einer Schüssel mit dem
Kartoffelstampfer fein zerdrücken. Milch, Butter und
Kräuter unterrühren. Das Püree mit Salz und Muskat
würzen und mit den Tomaten servieren.

KRÄUTERGNOCCHI

mit feiner Paprikasahne

Für 2 Personen · Zubereitungszeit ca. 1 Std.
pro Portion 570 kcal

Für die Gnocchi:
400 g vorwiegend festkochende Kartoffeln
4 Zweige Thymian
6 Stängel Petersilie
125 g Hartweizengrieß
1 Eigelb (Größe M) · Salz
Mehl zum Arbeiten
Für die Sauce:
100 g eingelegte rote Paprikaschoten (aus dem Glas)
2 Frühlingszwiebeln · 1 Knoblauchzehe
1 EL Olivenöl · 100 g Sahne · Salz · Pfeffer

1 Die Kartoffeln in der Schale in Wasser zugedeckt weich
kochen. Inzwischen für die Sauce die Paprika abtropfen
lassen und klein würfeln. Frühlingszwiebeln putzen
und waschen, weiße und hellgrüne Teile in Ringe
schneiden. Den Knoblauch schälen und fein hacken.

2 Die Kartoffeln abgießen und etwas ausdampfen
lassen, dann pellen und durch die Presse drücken.
Lauwarm abkühlen lassen.

3 Die Kräuter waschen und trocken schütteln, die Blättchen fein hacken. Mit Grieß, Eigelb und 1/2 TL Salz zu
den Kartoffeln geben und alles zu einem formbaren
Teig verkneten.

4 Aus dem Teig daumendicke Rollen formen, 1 cm lange
Stücke abschneiden und diese auf einem bemehlten
Küchentuch ausbreiten. Salzwasser zum Kochen
bringen und die Gnocchi darin bei schwacher Hitze
in ca. 10 Min. gar ziehen lassen.

5 Inzwischen Zwiebeln und Knoblauch im Öl glasig braten. Paprika und Sahne dazugeben, salzen, pfeffern
und 3–4 Min. offen köcheln lassen. Die Gnocchi mit
dem Schaumlöffel aus dem Wasser auf Teller heben
und die Paprikasahne darauf verteilen.

DER LIEBLINGSKLASSIKER

KÜRBISGNOCCHI MIT STEINPILZEN

exklusives Verwöhngericht

**Für 6 Personen · Zubereitungszeit ca. 2 Std.
pro Portion 360 kcal**

ca. 650 g Kürbis
   (z. B. Muskatkürbis, Butternut)
300 g mehligkochende Kartoffeln
250–300 g Mehl · 1 Ei (Größe M)
50 g Butter · Salz · Pfeffer
frisch geriebene Muskatnuss
500 g Steinpilze (ersatzweise Champignons,
   Pfifferlinge oder andere Waldpilze)
1 Schalotte · 2–3 Knoblauchzehen
6–8 Zweige Thymian (oder
   1 TL getrockneter Thymian)
1/2 Bund glatte Petersilie · 2 EL Öl
Außerdem:
feuerfeste Form · Öl für die Form
Mehl zum Arbeiten · geriebener Parmesan

1 Den Backofen auf 200° vorheizen. Die Form dünn mit Öl ausstreichen. Den Kürbis schälen, die Kerne und Fasern entfernen.

2 Ca. 500 g Kürbisfleisch in kleine Stücke schneiden, in die Form geben und offen im heißen Backofen (Mitte, Umluft 180°) 50–60 Min. garen. Den Kürbis herausnehmen, etwas abkühlen lassen und durch die Kartoffelpresse in eine Schüssel drücken.

3 Inzwischen die Kartoffeln mit Schale und mit Wasser bedeckt in ca. 20 Min. weich garen. Abgießen, abkühlen lassen, pellen und durch die Kartoffelpresse zum Kürbis drücken.

4 250 g Mehl, das Ei, 20 g Butter, Salz, Pfeffer und etwas Muskat zur Kürbis-Kartoffel-Mischung geben und alles zu einem Teig verarbeiten. Bei Bedarf noch etwas Mehl unterkneten.

5 In einem großen Topf reichlich Salzwasser aufkochen. Den Teig auf wenig Mehl zu ca. 2 cm dünnen Rollen formen. Die Teigrollen in ca. 2 cm große Stücke schneiden. Die Gnocchi portionsweise in das siedende Wasser geben. Wenn sie an der Oberfläche schwimmen, mit einem Schaumlöffel herausnehmen, abtropfen lassen und bei 100° im Ofen warm stellen.

6 Die Pilze gründlich putzen, feucht abreiben und in dünne Scheiben schneiden. Die Schalotte und den Knoblauch schälen, beides fein hacken. Die Kräuter waschen und trocken schütteln. Die Thymianblätter abzupfen, die Petersilienblätter hacken.

7 Die übrige Butter und das Öl erhitzen und die Pilze darin ca. 2 Min. kräftig anbraten. Schalotte und Knoblauch zugeben und kurz mitbraten. Die Kräuter untermischen, salzen und pfeffern. Die Gnocchi und Pilze auf sechs vorgewärmten Tellern anrichten und mit geriebenem Parmesan bestreuen.

PROFI-TIPP
Übrige Gnocchi können Sie im Kühlschrank gut 2–3 Tage aufbewahren oder portionsweise einfrieren. Zum Auftauen die Gnocchi in heißem Wasser erwärmen oder bei Zimmertemperatur auftauen lassen. Dann in einer Pfanne mit etwas Butter und Öl knusprig braten.

BRATKARTOFFELN MIT KÄSE

begeistert nicht nur Vegetarier

**Für 4 Personen · Zubereitungszeit ca. 25 Min.
pro Portion 440 kcal**

1 kg Pellkartoffeln
   (vom Vortag)
400 g Zucchini
2 Zweige Rosmarin
4 Knoblauchzehen
4 EL Olivenöl
Salz · Pfeffer
2 EL Butter
150 g Käse (ganz nach Belieben
   milder Gouda, Mozzarella, würziger
   Ziegenfrischkäse oder Schafskäse)
50 g Oliven (nach Belieben)

1 Die Kartoffeln pellen und in 1 cm dicke Scheiben
schneiden. Die Zucchini waschen, putzen, längs vierteln und quer in 1 cm dicke Stücke schneiden.

2 Den Rosmarin waschen, trocken schütteln und die
Nadeln grob schneiden. Knoblauch schälen und in
feine Scheiben schneiden.

3 Das Öl bei starker Hitze in einer großen Pfanne erhitzen. Kartoffeln und Rosmarin einrühren und die Temperatur auf mittlere Stufe schalten. Die Kartoffeln
ca. 5 Min. braten, dabei ab und zu mal durchrühren.

4 Die Zucchini und den Knoblauch dazugeben, alles
mit Salz und Pfeffer abschmecken, durchrühren und
ca. 5 Min. weiterbraten.

5 Die Butter klein würfeln und unter die Kartoffeln
rühren. Den Käse in kleine Stücke teilen, zerkrümeln
oder würfeln und auf den Kartoffeln verteilen. Nach
Belieben noch die Oliven dazugeben. Alles zugedeckt
noch 1 Min. weitergaren, bis der Käse warm ist. Dazu
schmeckt ein Tomatensalat.

NUSSKARTOFFELN MIT MEERRETTICHSAUCE

schön würzig, schön einfach

**Für 4 Personen · Zubereitungszeit ca. 35 Min.
pro Portion 545 kcal**

1 kg kleinere neue Kartoffeln
50 g Haselnuss-, Walnuss- oder Kürbiskerne
3 EL Butter · Salz
1 TL edelsüßes Paprikapulver
Für die Meerrettichsauce:
250 ml Gemüsebrühe (Instant)
200 g Sahne
4–5 EL frisch geriebener Meerrettich
3 EL kalte Butter · Salz
einige Stängel Petersilie

1 Die Kartoffeln waschen, in einem Topf knapp mit Wasser bedecken und zugedeckt in ca. 15 Min. fast weich kochen. Abgießen und etwas ausdampfen lassen.

2 Die Nüsse sehr fein hacken. Butter in einer weiten Pfanne erhitzen. Die Kartoffeln einlegen, salzen und bei mittlerer Hitze ca. 5 Min. braten. Ab und zu durchrütteln, damit sie rundum braun werden.

3 Gleichzeitig für die Sauce Brühe und Sahne bei mittlerer Hitze in 2–3 Min. leicht einkochen. Meerrettich untermischen, kalte Butter in kleinen Stücken unterschlagen, Sauce mit Salz würzen. Petersilie waschen, trocken schütteln und fein schneiden.

4 Nüsse und Paprikapulver unter die Kartoffeln mischen und weitere ca. 2 Min. braten. Zum Servieren etwas Sauce in tiefe Teller geben. Kartoffeln hineinlegen, mit der Petersilie bestreuen und servieren. Übrige Sauce extra dazu reichen.

TAUSCH-TIPP
Wenn's gerade keine neuen Kartoffeln zu kaufen gibt, schmecken natürlich auch andere. Diese kochen Sie dann in der Schale vor und pellen sie vor dem Braten.

KARTOFFEL-QUARK-PFLANZERL

saftig, würzig und wunderbar locker

Für 4 Personen
Zubereitungszeit ca. 40 Min.
pro Portion 315 kcal

500 g vorwiegend
   festkochende Kartoffeln
80 g altbackenes Misch-
   oder Bauernbrot
100 ml Milch
2 Eier (Größe M)
2 Frühlingszwiebeln
1/2 Bund Petersilie
60 g Bergkäse
   oder Emmentaler
150 g Quark
Salz · Pfeffer
1 EL Butter · 2 EL Öl

1 Die Kartoffeln waschen und ungeschält in einen Topf
geben. Mit Wasser bedecken, einmal aufkochen und
zugedeckt bei mittlerer Hitze in 20–30 Min. weich
kochen. Abgießen und kurz ausdampfen lassen.

2 Inzwischen das Brot entrinden, grob würfeln und in
eine Schüssel geben. Milch und Eier verquirlen und
über das Brot gießen.

3 Die Kartoffeln pellen und durch eine Kartoffelpresse
drücken. Die Frühlingszwiebeln putzen, waschen und
in feine Ringe schneiden. Die Petersilie waschen und
trocken schütteln, die Blätter fein hacken. Den Käse
ohne Rinde klein würfeln. Alle diese Zutaten mit dem
Quark, Salz und Pfeffer zum eingeweichten Brot geben
und kräftig durchkneten.

4 Die Butter zusammen mit dem Öl in einer großen
Pfanne erhitzen. Aus dem Kartoffelteig Küchlein von
knapp 2 cm Dicke formen und im Fett bei mittlerer
Hitze pro Seite 4–5 Min. braten, bis sie goldbraun
und knusprig sind.

SCHUPFNUDELN MIT SPITZKOHL

preiswert und gut vorzubereiten

**Für 4 Personen · Zubereitungszeit ca. 1 Std. 15 Min.
Kochzeit 20–30 Min. · Zeit zum Trocknen 1 Std.
pro Portion 410 kcal**

800 g mehligkochende Kartoffeln · 150 g Mehl
1 Ei (Größe M) · 1 Eigelb (Größe M) · Salz
frisch geriebene Muskatnuss · 1 Spitzkohl (ca. 750 g)
1 große Zwiebel · 4 EL Butterschmalz
1 TL Kümmelsamen · 1 TL Zucker
1 TL edelsüßes Paprikapulver · Pfeffer
Außerdem:
Mehl zum Arbeiten

1 Die Kartoffeln waschen und ungeschält in 20–30 Min.
weich kochen. Abgießen, kurz ausdampfen lassen
und pellen. Noch heiß durch die Kartoffelpresse drücken, auskühlen lassen. Mehl, Ei, Eigelb, 2–3 TL Salz
und etwas Muskat zugeben und alles rasch verkneten.
Evtl. noch etwas Mehl unterkneten.

2 Den Teig halbieren, die Hälften auf wenig Mehl zu Rollen
von ca. 2 cm Ø formen. Ca. 1 cm breite Stücke abschneiden und zu fingerlangen Rollen formen, die am Ende
spitz zulaufen. Schupfnudeln in kochendem Salzwasser
in vier Portionen bei mittlerer Hitze ca. 2 Min. garen.
Mit einem Schaumlöffel herausheben, kurz kalt abschrecken, auf einem Küchentuch 1 Std. trocknen lassen.

3 Dann den Kohl waschen, putzen, vierteln und in
1 cm breite Streifen schneiden. Zwiebel schälen, vierteln und ebenfalls in Streifen schneiden. In zwei großen
Pfannen jeweils 1 EL Butterschmalz erhitzen. Die
Schupfnudeln darin bei mittlerer Hitze rundherum in
ca. 8 Min. knusprig braten.

4 Gleichzeitig das übrige Schmalz in einem großen Topf
erhitzen. Zwiebel und Kohl mit Kümmel und Zucker
dazugeben und bei mittlerer Hitze unter Rühren in
ca. 8 Min. bissfest braten. Mit Salz, Paprika und Pfeffer
würzen. Schupfnudeln untermischen, gleich servieren.

FRÜHKARTOFFELN MIT RADIESCHENQUARK

erfrischend einfach

**Für 4 Personen · Zubereitungszeit ca. 35 Min.
pro Portion 285 kcal**

1 kg neue Kartoffeln
Salz · 400 g Magerquark
300 g Naturjoghurt
1 TL Kürbiskernöl (ersatzweise Olivenöl)
Pfeffer
Zucker
4 TL Zitronensaft
1 Bund Radieschen
100 g Rucola

1 Die Kartoffeln gründlich waschen und abbürsten.
In einen Topf geben und mit Salzwasser bedecken.
Den Deckel auflegen und die Kartoffeln bei schwacher
Hitze 20 Min. kochen.

2 Inzwischen Quark, Joghurt und Kürbiskernöl verrühren.
Mit Salz, Pfeffer, 1 Prise Zucker und Zitronensaft abschmecken. Die Radieschen waschen, putzen und in
dünne Stifte schneiden. Rucola waschen und trocken
schleudern, grobe Stiele entfernen, die Blätter hacken.
Je ein Drittel von Radieschen und Rucola unter den
Quark heben.

3 Die Kartoffeln abgießen und offen ausdampfen lassen,
dabei gelegentlich durchrütteln. Mit dem Quark anrichten. Restliche Radieschen und übrigen Rucola daraufstreuen und servieren.

KOHLRABI-KARTOFFEL-GRATIN

preiswertes Dream Team

**Für 4 Personen · Zubereitungszeit ca. 25 Min.
Backzeit 40 Min. · pro Portion 385 kcal**

3 kleine Kohlrabi mit Blättern (je ca. 250 g)
300 g festkochende Kartoffeln
350 g Sahne · 2 TL Mehl
Salz · Pfeffer
frisch geriebene Muskatnuss · 1 EL Butter
Außerdem:
Fett für die Form

1 Die Kohlrabi putzen und schälen, eine Handvoll zarte
grüne Blätter waschen und beiseitelegen. Die Knollen
längs halbieren und in feine Scheiben hobeln.

2 Die Kartoffeln schälen, waschen und ebenfalls in dünne
Scheiben schneiden. Das Kohlrabigrün bis auf 1 EL fein
streifig schneiden.

3 Den Backofen auf 180° (Umluft 160°) vorheizen.
Eine Gratinform mit Butter einfetten. Die Kohlrabi-
und Kartoffelscheiben fächerartig einschichten und
mit dem streifig geschnittenen Kohlrabigrün bestreuen.

4 Sahne, Mehl, Salz, Pfeffer und Muskat verquirlen und
über das Gemüse gießen. Mit Butterflöckchen belegen
und im heißen Backofen (Mitte) 40 Min. backen.

5 Das Gratin vor dem Servieren mit dem restlichen Kohlrabigrün bestreuen.

BRATKARTOFFELN MIT PILZ-GRÖSTL

herzhaftes Vergnügen

Für 4 Personen · Zubereitungszeit ca. 50 Min.
pro Portion 365 kcal

600 g festkochende Kartoffeln
Salz · 1 Zwiebel · 1 Knoblauchzehe
400 g gemischte Pilze (z. B. Pfifferlinge,
    Austernpilze, Kräuterseitlinge)
4 EL Olivenöl · Pfeffer
1 TL getrockneter Thymian
1/2 TL getrockneter Rosmarin
100 g Cocktailtomaten

1 Die Kartoffeln waschen und in Salzwasser 20–25 Min. garen. Inzwischen Zwiebel und Knoblauch schälen und hacken. Pilze putzen und grob zerteilen. Kartoffeln abgießen, pellen und in Scheiben schneiden.

2 In einer Pfanne in 1 EL Öl die Zwiebel und den Knoblauch glasig braten. Herausnehmen. Die Kartoffeln mit 1 EL Öl hineingeben und 4–5 Min. braten. Mit Salz, Pfeffer und Kräutern würzen. Die Zwiebel unterrühren.

3 Gleichzeitig in einer zweiten Pfanne bei starker Hitze im restlichen Öl die Pilze 2–3 Min. braten. Tomaten waschen, halbieren und mit den Pilzen zu den Kartoffeln geben. Das Ganze salzen und pfeffern.

TUNING-TIPP
200 g Schmand mit 2 EL Schnittlauchröllchen vermischen, salzen und pfeffern und dazu reichen.

MARONI-KARTOFFELN

ganz einfach

Für 4 Personen · Zubereitungszeit ca. 45 Min.
pro Portion 335 kcal

600 g kleine festkochende
    Kartoffeln
Salz · 1 Zwiebel
400 g gegarte Maronen (ohne Schale,
    vakuumverpackt oder aus der Dose)
1/2 Bund Petersilie
3 EL Öl
1 EL Butter
Pfeffer
2 TL Ahornsirup

1 Die Kartoffeln waschen und in Salzwasser gar kochen, abgießen, ausdampfen lassen und nach Belieben pellen, dann quer oder längs halbieren.

2 Inzwischen die Zwiebel schälen und in feine Würfel schneiden. Die Maroni aus der Folie nehmen oder abtropfen lassen. Die Petersilie waschen und trocken schütteln, die Blätter abzupfen und hacken.

3 In einer großen beschichteten Pfanne das Öl erhitzen und die Kartoffeln darin bei mittlerer Hitze in 10 Min. goldbraun braten.

4 Die Zwiebelwürfel und Maroni zusammen mit der Butter zu den Kartoffeln geben und das Ganze 3 Min. weiterbraten. Die Maroni-Kartoffeln mit Salz, Pfeffer und Ahornsirup abschmecken. Vor dem Servieren die gehackte Petersilie daraufstreuen.

SÜSSKARTOFFEL-PAPRIKA-CURRY

großartige Komposition aus scharf und fruchtig

**Für 4 Personen · Zubereitungszeit ca. 55 Min.
pro Portion 270 kcal**

450 g Süßkartoffeln
2 Bund Frühlingszwiebeln
2 rote Paprikaschoten
1/2 Ananas · 1 Bund Koriandergrün
1 frische rote Chilischote
2 EL neutrales Öl (z. B. Rapsöl)
2–3 EL rote Thai-Currypaste
500 ml Orangensaft
400 ml ungesüßte Kokosmilch (aus der Dose)
2 TL frisch gepresster Limettensaft
1–2 TL Zucker · Salz

1 Die Süßkartoffeln schälen, in 1/2 x 2 cm große Stücke schneiden. Die Frühlingszwiebeln putzen und waschen, das Weiße in ca. 2 cm lange Stücke und das Grüne in Röllchen schneiden. Die Paprikaschoten halbieren, putzen, waschen und in 1 x 2 cm große Stücke schneiden.

2 Die Ananas schälen und den harten Strunk entfernen. Das Fruchtfleisch in ca. 1 cm große Würfel schneiden. Das Koriandergrün waschen und trocken schütteln, die Blätter hacken. Die Chilischote waschen, putzen und mit oder ohne Kernen in Streifen schneiden.

3 Das Öl im Wok oder in einer Pfanne erhitzen und die weißen Frühlingszwiebelteile darin 1 Min. pfannenrühren. Die Currypaste einrühren und 1 Min. mitbraten. Mit Orangensaft und Kokosmilch ablöschen und bei schwacher Hitze ca. 5 Min. köcheln lassen.

4 Die Süßkartoffeln dazugeben und 3 Min. köcheln lassen. Dann die Paprikastücke zufügen und bei schwacher Hitze 6 Min. köcheln lassen.

5 Die Ananaswürfel hinzufügen und 2 Min. mitgaren. Curry mit Limettensaft, Zucker und Salz abschmecken. Die Frühlingszwiebelröllchen untermischen. Das Curry mit Chilistreifen und Koriandergrün bestreuen.

EIER-KARTOFFEL-CURRY

wunderbar mild

**Für 4 Personen · Zubereitungszeit ca. 25 Min.
pro Portion 290 kcal**

4 Eier (Größe M) · 2 große Kartoffeln
2 kleine Zwiebeln
1 Stück frischer Ingwer (ca. 3 cm)
2 Knoblauchzehen · 2 EL Öl
1 TL gemahlener Koriander · 1/2 TL Cayennepfeffer
3/4 TL gemahlene Kurkuma
1 EL Garam Masala (s. Info S. 306) · Salz
250 ml ungesüßte Kokosmilch (aus der Dose)
1–2 EL Limettensaft
2 EL gehacktes Koriandergrün (nach Belieben)

1 Die Eier in 10–12 Min. hart kochen, mit kaltem Wasser
  abschrecken. Abkühlen lassen und pellen.

2 Inzwischen die Kartoffeln schälen und in 3 cm große
  Würfel schneiden. Zwiebeln, Ingwer und Knoblauch
  schälen und fein hacken.

3 Das Öl in einem Topf erhitzen und die Zwiebeln darin
  andünsten. Den Knoblauch und den Ingwer zugeben
  und hellbraun braten. Die Gewürze darüberstäuben
  und 30 Sek. braten. 4–5 EL Wasser zugeben und unter
  Rühren kochen, bis es verdampft ist.

4 100 ml Wasser zugeben und wieder rühren, bis es eingekocht ist. Nun die Kartoffelwürfel und 400 ml Wasser
  zugeben und salzen. Die Kartoffeln zugedeckt bei mittlerer Hitze in ca. 15 Min. gar kochen.

5 Die Sauce offen bei starker Hitze kochen, bis sie fast
  eingekocht ist. Die Kokosmilch zugießen und 3–5 Min.
  weiterrühren, bis die Sauce sämig eingekocht ist.

6 Die Sauce mit Limettensaft würzen und nach Belieben
  mit Koriandergrün bestreuen. Die Eier halbieren, in der
  Sauce heiß werden lassen und sofort servieren.

SÜSSKARTOFFELPUFFER

leicht scharf und aromastark

Für 4 Personen · Zubereitungszeit ca. 40 Min.
pro Portion 415 kcal

1 Stange Zitronengras
1 frische rote Chilischote
4 Knoblauchzehen
3 EL Öl
1/2 Bund Koriandergrün
800 g Süßkartoffeln
1 Ei (Größe M)
2 EL Mehl
Salz

1 Vom Zitronengras die äußeren Blätter und die Enden
  entfernen. Die Chilischote waschen und putzen. Beides
  sehr fein hacken. Den Knoblauch schälen und fein
  hacken. 1 EL Öl in einem Topf erhitzen und das Zitronengras, die Chilischote und den Knoblauch darin bei
  mittlerer Hitze ca. 5 Min. braten.

2 Den Koriander waschen und trocken schütteln, die
  Blättchen fein hacken. Die Kartoffeln schälen, waschen
  und fein reiben. Beides mit der Knoblauchmischung,
  dem Ei und dem Mehl verrühren und die Masse salzen.

3 Das restliche Öl in einer großen Pfanne erhitzen.
  Die Kartoffelmasse als kleine Puffer hineinsetzen
  und bei mittlerer Hitze pro Seite ca. 4 Min. braten,
  bis sie goldbraun sind.

KARTOFFEL-RISOTTO

mit Steinpilzen veredelt

Für 4 Personen · Zubereitungszeit ca. 1 Std.
pro Portion 240 kcal

25 g getrocknete Steinpilze
1 Zwiebel
2 Knoblauchzehen
1 kg festkochende Kartoffeln
2 EL Butter
250 ml Gemüsebrühe (Instant)
1 Bund Basilikum
50 g frisch geriebener Parmesan
Salz · Pfeffer

1 Die Pilze in 300 ml lauwarmem Wasser 30 Min. einweichen. Inzwischen die Zwiebel und den Knoblauch
  schälen und fein hacken. Die Kartoffeln schälen,
  waschen und in 1/2 cm große Würfel schneiden.

2 Die Pilze in ein Sieb abgießen und abtropfen lassen,
  dabei das Einweichwasser auffangen und durch eine
  Filtertüte gießen. Die Pilze würfeln.

3 1 EL Butter erhitzen und die Pilze mit der Zwiebel
  und dem Knoblauch darin andünsten. Die Kartoffeln
  dazugeben und kurz mitbraten. Die Brühe und das
  Pilzwasser angießen und alles offen bei mittlerer
  Hitze in ca. 15 Min. weich garen. Bei Bedarf Brühe
  nachgießen. Häufig umrühren.

4 Das Basilikum waschen und trocken schütteln, die
  Blätter fein hacken. Übrige Butter würfeln. Beides mit
  dem Käse unters Risotto mischen. Salzen und pfeffern.

SÜSSKARTOFFEL-WOK

schmeckt mit Reis

Für 4 Personen · Zubereitungszeit ca. 35 Min. pro Portion 220 kcal

600 g Süßkartoffeln
1 dicke Stange Lauch
250 g Austernpilze
1 Stück frischer Ingwer (ca. 4 cm)
2 Knoblauchzehen · 2 EL Öl
150 ml Gemüsefond (aus dem Glas)
2 EL Sojasauce
2 EL süße Chilisauce · Salz
Korianderblättchen zum Bestreuen

1 Die Süßkartoffeln schälen, waschen und in 1 cm große Würfel schneiden. Den Lauch putzen, waschen und in dünne Streifen schneiden.

2 Die Austernpilze mit feuchtem Küchenpapier abreiben, putzen und in 1–2 cm breite Streifen schneiden. Ingwer und Knoblauch schälen und fein hacken.

3 Den Wok erhitzen, das Öl hineingeben und darin die Kartoffeln bei mittlerer Hitze in 6–7 Min. unter Rühren bissfest braten. Dann Lauch, Pilze, Ingwer und Knoblauch 2–3 Min. mitbraten.

4 Den Wokinhalt mit Gemüsefond ablöschen, dann alles mit Sojasauce, Chilisauce und Salz abschmecken. Mit Koriander bestreut servieren.

KARTOFFEL-KÜRBIS-GRATIN

mit Walnusskruste

Für 4 Personen · Zubereitungszeit ca. 30 Min. Backzeit 45 Min. · pro Portion 470 kcal

800 g vorwiegend festkochende
 Kartoffeln
1 Stück Kürbis (ca. 400 g)
Salz · Pfeffer
150 g Sahne · 100 ml Milch
150 g Ziegenweichkäse (z. B. Camembert)
50 g Walnusskerne
1 Stück Bio-Zitronenschale (ca. 2 cm)
1 EL Butter

1 Die Kartoffeln schälen, waschen und in feine Scheiben hobeln. Kürbis von den Kernen und weichen Fasern befreien und schälen. Kürbis ebenfalls fein hobeln.

2 Den Backofen auf 180° vorheizen. Die Kartoffeln und den Kürbis lagenweise dachziegelartig in eine feuerfeste Form schichten und jeweils mit Salz und Pfeffer würzen. Sahne und Milch mischen und angießen.

3 Den Ziegenkäse klein würfeln. Die Walnusskerne grob, die Zitrusschale fein hacken. Alles mischen und gleichmäßig auf den Kartoffeln und dem Kürbis verteilen. Die Butter würfeln und darauflegen.

4 Das Gratin im Ofen (Mitte, Umluft 160°) ca. 45 Min. backen, bis es schön gebräunt ist und die Kartoffeln und der Kürbis weich sind.

KARTOFFEL-QUICHE

herrlich cremig

Für 1 Tarteform (30 cm Ø) · Zubereitungszeit
ca. 40 Min. · Ruhezeit 1 Std. · Backzeit 45 Min.
bei 4 Stücken pro Stück 780 kcal

200 g Mehl
100 g kalte Butter
3 EL Joghurt (ersatzweise Sahne)
Salz · 700 g festkochende Kartoffeln
1/2 Bio-Zitrone
8 Zweige Thymian
250 g Ziegenfrischkäse
100 g Sahne
3 Eier (Größe M) · Pfeffer
1 Prise Cayennepfeffer

1 Für den Teig das Mehl mit der Butter in Würfeln, dem
Joghurt und 1 TL Salz zu einem glatten Teig verkneten.
Den Teig zu einer Kugel formen, zwischen zwei Lagen
Klarsichtfolie rund ausrollen und die Tarteform damit
auskleiden, 1 Std. kalt stellen.

2 Den Backofen auf 180° vorheizen. Die Kartoffeln
schälen, waschen und erst in 1/2 cm dicke Scheiben,
anschließend in ebenso breite Stifte schneiden.
Die Zitrone heiß waschen und abtrocknen, die Schale
hauchdünn abschneiden und fein hacken.

3 Den Thymian waschen und trocken schütteln, die
Blättchen von den Zweigen streifen. Die Kartoffeln
mit Thymian und Zitronenschale mischen, salzen und
auf dem Teig verteilen.

4 Den Ziegenfrischkäse mit Sahne und Eiern glatt verrühren. Mit Salz, Pfeffer und Cayennepfeffer würzen
und auf den Kartoffeln verteilen. Quiche im Backofen
(Mitte, Umluft 160°) ca. 45 Min. backen, bis sie schön
gebräunt ist. Kurz stehen lassen, dann servieren.

TAUSCH-TIPP
Statt Thymian können Sie auch einmal 1 Handvoll
Kerbel, Brunnenkresse oder Rucola nehmen.

KARTOFFEL-LASAGNE

macht Eindruck

**Für 4 Personen · Zubereitungszeit ca. 35 Min.
Backzeit 50 Min. · pro Portion 470 kcal**

500 g Radicchio · Salz
2 Knoblauchzehen
2 EL Butter · 1 EL Mehl
500 ml Milch
150 g Gorgonzola · Pfeffer
1 kg mehligkochende Kartoffeln
50 g frisch geriebener Parmesan
Außerdem:
feuerfeste Form

1 Den Radicchio waschen, vierteln, vom Strunk befreien und in 1–2 cm breite Streifen schneiden. In kochendem Salzwasser 1 Min. garen, in ein Sieb abgießen, mit kaltem Wasser abschrecken und abtropfen lassen.

2 Den Knoblauch schälen, fein hacken und mit dem Radicchio mischen.

3 In einem Topf 1 EL Butter schmelzen und das Mehl darin anschwitzen. Die Milch mit einem Schneebesen gut unterrühren und die Sauce offen bei mittlerer Hitze 10 Min. köcheln lassen. Den Gorgonzola würfeln und in der Sauce schmelzen. Mit Salz und Pfeffer würzen.

4 Den Ofen auf 180° vorheizen. Die Kartoffeln schälen, waschen und der Länge nach in ca. 1/2 cm dicke Scheiben schneiden.

5 Die feuerfeste Form lagenweise mit Kartoffelscheiben, Radicchio und Sauce füllen, dabei die Kartoffeln jeweils ein bisschen salzen und pfeffern. Die letzte Schicht sollte aus Kartoffeln bestehen. Den Parmesan daraufstreuen und zuletzt die übrige Butter würfeln und darauf verteilen.

6 Die Lasagne im heißen Backofen (Mitte, Umluft 160°) ca. 50 Min. backen, bis die Kartoffeln weich sind und die Oberfläche schön gebräunt ist.

DER LIEBLINGSKLASSIKER

AUBERGINENTOPF MIT HERZOGINKARTOFFELN

aufs Feinste kombiniert

Für 4 Personen · Zubereitungszeit ca. 1 Std. 10 Min. pro Portion 410 kcal

500 g mehligkochende Kartoffeln
Salz · 600 g Auberginen
400 ml Gemüsebrühe
    (Rezept S. 190 oder Instant)
12 Schalotten · 7 Knoblauchzehen
2 Zweige Rosmarin · 1–2 EL Honig
100 ml trockener Rotwein
400 g geschälte Tomaten (aus der Dose)
1 EL geriebener Parmesan
Pfeffer · 3 Eigelb (Größe M)
1–2 EL Tomatenmark
20 Basilikumblätter
Außerdem:
Olivenöl zum Braten
Backpapier für das Blech
Spritzbeutel

1 Die Kartoffeln schälen und in kochendem Salzwasser in ca. 25 Min. weich garen. Inzwischen die Auberginen waschen, putzen und relativ grob würfeln. Die Würfel in zwei Portionen in reichlich Olivenöl ca. 5 Min. anbraten. Salzen, mit je 100 ml Brühe ablöschen und die Flüssigkeit verkochen.

2 Die Schalotten und den Knoblauch schälen und halbieren. 1 Zehe fein hacken. Die Kartoffeln abgießen und durch eine Kartoffelpresse drücken oder mit einer Gabel fein zerdrücken und auskühlen lassen.

3 Die Schalotten mit dem Rosmarin in 1 EL Olivenöl anbraten. 1 EL Honig und die halbierten Knoblauchzehen dazugeben, kurz karamellisieren lassen und mit dem Wein ablöschen. Auberginen, Tomaten und restliche Brühe zufügen und leise köcheln lassen.

4 Inzwischen den Ofen auf 180° vorheizen. Ein Backblech mit Backpapier belegen. Die Kartoffelmasse mit gehacktem Knoblauch und Parmesan vermengen, salzen und pfeffern. 2 Eigelbe unterrühren.

5 Die Masse in einen Spritzbeutel füllen und in ca. 40 Häufchen auf das Blech spritzen. 1 Eigelb mit etwas Wasser verrühren und die Häufchen damit bestreichen. Herzoginkartoffeln im Backofen (Mitte, Umluft 160°) in ca. 15 Min. goldbraun backen.

6 Den Auberginentopf mit etwas Tomatenmark leicht abbinden und mit Salz, Pfeffer und Honig abschmecken. Basilikumblätter bis auf 4 Stück grob schneiden und unter den Eintopf ziehen. Auf tiefe Teller verteilen und mit den Herzoginkartoffeln und dem restlichen Basilikum als Deko servieren.

AROMA-TIPP

Die Herzoginkartoffeln lassen sich toll mit Kräutern aufpeppen: Einfach 1 TL getrockneten Thymian oder Salbei unter die Kartoffelmasse rühren und wie beschrieben weiterverarbeiten. Oder 4–5 Blättchen Petersilie oder Basilikum fein gehackt unter die Masse rühren.

SPARGEL-SPINAT-GEMÜSE

Schnelles für Gäste

**Für 2 Personen · Zubereitungszeit ca. 30 Min.
pro Portion 140 kcal**

500 g grüner Spargel
1 Handvoll Blattspinat
150 g Cocktailtomaten
2 Knoblauchzehen
1 Stück Bio-Zitronenschale
1 kleines Bund Petersilie
2 EL Olivenöl
Salz · Pfeffer

1 Den Spargel waschen und im unteren Drittel schälen, die holzigen Enden abschneiden. Die Spargelspitzen abschneiden und die Stangen leicht schräg in knapp 1 cm dicke Scheiben schneiden.

2 Den Spinat verlesen, gründlich waschen und in einem Sieb gut abtropfen lassen. Die Cocktailtomaten waschen und halbieren.

3 Die Knoblauchzehen schälen. Den Knoblauch und die Zitronenschale fein schneiden. Die Petersilie waschen und trocken schütteln, die Blättchen abzupfen und fein hacken.

4 Das Öl im Wok oder in einer großen Pfanne erhitzen. Die Spargelscheiben darin bei starker Hitze 2–3 Min. braten. Die Spargelspitzen zugeben und alles weitere 2 Min. braten. Knoblauch, Zitronenschale und Petersilie kurz mitbraten.

5 Den Spinat untermischen und 1–2 Min. weiterbraten, bis die Blätter zusammengefallen sind.

6 Die Tomaten untermischen. Alles mit Salz und Pfeffer abschmecken und gleich servieren. Dazu passen Kartoffeln oder schmale Bandnudeln.

ARTISCHOCKEN MIT PILZEN

Kräuterwürziges aus Italien

**Für 2 Personen · Zubereitungszeit ca. 30 Min.
pro Portion 310 kcal**

8 kleine zarte Artischocken
250 g Egerlinge
2 EL Zitronensaft
2 Zweige Rosmarin
1/2 Bund Basilikum
2 Knoblauchzehen
4 EL Olivenöl
4 EL Weißwein
   (ersatzweise Gemüsebrühe)
Salz · Pfeffer

1 Von den Artischocken die äußeren Blätter großzügig
entfernen. Die Stiele und die Blattspitzen abschneiden.
Die Artischocken der Länge nach achteln. Die Pilze
putzen und in feine Scheiben schneiden. Artischocken
und Pilze mit je 1 EL Zitronensaft mischen.

2 Den Rosmarin und das Basilikum waschen und trocken
schütteln, die Nadeln bzw. Blätter abzupfen und fein
hacken. Den Knoblauch schälen und in hauchdünne
Scheiben schneiden.

3 Das Öl im Wok oder in einer großen Pfanne erhitzen.
Die Artischocken darin 2 Min. bei starker Hitze braten.
Die Pilze zusammen mit den Kräutern dazugeben
und alles weitere 3 Min. braten. Den Knoblauch untermischen und kurz mitbraten.

4 Den Weißwein bzw. die Gemüsebrühe angießen
und das Gemüse mit Salz und Pfeffer abschmecken.
Dazu passen Nudeln, Kartoffeln oder Weißbrot.

SPARGEL MIT ORANGEN-MANDEL-BUTTER

Frühlingsklassiker neu aufgelegt

**Für 2 Personen · Zubereitungszeit ca. 35 Min.
pro Portion 340 kcal**

500 g weißer Spargel
500 g grüner Spargel
Salz · 60 g Butter
1/2 TL Zucker
1/2 Bio-Orange
1 EL Mandelblättchen · Pfeffer
Außerdem:
Küchengarn
einige Stängel Kerbel

1 Beide Spargelsorten waschen. Den weißen Spargel ganz, den grünen Spargel nur im unteren Drittel schälen. Die holzigen Enden abschneiden. Weißen und grünen Spargel getrennt mit Küchengarn zu je 2 Portionen bündeln.

2 In einem großen Topf 2 l Wasser aufkochen. 2 TL Salz, 2 TL Butter und den Zucker dazugeben. Den weißen Spargel im kochenden Wasser zugedeckt bei mittlerer Hitze 10 Min. vorgaren. Dann den grünen Spargel dazugeben, erneut aufkochen und alles weitere 10 Min. garen.

3 Inzwischen die Orangenhälfte heiß waschen, abtrocknen, 1 Stück Schale abschneiden und in feine Streifen schneiden. Die Orange auspressen. Die Mandeln in einer Pfanne ohne Fett rösten. Die übrige Butter und 2 EL Orangensaft dazugeben und bei schwacher Hitze leicht bräunen. Die Butter mit Salz und Pfeffer würzen, die Orangenschale einrühren.

4 Den Kerbel waschen und trocken schütteln, die Blättchen abzupfen. Den Spargel mit einer Schaumkelle aus dem Wasser heben, gut abtropfen lassen und auf eine vorgewärmte Platte geben. Die Orangenbutter darübergeben und die Kerbelblättchen aufstreuen. Dazu schmecken neue Kartoffeln.

SELLERIESCHNITZEL IM KÄSEMANTEL

plus feines Sahnesößchen

**Für 2 Personen · Zubereitungszeit ca. 30 Min.
pro Portion 610 kcal**

1 Knollensellerie (ca. 500 g)
Salz · 1 EL Zitronensaft · Pfeffer
50 g Mehl · 1 Ei (Größe M)
50 g geriebener Parmesan
50 g Semmelbrösel
100 ml + 1 EL neutrales Pflanzenöl
1 kleine Zwiebel
2 TL edelsüßes Paprikapulver
5 EL Gemüsebrühe (Instant)
100 g Sahne · 1 Zitrone

1 Den Sellerie putzen, schälen, halbieren und in ca. 1 cm
dicke Scheiben schneiden. In einem Topf reichlich Salzwasser zum Kochen bringen, den Zitronensaft dazugeben und die Selleriescheiben darin 10–12 Min. vorgaren. Dann in ein Sieb abgießen, kalt abschrecken
und gut abtropfen lassen. Mit Salz und Pfeffer würzen.

2 Das Mehl auf einen Teller geben, das Ei in einem zweiten Teller verquirlen. Parmesan und Semmelbrösel in
einem dritten Teller mischen. Die Selleriescheiben erst
in dem Mehl, dann im verquirlten Ei und zuletzt in der
Käsemischung wenden.

3 In einer großen Pfanne 100 ml Öl erhitzen. Die Selleriescheiben darin portionsweise in 3–4 Min. pro Seite
goldbraun braten. Herausnehmen, auf Küchenpapier
abtropfen lassen und im auf 50° vorgeheizten Backofen warm halten.

4 Für die Sauce die Zwiebel schälen, fein würfeln und
in 1 EL Öl glasig braten. Das Paprikapulver darüberstäuben und unter Rühren kurz anschwitzen. Mit der
Brühe und der Sahne ablöschen und 5–6 Min. bei
mittlerer Hitze kochen. Mit Salz und Pfeffer abschmecken. Die Zitrone achteln. Die Sellerieschnitzel mit der
Sauce und den Zitronenstücken servieren.

KOHLRABI-BOHNEN-GEMÜSE MIT ZITRONE

frühlingsfrisch und fein säuerlich

Für 2 Personen · Zubereitungszeit ca. 45 Min.
pro Portion 365 kcal

Für das Gemüse:
250 g grüne Bohnen
einige Stängel Bohnenkraut
    (nach Belieben)
Salz · 1 Kohlrabi
2 Frühlingszwiebeln
1 Knoblauchzehe · 1/2 EL Butter
100 ml Gemüsebrühe (Instant)
1/2 Bio-Zitrone
1 EL Crème fraîche oder Mascarpone
1 TL scharfer Senf
Für die Käsebrote:
100 g Brie am Stück
3 Scheiben Toastbrot
Außerdem:
Basilikumblättchen zum Bestreuen

1 Die Bohnen waschen und an beiden Enden abschneiden. Falls sich dabei Fäden lösen, diese abziehen. Das Bohnenkraut waschen und trocken schütteln.

2 In einem Topf Wasser mit Salz und dem Bohnenkraut zum Kochen bringen. Die Bohnen darin in ca. 8 Min. bissfest garen, dann in ein Sieb abgießen, mit kaltem Wasser abschrecken und abtropfen lassen.

3 Inzwischen den Backofen auf 250° (Umluft 220°) vorheizen. Den Kohlrabi schälen und erst in ca. 1 cm dicke Scheiben, dann in ebenso breite Stifte schneiden.

4 Die Frühlingszwiebeln putzen und waschen, die weißen und hellgrünen Teile in feine Ringe schneiden. Den Knoblauch schälen und fein hacken.

5 Die Butter in einem Topf zerlassen und den Kohlrabi, die Zwiebelringe und den Knoblauch darin andünsten. Die Brühe angießen und den Kohlrabi zugedeckt bei schwacher Hitze in ca. 10 Min. bissfest garen.

6 Inzwischen für die Käsebrote den Brie in knapp 1 cm dicke Scheiben schneiden und auf den Broten verteilen. Die Zitronenhälfte heiß waschen und abtrocknen, die Schale fein abreiben und den Saft auspressen.

7 Die Bohnen halbieren oder dritteln und zusammen mit der Zitronenschale und der Crème fraîche oder dem Mascarpone zum Kohlrabi geben. Den Senf und 3 TL Zitronensaft unterrühren. Das Gemüse mit Salz abschmecken.

8 Die Brote auf ein Backblech geben und im heißen Backofen (Mitte) 3–5 Min. backen, bis der Käse leicht braun ist. Herausnehmen und diagonal halbieren. Das Gemüse auf zwei Teller verteilen und mit Basilikum bestreuen. Die Käsebrote dazu servieren.

TAUSCH-TIPP
Statt der Käsebrote schmecken zu dem Gemüse auch pochierte (s. S. 121) oder hart gekochte Eier ganz hervorragend.

SCHMORGURKEN MIT SPAGHETTIKARTOFFELN

feines Sommergericht

Für 4 Personen · Zubereitungszeit ca. 35 Min.
pro Portion 365 kcal

1 kg Kartoffeln · Salz
800 g Schmorgurken
1 Zwiebel · 2 EL Öl
1 EL Honig
100 ml Weißwein
1 Bund Dill
150 g saure Sahne (20 % Fett)
Pfeffer · 2 EL Butter

1 Die Kartoffeln schälen und in wenig kochendem Salzwasser zugedeckt ca. 20 Min. garen. Inzwischen die Gurken schälen und längs halbieren, die Kerne mit einem Löffel herauskratzen. Die Gurkenhälften in ca. 2 cm dicke Scheiben schneiden. Die Zwiebel schälen und würfeln.

2 Das Öl in einem Topf erhitzen und die Zwiebel darin glasig dünsten. Die Gurken dazugeben und mitdünsten. Den Honig unterrühren und kurz karamellisieren lassen. Salzen und den Wein angießen. Das Gemüse zugedeckt ca. 15 Min. schmoren.

3 Den Dill waschen und trocken schütteln, die Spitzen abzupfen und klein hacken. Die saure Sahne und den Dill unter die Gurken mischen, das Gemüse mit Salz und Pfeffer abschmecken.

4 Die Kartoffeln in ein Sieb abgießen und durch eine Kartoffelpresse in eine Servierschüssel drücken. Mit Butterflöckchen belegen und mit den Schmorgurken servieren.

LINKS Rote-Bete-Ragout mit Kokospüree
RECHTS Schmorgurken mit Spaghettikartoffeln

ROTE-BETE-RAGOUT MIT KOKOSPÜREE

heimische Knollen mal exotisch

Für 4 Personen · Zubereitungszeit ca. 45 Min.
pro Portion 305 kcal

1 kg Rote Beten · 1 Zwiebel
2 EL Rapsöl · 1 EL Apfeldicksaft
500 ml Gemüsebrühe (Rezept S. 190 oder Instant)
Saft von 1 Zitrone
1 Stange Zitronengras
1/2 TL gemahlener Kardamom
1 Prise Zimtpulver · Salz · Pfeffer
1 kg mehligkochende Kartoffeln
250–300 ml ungesüßte Kokosmilch (aus der Dose)
1/2 Bund Koriandergrün

1 Die Roten Beten schälen und würfeln (dabei am besten mit Handschuhen arbeiten). Die Zwiebel schälen und fein würfeln. Das Öl in einer Pfanne erhitzen und die Zwiebel darin glasig dünsten. Die Roten Beten zugeben und anbraten.

2 Den Apfeldicksaft untermischen, dann die Brühe und den Zitronensaft zugeben. Das Zitronengras waschen und mit einem Fleischklopfer flach klopfen. Mit dem Kardamom, Zimt, etwas Salz und Pfeffer zum Ragout geben. Zugedeckt ca. 30 Min. garen. Nach dieser Zeit das Zitronengras entfernen.

3 In der Zwischenzeit für das Püree die Kartoffeln waschen, in einem Topf knapp mit Salzwasser bedecken und zugedeckt 20–25 Min. garen. In ein Sieb abgießen, mit kaltem Wasser abschrecken und noch heiß pellen.

4 Die Kartoffeln durch eine Kartoffelpresse drücken oder mit dem Kartoffelstampfer zerdrücken. Kokosmilch erwärmen und untermischen. Salzen und pfeffern.

5 Den Koriander waschen und trocken schütteln, die Blättchen abzupfen. Das Püree damit bestreuen und zum Rote-Bete-Ragout servieren.

GEMÜSE-FRITTO-MISTO

schmeckt nach Urlaub

Für 4 Personen · Zubereitungszeit ca. 40 Min.
pro Portion 310 kcal

120 g Mehl · 3 Eier (Größe M)
75 ml Buttermilch · 75 ml Weißwein
Salz · Pfeffer · 1 rote Paprikaschote
100 g Zuckerschoten · 1 Zucchino
150 g Brokkoliröschen
150 g Naturjoghurt (1,5 % Fett)
1 EL Schmand · 2 Bio-Zitronen
ca. 300 ml Öl zum Frittieren (z. B. Erdnussöl)

1 Das Mehl mit Eiern, Buttermilch und Wein zu einem
dicken Teig rühren, diesen kräftig salzen und pfeffern.
Ca. 10 Min. quellen lassen. Inzwischen das Gemüse
waschen und abtropfen lassen. Die Paprika putzen
und in Spalten schneiden. Die Zuckerschoten putzen,
eventuelle Fäden abziehen. Den Zucchino putzen und
längs in etwa fingerdicke Streifen schneiden.

2 Für den Dip Joghurt und Schmand verrühren. Zitronen
heiß waschen und abtrocknen. Von einer die Schale abreiben und unter den Dip mischen, die andere Zitrone
in Spalten schneiden. Den Dip salzen und pfeffern.

3 Das Öl mindestens 5 cm hoch in eine Fritteuse oder
einen schweren Topf einfüllen und auf 170–190° erhitzen. Es ist heiß genug, wenn an einem hineingehaltenen Holzstäbchen Bläschen aufsteigen. Gemüse
portionsweise in den Teig tauchen und im Fett goldbraun ausbacken. Auf Küchenpapier abtropfen lassen
und sofort mit Zitronenspalten und Dip anrichten.

AUBERGINENLASAGNE

kommt ganz ohne Pasta aus

Für 4 Personen · Zubereitungszeit ca. 35 Min.
pro Portion 395 kcal

4 kleine Auberginen · 5 EL Olivenöl
2 EL getrockneter Thymian · Salz · Pfeffer
1 kg Tomaten · 2 Knoblauchzehen
1 EL Honig · 1 Bund Basilikum
50 g Kürbiskerne · 4 EL Kürbiskernöl
1 EL Aceto balsamico · 50 g Parmesan
Kürbiskerne zum Bestreuen

1 Ofen auf 200° (Umluft 180°) vorheizen. Auberginen
waschen, putzen und längs in 1 1/2 cm dünne Scheiben
schneiden. 3 EL Olivenöl mit Thymian, Salz und Pfeffer
verrühren. Auberginen auf Blechen verteilen, mit dem
Öl bestreichen und im Ofen (Mitte) ca. 8 Min. backen.
Wenden, weitere 8 Min. backen.

2 Die Tomaten waschen und vierteln, Stielansätze entfernen. Knoblauch schälen und würfeln. Knoblauch
und Tomaten in 2 EL Öl kurz anbraten, dann ca. 10 Min.
schmoren. Aus der Pfanne nehmen, durch ein Sieb
streichen. Mit Honig, Salz und Pfeffer würzen. Das
Basilikum waschen und die Blätter mit Kürbiskernen,
Kürbiskernöl und Essig zu einem Pesto pürieren.

3 Lasagne auf Tellern anrichten: Als erste Schicht je
1 EL Sugo daraufgeben. 4 Auberginenscheiben mit
Pesto bestreichen, auf jede Sugoportion 1 Scheibe
legen. Übrige Auberginen, Sugo und Pesto genauso
weiterschichten. Mit Aubergine abschließen. Parmesan
darüberhobeln, Kürbiskerne aufstreuen.

GEMÜSESCHIFFCHEN

preiswert und ganz einfach

Für 4 Personen · Zubereitungszeit ca. 30 Min.
pro Portion 425 kcal

2 kleine Kohlrabi · 2 Zucchini
2 rote Paprikaschoten · 2 Frühlingszwiebeln
2 Knoblauchzehen · 100 g Schafskäse (Feta)
150 g altbackenes Brot
50 g gehackte Walnusskerne
5 EL Rapsöl · 1/2 Bund Basilikum
Salz · Pfeffer · 150 g saure Sahne
Backpapier für das Blech

1 Den Backofen auf 180° (Umluft 160°) vorheizen.
Das Gemüse waschen. Die Kohlrabiknollen schälen
und jeweils quer halbieren, die Hälften bis auf knapp
1 cm Wandstärke aushöhlen.

2 Die Zucchini längs halbieren und ebenso aushöhlen.
Ausgekratztes Gemüsefruchtfleisch klein hacken.
Die Paprika halbieren und putzen.

3 Die Frühlingszwiebeln putzen, waschen und in Ringe
schneiden. Knoblauch schälen und fein würfeln.
Schafskäse und Brot jeweils klein würfeln. Alles mit
Zwiebeln, Knoblauch, Nüssen, gehacktem Gemüsefruchtfleisch und Öl mischen.

4 Basilikum waschen, die Blätter fein hacken, zur Brotmasse geben, salzen und pfeffern. Das Gemüse innen
salzen und pfeffern und mit der Brotmasse füllen. Auf
einem mit Backpapier belegten Blech im Ofen (Mitte)
ca. 18 Min. garen. Mit der Sahne servieren.

LUMPENBLECH

so einfach wie gut

Für 4 Personen · Zubereitungszeit ca. 20 Min.
Backzeit 40 Min. · pro Portion 385 kcal

3 EL Kürbiskernöl
1/2 TL Salz
800 g vorwiegend festkochende Kartoffeln
2 mittelgroße Zwiebeln
1 Bund Rosmarin
8 rote Spitzpaprikaschoten (je ca. 100 g)
200 g Schafskäse (Feta)
50 g schwarze Oliven

1 Den Backofen auf 200° (Umluft 180°) vorheizen.
Das Öl auf ein Backblech gießen und salzen. Die Kartoffeln gut waschen und vierteln. Die Zwiebeln schälen
und achteln. Die Kartoffeln mit den Schnittflächen
durch das Öl auf dem Blech ziehen und auf dem
Backblech verteilen. Die Zwiebeln und den Rosmarin
bis auf 4 Zweige dazwischenlegen. Kartoffeln und
Zwiebeln im heißen Ofen (Mitte) 10 Min. backen.

2 Inzwischen die Paprikaschoten waschen, mit einem
scharfen Messer auf der Stielseite einen Deckel abschneiden; diesen anderweitig verwenden. Die Schoten entkernen und die weißen Trennwände entfernen.

3 Den Schafskäse in 4 lange Streifen schneiden. Die beiseitegelegten Rosmarinzweige halbieren und mit den
Käsestreifen in die Schoten schieben. Zu den Kartoffeln
auf das Blech geben und 20 Min. backen. Die Oliven
auf dem Lumpenblech verteilen und alles noch 10 Min.
backen. Auf dem Blech servieren.

MANGOLDAUFLAUF

mit einem Hauch Süße

**Für 4 Personen · Zubereitungszeit ca. 40 Min.
Backzeit 40 Min. · pro Portion 260 kcal**

3 EL Rosinen
4 EL Marsala (sizilianischer Süßwein;
   ersatzweise Portwein oder roter
   Traubensaft)
1 1/2 kg Mangold
2 kleine rote Zwiebeln
2 EL Olivenöl
2 Eier (Größe M)
2 EL Semmelbrösel
Salz · Pfeffer
frisch geriebene Muskatnuss
1 Prise Zimtpulver
2 EL Pinienkerne
Außerdem:
Gratinform (ca. 20 x 25 cm)
Butter und 2 EL Semmelbrösel für die Form

1 Die Rosinen mit dem Marsala begießen und marinieren. Den Mangold putzen und waschen. Die Blätter
   von den Stielen schneiden und grob zerkleinern.
   Die Stiele in daumenbreite Streifen schneiden.

2 Die Zwiebeln schälen und in Spalten schneiden. Das Öl
   in einem großen Topf erhitzen und die Zwiebeln darin
   2 Min. anbraten. Die Mangoldstiele zugeben und
   2 Min. andünsten, dann die Mangoldblätter zufügen
   und 1 Min. mitdünsten. Das Gemüse in ein Sieb abgießen und abtropfen lassen, dabei den Sud auffangen.

3 Den Backofen auf 175° vorheizen. Die Eier, die Sem-
   melbrösel und die Rosinen mit dem Sud verrühren.
   Den Mangold ausdrücken und untermischen. Mit Salz,
   Pfeffer, Muskat und Zimt würzen.

4 Die Gratinform einfetten und mit den Semmelbröseln
   ausstreuen. Die Mangoldmischung einfüllen und mit
   den Pinienkernen bestreuen. Den Auflauf im heißen
   Ofen (Mitte, Umluft 160°) 35–40 Min. backen.

ZUCCHINI-TOMATEN-GRATIN

Klassiker aus Frankreich

**Für 4 Personen · Zubereitungszeit ca. 25 Min.
Backzeit 1 Std. · pro Portion 250 kcal**

300 g kleine Zucchini
500 g reife, aromatische Tomaten
500 g Kartoffeln
2 Zwiebeln
2–3 Knoblauchzehen
Meersalz · Pfeffer
je 4–6 Zweige Thymian und Bohnenkraut
2 EL schwarze Oliven ohne Stein
6 EL Olivenöl
60 ml Gemüsebrühe (Instant)
Außerdem:
Auflaufform (ca. 20 x 25 cm)
Öl für die Form

1 Die Zucchini und die Tomaten waschen, putzen und
   in sehr dünne Scheiben schneiden, dabei von den
   Tomaten die Stielansätze entfernen. Die Kartoffeln,
   die Zwiebeln und den Knoblauch schälen und ebenfalls in sehr dünne Scheiben schneiden. Die Auflaufform mit Öl ausstreichen und das Gemüse hinein-
   schichten. Mit Meersalz und Pfeffer würzen.

2 Den Ofen auf 200° vorheizen. Die Kräuter waschen
   und trocken schütteln, die Blättchen abzupfen und fein
   hacken. Kräuter und Oliven über das Gemüse streuen.
   Das Öl und die Brühe mischen und darübergießen.

3 Das Gratin im heißen Backofen (Mitte, Umluft 180°)
   50–60 Min. backen, bis das Gemüse gar ist.

AROMA-TIPP
Für optimales Aroma verwenden Sie nur reife
und aromatische Tomaten, kleine Zucchini, milde
Oliven und ein sehr gutes Olivenöl.

LINKS Zucchini-Tomaten-Gratin
RECHTS Mangoldauflauf

GESCHMORTER FENCHEL

französisch abgeschmeckt

**Für 4 Personen · Zubereitungszeit ca. 40 Min.
pro Portion 225 kcal**

4 Fenchelknollen (ca. 1 kg)
2 Tomaten
2 Schalotten
4 Knoblauchzehen
4 Zweige Thymian
2 TL Fenchelsamen
4 EL Olivenöl
80 ml Weißwein
4 EL Pastis · Salz
Pfeffer · 1 Prise Zucker

1 Die Fenchelknollen waschen, putzen und der Länge
nach achteln, dabei die Strünke entfernen. Das Fenchelgrün beiseitelegen.

2 Die Tomaten kurz überbrühen, häuten und würfeln,
dabei die Stielansätze entfernen. Die Schalotten und
den Knoblauch schälen und fein hacken. Den Thymian
waschen und die Blättchen abzupfen.

3 Den Fenchel mit den Fenchelsamen im Öl anbraten.
Schalotten und Knoblauch mit dem Thymian kurz mitbraten. Die Tomaten, den Weißwein und den Pastis
untermischen. Das Gemüse mit Salz, Pfeffer und Zucker
abschmecken und zugedeckt bei schwacher Hitze
ca. 20 Min. schmoren. Das Fenchelgrün fein schneiden
und darüberstreuen.

MANGOLD MIT ROSINEN UND MANDELN

Spezialität aus Spanien

**Für 4 Personen · Zubereitungszeit ca. 25 Min.
pro Portion 365 kcal**

700 g Mangoldblätter
Salz · 2 Scheiben Toastbrot
2 Knoblauchzehen
6 EL Olivenöl
100 g fein gemahlene Mandeln
50 g Rosinen
1 Döschen Safranfäden (0,1 g)
Pfeffer

1 Den Mangold waschen, putzen und grob hacken.
In kochendem Salzwasser ca. 3 Min. blanchieren,
kalt abschrecken und gut abtropfen lassen.

2 Das Toastbrot entrinden und in kleine Stücke zupfen.
Den Knoblauch schälen. Die Hälfte des Öls in einer
Pfanne erhitzen, die Mandeln darin anrösten und
wieder herausnehmen. Das Brot ebenfalls kurz anrösten, den Knoblauch darüberpressen. Das Brot
ebenfalls aus der Pfanne nehmen.

3 Den Mangold mit den Rosinen im übrigen Öl bei
mittlerer Hitze ca. 3 Min. braten. Den Safran zerreiben
und mit wenig warmem Wasser verrühren.

4 Den Safran zusammen mit den Mandeln und dem Brot
zum Mangold geben und erhitzen. Das Ganze mit Salz
und Pfeffer abschmecken.

CAPONATA

bunter Schmortopf aus Süditalien

**Für 4 Personen · Zubereitungszeit ca. 45 Min.
pro Portion 240 kcal**

500 g Auberginen
2 Stangen Staudensellerie
2 Zwiebeln · 2 Knoblauchzehen
1/4 Bund Oregano
1/2 Bund Basilikum
6 EL Olivenöl · Salz · Pfeffer
400 g geschälte Tomaten (aus der Dose)
2 EL grüne Oliven
1 EL Kapern (aus dem Glas)
4 EL Rotweinessig · 1 EL Zucker
2 EL Pinienkerne

1 Die Auberginen waschen, putzen und in Würfel schneiden. Den Sellerie waschen und in feine Scheiben schneiden. Zwiebeln und Knoblauch schälen und hacken. Kräuter waschen, die Blätter fein schneiden.

2 5 EL Olivenöl erhitzen, die Auberginenwürfel darin rundherum gut anbraten, mit Salz und Pfeffer würzen. Zwiebeln, Knoblauch und Sellerie dazugeben und kurz mitbraten. Die Kräuter unterrühren.

3 Die Tomaten klein schneiden und zusammen mit den Oliven und den Kapern unter das Gemüse mischen. Alles zugedeckt ca. 20 Min. garen.

4 Caponata mit Essig, Zucker, Salz und Pfeffer abschmecken. Die Pinienkerne im übrigen Olivenöl goldbraun braten, das Gemüse damit bestreut servieren.

GURKEN-PAPRIKA-GEMÜSE

preiswerter Serbien-Import

**Für 4 Personen · Zubereitungszeit ca. 35 Min.
pro Portion 90 kcal**

1 Salatgurke (oder 2 junge Zucchini)
je 1 kleine rote, grüne und gelbe Paprikaschote
2 Tomaten · 2 Zwiebeln
2 EL Butter
Salz · Pfeffer
2 TL edelsüßes Paprikapulver
1 EL Weißweinessig oder Zitronensaft
1 Bund Dill
100 g saure Sahne

1 Die Gurke schälen, putzen und der Länge nach halbieren. Die Kerne mit einem Teelöffel herauskratzen, die Hälften in ca. 1 cm dicke Stücke schneiden. Die Paprikaschoten waschen, putzen und 1 cm groß würfeln. Die Tomaten kurz überbrühen, häuten und klein würfeln, dabei die Stielansätze entfernen. Zwiebeln schälen, halbieren und in Streifen schneiden.

2 Die Butter erhitzen und die Zwiebeln darin andünsten. Gurke und Paprika kurz mitbraten. Mit Salz, Pfeffer und Paprika bestäuben. Tomaten mit Essig oder Zitronensaft untermischen, das Gemüse zugedeckt bei schwacher Hitze in ca. 10 Min. bissfest schmoren.

3 Den Dill waschen und fein hacken. Mit der sauren Sahne unter das Gemüse mischen, das Gericht nochmals abschmecken und gleich servieren.

GEBRATENES GEMÜSE MIT ANANAS

frisch und fruchtig aus dem Wok

**Für 2–4 Personen · Zubereitungszeit ca. 40 Min.
bei 4 Personen pro Portion 175 kcal**

2 Möhren · 4 Tomaten
2 Zwiebeln
1 Knoblauchzehe
1 reife Ananas (ca. 800 g,
   ergibt ca. 500 g Fruchtfleisch)
3 EL Öl · 3–4 EL helle Sojasauce
1/2 TL Palmzucker

1 Die Möhren schälen, längs halbieren und in feine
Scheiben schneiden. Die Tomaten waschen, ohne Stielansätze längs vierteln, die Viertel quer halbieren. Die
Zwiebeln schälen, ebenfalls längs vierteln und quer
halbieren. Den Knoblauch schälen und fein hacken.

2 Die Ananas schälen und die »Augen« herausschneiden,
die Frucht längs vierteln, den harten Strunk entfernen,
das Fruchtfleisch in 1–2 cm große Würfel schneiden.

3 Das Öl im Wok oder in einer schweren tiefen Pfanne
erhitzen und den Knoblauch darin goldgelb braten.
Die Möhrenscheiben hinzufügen und 2 Min. mitbraten.
Zwiebeln, Ananaswürfel und Tomaten unterrühren und
alles ca. 5 Min. braten. Das Gericht mit Sojasauce und
Palmzucker würzen.

AROMA-TIPP
Bestreuen Sie das Gemüse mit Korianderblättchen
oder mit in sehr feine Ringe geschnittenem Frühlingszwiebelgrün.

TAUSCH-TIPPS
Auch andere Gemüse passen zu Ananas – z.B.
rote Paprikaschoten, Frühlingszwiebeln, junger
Weißkohl, Spitzkohl sowie in Scheiben geschnittene (von den Kernen befreite) Salatgurken.

GEDÜNSTETES GEMÜSE MIT INGWERSAUCE

würziges Alltagsgericht aus Thailand

**Für 2–4 Personen · Zubereitungszeit ca. 40 Min.
bei 4 Personen pro Portion 125 kcal**

30 g frischer Ingwer
1 Zwiebel · 1 kleine Tomate
500 g Pak-Choi · 2 Möhren
100 g Sojabohnensprossen
2 Knoblauchzehen
2 EL Öl · 10 g Palmzucker
3 EL Zitronensaft · 5 EL helle Sojasauce

1 Den Ingwer schälen und fein reiben oder hacken.
Die Zwiebel schälen und klein würfeln. Die Tomate
waschen und in kleine Stückchen schneiden, dabei
den Stielansatz entfernen.

2 Den Pak-Choi in die einzelnen Blätter zerteilen, diese
putzen, waschen und gut abtropfen lassen. Die Blätter
jeweils längs halbieren oder dritteln und quer in ca.
2 cm breite Streifen schneiden.

3 Die Möhren schälen und – am besten mit dem Juliennehobel – in streichholzdünne Stifte schneiden.
Sojabohnensprossen waschen und gut abtropfen
lassen. Den Knoblauch schälen und fein hacken.

4 Im Wok oder in einer schweren tiefen Pfanne 1 EL Öl
erhitzen und Ingwer und Zwiebel darin 1 Min. anbraten.
Die Tomate unterrühren und das Ganze mit Zucker,
Zitronensaft und Sojasauce würzen.

5 Alles 2 Min. unter Rühren schmoren, im Wok zur Seite
schieben oder aus der Pfanne nehmen. Restliches Öl
erhitzen und den Knoblauch darin goldgelb anbraten.
Die Möhren hinzufügen und 2 Min. bei mittlerer Hitze
unter ständigem Rühren anbraten. Pak-Choi und Sojabohnensprossen unterrühren und 2–3 Min. mitbraten.

6 Alles mit der Ingwer-Tomaten-Sauce vermischen und
noch kurz weiterdünsten, bis das Gemüse gar, aber
noch bissfest ist. In eine Schüssel geben und servieren.

MAIS-HEFE-PUFFER MIT CHILIGEMÜSE

einfach, aber raffiniert

**Für 4 Personen · Zubereitungszeit ca. 45 Min.
Ruhezeit 40 Min. · pro Portion 795 kcal**

Für die Puffer:
350 ml Milch
250 g Maismehl
1 Päckchen Trockenhefe
1 EL Zucker
1 Ei (Größe M)
1 Schalotte
1 TL getrockneter Thymian
Salz · Pfeffer
100 g Cheddar
Für das Chiligemüse:
je 2 rote und gelbe Paprikaschoten
2 frische Peperoni
4 Tomaten · 2 EL Zucker
240 g Kidneybohnen (aus der Dose)
1 Schuss Rotwein
    (ersatzweise Gemüsebrühe)
Salz · Pfeffer
edelsüßes Paprikapulver
Außerdem:
neutrales Pflanzenöl zum
    Ausbacken und Braten
Thymianzweige zum Garnieren

1 Für die Puffer die Milch erwärmen, sodass sie handwarm ist. Das Mehl mit Hefe und 1 EL Zucker vermischen und mit der Milch verrühren. Das Ei unterrühren und den Teig zugedeckt 40 Min. an einem warmen Ort gehen lassen.

2 Nach dieser Zeit die Schalotte schälen und fein würfeln. Mit dem Thymian vorsichtig unter den Teig rühren und mit 1 knappen TL Salz und etwas Pfeffer würzen. Den Backofen auf 200° (Umluft 180°) vorheizen. In einer Pfanne reichlich Öl erhitzen und darin in vier Etappen insgesamt 20 kleine Puffer von beiden Seiten goldbraun backen.

3 Fertig gebackene Puffer jeweils herausnehmen und auf Küchenpapier abtropfen lassen. Den Käse reiben. Die Küchlein in eine Auflaufform legen, mit Käse bestreuen und für 10 Min. in den heißen Backofen (Mitte) schieben.

4 Für das Chiligemüse die Paprikaschoten und Peperoni waschen und putzen. Die Paprika in Streifen schneiden, die Peperoni fein würfeln. Die Tomaten waschen und vierteln, dabei die Stielansätze und Kerne entfernen. Das Fruchtfleisch in Streifen schneiden.

5 In einer großen Pfanne 2 EL Öl erhitzen und die Paprika darin bei starker Hitze scharf anbraten. Den Zucker hinzufügen, leicht karamellisieren lassen.

6 Die Bohnen in ein Sieb abgießen und abtropfen lassen, zusammen mit den Tomaten und Peperoniwürfeln mit in die Pfanne geben und kurz mitbraten.

7 Das Gemüse mit dem Wein ablöschen und mit Salz, Pfeffer und Paprikapulver abschmecken. Auf vier Teller verteilen und die Puffer darauf anrichten. Mit Thymianzweigen garnieren.

TURBO-TIPP
Wenn Sie keine Zeit fürs Braten der Mais-Hefe-Puffer haben, können Sie zum Chiligemüse auch ganz einfach **Käse-Toasts** reichen: 4 Scheiben Toastbrot rösten, mit etwas Butter bestreichen, mit dem geriebenen Käse bestreuen oder mit Käsescheiben belegen und im heißen Backofen kurz überbacken, bis der Käse geschmolzen ist. Für noch mehr Aroma packen Sie zwischen Butter und Käse noch hellbraun gedünstete Zwiebelringe.

GEMÜSEPFANNE MIT KICHERERBSENSTICKS

frisch aus der Sommerküche

**Für 4 Personen · Zubereitungszeit ca. 55 Min.
Ruhezeit 2 Std. 10 Min. · pro Portion 535 kcal**

Für die Sticks:

250 g Kichererbsenmehl
300 g Naturjoghurt
1 Knoblauchzehe
1 1/2 TL getrocknete
    Kräuter der Provence
1/2 TL Cayennepfeffer
Salz · 8 EL Olivenöl
2 EL Zitronensaft

Für das Gemüse:

4 Tomaten
1 rote Zwiebel
1 kleine Knoblauchzehe
1 rote Paprikaschote
2 Zucchini
4 Stangen Staudensellerie
10 schwarze Oliven ohne Stein
1/2 Bund Petersilie
2 EL Olivenöl
Salz · Pfeffer
50 ml Weißwein
    (ersatzweise Gemüsebrühe)
1 EL Kapern (aus dem Glas) · 1 Prise Zucker

1 Für die Sticks das Kichererbsenmehl in einer Schüssel mit dem Joghurt und 220 ml Wasser gründlich verrühren. Den Knoblauch schälen und durch die Presse dazudrücken. Die Kräuter der Provence und den Cayennepfeffer unterrühren, kräftig salzen und den Teig ca. 10 Min. quellen lassen.

2 Nach dieser Zeit in einer hohen Pfanne oder in einem weiten Topf 5 EL Olivenöl erhitzen. Den Teig hineingeben und bei mittlerer Hitze unter ständigem Rühren braten, bis er sich als kompakter Kloß vom Topfboden löst und leicht glänzt. Eine rechteckige Form mit etwas Öl auspinseln, den Teig ca. 3 cm hoch hineingeben und glatt drücken. Zugedeckt 2 Std. ruhen lassen.

3 Für das Gemüse die Tomaten kreuzweise einritzen und die Stielansätze entfernen. Die Tomaten mit kochend heißem Wasser überbrühen, kurz stehen lassen, dann häuten. Das Fruchtfleisch in Stückchen schneiden, dabei den Saft auffangen.

4 Die Zwiebel schälen und in schmale Streifen schneiden, Knoblauch schälen und fein hacken. Paprikaschote, Zucchini und Sellerie waschen und putzen. Paprika in schmale Streifen schneiden, Zucchini längs halbieren, quer in dünne Scheiben schneiden. Selleriestangen schräg in dünne Scheiben schneiden.

5 Die Oliven ebenfalls in dünne Scheiben schneiden. Die Petersilie waschen und trocken schütteln, die Blättchen von den Stängeln zupfen und fein schneiden.

6 Das Öl in einer großen Pfanne oder im Wok stark erhitzen. Darin die Zwiebel kurz anbraten, dann Knoblauch und Gemüse bis auf die Tomaten dazugeben und unter Rühren 1–2 Min. anbraten, salzen und pfeffern, mit Wein ablöschen. Dann die Tomaten samt Saft sowie die Kapern und Oliven zugeben. Das Gemüse zugedeckt ca. 5 Min. bei mittlerer Hitze garen.

7 Zwischendurch die Kichererbsenmasse aus der Form stürzen und in ca. 16 gleich dicke Stangen schneiden. In einer zweiten großen Pfanne (am besten beschichtet) das übrige Olivenöl erhitzen. Darin die Kichererbsensticks bei mittlerer Hitze von allen Seiten goldbraun braten. Zitronensaft darüberträufeln, die Sticks wenden und den Saft verdampfen lassen.

8 Die Petersilie unter das Gemüse mischen und dieses mit Salz, Pfeffer und dem Zucker abschmecken. Das Gemüse zusammen mit den Sticks servieren.

GEMÜSEGRATIN
MIT ZITRONE

erfrischend gut

**Für 4 Personen · Zubereitungszeit ca. 25 Min.
Backzeit 50 Min. · pro Portion 490 kcal**

1,2 kg gemischtes Gemüse (z. B. Kartoffeln,
    Möhren, Zucchini, Lauch, Fenchel und Pilze)
4 Knoblauchzehen · 1 Bund Frühlingszwiebeln
Salz · Pfeffer · 1 Bio-Zitrone · 250 g Sahne
100 g Cocktailtomaten · 2 EL Pinienkerne
2 Kugeln Mozzarella (250 g) · 1 EL Butter

1 Das Gemüse waschen und putzen oder schälen. Kartoffeln, Möhren und Zucchini in feine Scheiben hobeln,
Lauch in Ringe, Fenchel und Pilze in dünne Scheiben
schneiden. Den Backofen auf 180° vorheizen. Knoblauch schälen und fein hacken. Die Frühlingszwiebeln
putzen, waschen und in feine Ringe schneiden. Mit
dem Knoblauch mischen.

2 Eine feuerfeste Form lagenweise mit dem Gemüse
füllen. Jede Lage mit Salz und Pfeffer würzen und mit
etwas Zwiebelmischung bestreuen.

3 Zitrone heiß waschen, die Schale fein abreiben, eine
Hälfte auspressen. Schale und 2 EL Saft mit der Sahne
verrühren und am Rand entlang in die Form gießen.
Tomaten waschen, halbieren und mit der Schnittfläche
oben auf das Gemüse legen, Pinienkerne dazwischen-
streuen. Mozzarella würfeln und auf den Zutaten verteilen. Butter in Stücken obenauf setzen. Das Gratin im
heißen Ofen (Mitte, Umluft 160°) ca. 50 Min. backen.

TOMATEN MIT
ZUCCHINIFÜLLUNG

sommerlich leicht

**Für 4 Personen · Zubereitungszeit ca. 40 Min.
Backzeit 30 Min. · pro Portion 355 kcal**

12 Tomaten · 50 g altbackenes Weißbrot
200 g junge Zucchini · 150 g Gorgonzola
1/2 Bund Petersilie · 3 Frühlingszwiebeln
1 Ei (Größe M) · 2 EL frisch geriebener Parmesan
Salz · Pfeffer · 4 EL Semmelbrösel · 3 EL Olivenöl

1 Den Backofen auf 200° vorheizen. Die Tomaten
waschen und von jeder einen Deckel abschneiden.
Tomaten mit einem Teelöffel aushöhlen, das Fruchtfleisch fein hacken. Das Brot in kleine Stücke zupfen
oder reiben. Zucchini waschen, putzen und fein raspeln. Den Käse klein würfeln. Die Petersilie waschen,
trocken schütteln und fein hacken. Frühlingszwiebeln
putzen, waschen und fein schneiden.

2 Brot, Zucchini, Gorgonzola, Petersilie, Frühlingsziebeln,
Ei und Parmesan mit 2 EL gehackten Tomaten verrühren, salzen und pfeffern. Die Mischung in die Tomaten
füllen und diese nebeneinander in eine feuerfeste
Form setzen. Übrige Füllung dazwischen verteilen.

3 Die Tomatendeckel fein würfeln und mit dem restlichen
ausgehöhlten Tomatenfleisch mischen. Salzen, pfeffern
und ebenfalls zwischen den Tomaten verteilen. Die
Tomaten mit den Semmelbröseln bestreuen und mit
dem Olivenöl beträufeln. Im Ofen (Mitte, Umluft 180°)
ca. 30 Min. backen.

OFENWINTERGEMÜSE

herrlich aromatisch

Für 4 Personen · Zubereitungszeit ca. 25 Min.
Backzeit 50 Min. · pro Portion 240 kcal

300 g Rosenkohl · 300 g Pastinaken
300 g Möhren · 2 Fenchelknollen
300 g Topinambur · 1/2 Bund Thymian
2 Zweige Rosmarin · 4 Knoblauchzehen
1 getrocknete Chilischote
Salz · Pfeffer
150 ml Weißwein oder Gemüsebrühe (Instant)
6 EL Olivenöl · 1/2 EL Honig

1 Den Ofen auf 220° vorheizen. Gemüse waschen und
putzen und/oder schälen. Rosenkohlröschen ganz
lassen oder längs halbieren. Pastinaken und Möhren
längs aufschneiden. Den Fenchel vierteln, die Strünke
entfernen. Topinambur ganz lassen.

2 Kräuter waschen und trocken schütteln, die Blättchen
und Nadeln abzupfen. Knoblauch schälen und mit
Kräutern und Chilischote fein hacken. Mit Salz und Pfeffer unters Gemüse mischen.

3 Das Gemüse in eine feuerfeste Form füllen, mit Wein
oder Brühe begießen, mit Alufolie abdecken. Im Ofen
(Mitte, Umluft 200°) ca. 25 Min. backen.

4 Das Olivenöl mit dem Honig verrühren. Die Folie von
der Form nehmen, das Gemüse mit dem Honigöl begießen und offen noch einmal ca. 25 Min. backen, bis
es schön gebräunt ist. Abschmecken und servieren.
Dazu schmeckt Fladenbrot (Rezept s. S. 183).

CHICORÉEGRATIN

genial einfach

Für 4 Personen · Zubereitungszeit ca. 25 Min.
Backzeit 25 Min. · pro Portion 320 kcal

1 kg Chicoréestauden
Salz · 1 EL Mehl
2 EL Butter · 125 g Sahne
100 g geriebener Bergkäse oder Pecorino
2 Eier (Größe M) · Pfeffer
frisch geriebene Muskatnuss
einige Stängel Petersilie

1 Alle welken Blätter vom Chicorée ablösen. Den Chicorée waschen, längs vierteln und in 750 ml kochendem
Salzwasser zugedeckt ca. 5 Min. kochen. Mit dem
Schaumlöffel herausheben, gut abtropfen lassen und
in eine feuerfeste Form legen.

2 Das Mehl in der Butter bei mittlerer Hitze anschwitzen.
Vom Chicoréesud 375 ml abmessen und kräftig unter
die Mehlbutter schlagen. Die Sauce offen bei schwacher Hitze 10 Min. köcheln lassen.

3 Den Backofen auf 220° (Umluft 200°) vorheizen. Die
Sauce vom Herd ziehen, Sahne und Käse unterrühren,
dann die Eier. Die Sauce mit Salz, Pfeffer und Muskat
würzen und über dem Chicorée verteilen. Das Gratin
im heißen Backofen (Mitte) ca. 25 Min. backen, bis die
Oberfläche knusprig braun wird.

4 Die Petersilie waschen und trocken schütteln, die Blättchen abzupfen und grob hacken. Vor dem Servieren auf
den Chicorée streuen. Dazu schmecken Salzkartoffeln.

SCHWARZWURZEL-GULASCH

leicht und fix zubereitet

Für 4 Personen
Zubereitungszeit ca. 30 Min.
pro Portion 140 kcal

2 rote Zwiebeln
200 g Zuckerschoten
300 g Pilze (z. B. Steinpilze,
    Champignons)
1 EL Weinessig
600 g Schwarzwurzeln
1 EL Rapsöl
150 ml Gemüsebrühe (Instant)
frisch geriebene Muskatnuss
Salz · Pfeffer
4 EL Schmand
Außerdem:
4 Stängel Kerbel zum Garnieren

1 Die Zwiebeln schälen und in Streifen schneiden.
  Die Zuckerschoten waschen, putzen und schräg halbieren. Die Pilze putzen und in Scheiben schneiden.

2 Eine Schüssel mit Wasser bereitstellen, den Essig
  hineingeben. Die Schwarzwurzeln waschen, schälen
  (am besten mit Handschuhen arbeiten) und sofort
  kurz in das Essigwasser legen. Dann die Stangen in
  ca. 5 cm große Stücke schneiden.

3 Das Rapsöl in einem Topf erhitzen und die Zwiebeln
  darin glasig braten. Die Schwarzwurzeln dazugeben
  und 5 Min. mitbraten.

4 Dann die Zuckerschoten und Pilze untermischen.
  Die Gemüsebrühe dazugießen, einmal aufkochen
  und alles 2 Min. köcheln lassen. Das Gulasch mit
  Muskatnuss, Salz und Pfeffer abschmecken.

5 Das Schwarzwurzelgulasch auf vier Teller verteilen und
  je 1 EL Schmand darübergeben. Mit je 1 Stängel Kerbel
  dekorieren. Dazu passen Kartoffeln oder Nudeln.

GRÜNKOHL MIT LIMETTE

schnell was Herzhaftes

Für 4 Personen
Zubereitungszeit ca. 35 Min.
pro Portion 305 kcal

Salz · 800 g Grünkohl
4 Schalotten
100 g eiskalte Butter
350 ml Gemüsebrühe
   (Rezept S. 190 oder Instant)
frisch geriebene Muskatnuss
Pfeffer
1 EL Crème fraîche
abgeriebene Schale
   von 1/4 Bio-Limette
Saft von 2 Limetten
2 EL Joghurt

1 In einem großen Topf reichlich Salzwasser zum
   Kochen bringen. Den Grünkohl waschen, von den
   Blattstielen abstreifen und in dem kochenden
   Salzwasser ca. 1/2 Min. blanchieren. Dann in ein
   Sieb abgießen, abtropfen lassen und klein schneiden.

2 Die Schalotten schälen und in Würfel schneiden.
   In einem Topf 1 EL Butter erhitzen und drei Viertel
   der Schalottenwürfel darin glasig dünsten. Den Grünkohl untermischen, 100 ml Brühe dazugeben und
   ca. 5 Min. köcheln lassen. Das Kohlgemüse mit Muskatnuss, Salz und Pfeffer würzen.

3 Für die Sauce in einem zweiten Topf die übrige
   Brühe mit den restlichen Schalottenwürfeln aufkochen
   und auf die Hälfte einkochen. Die übrige Butter flöck-
   chenweise zugeben und die Sauce mit einem Pürierstab aufmixen.

4 Die Crème fraîche, die Limettenschale, den Limettensaft und den Joghurt unter die Sauce rühren und diese
   mit Salz und Pfeffer abschmecken. Den Grünkohl mit
   der Limettensauce servieren.

CHAMPIGNONS IN INGWERSAUCE

schön scharf

Für 2–4 Personen · Zubereitungszeit ca. 35 Min.
bei 4 Personen pro Portion 185 kcal

500 g Champignons · 200 g Pak-Choi
30 Blätter Thai-Basilikum
  (Bai horapha, s. Info S. 434)
250 ml ungesüßte Kokosmilch
  (aus der nicht geschüttelten Dose)
5–6 EL helle Sojasauce
1/3 TL Zucker · Salz
Für die Würzpaste:
40 g frischer Ingwer · 2 Thai-Schalotten
2 Knoblauchzehen · 3 getrocknete Chilischoten
(nach Wunsch auch mehr) · 1/3 TL Zucker

1 Für die Würzpaste den Ingwer schälen und reiben
  oder fein hacken. Schalotten und Knoblauch schälen,
  hacken. Alles mit den Chilischoten und dem Zucker
  im Mörser zu einer feinen Paste zerreiben.

2 Die Champignons putzen, feucht abreiben und in
  Scheiben schneiden. Pak-Choi putzen, waschen und
  gut abtropfen lassen. Die Blätter längs halbieren und
  quer in 2 cm breite Streifen schneiden. Das Thai-Basilikum waschen und trocken tupfen.

3 In den Wok oder in eine schwere tiefe Pfanne 2 EL vom
  dickflüssigen oberen Teil der Kokosmilch geben und
  2 Min. kochen. Die Würzpaste einrühren und 2–3 Min.
  bei starker Hitze braten. Die restliche Kokosmilch in der
  Dose verrühren, dann angießen und alles wieder zum
  Kochen bringen.

4 Die Sojasauce unterrühren. Pilzscheiben und Pak-Choi
  zufügen und unter Rühren 3–5 Min. garen. Mit Zucker
  und 1 Prise Salz würzen, Basilikum untermischen.

DEKO-TIPP
Garnieren Sie das Gericht mit halbierten Cocktailtomaten und feinen Ingwerstreifen.

GEDÄMPFTE AUSTERNPILZE

thailändisch mild

Für 2–4 Personen · Zubereitungszeit ca. 30 Min.
bei 4 Personen pro Portion 70 kcal

500 g Austernpilze · 2 Thai-Schalotten
2 EL Zitronensaft · 4 EL helle Sojasauce
1/2 TL geröstetes Chilipulver (Asienladen)
1/3 TL Zucker · 2 Stängel Thai-Minze
Außerdem:
Wok mit Dämpfeinsatz

1 Die Austernpilze putzen, mit feuchtem Küchenpapier
  abreiben und quer in Streifen schneiden. Die Schalotten schälen, längs halbieren und in feine Spalten
  schneiden.

2 Im Wok 5 cm hoch Wasser aufkochen und den Dämpfeinsatz hineinstellen. Die Pilze darin über dem Wasser-
  dampf zugedeckt 8–10 Min. dämpfen. Da Austernpilze
  ungegart ein großes Volumen haben, evtl. in zwei Portionen dämpfen.

3 Die gedämpften Pilze in eine Schüssel füllen. Zitronensaft, Sojasauce, Chilipulver und Zucker verrühren und
  die Pilze mit der Mischung würzen.

4 Die Minze waschen und trocken schütteln. Die Blätter
  abzupfen, nach Belieben ganz lassen oder grob zerzupfen und mit den Schalotten unter die Pilze mischen.
  Das Gericht warm oder kalt servieren.

AROMA-TIPP
Streuen Sie zusätzlich einige Tomatenwürfel und
Frühlingszwiebelringe über das Pilzgemüse.

TAUSCH-TIPP
Statt Minze schmeckt auch Koriander.

OBEN Gedämpfte Austernpilze
UNTEN Champignons in Ingwersauce

KÜRBISKNÖDELCHEN MIT PAPRIKARAHM

ganz einfach

**Für 4 Personen · Zubereitungszeit ca. 25 Min.
pro Portion 525 kcal**

400 g Kürbisfruchtfleisch (ohne Schale)
1 Packung Kartoffelkloßteig halb und halb
   (Fertigprodukt aus dem Kühlregal)
Salz · Pfeffer
3 rote Paprikaschoten
3 EL Butter · 200 g Sahne
Cayennepfeffer · 2 EL Sesamsamen

1 Das Kürbisfruchtfleisch sehr fein raspeln. Die Raspel
mit 300 ml kaltem Wasser mischen und den Kloßteig
unterkneten. Mit Salz und Pfeffer würzen. Den Teig
zum Ausquellen 10 Min. stehen lassen.

2 Inzwischen für den Paprikarahm die Paprikaschoten
waschen und mit dem Sparschäler die Haut abschälen.
Dann die Paprikaschoten halbieren, putzen und in
Würfel schneiden.

3 Die Butter in einer tiefen Pfanne zerlassen und die
Paprikawürfel darin andünsten. Zugedeckt in ca.
15 Min. weich dünsten. Wenn nötig, etwas Wasser
zugeben. Die Paprika mit der Sahne pürieren und mit
Salz, Pfeffer und Cayennepfeffer abschmecken.

4 Den Kloßteig nochmals gut durchkneten und mit angefeuchteten Händen portionsweise zu ca. 2 cm großen Kugeln rollen. Die Knödelchen in reichlich Salzwasser 2–3 Min. kochen, bis sie an die Oberfläche
steigen. Mit einem Schaumlöffel herausnehmen und
gut abtropfen lassen.

5 Die Sesamsamen in einer Pfanne ohne Fett anrösten,
bis sie duften. Die Knödelchen darin schwenken und
mit der Sauce servieren.

GEFÜLLTER WIRSING MIT TOMATENRAHM

deftig-kräftig, aber raffiniert

**Für 4 Personen · Zubereitungszeit ca. 20 Min.
Dämpfzeit 1 Std. · pro Portion 375 kcal**

1 Wirsingkopf (ca. 1 kg)
100 g Grünkernschrot (Instant)
200 ml Gemüsebrühe (Instant)
6 EL Tomatenmark · gemahlener Kümmel
100 g geriebener Käse
1 Zwiebel · 1 Knoblauchzehe
40 g Butter · Salz · Pfeffer
1 kleine Dose Tomaten (400 g)
2–3 EL Crème fraîche

1 Vom Wirsing die Außenblätter entfernen. Den Kopf
waschen und vom Strunk her ein ca. faustgroßes Herz-
stück mit einem Messer auslösen.

2 Den Grünkernschrot mit der Gemüsebrühe aufkochen
und in 5 Min. ausquellen lassen. Mit 4 EL Tomatenmark,
etwas Kümmel und dem Käse mischen. Die Grünkern-

mischung in den Wirsing füllen, die Öffnung mit einem
Außenblatt verschließen. Den Wirsing in ein sauberes
Küchenhandtuch setzen und das Tuch fest zubinden.

3 In einen großen Topf einen Dämpfeinsatz stellen,
1 l Wasser hineingeben und aufkochen. Den Wirsing
auf den Einsatz stellen und zugedeckt ca. 1 Std. dämpfen. Wenn nötig, Wasser nachfüllen.

4 Inzwischen das ausgeschnittene Wirsingherz klein
hacken. Zwiebel und Knoblauch schälen, würfeln und
in der Butter anbraten. Sobald sie bräunen, Wirsing
und das übrige Tomatenmark zugeben und kurz mitrösten. Mit Salz, Pfeffer und Kümmel würzen, die Tomaten zugeben und ca. 15 Min. köcheln lassen. Mit der
Crème fraîche pürieren.

5 Den Wirsing aus dem Tuch nehmen und mit dem
Tomatenrahm auf einer Platte anrichten. Bei Tisch
wie eine Torte aufschneiden.

DER LIEBLINGSKLASSIKER

KOHLROULADEN MIT STEINPILZ-KARTOFFEL-PÜREE

kernig-deftiges Gästeessen

Für 4 Personen · Zubereitungszeit ca. 1 Std. 30 Min. Einweichzeit 12 Std. · pro Portion 625 kcal

Für die Kohlrouladen:
100 g Dinkelkörner · Salz · 8 große Weißkohlblätter
50 g Haselnusskerne · 1 kleine Zwiebel
1 Knoblauchzehe · 2 EL Olivenöl
100 g Schafskäse (Feta) · 1/2 Bund glatte Petersilie
1 TL Thymianblättchen · 1 Ei (Größe M) · Pfeffer
200 ml Gemüsebrühe (Instant) · 100 g Crème fraîche
Für das Steinpilz-Kartoffelpüree:
800 g mehligkochende Kartoffeln · 10 g getrocknete
Steinpilze · 125 ml Milch · 50 g Butter · Salz
Pfeffer · frisch geriebene Muskatnuss
Außerdem:
Küchengarn

1 Für die Kohlrouladen den Dinkel 12 Std. (am besten über Nacht) kalt einweichen. Am nächsten Tag im Einweichwasser mit etwas Salz aufkochen und 20 Min. kochen. Neben dem Herd 40 Min. ausquellen lassen. Abgießen und abtropfen lassen.

2 Inzwischen reichlich Salzwasser aufkochen. Kohlblätter darin 2–3 Min. blanchieren. Abgießen, kalt abschrecken und abtropfen lassen. Blätter nebeneinander auf die Arbeitsfläche legen, dicke Rippen flach schneiden.

3 Die Haselnüsse grob hacken und in einer Pfanne ohne Fett kurz rösten. Zum Dinkel geben. Zwiebel und Knob-

lauch schälen, klein würfeln und in dem Öl glasig dünsten. Den Schafskäse zerkrümeln und mit Zwiebel und Knoblauch zum Dinkel geben.

4 Die Petersilie waschen und trocken schütteln, Blättchen hacken und mit dem Thymian und dem Ei ebenfalls zur Dinkelfüllung geben. Alles gut vermengen und herzhaft mit Salz und Pfeffer würzen. Jeweils 1 gehäuften EL Füllung auf die Kohlblätter geben. Blattränder seitlich einschlagen, dann die Blätter samt Füllung aufrollen und mit Küchengarn umwickeln.

5 Den Ofen auf 180° (Umluft 160°) vorheizen. Die Kohlrouladen mit der »Naht« nach unten in eine Auflaufform setzen, die Brühe angießen. Die Rouladen im heißen Backofen (Mitte) 20–25 Min. garen.

6 Inzwischen die Kartoffeln schälen und zerkleinern. Die Pilze nach Belieben etwas kleiner schneiden. Beides in kochendem Salzwasser in 15–20 Min. weich kochen. Abgießen, dabei etwas Kochflüssigkeit auffangen.

7 Die Milch erwärmen. Die Kartoffeln und Pilze mit dem Kartoffelstampfer zerdrücken, Milch und Butter unterrühren. Kochflüssigkeit einrühren, bis das Püree cremig ist. Mit Salz, Pfeffer und Muskat würzen.

8 Rouladen aus der Form nehmen, Kochflüssigkeit mit Crème fraîche verquirlen und nach Belieben leicht nachwürzen. Rouladen mit Sauce und Püree servieren.

PFIFFERLINGRAGOUT MIT HEIDELBEEREN

für Pilzfans

**Für 4 Personen · Zubereitungszeit ca. 25 Min.
pro Portion 225 kcal**

600 g frische Pfifferlinge
1 gehäufter EL Mehl
3 Schalotten
1 EL Butterschmalz
200 g Sahne
200 ml Gemüsebrühe (Instant)
1 Handvoll Heidelbeeren
1 EL frisch gehackte Petersilie
1–2 EL Zitronensaft
Salz · Pfeffer

1 Die Pfifferlinge putzen, die Stielenden etwas abschneiden. Die Pilze mit Mehl bestäuben (dieses
bindet Schmutz), kurz in stehendem Wasser waschen,
dann in einem Sieb waschen. Die Pilze mit Küchenpapier sehr gut trocken tupfen.

2 Die Schalotten schälen und klein würfeln. Das Butterschmalz in einer großen Pfanne erhitzen. Die Pfifferlinge kurz darin anbraten. Schalotten dazugeben und
5 Min. unter Rühren mitbraten.

3 Die Sahne und die Gemüsebrühe dazugießen und ca.
5 Min. bei mittlerer Hitze einkochen. Die Heidelbeeren
waschen und unterrühren. Alles mit Petersilie, Zitronensaft, Salz und Pfeffer würzen. Dazu schmecken Schupfnudeln (Rezept S. 259 oder aus dem Kühlregal).

LAUCHGRATIN MIT KARTOFFELN

preiswert und schnell im Ofen

**Für 4 Personen · Zubereitungszeit ca. 20 Min.
Backzeit 40 Min. · pro Portion 480 kcal**

2 EL Butter
800 g vorwiegend festkochende Kartoffeln
3 Stangen Lauch
Salz · Cayennepfeffer
200 g Sahne · 100 ml Milch
1 Knoblauchzehe
200 g Ziegenfrischkäse
1 rote Spitzpaprika

1 Eine große feuerfeste Form buttern. Den Backofen
auf 180° vorheizen. Die Kartoffeln schälen, in dünne
Scheiben hobeln und in der Form verteilen. Den Lauch
putzen, waschen, in Ringe schneiden und darüber-
schichten. Kartoffeln und Lauch mit Salz und 1 Prise
Cayennepfeffer bestreuen.

2 Sahne und Milch in einem kleinen Topf aufkochen.
Den Knoblauch schälen und dazupressen. Die Sahne
mit Salz und 1 Prise Cayennepfeffer würzen und über
die Lauch-Kartoffel-Mischung gießen. Den Ziegenfrischkäse in kleinen Tupfen darüber verteilen.

3 Die Paprikaschote waschen, putzen, in winzige Würfel
schneiden und über den Ziegenfrischkäse streuen.
Die restliche Butter in Flöckchen darauf verteilen.
Das Gratin im heißen Backofen (Mitte, Umluft 160°)
35–40 Min. backen.

PILZ-FRITTATA
MIT LAUCH

mit Käseschmelz

Für 4 Personen · Zubereitungszeit ca. 40 Min.
pro Portion 390 kcal

2 Zwiebeln · 2 Knoblauchzehen
1 Stange Lauch
1 große rote Paprikaschote
je 150 g Champignons und Egerlinge
8 Eier (Größe M) · 125 ml Milch
Salz · Pfeffer · 1/2 Bund Thymian
4–5 EL Olivenöl · 60 g geriebener Gouda

1 Die Zwiebeln schälen, vierteln und in Streifen schnei-
den. Den Knoblauch schälen und fein hacken. Den
Lauch waschen, putzen und in feine Ringe schneiden.
Die Paprikaschote waschen, vierteln, putzen und quer
in Streifen schneiden. Die Pilze putzen, mit feuchtem
Küchenpapier abreiben und halbieren oder vierteln.

2 Die Eier mit Milch, Salz und Pfeffer verquirlen. Den
Thymian waschen und trocken schütteln die Blättchen
von den Stielen zupfen und unter die Eiermilch rühren.

3 Das Olivenöl in einer großen beschichteten Pfanne
erhitzen. Zwiebeln und Knoblauch darin glasig dünsten. Die Paprikastreifen und den Lauch dazugeben
und 2–3 Min. andünsten. Die Pilze dazugeben und
kurz mitdünsten. Die Eiermilch über das Gemüse
gießen. Zugedeckt bei schwacher Hitze 10 Min.
stocken lassen. Nach 5 Min. den Käse aufstreuen
und die Frittata fertig backen.

WINTER-RATATOUILLE

preiswerte und leichte Winterküche

Für 4 Personen · Zubereitungszeit ca. 45 Min.
pro Portion 210 kcal

500 g Rosenkohl · Salz
2 Gemüsezwiebeln
200 g Möhren
200 g Staudensellerie
4 EL Olivenöl
Pfeffer
400 g stückige Tomaten (aus der Dose)
250 ml kräftige Gemüsebrühe (Instant)
1–2 TL getrocknete Kräuter der Provence

1 Den Rosenkohl waschen und putzen, die Strünke
kreuzweise einschneiden. Den Rosenkohl in kochendem Salzwasser 10 Min. garen, in ein Sieb abgießen
und abtropfen lassen.

2 Inzwischen die Gemüsezwiebeln schälen, vierteln und
quer in fingerdicke Streifen schneiden. Die Möhren putzen, schälen und schräg in ca. 1/2 cm dünne Scheiben
schneiden. Den Staudensellerie putzen, waschen und
in ca. 2 cm große Stücke teilen.

3 Das Öl in einem Schmortopf erhitzen, Zwiebeln darin
glasig braten. Möhren und Sellerie zugeben, 3 Min. bei
mittlerer Hitze dünsten, dann salzen und pfeffern.

4 Tomaten, Brühe und Kräuter unter das Gemüse
mischen und alles zugedeckt bei schwacher Hitze
10 Min. kochen. Den Rosenkohl zugeben und alles
weitere 10 Min. garen.

SCHARFER KOHL MIT ANANAS

Fruchtig-Würziges aus dem Wok

Für 2 Personen · Zubereitungszeit ca. 20 Min.
pro Portion 225 kcal

300 g Weißkohl
2 Knoblauchzehen
4 Frühlingszwiebeln
2 frische grüne Chilischoten
2 EL neutrales Pflanzenöl
150 g Ananasstücke
 (aus der Dose)
3 EL Reiswein
2 EL Sojasauce
Salz
Außerdem:
Korianderblättchen zum Bestreuen

1 Den Kohl waschen, putzen und dicke Blattrippen flacher schneiden. Die Kohlblätter in breite, kurze Streifen schneiden.

2 Die Knoblauchzehen schälen und fein hacken. Die Frühlingszwiebeln putzen, waschen und in Ringe schneiden. Die Chilischoten waschen, putzen und mit oder ohne Kerne fein hacken.

3 Das Öl im Wok erhitzen. Den Kohl darin bei starker Hitze 2 Min. braten. Frühlingszwiebeln, Knoblauch und Chili dazugeben und 1 Min. braten.

4 Die Ananasstücke in einem Sieb abtropfen lassen, dabei 4 EL Ananassaft auffangen und mit dem Reiswein und der Sojasauce verrühren.

5 Die Ananasstücke zum Kohl geben und erhitzen. Die Sauce angießen und einmal aufkochen. Das Gemüse mit Salz abschmecken und mit Korianderblättchen bestreuen. Dazu passt Reis.

KÜRBIS-MANGO-CURRY

scharfes Gästegericht

Für 2 Personen · Zubereitungszeit ca. 35 Min.
pro Portion 230 kcal

1 Stück Kürbis (ungeputzt ca. 500 g)
2 Schalotten
1 Stück frischer Ingwer (ca. 1 cm)
1 Mango (ca. 250 g)
1/2 Bund Basilikum
2 EL neutrales Pflanzenöl
2 TL rote oder grüne Thai-Currypaste
250 ml Gemüsebrühe (Instant)
1 EL Zitronensaft · Salz

1 Den Kürbis schälen und die Kerne und das faserige Fruchtfleisch entfernen. Den Kürbis in ca. 1/2 cm breite Stifte schneiden. Die Schalotten und den Ingwer schälen und fein hacken.

2 Die Mango schälen, das Fruchtfleisch in Stücken vom Kern schneiden und grob würfeln. Das Basilikum waschen und trocken schütteln, die Blättchen abzupfen und grob hacken.

3 Das Öl im Wok erhitzen und die Kürbisstifte darin 2–3 Min. braten. Schalotten, Ingwer und Currypaste untermischen und weitere 2 Min. braten.

4 Die Gemüsebrühe mit gut der Hälfte des Basilikums untermischen und alles weitere 4–6 Min. garen, bis der Kürbis bissfest ist.

5 Die Mangowürfel mit dem Zitronensaft untermischen und erhitzen. Das Curry mit Salz abschmecken und mit dem übrigen Basilikum bestreuen. Dazu passt Reis.

VORNE Scharfer Kohl mit Ananas
HINTEN Kürbis-Mango-Curry

WEISSE-BOHNEN-PLÄTZCHEN MIT FENCHELSALAT

rustikal, aber ganz besonders

**Für 4 Personen · Zubereitungszeit ca. 2 Std.
Einweichzeit 12 Std. · pro Portion 305 kcal**

150 g getrocknete kleine weiße Bohnen
1 Knoblauchzehe · 4 Stängel Salbei
1 große Fenchelknolle (ca. 650 g)
Salz · Pfeffer · 1 EL Zitronensaft
8 EL Olivenöl · 250 g Tomaten
1 rote Zwiebel · 100 g Mehl

1 Die weißen Bohnen 12 Std. (am besten über Nacht) kalt einweichen.

2 Die ungeschälte Knoblauchzehe mit der Breitseite eines Messers andrücken. Bohnen mit Knoblauch und 1 Salbeizweig in reichlich Wasser aufkochen, zugedeckt bei schwacher Hitze in 60–90 Min. weich kochen. Abgießen und abtropfen lassen, dabei den Sud auffangen. Knoblauch und Salbei entfernen. Bohnen und Sud abkühlen lassen.

3 Den Fenchel waschen und putzen, das zarte Grün beiseitelegen. Die Knolle vierteln und ohne Strunk fein hobeln. Salzen, pfeffern und 3 Min. mit der Hand kräftig durchkneten. Fenchelgrün hacken und mit Zitronensaft und 2 EL Öl unter den Fenchel mischen. Tomaten waschen, ohne Kerne und Stielansätze würfeln und unter den Fenchel mischen. Beiseitestellen.

4 Die Zwiebel schälen und fein würfeln. Restlichen Salbei waschen und trocken schütteln, die Blättchen streifig schneiden. Das Mehl mit 200 ml Bohnensud zu einem dickflüssigen Teig verrühren. Zwiebel, Salbei und Bohnen unterrühren. Den Teig kräftig salzen.

5 In einer großen Pfanne 3 EL Öl erhitzen. Mit einer kleinen Kelle sechs Teigportionen hineinsetzen und bei mittlerer Hitze von beiden Seiten je 2–3 Min. braten. Fertige Bohnenplätzchen warm halten. Aus dem restlichen Teig sechs weitere Plätzchen in 3 EL Öl ebenso braten. Mit dem Fenchelsalat anrichten.

LINSENCURRY MIT KNUSPERZWIEBELN

Soulfood, das von innen wärmt

**Für 4 Personen · Zubereitungszeit ca. 50 Min.
pro Portion 270 kcal**

250 g kleine grüne Linsen
20 g frischer Ingwer · 1/2 TL gemahlene Kurkuma
1/2 TL Cayennepfeffer
1/2 TL gemahlener Bockshornklee
250 g reife Tomaten · 2 große Zwiebeln
4 Knoblauchzehen · 2 TL Kreuzkümmelsamen
5 Gewürznelken · 4 EL Butterschmalz
Salz · 1/2 Bund Koriandergrün
1/2 TL Garam Masala (s. Info S. 306)

1 Die Linsen waschen und abtropfen lassen. Ingwer
schälen und fein hacken. Linsen, Ingwer und Gewürze
in einem Topf mischen. 800 ml Wasser zufügen, zugedeckt aufkochen und die Linsen bei schwacher
Hitze 30–40 Min. quellen lassen. Inzwischen die
Tomaten überbrühen, kalt abschrecken und häuten.
Die Tomaten würfeln, dabei die Stielansätze entfernen.

2 Zwiebeln und Knoblauch schälen. Die Zwiebeln quer in
1/2 cm dicke Scheiben schneiden und diese in Ringe
teilen. Den Knoblauch fein hacken.

3 In einer Pfanne Kreuzkümmelsamen und Nelken in
3 EL Butterschmalz bei mittlerer Hitze braten, bis die
Körner anfangen zu knistern. Zwiebeln und Knoblauch
zufügen und knusprig braten, dabei ab und zu schwenken. Die Zwiebelmischung mit einem Schaumlöffel aus
dem Butterschmalz heben und auf einem mit Küchenpapier ausgelegten Blech warm stellen. Die Pfanne mit
dem Butterschmalz beiseitestellen.

4 Tomaten unter die Linsen rühren und erhitzen. Linsen
mit Salz abschmecken und das restliche Butterschmalz
einrühren. Koriander waschen und trocken schütteln,
die Blättchen abzupfen.

5 Die Linsen mit Zwiebel-Würzmischung, Koriander und
Garam Masala bestreut anrichten.

WEISSE BOHNEN

pikante Spezialität aus Indien

**Für 4–6 Personen · Zubereitungszeit ca. 40 Min.
Einweichzeit 12 Std.
bei 6 Personen pro Portion 235 kcal**

300 g getrocknete weiße Bohnen
Salz · 1 große Zwiebel
2 Tomaten
4 EL neutrales Pflanzenöl
1 TL gemahlene Kurkuma
1 TL gemahlener Koriander
1/2 TL Cayennepfeffer
1/2 TL Garam Masala
　(indische Gewürzmischung, s. Info)
1 Bund Koriandergrün

1　Die Bohnen waschen, in einen Kochtopf geben, mit 600 ml Wasser bedecken und 12 Std. (am besten über Nacht) einweichen.

2　Nach dieser Zeit die Bohnen im Einweichwasser zum Kochen bringen, das Salz hinzufügen und die Bohnen bei starker Hitze in ca. 20 Min. weich kochen.

3　Inzwischen die Zwiebel schälen und fein hacken. Die Tomaten waschen und in kleine Würfel schneiden, dabei die Stielansätze entfernen.

4　Das Öl in einem Topf erhitzen und die Zwiebel darin in ca. 3 Min. bei mittlerer Hitze goldbraun braten. Die Tomatenwürfel hinzufügen und 1 Min. mitbraten. Kurkuma, Koriander, Cayennepfeffer und Garam Masala dazugeben und unterrühren.

5　Die Bohnen in ein Sieb abgießen, dabei das Kochwasser auffangen. Die Bohnen zu der Zwiebel-Gewürz-Mischung geben und 5 Min. unter Rühren braten.

6　Mit dem Kochwasser ablöschen und die Bohnen in ca. 5 Min. bei mittlerer Hitze fertig garen. Den Koriander waschen und trocken schütteln, die Blättchen abzupfen. Die Bohnen damit bestreuen.

TAUSCH-TIPP

Statt der weißen Bohnen können Sie auch getrocknete rote Bohnen verwenden.

DAS SCHMECKT DAZU

Milder **Kreuzkümmelreis** passt zu diesem indischen Gericht ganz hervorragend: Für 4 Personen 400 g Basmatireis in eine Schüssel geben und mit kaltem Wasser waschen. Das Wasser dabei mehrmals wechseln und den Reis durch ein Sieb abgießen. 2 EL Öl in einem Topf erhitzen, 1 TL Kreuzkümmelsamen dazugeben und ca. 1/2 Min. darin rösten. Den Reis, 750 ml Wasser und 1/2 TL Salz hinzufügen und bei starker Hitze ca. 20 Min. offen kochen. Dann den Topf vom Herd nehmen und den Reis zugedeckt in ca. 5 Min. gar ziehen lassen. Sofort servieren.

GUT ZU WISSEN

Garam Masala ist eine in der indischen Küche unverzichtbare Gewürzmischung aus Kardamom, Zimt, Kreuzkümmel, Nelken, schwarzem Pfeffer, Koriander und Muskatnuss. Sie bekommen sie im Asienladen, können sie aber auch selber machen: 10 Gewürznelken, 10 schwarze Pfefferkörner, je 5 schwarze und grüne Kardamomkapseln, 1 EL Koriandersamen, 1 Zimtstange, 1/2 Muskatnuss und 1 TL Kreuzkümmelsamen in einem Mörser fein zerstoßen oder im Mixer fein mahlen. In einem dunklen Schraubglas behält das Garam Masala sein Aroma über Wochen.

CHILI-HUMMUS MIT PILZEN UND SPROSSEN

Am besten mit Fladenbrot genießen!

**Für 2 Personen · Zubereitungszeit ca. 40 Min.
pro Portion 550 kcal**

1 Dose Kichererbsen (250 g Abtropfgewicht)
250 ml Gemüsebrühe (Instant)
1 frische grüne Chilischote (z. B. Jalapeño)
1 Knoblauchzehe · 1 Bio-Zitrone
1/2 Bund glatte Petersilie
2 TL Sesamsamen
1 TL gemahlener Koriander
Salz · Pfeffer
1/4 TL Cayennepfeffer · 4 TL Olivenöl
40–50 g Alfalfasprossen
250 g braune Champignons

1 Die Kichererbsen abgießen, waschen und in der Brühe
bis zur Verwendung bei schwacher Hitze köcheln
lassen. Inzwischen die Chili waschen, putzen und mit
den Kernen fein hacken. Knoblauch schälen und fein
hacken. Die Zitrone heiß waschen, die Schale abreiben

und 1 EL Saft auspressen. Die Petersilie waschen und
trocken schütteln, die Blätter hacken. Die Sesamsamen
in einer kleinen Pfanne ohne Fett rösten, bis sie duften.
Dann beiseitestellen.

2 Die Kichererbsen abgießen und dabei die Brühe auffangen. Kichererbsen, Knoblauch, Zitronensaft und
1–2 EL Brühe pürieren. Mit Koriander, Salz, Pfeffer und
Cayenne kräftig würzen. Zitronenschale, Chiliwürfel
und die Hälfte der Petersilie untermischen. In die Mitte
einer Platte geben, 2 TL Olivenöl darüberträufeln und
mit Sesam bestreuen. Sprossen waschen, abtropfen
lassen, um den Hummus verteilen.

3 Die Pilze putzen, feucht abreiben und in Scheiben
schneiden. Eine schwere Pfanne stark erhitzen, die
Pilze erst ohne Fett braten, bis die Flüssigkeit ver-
dampft ist. Dann das restliche Öl untermischen.
Mit Salz und Pfeffer würzen. Die heißen Pilze auf den
Hummus geben, mit restlicher Petersilie bestreuen.

BLUMENKOHL MIT KICHERERBSEN

ein bisschen scharf, trotzdem kokosmild

**Für 2 Personen · Zubereitungszeit ca. 40 Min.
pro Portion 480 kcal**

1/2 TL Safranfäden
100 g Zwiebeln
1/2 Blumenkohl (ca. 250 g)
1 frische grüne Chilischote
1 Bund glatte Petersilie
1 EL Distelöl
400 ml Gemüsefond (Rezept S. 187
   oder aus dem Glas)
100 ml ungesüßte Kokosmilch (aus der Dose)
Salz · Pfeffer
Cayennepfeffer
1 Dose Kichererbsen (250 g Abtropfgewicht)

1 Den Safran im Mörser zerreiben, dann mit 2 EL warmem
Wasser verrühren. Die Zwiebeln schälen, halbieren
und in Streifen schneiden. Den Blumenkohl waschen,
putzen und in kleine Röschen teilen.

2 Die Chilischote waschen, putzen und ohne Kerne fein
würfeln. Die Petersilie waschen und trocken schütteln,
die Blätter abzupfen und hacken.

3 Das Öl erhitzen und die Zwiebeln darin in 5 Min.
glasig dünsten. Den Blumenkohl zugeben und unter
Rühren 1–2 Min. anbraten. Gemüsefond und Safran-
flüssigkeit mischen, zugießen und alles 3–4 Min.
köcheln lassen, bis der Blumenkohl bissfest ist. Dabei
öfter umrühren, damit sich die gelbe Farbe verteilt.

4 Das Gemüse herausheben, warm halten und die
Garflüssigkeit stark einkochen. Die Kokosmilch unterrühren und die Sauce mit Salz, Pfeffer und Cayennepfeffer kräftig abschmecken.

5 Die Kichererbsen in ein Sieb abgießen, waschen,
abtropfen lassen und in der Kokos-Safran-Brühe
erwärmen. Den Blumenkohl untermischen und alles
kurz erhitzen. Mit Chili und Petersilie bestreuen.

HONIGLINSEN

mit gebratenem Schafskäse

Für 2 Personen · Zubereitungszeit ca. 30 Min.
Garzeit 45 Min. · pro Portion 650 kcal

200 g Möhren · 4 Schalotten
2 Knoblauchzehen
1/2 getrocknete Chilischote
2 EL Olivenöl · 200 g braune Linsen
250 ml Gemüsebrühe (Instant)
1–2 EL Apfelessig oder
   Aceto balsamico bianco
2 TL Honig
Salz · Pfeffer
150 g Schafskäse (Feta)
1 EL Weizenvollkornmehl
2 TL Butter

1 Die Möhren schälen, putzen und in ca. 1/2 cm große
Würfel schneiden. Die Schalotten schälen und halbieren. Den Knoblauch schälen und fein hacken. Das Chili-
stück zerkrümeln.

2 In einem Topf 1 EL Öl erhitzen, die Möhren, die Schalotten, den Knoblauch und Chili darin unter Rühren
bei mittlerer Hitze andünsten. Die Linsen in einem Sieb
waschen und dazugeben. Mit der Brühe aufgießen und
zugedeckt bei schwacher Hitze in 35–45 Min. weich
garen, aber nicht zerfallen lassen.

3 Die Linsen mit dem Essig, dem Honig, Salz und Pfeffer
abschmecken. Den Käse halbieren. Das Mehl in einen
Teller geben und den Käse darin wenden.

4 Das übrige Öl mit der Butter erhitzen und die Käsescheiben darin bei starker Hitze pro Seite gut 1 Min.
braten. Die Linsen auf Teller verteilen und jeweils mit
1 Käsescheibe belegen.

TURBO-TIPP
Schneller geht's, wenn Sie den Schafskäse nicht
braten, sondern zu den gegarten Linsen krümeln
und untermischen.

KICHERERBSENCURRY

mit frischem Kräutertopping

**Für 2 Personen · Zubereitungszeit ca. 30 Min.
Einweichzeit 24 Std. · Garzeit 1 Std. 30 Min.
pro Portion 310 kcal**

100 g getrocknete Kichererbsen
1 Bund Frühlingszwiebeln
2 Knoblauchzehen
1 Stück frischer Ingwer (ca. 2 cm)
1 frische rote Chilischote · 2 EL Öl
je 1 TL gemahlener Kreuzkümmel und Kurkuma
2 TL gemahlener Koriander · 1/4 TL Zimtpulver
200 ml Gemüsebrühe (Instant)
Salz · 100 g Cocktailtomaten
Koriander- oder Minzeblättchen zum Bestreuen

1 Die Kichererbsen über Nacht in Wasser einweichen.
Am nächsten Tag abgießen, in einem Topf mit frischem
Wasser aufkochen und zugedeckt bei schwacher Hitze
in ca. 1 1/2 Std. weich kochen.

2 Die Frühlingszwiebeln putzen und waschen. Die Zwiebeln abschneiden und halbieren, die hellgrünen Teile
in Ringe schneiden. Den Knoblauch und den Ingwer
schälen und fein hacken. Die Chilischote waschen,
putzen und mit den Kernen fein hacken.

3 Das Öl in einem Topf erhitzen. Knoblauch, Ingwer, Chili
und alle Gewürze einrühren und bei mittlerer Hitze
anbraten. Die Zwiebeln zugeben, die Brühe angießen.

4 Die Kichererbsen in ein Sieb abgießen, abtropfen
lassen und unter die Zwiebeln mischen. Salzen und
zugedeckt bei schwacher Hitze ca. 10 Min. schmoren.
Dann die Tomaten waschen und vierteln, untermischen
und nur heiß werden lassen. Das Curry abschmecken
und mit Koriander oder Minze bestreuen.

DAS SCHMECKT DAZU
Reichen Sie zum Curry **Basmatireis** und **Limetten-
joghurt.** Dafür die Schale von 1 Bio-Limette abreiben und mit 150 g Joghurt und Salz verrühren.

KICHERERBSENGEMÜSE

mild-säuerlich

TARKA-DAL

Klassiker aus Nordindien

Für 4 Personen
Zubereitungszeit ca. 25 Min.
pro Portion 260 kcal

400 g Kichererbsen
  (aus der Dose)
2 Zwiebeln
2 Knoblauchzehen
1 Stück frischer Ingwer (ca. 2 cm)
4 EL Öl
1/2 TL Kreuzkümmelsamen
1/2 TL gemahlene Kurkuma
1/4 TL Garam Masala
  (s. Info S. 306)
1/2 TL gemahlener Koriander
1/2 TL Amchoor
  (getrocknetes Mangopulver)
200 g stückige Tomaten
  (aus der Dose)
Salz · Pfeffer · 1/2 TL brauner Zucker
Koriandergrün zum Bestreuen

1 Die Kichererbsen in ein Sieb gießen und abtropfen lassen. Die Zwiebeln schälen und in kleine Würfel schneiden. Den Knoblauch und den Ingwer schälen und fein hacken.

2 Das Öl in einem Topf erhitzen und die Zwiebelwürfel darin unter Rühren braten, bis sie braun sind. Knoblauch, Ingwer und Kreuzkümmelsamen dazugeben und 1 Min. mitbraten.

3 Die gemahlenen Gewürze dazugeben und 30 Sek. mitrösten. Die Tomaten dazugeben, salzen und pfeffern und unter Rühren bei starker Hitze ca. 10 Min. braten, bis das Öl anfängt, sich abzusetzen.

4 Den Zucker und die Kichererbsen unterrühren und alles 5 Min. bei schwacher Hitze ziehen lassen. Das Kichererbsengemüse mit gehacktem Koriandergrün bestreuen und mit Naan oder Reis servieren.

Für 4 Personen · Zubereitungszeit ca. 10 Min.
Garzeit 1 Std. 10 Min. · pro Portion 240 kcal

200 g halbierte, geschälte Munglinsen
  (Mung-Dal)
1/2 TL gemahlene Kurkuma
Salz · 1 Knoblauchzehe
3 EL Ghee (ersatzweise Butterschmalz)
3/4 TL Kreuzkümmelsamen
1–2 getrocknete Chilischoten
1 EL Garam Masala (s. Info S. 306)
2 EL gehacktes Koriandergrün

1 Die Linsen verlesen und zwei- bis dreimal kurz in kaltem Wasser waschen, das Wasser abgießen und den Vorgang wiederholen. Dann die Linsen mit 1 l Wasser und dem Kurkumapulver in einen Topf geben, aufkochen und bei schwacher Hitze ca. 1 Std. kochen, bis die Linsen weich sind, dann salzen.

2 Den Knoblauch schälen und grob würfeln. Ghee in einem Pfännchen erhitzen und die Kreuzkümmelsamen und Chilischoten darin 1 Min. rösten. Den Knoblauch zugeben und braten, bis er leicht bräunt, dann alles sofort unter die Linsen mischen.

3 Das Garam Masala einrühren und die Linsen weitere 5–10 Min. köcheln lassen. Evtl. mit Salz abschmecken, das Koriandergrün unterrühren und das Dal servieren.

AROMA-TIPP
Die in Ghee oder Butterschmalz gerösteten Gewürze geben den Linsen ihr besonderes Aroma. Wer will, kann zusätzlich auch einmal 1 Lorbeerblatt oder 1 Zimtstange mitrösten.

VORNE Tarka-Dal
HINTEN Kichererbsengemüse

SCHWARZE BUTTERLINSEN

schmecken aufgewärmt noch mal so gut

**Für 4–6 Personen · Zubereitungszeit ca. 15 Min.
Einweichzeit 6–12 Std. · Garzeit 2 Std. 30 Min.
bei 6 Personen pro Portion 175 kcal**

150 g ganze, schwarze Linsen (Urad-Dal)
1 Stück frischer Ingwer (ca. 5 cm)
2 Knoblauchzehen · 1/2 TL Cayennepfeffer
400 g passierte Tomaten (aus dem Tetrapak)
2–3 EL Butter · 80 g Sahne
1 EL getrocknete Bockshornkleeblätter
1 1/2 TL Garam Masala (s. Info S. 306) · Salz

1 Die Linsen in reichlich kaltem Wasser mindestens
6 Std. (besser über Nacht) einweichen. Dann in einem
Sieb gut waschen. Ingwer und Knoblauch schälen
und fein hacken. Beides mit Linsen, Cayennepfeffer
und 450 ml Wasser in einem großen Topf aufkochen,
dann 25–30 Min. bei schwacher bis mittlerer Hitze
zugedeckt köcheln lassen.

2 Die Linsen in ein Sieb abgießen, dabei das Kochwasser
auffangen. Dann die Linsen wieder zurück in den Topf
schütten und Tomatenpüree, Butter und Sahne unterrühren und mit Bockshornkleeblättern, Garam Masala
und Salz würzen.

3 Die Linsen zugedeckt bei schwacher Hitze 1 1/2–2 Std.
ganz sanft köcheln lassen, dabei ab und zu umrühren.
Sollte zu viel Flüssigkeit verkochen, etwas Linsen-
kochwasser angießen. Am Ende sollten die Linsen
dicksämig und die Sauce schön dunkelrot sein. Dazu
schmeckt indisches Fladenbrot.

AROMA-TIPP
Als deftige Krönung passen dazu **Röstzwiebeln.**
Hierfür 2 Zwiebeln schälen, in dünne Streifen oder
Ringe schneiden und in 2–3 EL Ghee oder Butter-
schmalz kross und dunkelbraun braten. Sofort auf
die Linsen geben.

KIDNEYBOHNEN IN ROTER SAUCE

die vegetarische Alternative zu Chili con Carne

**Für 4 Personen · Zubereitungszeit ca. 35 Min.
pro Portion 205 kcal**

1 Dose Kidneybohnen (480 g Abtropfgewicht)
1 Zwiebel · 2 Knoblauchzehen
1 Stück frischer Ingwer (ca. 5 cm)
2 EL Erdnussöl · 1 Lorbeerblatt
1 Zimtstange (5–7 cm)
1 braune Kardamomkapsel
2–3 getrocknete Chilischoten
1/2 TL gemahlene Kurkuma
1 TL gemahlener Kreuzkümmel
3/4 TL gemahlener Koriander
3/4 TL Garam Masala (s. Info S. 306)
250 g passierte Tomaten (aus dem Tetrapak)
Salz · 1 EL Butter · 3 EL gehacktes Koriandergrün

1 Die Bohnen in ein Sieb abgießen, kalt waschen und
abtropfen lassen. Die Zwiebel schälen und fein würfeln.
Knoblauch und Ingwer schälen und fein hacken.

2 Das Öl in einem Topf oder im Wok heiß werden lassen.
Lorbeerblatt, Zimtstange, Kardamomkapsel und Chilischoten hineingeben und ca. 5 Min. bei mittlerer Hitze
rösten, bis das Lorbeerblatt gebräunt ist und die Chilischoten sich dunkelrot aufblähen.

3 Zwiebel, Ingwer und Knoblauch dazugeben und hellbraun braten. Die gemahlenen Gewürze darüberstreuen, alles gut verrühren, dann die Tomaten untermischen, salzen. Die Sauce offen bei starker Hitze in
ca. 5 Min. dick einkochen, dabei immer rühren.

4 Die Bohnen mit ca. 250 ml Wasser dazugeben und
zugedeckt 10 Min. bei schwacher Hitze köcheln lassen.
Dann die Butter einrühren und alles noch mal offen
bei mittlerer bis starker Hitze ca. 5 Min. einkochen.
Die Sauce sollte nicht mehr flüssig sein, sondern dick
an den Bohnen haften. Üppig mit Koriandergrün
bestreuen. Dazu passt indisches oder auch türkisches
Fladenbrot (s. Rezept S. 183).

GALETTES MIT KICHERERBSEN

orientalisch inspiriert

**Für 4 Personen · Zubereitungszeit ca. 1 Std.
pro Portion 700 kcal**

150 g Buchweizenmehl · 350 ml Milch · 3 Eier
(Größe M) · Salz · 8 EL Olivenöl · 4 EL kohlensäure-
haltiges Mineralwasser · 2 Zwiebeln · 4 Möhren
200 g Kichererbsen (aus der Dose) · 2 EL mildes
Currypulver · 200 g Sahne · 1/2 Bund Minze
150 g Naturjoghurt · 1 EL Zitronensaft
Außerdem:
Butterschmalz zum Backen

1 Das Mehl mit der Milch verrühren, dann die Eier, 1 Prise
Salz, 4 EL Öl und das Mineralwasser darunterschlagen.
Den Teig zugedeckt quellen lassen. Inzwischen die
Zwiebeln und die Möhren schälen und in Streifen
bzw. dünne Scheiben schneiden. 3 EL Öl erhitzen und
die Zwiebeln und Möhren darin bei mittlerer Hitze
5–8 Min. anbraten. Die Kichererbsen in ein Sieb abgießen, abtropfen lassen und mit Curry und Sahne
untermischen. Alles 5 Min. garen.

2 Die Minze waschen und trocken schütteln, die Blätter
abzupfen, fein schneiden, mit dem Joghurt verrühren.
Mit Zitronensaft, Salz und 1 EL Öl abschmecken. Ofen
auf 80° vorheizen. Kichererbsen darin warm stellen.

3 Aus dem Teig Galettes backen: Dafür in einer beschichteten Pfanne sehr wenig Butterschmalz bei mittlerer
Hitze erhitzen. Mit einer Schöpfkelle etwas Teig in die
Mitte der Pfanne geben und durch schnelles Drehen
und Wenden gleichmäßig darin verteilen. Überschüssigen Teig zurück in die Teigschüssel gießen. So lange
backen, bis die Oberfläche fest wird, dann vorsichtig
vom Pfannenrand lösen und wenden. Fertige Galettes
im Ofen warm halten.

4 Zum Servieren die Galettes zum Dreieck falten und mit
dem Kichererbsen-Möhren-Gemüse und dem Joghurt
auf Tellern anrichten.

PFANNKUCHEN MIT BOHNEN UND LINSEN

brauchen etwas Zeit

**Für 4 Personen · Zubereitungszeit ca. 40 Min.
Einweichzeit 12 Std. · Garzeit 1 Std.
pro Portion 205 kcal**

375 g Bohnen und Linsen (z. B. weiße
   dicke Bohnen, Mungobohnen, rote Linsen)
1 Zwiebel · 4 EL Olivenöl
200 g Mehl · 400 ml Milch
4 Eier (Größe M) · Salz
50 g Rucola · Pfeffer
5 EL Aceto balsamico bianco

1 Die dicken weißen Bohnen 12 Std. (am besten über
Nacht), die Mungobohnen 2 Std. in reichlich kaltem
Wasser einweichen. (Rote Linsen müssen nicht ein-
geweicht werden.)

2 Die Bohnen in einem Sieb abtropfen lassen, die Zwiebel schälen und fein würfeln. Beides in 2 EL Öl kurz
andünsten, mit 900 ml Wasser aufgießen und zugedeckt in 45 Min. bei schwacher Hitze weich garen.
Nach 30 Min. die Linsen zugeben und 15 Min. mitgaren.

3 Inzwischen das Mehl mit der Milch verrühren, die Eier
und 1 Prise Salz unterschlagen. Den Teig zugedeckt
30 Min. quellen lassen.

4 Den Backofen auf 80° vorheizen. Aus dem Teig im
übrigen Öl nach und nach Pfannkuchen backen
(s. Schritt 3 im linken Rezept). Fertige Pfannkuchen
im Backofen warm halten.

5 Den Rucola waschen, trocken schütteln und ohne
die groben Stiele grob hacken. Unter die Bohnen
und Linsen mischen, mit Salz, Pfeffer und Essig abschmecken. Zu den Pfannkuchen servieren.

LINKS VORNE Pfannkuchen mit Bohnen und Linsen
RECHTS HINTEN Galettes mit Kichererbsen

NUDELN, REIS
UND GETREIDE

Das steckt in unserem Leibgericht

Nudeln machen Vegetarier glücklich – rund um den Globus. Mit rund 70 % Kohlenhydraten liefern sie schnelle Energie. Außerdem enthalten sie Eiweiß, Mineralstoffe und Vitamine der B-Gruppe. Beim Fett halten sie sich allerdings zurück: Nudeln ohne Ei enthalten kaum 2 %.

Nicht immer vegan!

Nur aus feinem Hartweizen und Wasser kneten viele italienische Pastaproduzenten ihren Nudelteig. Doch Achtung: Wenn vorne auf der Packung »aus 100 % Hartweizengrieß« steht, bezieht sich das allein auf die Grießsorte. Die Nudeln können trotzdem Eier enthalten. Kaum ohne Eier kommt frische Pasta aus dem Kühlregal oder italienischen Feinkostladen aus. Bunte Sorten werden mit Spinat, Kräutern, Tomate oder Rote Bete gefärbt, schwarze Spaghetti dagegen traditionell mit Sepiatinte vom Tintenfisch. Weswegen sie für Vegetarier natürlich nicht in Frage kommen.

Auch bei den asiatischen Nudelspezialitäten empfiehlt sich ein Blick auf die Zutatenliste. In der Regel ist Weizenmehl die Basis asiatischer Weizennudeln (Mie-Nudeln). Chinesische Eiernudeln enthalten – klar – Ei, und manchmal Garnelen- oder Fischpulver als aromatische Zutat. Glasnudeln sind glasig-weiße Nudeln aus Mungobohnen- oder Tapiokastärke. Die leicht transparenten Reisnudeln, die beim Garen weiß werden, werden aus Reismehl und Wasser geknetet. Immer mit Ei werden schwäbische Spätzle gemacht. Fertigspätzle aus dem Kühlregal enthalten darüber hinaus häufig auch Aromen und Zitronensäure.

Vollkorn – jetzt auch mit Biss!

Viele Vollkornspaghetti – vorzugsweise von italienischen Herstellern – haben mittlerweile in Sachen Bissfestigkeit und Geschmack gegenüber den hellen Klassikern aus Hartweizen aufgeholt. Damit müssen heutzutage auch Feinschmecker nicht mehr auf zusätzliche Vitamine und Mineralstoffe verzichten.

PASTAPARADE
Die langen Dünnen schmecken gut auch nur mit Pesto oder Gewürzöl. Die kurzen Dicken vertragen sämige Saucen bestens, und breite Bandnudeln ergänzen üppige Gemüseragouts oder Pilz-Sahne-Saucen aufs Leckerste.

Kurze dicke Vollkornnudeln können allerdings immer noch nach dem Kochen pappig werden. Achten Sie beim Kauf darauf, dass Vollkornteigwaren ohne sichtbare große Kleiestücke sind, sie beeinträchtigen den Vollkorn-Pastagenuss. Ob mit geschmolzenen Tomaten oder Avocado-Sesam-Creme: Probieren Sie ein paar Sorten; Sie finden sicher eine Lieblingsnudel.

Nudeln für spezielle Fälle

Im größeren Supermarkt gibt es gute Teigwaren aus Dinkel – auch in Vollkornversion – und aus Kamut, einer alten Weizenart, die wohl aus Ägypten stammt. Beide Getreidesorten werden bei Allergieproblemen oft besser vertragen als herkömmlicher Weizen. Dinkel- oder Kamut-Nudeln enthalten aber – wie gewöhnlicher Weizen – Gluten. Wer darauf verzichten muss, findet im Reformhaus und Bioladen auch Teigwaren aus Hirse oder Mais oder kann auf Reisnudeln ausweichen.

AUSGEZEICHNET!

Zutatenlisten in Winzschrift lesen, E-Nummern dechiffrieren: Einkaufen kann für Vegetarier ziemlich anstrengend sein! Auf einen Blick informiert dagegen das V-Label (zum »v« stilisierte Halme mit Blatt) des Vegetarierbund Deutschland e. V. (VEBU) darüber, ob ein Produkt »vegetarisch«, »milchfrei«, »eifrei« oder »vegan« ist.

Getreidevielfalt aus aller Welt

Internationale Sattmacher bringen gesunde Abwechslung in die vegetarische Küche.

INSTANT-COUS-COUS mit heißem Wasser übergie-ßen, quellen las-sen und mit einer Gabel auflockern – schon fertig!

POLENTA PERFEKT Den Maisgrieß in kochendes Was-ser einrieseln las-sen, dabei fleißig rühren – am bes-ten mit einem Holzkochlöffel.

Bulgur Wird Hartweizen gekocht, getrocknet, geschält und geschrotet, erhält er ein nussiges Aroma und wird haltbar. Deshalb ist Bulgur in der orientalischen Küche so beliebt. Schon die alten Babylonier stellten ihn her. Da die Körn-chen bereits vorgekocht sind, garen sie schnel-ler als Reis. Sie sind übrigens auch eiweiß- und vitaminreicher als dieser, enthalten darü-ber hinaus Magnesium und Kalium in nen-nenswerter Menge. Als Beilage für 4 Personen 200 g Bulgur in ca. 300 ml kochendes Salz-wasser oder Gemüsefond einrühren und gut 10 Min. bei schwacher Hitze quellen lassen.

Couscous So wird nicht nur grobkörniger Hartweizengrieß genannt, sondern auch die daraus zubereitete nordafrikanische Spezia-lität. In größeren Supermärkten, Bio- und Asienläden bekommen Sie vor allem Instant-Couscous, der im Nu fertig ist – gesundes Fast Food! Einfach nach Packungsangabe zubereiten. In der Regel braucht Couscous nicht gekocht zu werden, es reicht, wenn Sie 250 g Instant-Couscous mit ca. 400 ml ko-chend heißem Salzwasser oder Gemüsefond übergießen und zugedeckt ca. 10 Min. quellen lassen. Den Couscous ab und zu mit einer Gabel auflockern.

BUCHWEIZEN

Der Name führt auf eine falsche Fährte: Buchweizen ist gar kein Getreide, sondern eher mit Rhabarber verwandt. Die stärkehalti-gen Samen können aber wie Getreidekörner verwendet werden. Buchweizen vorher in einer Pfanne ohne Fett kurz anrösten. Das pusht sein nussig-kräftiges Aroma. Die Körner enthalten kein Gluten, gut für Allergiker. Allerdings können Sie aus demselben Grund mit Buchweizenmehl allein kein Brot backen. Pfannkuchen und Blini gelingen damit jedoch hervorragend. Buchweizenmehl bekommen Sie am besten im Bioladen oder Reformhaus.

Graupen Die geschälten und polierten Gers-tenkörner schwimmen gern in Suppe. Die grö-ßeren Graupen heißen auch Rollgerste und brauchen mehr als 1 Stunde, bis sie weich sind. Die kleinen Perlgraupen-Kugeln garen viel schneller und sind auch bekömmlicher. Sie können wie Risotto zubereitet werden.

Grünkern Beste Basis für Veggie-Pflanzerl! Traditionell werden für die badische Getreide-spezialität Körner von nicht ganz ausgereiftem Dinkel zunächst in einer Darre über Buchen-holzfeuer getrocknet. Das macht sie haltbar und aromatisch. Danach wird der Grünkern noch geschält. Typischen Geschmack haben die Körner auch, wenn sie – wie heute üblich – in modernen Heißluftanlagen gedarrt wurden.

Hirse Die fett-, vitamin- und eiweißreichen Körner sind in Afrika und Asien ein hochge-schätztes Nahrungsmittel, bei uns werden sie manchmal noch als Vogelfutter unterschätzt. Doch die auch eisenreiche Hirse lohnt es, entdeckt zu werden: Die Kügelchen aus dem Bioladen oder Reformhaus können wie Reis zubereitet werden, schlucken aber mehr Flüssigkeit. Das einfachste Rezept: 1 Tasse Hirse abmessen und in einem Sieb waschen. 2 Tassen Wasser oder Gemüsefond aufkochen. Hirse einrühren und 5 Min. kochen, dann bei kleinster Hitze in ca. 30 Min. ausquellen lassen.

Polenta Klassische Beilage aus Italien, die bei uns immer beliebter wird. Italienischen Maisgrieß gibt es preiswert in Supermärkten, Bioläden, im Reformhaus oder beim italieni-schen Feinkosthändler, auch als Instant-Ver-sion. Für traditionell zubereitete weiche Polenta gut 1 l Salzwasser mit 1 Prise Muskat in einem hohen Topf aufkochen. 250 g Mais-grieß unter Rühren einrieseln lassen, rühren, bis der Brei beginnt, dick zu werden. Das geht am besten mit einem Holzkochlöffel. Polenta mindestens 40 Min. bei ganz schwacher Hitze quellen lassen und dabei fleißig weiterrühren.

Kleine Reiskunde

Gab's früher nur Lang- und Rundkornreis im Supermarkt, so können wir heute aus vielen Sorten den passenden Reis auswählen.

Langkornreis Ein preiswerter Allrounder, der alles außer Risotto kann. Weil er beim Garen körnig bleibt und noch Biss hat, taugt er perfekt als lockere Beilage, zum Braten in der Pfanne oder für körnige Salate. Garen Sie den Reis einfach nach Packungsanweisung mit der zwei- bis dreifachen Menge Flüssigkeit.

Naturreis ist im Gegensatz zum geschälten und polierten weißen Reis noch umhüllt vom eiweiß- und nährstoffreichen Silberhäutchen. Die bräunlichen Körner enthalten damit mehr Ballaststoffe und Vitamine, müssen allerdings auch wesentlich länger garen, bis zu 45 Min.

Parboiled-Reis Ideal für alle, denen Naturreis zu rustikal ist, die aber auf Vitamine und Mineralstoffe nicht verzichten wollen. Beim Parboiled-Verfahren werden mit Dampf und Druck die gesunden Stoffe, die in den Randschichten stecken, ins Innere des Reiskorns verfrachtet. Erst dann wird der Reis ganz geschält. Parboiled-Reis wird wie normaler Reis zubereitet.

Basmatireis stammt aus dem Kaschmirhochland, wächst heute vor allem im Himalaya. Die langen, dünnen Körner haben gekocht eine feste Konsistenz und einen aromatischen Duft. Deshalb ist Basmatireis der begehrteste und teuerste unter den Langkorn-Sorten.

Duftreis aus Thailand verströmt gegart einen unwiderstehlichen Duft. Er heißt deshalb auch Jasminreis, gehört zu den Langkornsorten und schmeckt zu allen asiatischen Gerichten.

Rundkornreis Typischer Rundkornreis wird beim Kochen sehr weich und eher klebrig! Das liegt an seinem hohen Stärkegehalt; sämiger Milchreis gelingt damit perfekt.

Risottoreis ist ein Mittelkornreis mit kompakten, leicht rundlichen Körnern, die reichlich Stärke enthalten. Damit wird ein Risotto schön cremig, die Reiskörner selbst aber behalten Biss, bleiben al dente. Der meistverbreitete Risottoreis ist Arborio. Seine großen rundlichen Körner können Sie auch gut für spanische Paella verwenden. Ebenfalls in Italien beliebt ist Vialone Nano. Von Profiköchen hochgeschätzt wird Carnaroli aus dem Piemont, die teuerste Risottoreissorte. Wie Sie Risottoreis pefekt, also mit noch etwas Biss zubereiten, lesen Sie unten im Kasten.

Ribe-Reis ist ein Mittelkornreis, der Klassiker für spanische Paella.

WILDREIS ist streng genommen gar kein Reis, sondern das nährstoffreiche Korn einer Wasserpflanze aus Nordamerika. Es wird wie Grünkern gedarrt. Die feinen schwarzbraunen Körner schmecken leicht nussig und brauchen zum Quellen reichlich Wasser.

RISOTTO ZUBEREITEN

- 1 l Gemüsebrühe erhitzen, nach Belieben 2–3 Safranfäden darin auflösen.
- 1 Zwiebel schälen, fein würfeln und in 2 EL Butter oder Olivenöl andünsten. 350 g Risottoreis dazurühren und bei kleiner Hitze glasig dünsten, dabei fleißig rühren.
- Nun 1 Schöpfkelle Brühe zum Reis gießen, aufkochen und unter Rühren verdampfen lassen. Nach und nach die restliche Brühe dazugießen, unterrühren und jeweils verdampfen lassen. Es dauert etwa 20 Min, bis die Reiskörner gar sind, aber noch Biss haben. Lacto-Vegetarier runden Risotto noch mit frisch geriebenem Parmesan und Butter ab.

DER LIEBLINGSKLASSIKER

OLIVENPESTO MIT PAPRIKA

Macht Nudeln im Sommer besonders an …

**Für 4 Personen · Zubereitungszeit ca. 10 Min.
pro Portion 420 kcal**

8 Zweige Thymian · 12 Stängel Minze
4 Knoblauchzehen
200 g grüne Oliven ohne Stein
4 EL gehäutete Mandeln
100 ml Olivenöl
4 EL frisch geriebener Parmesan
Salz · Pfeffer · 1 rote Paprikaschote

1 Die Kräuter waschen, trocken schütteln und die Blättchen abzupfen, die Minze grob hacken. Knoblauch schälen und ebenfalls grob zerkleinern.

2 Die Oliven zusammen mit den Kräutern, Knoblauch, Mandeln und Olivenöl im Mixer oder Blitzhacker sehr fein zerkleinern. Den Käse unterrühren und das Pesto mit Salz und Pfeffer abschmecken.

3 Die Paprikaschote waschen, putzen und der Länge nach vierteln. Dann die Schoten quer in hauchdünne Streifen schneiden.

4 Beim Servieren Pesto mit 2–3 EL heißem Nudelkochwasser cremig rühren, Paprika untermischen. Dann mit den frisch gekochten Nudeln vermengen.

DAS SCHMECKT DAZU

Am besten passt das Pesto zu Penne, Fusilli oder Casarecce. Es schmeckt aber auch auf gerösteten Brotscheiben. Einfach etwas Pesto auf die Scheiben streichen und zum Aperitif servieren.

VARIANTE 1
BASILIKUMPESTO

**Für 4 Personen · Zubereitungszeit ca. 10 Min.
pro Portion 450 kcal**

- 3–4 Bund Basilikum waschen, trocken schütteln, Blätter abzupfen. 4 Knoblauchzehen schälen und mit dem Basilikum und 3 EL Pinienkernen im Mixer pürieren.
- Nach und nach 200 ml Olivenöl, dann 3 EL geriebenen Parmesan untermixen. Salzen und pfeffern.

VARIANTE 2
TOMATENPESTO

**Für 4 Personen · Zubereitungszeit ca. 10 Min.
pro Portion 420 kcal**

- 200 g getrocknete Tomaten in Öl abtropfen lassen und grob schneiden. 4 Knoblauchzehen schälen und klein hacken. 2 große Bund Basilikum waschen und trocken schütteln, die Blätter abzupfen.
- Tomaten, Knoblauch und Basilikum mit 100 g Pinienkernen und 4 EL Olivenöl fein pürieren. Mit Salz und Pfeffer oder Cayennepfeffer abschmecken.

PROFI-TIPP

Möchten Sie gleich etwas mehr Pesto machen? Kein Problem, den Rest können Sie wochenlang aufheben. Dafür in einem Schraubglas mit Olivenöl bedecken. Verschlossen im Kühlschrank lagern, das Öl nach Entnahme immer ergänzen.

TAGLIOLINI MIT KALTER ZITRONENSAUCE

schnell und unkompliziert

Für 4 Personen · Zubereitungszeit ca. 20 Min.
pro Portion 610 kcal

Salz · 400 g Tagliolini
1 große Bio-Zitrone
1 Knoblauchzehe
Pfeffer
125 ml Olivenöl
2 EL grob geschnittene Petersilie
60 g geriebener Parmesan

1 In einem großen Topf reichlich Wasser aufkochen und salzen. Die Nudeln darin nach Packungsanweisung bissfest kochen.

2 Inzwischen die Zitrone heiß waschen und trocknen. Die Schale abreiben. Den Saft auspressen und durch ein Sieb in eine Schüssel gießen.

3 Den Knoblauch schälen und in die Schüssel pressen, die Sauce mit Salz und Pfeffer würzen. Mit einem Schneebesen kräftig verschlagen, dabei langsam das Olivenöl dazulaufen lassen. Die Zitronenschale und die Petersilie unterrühren.

4 Die Nudeln in ein Sieb abgießen, kurz abtropfen lassen und mit der Sauce rasch vermischen. Mit dem Käse bestreut servieren.

TAUSCH-TIPP

Statt der Tagliolini, sehr schmalen Bandnudeln, können Sie natürlich auch die etwas breiteren Tagliatelle oder auch Spaghetti nehmen.

MAKKARONI MIT MASCARPONE

scharfe Ratzfatz-Pasta

Für 4 Personen · Zubereitungszeit ca. 15 Min.
pro Portion 730 kcal

Salz · 400 g Makkaroni
1 roter Peperoncino
1 Bund Basilikum
250 g Mascarpone
   (ersatzweise Sahnequark)
Pfeffer
frisch geriebene Muskatnuss
60 g geriebener Parmesan

1 In einem großen Topf reichlich Wasser aufkochen und
salzen. Die Nudeln darin nach Packungsanweisung
bissfest kochen.

2 Inzwischen den Peperoncino waschen, längs aufschlitzen, entkernen, putzen und in sehr feine Streifen schneiden. Das Basilikum waschen und trocken
schütteln, die Blätter abzupfen und fein hacken.

3 Den Mascarpone mit Peperoncino und Basilikum
schön cremig rühren, dafür bei Bedarf etwas Nudelkochwasser zugeben. Die Creme mit Salz, Pfeffer und
Muskat abschmecken.

4 Die Nudeln in ein Sieb abgießen, kurz abtropfen lassen
und mit der Mascarpone-Creme vermischen. Mit dem
Käse bestreut sofort servieren.

DEKO-TIPP
Damit die Mascarpone-Makkaroni noch bunter
aussehen, streuen Sie mit dem Käse einige in
Streifen geschnittene schwarze Oliven darüber.

SPAGHETTINI MIT JUNGEM KNOBLAUCH

preiswerter Aromaknüller

Für 4 Personen · Zubereitungszeit ca. 30 Min.
pro Portion 670 kcal

400 g Spaghettini
  (ersatzweise Spaghetti)
Salz · 2 rote Peperoni
2 junge Knoblauchknollen
1 Bund Petersilie
125 ml Olivenöl

1 Die Nudeln nach Packungsangabe in reichlich kochendem Salzwasser garen.

2 Inzwischen die Peperoni waschen, putzen, entkernen und in dünne Streifen schneiden. Den Knoblauch waschen, grüne Stiele in Ringe schneiden, die Zehen aus den Häuten lösen. Falls sich noch keine Zehen gebildet haben, die Knollen klein würfeln.

3 Die Petersilie waschen und trocken schütteln, die Blätter abzupfen und grob hacken.

4 Das Olivenöl in einer großen Pfanne erhitzen. Die Knoblauchstiele 3–4 Min. anbraten, die Knoblauchzehen und Peperoni dazugeben und bei schwacher Hitze kurz mitdünsten. Die Petersilie untermischen und das Knoblauchöl salzen.

5 Die Nudeln abgießen, tropfnass in die Pfanne geben und mit der Sauce mischen. Sofort servieren.

PENNETTE MIT GESCHMOLZENEN TOMATEN

ganz einfach gut

Für 4 Personen · Zubereitungszeit ca. 30 Min.
pro Portion 500 kcal

2 Knoblauchzehen
3–4 Fleischtomaten (ca. 700 g)
2 EL Olivenöl
Salz · Pfeffer · 1/2 TL Puderzucker
400 g Pennette (Mini-Penne)
  oder andere kurze Röhrchennudeln
1 kleines Bund Oregano
100 g Schafskäse (Feta)

1 Die Knoblauchzehen schälen und fein hacken. Die Tomaten überbrühen, häuten, entkernen und würfeln. Mit dem Knoblauch und Olivenöl mischen und mit 1 TL Salz, Pfeffer und dem Puderzucker würzen.

2 Inzwischen reichlich Salzwasser für die Nudeln aufkochen. Die Nudeln darin nach Packungsanweisung bissfest garen. In dieser Zeit den Oregano waschen und trocken schütteln, die Blättchen abzupfen. Den Schafskäse fein würfeln.

3 Die gewürzten Tomatenwürfel in einer beschichteten Pfanne 3–4 Min. erhitzen. Die Nudeln abgießen und sofort mit den Tomaten, dem Oregano und dem Schafskäse vermischen, am besten in einer angewärmten Schüssel.

TAGLIATELLE MIT TOFU ALLA PUTTANESCA

Italo-Klassiker auf Vegetarisch

Für 2 Personen · Zubereitungszeit ca. 20 Min.
pro Portion 770 kcal

2 Zwiebeln · 2 Knoblauchzehen
3 große Tomaten (ca. 350 g)
200 g fester Tofu · 250 g Tagliatelle
Salz · 3 EL Olivenöl · 2 TL Zucker
1 TL getrockneter Oregano
100 ml Gemüsebrühe (Instant)
20 Basilikumblätter
35 g Kapern (aus dem Glas) + 1 EL Lake
50 g schwarze Olivenringe
Pfeffer · etwas Parmesan am Stück

1 Zwiebeln und Knoblauch schälen und fein würfeln.
Tomaten waschen und würfeln, dabei die Stielansätze
entfernen. Den Tofu würfeln. Die Nudeln in kochendem
Salzwasser nach Packungsanweisung bissfest garen.

2 Inzwischen den Tofu in 2 EL Öl goldbraun braten, die
Zwiebeln unter Rühren mitbraten. Zucker, Knoblauch
und Oregano zugeben und kurz ankaramellisieren.
Restliches Öl und Tomaten zufügen und 3 Min. braten.
Brühe angießen und sämig einkochen.

3 Das Basilikum in Streifen schneiden, Kapern grob
hacken. Beides mit den Oliven unter die Sauce rühren,
das Kapernwasser hinzufügen. Die Sauce salzen und
pfeffern. Die Nudeln abgießen und mit der Sauce
mischen. Den Parmesan darüberreiben.

SPAGHETTINI MIT ERBSEN-CARBONARA

zitronig abgeschmeckt

Für 4 Personen · Zubereitungszeit ca. 30 Min.
pro Portion 630 kcal

400 g Spaghettini
Salz · 1 Zwiebel
1 Knoblauchzehe
1 Bio-Zitrone · 400 g frische Palerbsen
1 EL Olivenöl · 1 EL Mehl
250 ml Milch · 100 g Sahne · Pfeffer
einige grob geschnittene Minzeblättchen

1 Die Nudeln nach Packungsanweisung in reichlich
kochendem Salzwasser bissfest garen.

2 Inzwischen die Zwiebel und den Knoblauch schälen
und fein würfeln. Die Zitrone heiß abwaschen, abtrocknen und die Schale fein abreiben. Die Erbsen aus den
Schoten lösen. Das Öl in einem Topf erhitzen, Zwiebel
und Knoblauch darin glasig dünsten.

3 Unter Rühren das Mehl langsam hineinstreuen. Milch
und Sahne angießen. Die Zitronenschale zugeben
und alles unter Rühren aufkochen. Die Erbsen in die
Sauce geben und ca. 4 Min. köcheln lassen. Mit Salz
und Pfeffer würzen, mit der Minze bestreuen und zu
den abgetropften Nudeln servieren.

TURBO-TIPP
Statt der frischen Palerbsen können Sie natürlich
auch 300 g TK-Erbsen verwenden.

MAKKARONI-AUFLAUF MIT DREIERLEI KÄSE

Nudelauflauf der Luxusklasse

Für 4 Personen · Zubereitungszeit ca. 1 Std.
Backzeit 45 Min. · pro Portion 855 kcal

Für die Tomatensauce:
1 Zwiebel · 1 Knoblauchzehe
2 EL Olivenöl
1 gehäufter EL Tomatenmark
2 Prisen Zucker
1 Dose stückige Tomaten (400 g Inhalt)
1 TL getrockneter Oregano
2 Prisen getrocknete Chiliflocken
Salz · Pfeffer

Für die Nudeln:
250 g Makkaroni · Salz

Für das Gemüse:
1 Aubergine (230 g)
1 rote Paprikaschote (200 g)
1 gelbe Paprikaschote (200 g)
1–2 Zweige Thymian
1 Knoblauchzehe
6 EL Olivenöl · Salz · Pfeffer

Für die Käsekruste:
100 g geriebener Käse
    (z. B. Emmentaler)
50 g geriebener Parmesan
200 g Sahne · 1 große Tomate (150 g)
1 Kugel Mozzarella (125 g)

Außerdem:
runde Auflaufform (20 cm Ø, 10 cm hoch)
1 TL Butter für die Form
2–3 Stängel Basilikum

1 Für die Tomatensauce die Zwiebel und den Knoblauch schälen, fein würfeln und in dem Olivenöl in ca. 2 Min. glasig braten. Das Tomatenmark einrühren, mit Zucker bestreuen und ca. 1 Min. unter Rühren rösten. Die Tomaten zugießen. Die Dose mit 200 ml Wasser ausschwenken, dieses ebenfalls zugießen. Alles einmal aufkochen und die Sauce offen bei schwacher Hitze in ca. 30 Min. sämig einkochen. Mit Oregano, Chiliflocken, Meersalz und Pfeffer pikant abschmecken.

2 Während die Sauce einkocht, die Nudeln in kochendem Salzwasser in 5 Min. bissfest garen. Abgießen und abtropfen lassen, nicht abschrecken.

3 Für das Gemüse Aubergine waschen, putzen und in 1/2 cm dicke Scheiben schneiden. Paprika waschen, halbieren und putzen. Die Hälften mit dem Sparschäler schälen und in 2 cm breite Streifen schneiden. Den Thymian waschen und trocken schütteln. Den Knoblauch schälen und halbieren.

4 In einer großen Pfanne 2 EL Öl erhitzen. Die Hälfte der Auberginen mit 1 Zweig Thymian und 1/2 Knoblauchzehe darin 2 Min. braten. Wenden, leicht salzen und pfeffern und 1 Min. weiterbraten. Auf Küchenpapier abtropfen lassen. Restliche Aubergine mit 2 EL Öl ebenso braten. Die Pfanne ausreiben. 2 weitere EL Öl darin erhitzen und Paprika mit dem restlichen Thymian und Knoblauch 2 Min. unter Rühren braten. Salzen und pfeffern, herausnehmen und abtropfen lassen.

5 Für die Kruste beide geriebenen Käsesorten mit der Sahne verrühren. Tomate waschen, Stielansatz entfernen. Mit dem Mozzarella in dünne Scheiben schneiden.

6 Den Backofen auf 190° vorheizen. Die Form mit Butter fetten. Etwas Käsesahne darin verteilen. Die Hälfte der Nudeln kreisförmig einschichten, etwas Käsesahne daraufgeben und die Hälfte der Tomatensauce einfüllen. Das Gemüse einschichten und mit Käsesahne bedecken. Nacheinander die restlichen Nudeln, Tomatensauce und Käsesahne daraufgeben. Zuletzt die Mozzarella- und Tomatenscheiben dachziegelartig drauflegen. Den Auflauf mit Alufolie abgedeckt im Backofen (Mitte, Umluft 170°) 30 Min. backen.

7 Die Folie abnehmen, den Ofen auf 220° (Umluft 200°) schalten und den Auflauf in 15 Min. goldbraun überbacken. Herausnehmen und kurz ruhen lassen. Das Basilikum waschen, die Blättchen abzupfen und auf den Auflauf streuen.

BUCATINI MIT TOMATEN-PINIENKERN-SAUCE

perfekt an heißen Sommertagen

Für 4 Personen
Zubereitungszeit ca. 15 Min.
pro Portion 635 kcal

500 g Bucatini, Makkaroni
   oder Perciatelli
Salz · 400 g vollreife Tomaten
2 Knoblauchzehen
1/2 Bund Basilikum
3 EL Pinienkerne
4 EL Olivenöl
1 EL Tomatenmark
Pfeffer

1 Die Nudeln nach Packungsanweisung in reichlich kochendem Salzwasser bissfest garen.

2 Inzwischen die Tomaten waschen und in grobe Würfel schneiden, dabei die Stielansätze entfernen. Den Knoblauch schälen und grob zerschneiden.

3 Das Basilikum waschen und trocken schütteln, die Blätter von den Stängeln zupfen.

4 Die Tomaten mit Knoblauch, Basilikum, Pinienkernen, Olivenöl und Tomatenmark fein pürieren und mit Salz und Pfeffer abschmecken.

5 Die Nudeln in ein Sieb abgießen, abtropfen lassen und mit der Sauce mischen. Sofort servieren.

TAUSCH-TIPP
Es müssen nicht unbedingt Pinienkerne sein. Auch Cashewkerne oder gehäutete Mandeln schmecken super in der Sauce.

SALAT-VARIANTE
Für einen **Nudelsalat** die Nudeln nach dem Kochen kalt abschrecken, abtropfen lassen und mit der Sauce mischen. Vor dem Servieren Mozzarellawürfel aufstreuen.

LINGUINE MIT SPINATCREME UND FETA

griechisch inspiriert

Für 4 Personen · Zubereitungszeit ca. 15 Min.
(ohne Auftauen) · pro Portion 735 kcal

300 g gehackter TK-Spinat
1/2 Bio-Zitrone
1 Bund Frühlingszwiebeln
2 Knoblauchzehen
Salz · 500 g Linguine
2 EL Butter
100 g Crème fraîche
1/2 Bund Dill
Cayennepfeffer
150 g Schafskäse (Feta)

1 Den Spinat nach Packungsanweisung auftauen lassen.
Inzwischen die Zitrone heiß waschen und abtrocknen,
die Schale fein abreiben und 3–4 TL Saft auspressen.
Die Frühlingszwiebeln putzen, waschen und in feine
Ringe schneiden. Den Knoblauch schälen und in dünne
Scheiben schneiden.

2 In einem großen Topf reichlich Wasser aufkochen und
salzen. Die Linguine darin nach Packungsanweisung
bissfest garen.

3 Die Butter in einem Topf zerlassen. Die Frühlingszwiebeln und den Knoblauch darin bei schwacher Hitze
2–3 Min. dünsten. Den Spinat, die Zitronenschale und
die Crème fraîche unterrühren und gut erhitzen.

4 Den Dill waschen und trocken schütteln, Die Spitzen
abzupfen und fein hacken. Unter den Spinat mischen
und diesen mit Salz, Cayennepfeffer und dem Zitronensaft abschmecken. Den Schafskäse fein zerkrümeln
und aufstreuen.

5 Die Nudeln in ein Sieb abgießen, abtropfen lassen und
mit der Spinatcreme mischen. Sofort servieren.

RUCOLA-KÄSE-CREME

schön würzig und mit Schmelz

Für 4 Personen · Zubereitungszeit ca. 10 Min.
pro Portion 125 kcal

50 g Rucola
1 Knoblauchzehe
50 g frisch geriebener Parmesan
100 g Ricotta
1 EL Olivenöl · Salz
1 Prise Cayennepfeffer

1 Den Rucola verlesen, von den groben Stielen befreien,
waschen und trocken schleudern. Dann möglichst
fein hacken und in eine Schüssel geben. Den Knoblauch schälen und dazupressen.

2 Den Parmesan und den Ricotta hinzufügen und
alles gut verrühren. Die Creme mit dem Olivenöl,
Salz und dem Cayennepfeffer abschmecken.

3 Frisch gekochte Nudeln mit der Sauce in einer
vorgewärmten Servierschüssel mischen und kurz
stehen lassen.

DAS SCHMECKT DAZU
Am besten passen Penne oder Fusilli zu dieser
kräuterwürzigen Creme.

ZITRONEN-
INGWER-CREME

Europa trifft Asien

Für 4 Personen · Zubereitungszeit ca. 15 Min.
pro Portion 160 kcal

1 große Bio-Zitrone
1 Stange Zitronengras
40 g frischer Ingwer
1/2 Bund Thai-Basilikum
   (Bai horapha, s. Info S. 434)
150 g Crème fraîche
1 TL Harissa (arabische Chilipaste,
   ersatzweise Sambal oelek)
1 TL Honig · Salz

1 Die Zitrone heiß waschen und abtrocknen. Die Schale
fein abreiben und 1–2 TL Saft auspressen. Das Zitronengras von den Enden und der äußeren Schicht
befreien und sehr fein hacken.

2 Den Ingwer schälen und ebenfalls fein hacken.
Das Basilikum waschen und trocken schütteln, die
Blätter abzupfen und fein schneiden.

3 Alle vorbereiteten Zutaten mit der Crème fraîche,
Harissa und dem Honig verrühren und die Creme mit
Salz würzen. Mit frisch gekochten Nudeln mischen.

DAS SCHMECKT DAZU
Japanische Buchweizen- oder Weizennudeln passen ausgezeichnet zu dieser extravaganten Creme.

BÄRLAUCH-PILZ-SAHNE

preiswerter Frühlingsgruß

Für 4 Personen · Zubereitungszeit ca. 15 Min.
pro Portion 185 kcal

2 Schalotten
60 g Bärlauch
250 g Champignons
2 EL Butter
50 ml trockener Weißwein, Noilly Prat
   oder Gemüsebrühe (Instant)
150 g Sahne
Salz · Pfeffer

1 Die Schalotten schälen und in kleine Würfel schneiden.
Den Bärlauch verlesen, waschen, trocken schleudern
und fein schneiden. Die Pilze putzen, feucht abreiben
und in dünne Scheiben schneiden.

2 Die Butter in einem Topf zerlassen und die Schalotten
darin bei mittlerer Hitze andünsten. Die Pilze dazugeben und 3–4 Min. mitdünsten.

3 Die Pilzmischung mit Wein, Noilly Prat oder Brühe
ablöschen, die Sahne dazugießen und einmal kräftig
aufkochen. Den Bärlauch untermischen und die Sauce
salzen und pfeffern. Mit frisch gekochten Nudeln
mischen, z. B. Casarecce.

> **TAUSCH-TIPP**
> Außerhalb der Bärlauchsaison im Frühling
> schmeckt das sahnige Sößchen auch mit Basili-
> kum ganz wunderbar!

SPARGEL-OLIVEN-SAHNE

schnell und edel

Für 4 Personen · Zubereitungszeit ca. 15 Min.
pro Portion 210 kcal

500 g grüner Spargel
2 Schalotten
2 Knoblauchzehen
60 g grüne Oliven ohne Stein
2 EL Olivenöl
150 ml Gemüsebrühe (Instant)
100 g Crème fraîche
Salz · Pfeffer
2 TL Zitronensaft

1 Den Spargel waschen, im unteren Drittel schälen und
die holzigen Enden abschneiden. Den Spargel schräg
in dünne Scheiben schneiden.

2 Die Schalotten und den Knoblauch schälen und fein
würfeln. Die Oliven ebenfalls fein würfeln.

3 Das Olivenöl in einem Topf erhitzen und den Spargel
darin bei mittlerer Hitze 3–4 Min. braten. Die Schalot-
ten- und Knoblauchwürfel dazugeben und kurz mitbraten. Gemüsebrühe, Crème fraîche und Oliven unterrühren und die Sauce offen 3–4 Min. kochen.

4 Mit Salz, Pfeffer und Zitronensaft abschmecken. Mit
frisch gekochten Nudeln mischen, z. B. Linguine.

SPAGHETTI MIT AVO-CADO-SESAM-CREME

cremig, mild und würzig

Für 4 Personen · Zubereitungszeit ca. 25 Min.
pro Portion 550 kcal

2 EL Sesamsamen
1 TL grobes Meersalz
Salz · 1 reife Avocado
Saft von 1/2 Limette
2 EL Tahini (Sesampaste)
3 EL Joghurt
400 g Spaghetti
1 Tomate
1/2 Bund Schnittlauch
1/2 TL gemahlener Kreuzkümmel
Cayennepfeffer

1 Für die Creme die Sesamsamen in einer Pfanne ohne
Fett rösten, bis sie leicht duften. Vom Herd nehmen
und abkühlen lassen, dann mit dem Meersalz im
Mörser zerstoßen. Für die Nudeln in einem großen
Topf reichlich Salzwasser aufkochen.

2 Die Avocado mit einem scharfen Messer halbieren und
den Kern entfernen. Das Fruchtfleisch aus der Schale
löffeln, mit Limettensaft beträufeln und mit einer Gabel
zerdrücken. Tahini, Joghurt und Sesamsalz unterrühren.
Die Nudeln im kochenden Salzwasser nach Packungsanweisung bissfest kochen.

3 Inzwischen die Tomate waschen und in feine Würfel
schneiden, dabei den Stielansatz entfernen. Den
Schnittlauch waschen, trocken schütteln und in Röllchen schneiden. Beides mit dem Kreuzkümmel unter
die Avocado-Sesam-Creme rühren. Mit Cayennepfeffer
abschmecken. Die Nudeln abgießen, kurz abtropfen
lassen, auf Teller verteilen und mit der Creme servieren.

PROFI-TIPP
Nicht nur zu Nudeln spitze: Die Creme eignet
sich auch prima als Brotaufstrich oder als Dip
für Cracker oder Tortillachips.

FUSILLI MIT SOJA-CREME PROVENÇALE

schneller Nudelteller

Für 4 Personen · Zubereitungszeit ca. 20 Min.
pro Portion 645 kcal

200 g Tofu
je 5 grüne und schwarze Oliven
1 Knoblauchzehe
Salz · 400 g Fusilli
1 TL getrocknete Kräuter der Provence
1/4 TL Currypulver
3 EL Tomatenmark
8 EL Olivenöl
Pfeffer

1 Für die Nudeln in einem großen Topf reichlich Wasser
aufkochen.

2 Für die Sojacreme den Tofu in grobe Stücke schneiden.
Das Fruchtfleisch der Oliven von den Steinen schneiden und etwas zerkleinern. Den Knoblauch schälen
und grob hacken.

3 Das kochende Wasser salzen und die Nudeln darin
nach Packungsanweisung bissfest kochen.

4 Inzwischen den Tofu, die Oliven und den Knoblauch
mit den Kräutern, dem Currypulver, dem Tomatenmark
und dem Olivenöl mit dem Pürierstab fein pürieren.
Die Creme mit Salz und Pfeffer kräftig abschmecken.

5 Die Nudeln in ein Sieb abgießen und kurz abtropfen
lassen. Auf vier Teller verteilen, die Sojacreme darübergeben und die Nudeln sofort servieren.

PROFI-TIPP
Die Sojacreme hält sich mit etwas Öl bedeckt
mehrere Tage im Kühlschrank.

TAUSCH-TIPP
Die Sojacreme passt auch zu langen Nudeln wie
z. B. Spaghetti (s. Foto).

LASAGNE MIT ROMANASALAT

Nudelklassiker mal anders

Für 2 Personen · Zubereitungszeit ca. 25 Min.
Backzeit 35 Min. · pro Portion 745 kcal

1 mittelgroßer Romanasalat (ca. 300 g)
Salz · 100 g Blauschimmelkäse
1 Dose geschälte Tomaten (400 g Inhalt)
2 EL Olivenöl
2 Knoblauchzehen
70 g frisch geriebener Parmesan
Pfeffer · Zucker
8 Lasagneblätter
   (ohne Vorkochen; ca. 140 g)
2 EL schwarze Oliven ohne Stein
Außerdem:
feuerfeste Form

1 Die Salatblätter auseinanderlösen und in stehendem kaltem Wasser mehrmals gründlich waschen. In einem Topf reichlich Salzwasser aufkochen. Den Salat in ca. 1 cm breite Streifen schneiden und in dem kochendem Salzwasser 1 Min. blanchieren. In ein Sieb abgießen, kalt abschrecken und abtropfen lassen.

2 Den Ofen auf 200° vorheizen. Den Blauschimmelkäse würfeln. Die Tomaten mitsamt dem Saft, den Käsewürfeln und 1 EL Olivenöl fein pürieren. Den Knoblauch schälen und dazupressen. Die Hälfte vom Parmesan dazugeben, die Sauce gut verrühren und mit Salz, Pfeffer und 1 Prise Zucker abschmecken.

3 Etwas Tomatensauce in die feuerfeste Form gießen. Die Lasagneblätter und den Romanasalat einschichten, dabei den Salat immer mit etwas Tomatensauce beschöpfen. Als letzte Schicht Lasagneblätter und Tomatensauce daraufgeben.

4 Die Oliven fein hacken, mit dem übrigen Parmesan mischen und aufstreuen. Das restliche Olivenöl darüberträufeln und die Lasagne im heißen Backofen (Mitte, Umluft 180°) ca. 35 Min. backen, bis sie gar und gebräunt ist.

VARIANTE
LASAGNE MIT KRÄUTERSPINAT

Für 4 Personen · Zubereitungszeit ca. 45 Min.
Backzeit 45 Min. · pro Portion 750 kcal

- 700 g zarten Blattspinat verlesen, waschen und in wenig kochendem Salzwasser in 2–3 Min. zusammenfallen lassen. Abgießen, eiskalt abschrecken und gut abtropfen lassen, dann in eine Schüssel geben.

- Je 1 Bund Petersilie, Basilikum und Minze waschen, die Blättchen grob hacken. 1 Zwiebel und 2 Knoblauchzehen schälen, sehr fein hacken und in 2 EL Olivenöl glasig dünsten. Kräuter zugeben und kurz mitdünsten. Die Mischung zum Spinat geben, alles mit Salz, Pfeffer und Muskatnuss würzen und vermengen. Backofen auf 180° (Umluft 160°) vorheizen.

- Für die Béchamelsauce 1 1/2 EL Butter und knapp 1 EL Olivenöl erhitzen. 2 gehäufte EL Mehl einrühren. Mit 350 ml Gemüsebrühe, 250 ml Milch und 100 g Sahne ablöschen, 1 Lorbeerblatt dazugeben. Die Sauce unter Rühren aufkochen und 5–8 Min. bei schwacher Hitze köcheln lassen. Das Lorbeerblatt entfernen.

- Eine rechteckige feuerfeste Form fetten. 12 Lasagneblätter (ohne Vorkochen) und 250 g geriebenen Emmentaler bereitstellen. Den Boden der Form mit Béchamel bedecken, 3–4 Lasagneblätter nebeneinander einlegen. Darauf in mehreren Lagen abwechselnd Spinat, Béchamel, Käse und Lasagneblätter schichten. Mit Lasagneblättern, Béchamel, Käse und 1 EL Butter in Flöckchen abschließen. Die Lasagne im heißen Backofen (Mitte) 40–45 Min. backen.

KÜRBIS-MANGOLD-SAUCE MIT SENF

heizt im Winter ein

**Für 4 Personen · Zubereitungszeit ca. 20 Min.
pro Portion 100 kcal**

1 Stück kräftig orangefarbener Kürbis
   (z. B. Muskatkürbis, ca. 400 g)
250 g Mangoldblätter
Salz · 1 rote Zwiebel
2 Knoblauchzehen
1 Stück frischer Ingwer (ca. 1 cm)
1 EL Butter
1 EL Olivenöl
125 ml Gemüsebrühe (Instant)
1 EL körniger Senf · Pfeffer

1 Den Kürbis von den Kernen und dem faserigen Fruchtfleisch befreien und mit einer breiten Schnittfläche auf
die Arbeitsfläche legen. Die Schale Stück für Stück mit
einem großen Messer abschneiden. Den Kürbis mit
dem Gurkenhobel in Scheiben, dann mit dem Messer
in Streifen schneiden.

2 Den Mangold waschen und putzen, die Blätter in
ca. 1 cm breite Streifen schneiden und in kochendem
Salzwasser 1 Min. vorgaren. In ein Sieb abgießen,
kalt abschrecken und gut abtropfen lassen.

3 Die Zwiebel, den Knoblauch und den Ingwer schälen
und sehr fein hacken. Die Butter mit dem Öl im Topf
erhitzen. Den Kürbis mit Zwiebel, Knoblauch und
Ingwer darin bei mittlerer Hitze 3–4 Min. braten, dabei
häufig durchrühren. Den Mangold untermischen und
kurz mitbraten. Das Gemüse mit der Brühe ablöschen,
den Senf dazugeben und alles mit Salz und Pfeffer
abschmecken. Die Sauce mit den frisch gekochten
Nudeln (z. B. Fusilli) mischen.

AROMA-TIPPS
Wer gerne richtig scharf isst, der zerkleinert mit
der Zwiebel noch 1–2 rote Chilischoten. Und wer
cremige Saucen liebt, rührt ein paar Löffel Crème
fraîche unter das Gemüse.

SCHARFES LINSENRAGOUT

süßsauer abgeschmeckt

**Für 4 Personen · Zubereitungszeit ca. 15 Min.
Garzeit 45 Min. · pro Portion 225 kcal**

1 Möhre · 1 rote Zwiebel
2 Knoblauchzehen
2 getrocknete Chilischoten
2 Zweige Rosmarin · 2 EL Olivenöl
150 g kleine braune Linsen
400 ml Gemüsebrühe
　(Rezept S. 190 oder Instant)
150 g Cocktailtomaten · Salz
1 TL Honig · 1 EL Aceto balsamico

1 Die Möhre, die Zwiebel und den Knoblauch schälen
und in feine Würfel schneiden. Die Chilischoten zerkrümeln. Den Rosmarin waschen und trocken schütteln, die Nadeln abzupfen und hacken.

2 Das Öl in einem Topf erhitzen. Die Möhre mit Zwiebel,
Knoblauch, Chili und Rosmarin darin bei mittlerer Hitze

andünsten. Die Linsen unterrühren, bis sie vom Fett
überzogen sind. Die Linsen mit der Brühe ablöschen
und zugedeckt bei schwacher Hitze ca. 45 Min. garen,
bis sie weich, aber nicht zu weich sind. Dabei bei
Bedarf noch etwas Wasser zugießen.

3 Die Tomaten waschen und vierteln. Unter die Linsen
mischen und nur erwärmen. Die Linsen mit Salz, Honig
und Balsamessig abschmecken. Das Ragout mit frisch
gekochten Nudeln mischen.

DAS SCHMECKT DAZU
Ideal zu dem Ragout sind Rigatoni oder Penne,
als Käse passt Pecorino in Stückchen besser
dazu als geriebener.

TAUSCH-TIPP
Beim Gemüse können Sie je nach Saison variieren
und beispielsweise statt Möhre Stangensellerie
oder Paprikaschote verwenden.

SCHARFE PASTA MIT ROSENKOHL

wärmt im Winter

Für 4 Personen · Zubereitungszeit ca. 25 Min.
pro Portion 510 kcal

300 g Rosenkohl
2–3 Knoblauchzehen
2–3 frische kleine rote Chilischoten
1/2 Bund glatte Petersilie · Salz
400 g kurze Nudeln (z. B. Farfalle,
    Penne oder Orecchiette)
4 EL Olivenöl
2–3 EL frisch geriebener
    Parmesan oder Pecorino

1 Den Rosenkohl waschen, putzen, die äußeren Blätter
entfernen, dann die Rosenkohlblätter einzeln ablösen.
Den Knoblauch schälen und in Scheibchen schneiden.

2 Die Chilis waschen, putzen und ohne Kerne klein
hacken. Die Petersilie waschen und trocken schütteln,
die Blätter in Streifen schneiden.

3 In einem großen Topf reichlich Wasser zum Kochen
bringen und salzen. Die Nudeln darin nach Packungsanweisung bissfest garen.

4 Inzwischen das Öl in einer Pfanne erhitzen, Knoblauch
und Chilis darin ganz kurz andünsten und herausnehmen. Die Rosenkohlblätter ins verbleibende Öl geben
und unter Rühren 2–3 Min. anbraten. Die Knoblauch-
Chili-Mischung und Petersilie unterrühren.

5 Die Nudeln in ein Sieb abgießen, abtropfen lassen
und unter die heiße Rosenkohl-Mischung rühren.
Sofort auf vorgewärmten Tellern anrichten und mit
Käse bestreut servieren.

ÜBERBACKENE SPINATSPÄTZLE

mit Zwiebelschmelze

Für 4 Personen · Zubereitungszeit ca. 1 Std.
Backzeit 30 Min. · pro Portion 650 kcal

100 g aufgetauter, gehackter TK-Spinat
3 Eier (Größe M) · Salz
frisch geriebene Muskatnuss
325–350 g Mehl · 2 große Zwiebeln
60 g Butter · 150 g geriebener Emmentaler
Außerdem:
Spätzlepresse · feuerfeste Form
Butter für die Form

1 Für die Spätzle Spinat, Eier, 150 ml lauwarmes Wasser,
1 TL Salz und Muskat verrühren. 325 g Mehl zugeben
und mit den Knethaken des Handrührgeräts zu einem
glatten, zähen Teig verrühren. Evtl. noch etwas Mehl
unterrühren. Teig 30 Min. ruhen lassen.

2 Inzwischen die Zwiebeln schälen, in feine Ringe
schneiden und in der Butter bei schwacher Hitze in
10–15 Min. langsam bräunen, ab und zu wenden.

3 Reichlich Salzwasser aufkochen. Den Teig portionsweise durch die Spätzlepresse in das kochende Wasser
drücken. Die Spätzle sind gar, wenn sie an der Oberfläche schwimmen. Spätzle mit einer Schaumkelle
herausnehmen, kurz in kaltem Wasser abschrecken,
dann gut abtropfen lassen.

4 Den Backofen auf 200° (Umluft 180°) vorheizen.
Die Hälfte der Spätzle in eine gebutterte Auflaufform
geben, mit der Hälfte des Käses bestreuen, restliche
Spätzle daraufgeben. Mit restlichem Käse bedecken.
Im Ofen (Mitte) 20–25 Min. überbacken, bis der Käse
leicht gebräunt ist. Zwiebel-Butter-Mischung darauf
verteilen und Spätzle weitere 5 Min. überbacken.

TURBO-TIPP
Wenn wenig Zeit zum Kochen ist, einfach 800 g
frische Eierspätzle aus dem Kühlregal verwenden.

DER LIEBLINGSKLASSIKER

KÜRBIS-RICOTTA-CANNELLONI

Italo-Nudelrollen in Herbststimmung

Für 4 Personen · Zubereitungszeit ca. 50 Min.
Backzeit 35 Min. · pro Portion 755 kcal

Salz
300 g mehligkochende Kartoffeln
Pfeffer
250 g Ricotta
2 Eier (Größe M)
500 g Kürbis (z. B. Muskatkürbis)
3 EL Olivenöl
400 ml Gemüsefond (Rezept S. 187
   oder aus dem Glas)
6 EL gehackte Mandeln
20 Cannelloni (ohne Vorkochen)
1 Zwiebel
1 Dose stückige Tomaten (400 g Inhalt)
150 g geriebener Gouda
Außerdem:
Auflaufform (35 x 25 cm)
Fett für die Form
Spritzbeutel mit großer Lochtülle

1 In einem Topf reichlich Salzwasser aufkochen.
Die Kartoffeln schälen, in Stücke schneiden und
in dem kochendem Salzwasser 20–25 Min. garen.
In ein Sieb abgießen und gut ausdampfen lassen.

2 Die Kartoffeln in einer Schüssel zerstampfen und salzen und pfeffern. Den Ricotta und die Eier unterrühren.

3 Den Kürbis schälen, von den faserigen Teilen und
den Kernen befreien und das Fruchtfleisch in kleine
Würfel schneiden. 2 EL Olivenöl erhitzen und die
Kürbiswürfel darin 2 Min. andünsten, dann salzen
und pfeffern. 100 ml Gemüsefond angießen und
den Kürbis bei halb geschlossenem Topf 15–20 Min.
garen. In ein Sieb abgießen, abtropfen und abkühlen
lassen. Die Auflaufform fetten.

4 Den Kürbis mit einer Gabel zerdrücken und zusam-
men mit den Mandeln unter die Kartoffelmasse
heben. Die Masse in einen Spritzbeutel mit großer
Lochtülle füllen und in die Cannelloni spritzen.
Die gefüllten Cannelloni in die gefettete Form legen.
Den Backofen auf 180° vorheizen.

5 Für den Guss die Zwiebel schälen, in feine Würfel
schneiden und im restlichen Öl glasig dünsten.
Die stückigen Tomaten und den restlichen Fond zugeben und aufkochen. Den Guss salzen und pfeffern.

6 Den Tomatenguss über die Cannelloni gießen.
Mit Käse bestreuen und die Cannelloni im heißen
Backofen (Mitte, Umluft 160°) in 30–35 Min. gold-
braun überbacken.

AROMA-TIPP
Sie können die Kürbisfüllung zusätzlich mit
2 TL frisch gehackten Majoranblättchen würzen.

TIROLER SCHLUTZKRAPFEN

gut vorzubereiten

Für 4 Personen · Zubereitungszeit ca. 1 Std. 45 Min.
pro Portion 625 kcal

100 g Roggenmehl
200 g Weizenmehl
Salz · 4 Eier (Größe M)
400 g frischer junger Blattspinat
1 Zwiebel
125 g Topfen (ersatzweise Quark)
100 g geriebener Bergkäse
2 EL Schnittlauchröllchen
Pfeffer · 80 g Butter
Außerdem:
Mehl zum Arbeiten

1 Beide Mehlsorten mit 1 gestrichenen TL Salz, 3 Eiern
und 1 EL Wasser zu einem glatten, geschmeidigen Teig
verkneten. In ein Tuch wickeln, 30 Min. ruhen lassen.

2 Inzwischen den Spinat verlesen, gründlich waschen
und in wenig kochendem Salzwasser in ca. 1 Min.
zusammenfallen lassen. In ein Sieb abgießen, eiskalt
abschrecken, dann ausdrücken und fein hacken.

3 Die Zwiebel schälen und reiben. Den Topfen mit der
Hälfte des geriebenen Käses, dem übrigen Ei, Spinat,
Zwiebel und Schnittlauch mischen, salzen und pfeffern.

4 Den Teig auf wenig Mehl dünn ausrollen und Kreise
von ca. 8 cm Ø ausstechen. Jeweils mit 1 TL Füllung
belegen, zu Halbmonden zusammenklappen und gut
zusammendrücken.

5 Die Schlutzkrapfen in reichlich kochendem Salzwasser
ca. 4 Min. garen. Die Butter zerlassen und leicht braun
werden lassen. Schlutzkrapfen abgießen und abtropfen
lassen. Mit der braunen Butter beträufeln und mit dem
übrigen Käse bestreuen.

SPÄTZLE MIT PILZEN

preiswertes Monatsendeessen

Für 4 Personen · Zubereitungszeit ca. 30 Min.
Quellzeit 30 Min. · pro Portion 435 kcal

350 g Mehl · Salz
3 Eier (Größe M)
400 g Champignons
1 Tomate · 1 Zwiebel
2 Knoblauchzehen
1 Bund Petersilie · 2 EL Butter
125 ml trockener Weißwein
   (ersatzweise Gemüsebrühe)
Pfeffer
Außerdem:
Spätzlepresse

1 Für den Spätzleteig das Mehl mit 1 TL Salz, den Eiern
  und ca. 175 ml Wasser zu einem zähflüssigen Teig
  verrühren. Ca. 30 Min. quellen lassen.

2 Inzwischen die Pilze putzen und in dünne Scheiben
  schneiden. Die Tomate waschen und würfeln, dabei
  den Stielansatz entfernen. Die Zwiebel und den Knoblauch schälen und fein hacken. Die Petersilie waschen
  und trocken schütteln, die Blättchen fein hacken.

3 Zwiebel und Knoblauch in der Butter glasig braten.
  Die Pilze dazugeben und bei starker Hitze unter Rühren
  ca. 5 Min. mitbraten. Mit dem Wein aufgießen, Tomatenwürfel untermischen. Salzen und pfeffern.

4 Reichlich Salzwasser aufkochen. Den Teig portionsweise durch die Spätzlepresse in das kochende
  Wasser drücken. Sobald die Spätzle oben schwimmen,
  mit einem Schaumlöffel herausnehmen, etwas abtropfen lassen und zu den Pilzen geben. Mit Petersilie
  bestreuen und servieren.

TURBO-TIPP
Haben Sie zu wenig Zeit für selbst gemachte
Spätzle? Dann nehmen Sie 500 g fertige Spätzle
aus der Kühltheke.

ASIANUDELN MIT GEMÜSE UND TOFU

schön leicht, schön frisch, schön schnell

Für 4 Personen · Zubereitungszeit ca. 25 Min.
pro Portion 640 kcal

250 g Tofu
1 Stück frischer Ingwer (ca. 3 cm)
2 Knoblauchzehen
1 getrocknete Chilischote
2 Möhren
200 g junge Zucchini
1 rote Paprikaschote
200 g Austernpilze
100 g Sojabohnensprossen
400 g chinesische Eiernudeln
   (Mie, aus dem Asienladen)
150 ml Gemüsebrühe (Instant)
4 EL Sojasauce
Salz · gemahlener Koriander
2 EL Sesamsamen
1 EL Sesamöl
Außerdem:
4 EL neutrales Pflanzenöl zum Braten

1 Den Tofu abtropfen lassen und in ca. 1 cm große Würfel schneiden. Den Ingwer und den Knoblauch schälen und durch die Presse in ein Schälchen drücken. Die Chilischote zerkrümeln und dazugeben. Den Tofu unterrühren.

2 Die Möhren schälen. Die Zucchini und die Paprikaschote waschen und putzen. Die Austernpilze mit feuchtem Küchenpapier abreiben und putzen.

3 Das Gemüse und die Austernpilze in Streifen schneiden. Die Sojabohnensprossen waschen und in einem Sieb abtropfen lassen. Für die Nudeln in einem Topf reichlich Wasser zum Kochen bringen.

4 Inzwischen das Öl im Wok erhitzen, den Tofu darin rundherum gut anbraten und wieder herausnehmen. Das Gemüse im Wok unter Rühren ca. 4 Min. braten. Mit der Brühe ablöschen, mit Sojasauce, Salz und 1 Prise Koriander abschmecken und zugedeckt bei schwacher Hitze noch einmal ca. 2 Min. garen.

5 Gleichzeitig die Nudeln in das kochende Wasser geben, vom Herd nehmen und 4 Min. ziehen lassen. Mit einer Gabel umrühren, in ein Sieb abgießen und abtropfen lassen. Die Sesamsamen mit dem Sesamöl in einer Pfanne leicht braun werden lassen.

6 Den Tofu unter das Gemüse mischen und wieder erwärmen. Die Nudeln mit der Gemüsemischung verrühren. Mit dem Sesam bestreuen und sofort servieren.

AROMA-TIPP
Wenn Sie das Aroma von Koriander mögen und intensivieren wollen, bestreuen Sie die Nudeln vor dem Servieren zusätzlich mit einigen Blättern frischem Koriandergrün.

PROFI-TIPPS
Wenn **mehr als vier Personen** am Tisch sitzen: Größere Mengen des Gerichts lassen sich zwar auch im Wok zubereiten, allerdings ist dann die Hitze nicht mehr stark genug, sodass das Gemüse eher gedünstet wird. Deshalb besser in zwei Portionen arbeiten, alles anschließend mit dem Tofu mischen und wieder gut heiß werden lassen. Sollten Sie ein **größeres Tofustück** gekauft haben, sodass etwas übrig bleibt: In einer Schüssel mit Wasser bedeckt können Sie es im Kühlschrank bis zu 1 Woche aufbewahren. Einfach das Wasser täglich wechseln.

NUDELN MIT EXOTISCHER SAUCE

crossover – Pasta aus dem Wok

Für 4 Personen · Zubereitungszeit ca. 40 Min.
pro Portion 680 kcal

400 g Penne · Salz
300 g Brokkoli
1 kleiner Zucchino (ca. 100 g)
100 g Parmesan
1 EL neutrales Pflanzenöl
200 g Sahne
100 ml Gemüsebrühe (Instant)
Pfeffer · 1 EL Honig
1/2 TL gemahlener Koriander
1/4 TL gemahlener Kreuzkümmel
1/4 TL Cayennepfeffer
3–4 EL helle Sojasauce

1 Die Penne in reichlich kochendem Salzwasser nach
Packungsanweisung bissfest garen. In ein Sieb abgießen und abtropfen lassen.

2 Den Brokkoli waschen, putzen und in Röschen zerteilen. Die Stiele in Stifte schneiden. Den Brokkoli in
reichlich kochendem Salzwasser ca. 2 Min. blanchieren. In ein Sieb abgießen, dann eiskalt abschrecken
und abtropfen lassen.

3 Den Zucchino waschen, putzen und in Stifte schneiden.
Den Parmesan fein reiben.

4 Das Öl im Wok erhitzen und den Brokkoli darin ca.
2 Min. pfannenrühren, dann an den Rand schieben.
Den Zucchino in den Wok geben und ca. 1 Min. pfannenrühren. Die Sahne und die Gemüsebrühe angießen.
Mit Salz und Pfeffer, dem Honig sowie mit den restlichen Gewürzen und der Sojasauce abschmecken.
Alles ca. 2 Min. leise kochen.

5 Die Nudeln dazugeben und alles zusammenrühren.
Mit Parmesan bestreut servieren.

FRUCHTIG-SCHARFE ASIANUDELN

einfach, preiswert und schnell

Für 2 Personen · Zubereitungszeit ca. 25 Min.
pro Portion 690 kcal

250 g chinesische Eiernudeln
    (Mie, aus dem Asienladen)
1 kleine Zwiebel
2 Knoblauchzehen
2 Stangen Zitronengras
300 g Austernpilze
2–3 EL Stängel Thai-Basilikum
    (Bai horapha, s. Info S. 434)
3 EL neutrales Pflanzenöl
3–4 EL helle Sojasauce
1 EL Limettensaft · 1 EL Chiliöl

1 Für die Nudeln reichlich Wasser aufkochen. Die Nudeln
hineingeben, vom Herd nehmen und 4 Min. ziehen
lassen. Mit einer Gabel umrühren, in ein Sieb abgießen,
eiskalt abschrecken, gut abtropfen lassen.

2 Die Zwiebel und den Knoblauch schälen und klein
würfeln. Vom Zitronengras die äußeren harten Blätter
entfernen, den unteren Teil in feine Ringe schneiden.
Die Austernpilze feucht abreiben, von den harten Stielansätzen befreien und in 1 cm dicke Streifen schneiden. Das Basilikum waschen und trocken schütteln,
die Blättchen abzupfen und streifig schneiden.

3 1 EL Öl im Wok erhitzen. Die Zwiebel, den Knoblauch
und das Zitronengras darin unter ständigem Rühren
in ca. 2 Min. glasig dünsten. Die Austernpilze dazugeben und alles ca. 3 Min. pfannenrühren. Alles an
den Rand schieben.

4 Das restliche Öl im Wok erhitzen und die Nudeln unter
ständigem Rühren ca. 3 Min. anbraten. Die Sojasauce
und den Limettensaft einrühren und alles zusammenrühren. Das Basilikum darüberstreuen und das Chiliöl
darüberträufeln. Sofort servieren.

GLASNUDELSALAT MIT SPINAT

preiswerter Partyhit

Für 4 Personen · Zubereitungszeit ca. 35 Min.
pro Portion 270 kcal

150 g Glasnudeln
2 junge Möhren
300 g frischer junger Blattspinat
Salz · 2 EL frische Erdnusskerne
2 Knoblauchzehen
2 EL neutrales Öl
4–5 EL Sojasauce
4 EL Limettensaft
    (ersatzweise Zitronensaft)
2 TL Sambal oelek
2 TL Zucker

1 Die Glasnudeln in eine Schüssel geben, mit lauwarmem Wasser bedecken und ca. 10 Min. quellen lassen.

2 Inzwischen die Möhren schälen und in ca. 5 cm lange Stifte schneiden. In einem Topf reichlich Wasser aufkochen. Den Spinat verlesen und gründlich waschen. Das Wasser salzen und den Spinat darin in ca. 1 Min. zusammenfallen lassen. In ein Sieb abgießen, eiskalt abschrecken und abtropfen lassen.

3 Die Erdnusskerne in einer Pfanne ohne Fett goldgelb rösten, dann herausnehmen und grob hacken. Den Knoblauch schälen und in feine Scheiben schneiden.

4 Das Öl in einer Pfanne erhitzen und die Möhren und den Knoblauch darin bei mittlerer Hitze ca. 3 Min. braten. Die Glasnudeln in ein Sieb abgießen, abtropfen lassen und mit einer Küchenschere klein schneiden. Mit dem Spinat in die Pfanne geben.

5 Die Sojasauce mit Limettensaft, Sambal oelek und Zucker verrühren, die Mischung mit in die Pfanne geben und gut unterrühren. Alles in eine Schüssel füllen und abkühlen lassen. Eventuell noch einmal würzen. Mit den Erdnüssen bestreut servieren.

EIERNUDELN MIT CURRY-AUBERGINEN

asiatisch und anfängertauglich

Für 4 Personen · Zubereitungszeit ca. 30 Min.
pro Portion 480 kcal

1 Aubergine (ca. 350 g)
1 Zwiebel
1 walnussgroßes Stück frischer Ingwer
4 EL Öl
2 TL rote Currypaste
250 ml Kokosmilch (aus der Dose) · Salz
400 g chinesische Eiernudeln (Mie, aus dem
    Asienladen, ersatzweise breite Reisnudeln)
1 EL Korianderblättchen

1 Die Aubergine putzen, waschen und in kleine Würfel schneiden. Die Zwiebel schälen, halbieren und in Streifen schneiden. Den Ingwer schälen und fein hacken. Für die Nudeln in einem großen Topf reichlich Wasser aufkochen.

2 Das Öl im Wok oder in einer Pfanne erhitzen und die Currypaste darin anbraten. Die Auberginenwürfel, die Zwiebelstreifen und den Ingwer dazugeben und kurz mitbraten.

3 Das Gemüse mit der Kokosmilch und 100 ml Wasser aufgießen, salzen und zugedeckt bei mittlerer Hitze ca. 10 Min. schmoren.

4 Inzwischen die Nudeln in das kochende Wasser geben, vom Herd nehmen und 4 Min. ziehen lassen. Mit einer Gabel umrühren, in ein Sieb abgießen, abtropfen lassen und auf Teller oder Schälchen verteilen. Mit dem Auberginengemüse bedecken, mit Korianderblättchen bestreuen und sofort servieren.

VORNE Glasnudelsalat mit Spinat
HINTEN Eiernudeln mit Curry-Auberginen

NUDELN MIT SÜSSSAURER SAUCE

Kinderliebling

Für 4 Personen · Zubereitungszeit ca. 30 Min.
pro Portion 360 kcal

1 große Zwiebel
1 Stück frischer Ingwer (ca. 3 cm)
150 g Möhren
1 grüne Paprikaschote
1 kleine Dose Ananas (140 g Abtropfgewicht)
4 EL Tomatenketchup
4 EL helle Sojasauce
2 EL Reis- oder Weißweinessig
1 EL brauner Zucker
1 TL Speisestärke
2 EL Öl · Salz · Pfeffer
250 g chinesische Eiernudeln
    (Mie, aus dem Asienladen)

1 Die Zwiebel und den Ingwer schälen und klein würfeln.
Die Möhren schälen und schräg in dünne Scheiben
schneiden. Die Paprikaschote putzen, waschen, vierteln und in feine Streifen schneiden.

2 Die Ananas in ein Sieb abgießen und abtropfen lassen,
dabei ca. 60 ml Saft auffangen. Die Ananas in kleine
Würfel schneiden. Für die Nudeln in einem Topf reichlich Wasser aufkochen.

3 Den Ananassaft mit 4 EL Wasser, Ketchup, Sojasauce,
Essig, Zucker und Speisestärke verrühren. Das Öl in
einem Topf erhitzen und den Ingwer, die Zwiebel,
die Möhren und die Paprika darin bei mittlerer Hitze
3 Min. dünsten. Die Würzsauce angießen, weitere
5 Min. köcheln lassen. Die Ananasstücke untermischen.
Mit Salz und Pfeffer abschmecken.

4 Inzwischen die Nudeln in das kochende Wasser geben,
vom Herd nehmen und 4 Min. ziehen lassen. Mit einer
Gabel umrühren, in ein Sieb abgießen, abtropfen
lassen und auf vier Teller verteilen. Die Sauce auf den
Nudeln anrichten.

CURRY-NUDELN MIT TOFU

aromatisch und scharf

**Für 4 Personen · Zubereitungszeit ca. 30 Min.
pro Portion 490 kcal**

1 Aubergine (ca. 300 g)
200 g fester Tofu
150 g frische Shiitake-Pilze
1 kleine gelbe Paprikaschote
3 Schalotten
4 EL Erdnussöl
2–3 TL rote Currypaste
  (aus dem Asienladen)
200 ml Kokosmilch (aus der Dose)
Salz · 2 EL Limettensaft
250 g chinesische Eiernudeln
  (Mie, aus dem Asienladen)
1/2 Bund Schnittlauch

1 Die Aubergine waschen, putzen und in ca. 2 cm
großen Würfel schneiden. Den Tofu ebenfalls würfeln.
Die Pilze mit feuchtem Küchenpapier abreiben, die
Stiele entfernen, die Hüte vierteln. Die Paprikaschote
waschen, putzen und würfeln. Die Schalotten schälen
und in feine Ringe schneiden. Für die Nudeln in einem
Topf reichlich Wasser aufkochen.

2 1 EL Öl im Wok stark erhitzen und den Tofu darin in
2–3 Min. braun braten. Herausnehmen und warm
halten. Weitere 2 EL Öl in den Wok geben und die
Aubergine und Schalotten darin pfannenrühren.
Übriges Öl, Pilze und Paprika zufügen und 2 Min.
mitbraten. Die Currypaste einrühren, die Kokosmilch
und 5 EL Wasser angießen. Aufkochen, mit Salz und
Limettensaft würzen. Den Tofu untermischen.

3 Die Nudeln in das kochende Wasser geben, vom Herd
nehmen und 4 Min. ziehen lassen. Mit einer Gabel
umrühren, in ein Sieb abgießen, abtropfen lassen
und zu Nudelnestern geformt auf Tellern anrichten.
Die Sauce daraufgeben. Schnittlauch waschen, trocken
schütteln, in Röllchen schneiden und aufstreuen.

GEBRATENER EIERREIS

ganz schnell gewokkt

Für 2 Personen · Zubereitungszeit ca. 20 Min.
pro Portion 360 kcal

1 rote Paprikaschote
1 Zwiebel
2 Knoblauchzehen
1 Stängel Koriandergrün
2 frische grüne oder
   rote Chilischoten
2 Eier (Größe M)
1/2 TL Cayennepfeffer
Salz · 3 EL Öl
1/2 TL gemahlener Ingwer
200 g gegarter Reis vom Vortag

1 Die Paprikaschote waschen, putzen und fein würfeln.
Die Zwiebel und den Knoblauch schälen und fein
hacken. Den Koriander waschen und trocken schütteln,
die Blätter abzupfen und fein hacken.

2 Die Chilischoten waschen, putzen und ohne Kerne
fein hacken. Die Eier mit dem Cayennepfeffer und
1 Prise Salz verquirlen.

3 2 EL Öl im Wok erhitzen. Die Zwiebel mit den Chilischoten darin 1 Min. anbraten. Die Paprikawürfel,
den Knoblauch und das Ingwerpulver dazugeben.
Alles 1 Min. pfannenrühren und an den Rand schieben.

4 Die Eiermasse in den Wok geben und unter Rühren
stocken lassen, dann ebenfalls an den Rand schieben.

5 Das restliche Öl im Wok erhitzen. Den Reis 2 Min. darin
braten. Das Koriandergrün dazugeben, alle Zutaten gut
vermischen und salzen. Sofort servieren.

AROMA-TIPP
Der Eierreis lässt sich mit mehr Gemüse beliebig
erweitern. Besonders lecker sind Mungobohnensprossen, Frühlingszwiebeln und Zuckerschoten.

CHINESISCHE GEMÜSEPFANNE

süßsauer macht lustig

Für 3–4 Personen · Zubereitungszeit ca. 25 Min.
bei 4 Personen pro Portion 395 kcal

1 Zucchino · 1 rote Paprikaschote
1 pflaumengroßes Stück frischer Ingwer
2 Möhren · 1 Stange Lauch
100 g Mungobohnensprossen
100 g Cashewkerne · 3 EL Öl · 200 g TK-Erbsen
3 EL Sojasauce · 4 EL Sherry (nach Belieben)
2 TL Tamarindenmus (aus dem Asienladen;
   ersatzweise Zitronensaft)
1 EL Zucker
250 g gegarter Reis vom Vortag
Salz · Pfeffer

1 Den Zucchino und die Paprika waschen und putzen.
Beides in feine Streifen schneiden. Den Ingwer schälen
und fein hacken.

2 Die Möhren putzen, schälen und in feine Scheiben
schneiden. Den Lauch putzen, längs aufschneiden,
gründlich waschen und in feine Ringe schneiden.
Die Mungobohnensprossen waschen und abtropfen
lassen. Die Cashewkerne in einer trockenen Pfanne
ohne Fett anrösten, bis sie leicht gebräunt sind.

3 Das Öl im Wok erhitzen. Den Ingwer und die Möhrenscheiben sowie die Paprika, die Erbsen, die Lauchringe und die Zucchinistreifen ca. 3 Min. darin pfannenrühren. Die Mungobohnensprossen dazugeben und
2–3 Min. im geschlossenen Wok mitbraten.

4 Das Gemüse an den Rand schieben. Die Sojasauce,
ggf. den Sherry, das Tamarindenmus und den Zucker
in den Wok geben und verrühren. Den Reis und die
Cashewkerne dazugeben und alles gut miteinander
vermischen. Mit Salz und Pfeffer abschmecken.

VORNE Chinesische Gemüsepfanne
HINTEN Gebratener Eierreis

GEMÜSE-MINZE-PILAW

einfach orientalisch

Für 4 Personen · Zubereitungszeit ca. 50 Min.
pro Portion 485 kcal

2 Möhren · 1 Aubergine (ca. 300 g)
2 kleine Zwiebeln
2 Knoblauchzehen
6 EL Olivenöl · 2 EL Pistazienkerne
300 g Langkornreis
600–700 ml Gemüsebrühe
   (Rezept S. 190 oder Instant)
2–3 getrocknete Chilischoten
   (nach Geschmack)
1 TL gemahlener Kreuzkümmel
Salz · Pfeffer
je 1 Bund Minze und Petersilie

1 Die Möhren putzen, schälen und in dünne Scheiben
schneiden. Die Aubergine waschen, längs vierteln und
quer in Scheiben schneiden. Die Zwiebeln und den
Knoblauch schälen und fein würfeln.

2 In einem breiten Topf 3 EL Öl erhitzen und die Zwiebeln
und den Knoblauch darin goldgelb braten. Die Pistazien dazugeben und kurz anrösten. 3 weitere EL Öl
dazugeben, erhitzen und die Möhren und Aubergine
darin unter Wenden 3 Min. mitbraten.

3 Den Reis unter das Gemüse rühren und 1 Min. glasig
braten. 600 ml Gemüsebrühe angießen und die Chilischoten, den Kreuzkümmel sowie Salz und Pfeffer zufügen. Einmal aufkochen, dann zugedeckt 20–25 Min.
köcheln lassen, dabei eventuell Brühe nachgießen.

4 Die Kräuter waschen und trocken schütteln, die Blätter
abzupfen und fein hacken. Unter den Reis mischen und
das Pilaw noch einmal abschmecken.

AROMA-TIPP
Für eine betont arabische Note würzen Sie den
Reis zusätzlich mit je 1 Msp. Zimtpulver, gemahle-
nen Nelken sowie gemahlenem Kardamom.

PERSISCHER MÖHRENREIS

kocht sich fast von allein

Für 4 Personen
Zubereitungszeit ca. 30 Min.
Garzeit 50 Min.
pro Portion 670 kcal

500 g Möhren
je 75 g Rosinen und getrocknete
   Berberitzen (ersatzweise Sauerkirschen)
1 Zwiebel
350 g Basmatireis · Salz
5 EL Butterschmalz
100 g Mandelstifte
Pfeffer
1/4 TL Safranfäden

1 Die Möhren putzen, schälen und in dünne, ca. 4 cm
lange Stifte schneiden. Die Rosinen und Berberitzen
mit heißem Wasser übergießen und quellen lassen.
Die Zwiebel schälen und würfeln.

2 Den Reis in einem Sieb kalt waschen, anschließend in
ausreichend Salzwasser 6–8 Min. sprudelnd kochen.
Den Reis in ein Sieb abgießen, kalt abschrecken und
abtropfen lassen.

3 1 EL Butterschmalz in einer Pfanne zerlassen und die
Zwiebel darin glasig dünsten. Möhren und Mandeln zugeben, unter Rühren 5 Min. dünsten, dann kräftig salzen und pfeffern. Rosinen und Berberitzen in einem
Sieb abtropfen lassen und unter die Möhren mischen.

4 Den Safran in 80 ml heißes Wasser einrühren. Übriges
Schmalz in einem Topf erhitzen und das Safranwasser
zugeben. Die Hälfte Reis darauf verteilen, die Möhren
darübergeben und mit dem übrigen Reis abdecken.
Ein Küchenhandtuch um den Topfdeckel schlagen
und den Deckel dicht auf den Topf legen. Den Reis
zugedeckt bei ganz schwacher Hitze 45–50 Min. garen.
Das fertige Gericht vor dem Servieren mischen.

LINSEN MIT REIS UND NUDELN

Vollwertiges aus Ägypten

Für 4 Personen · Zubereitungszeit ca. 1 Std.
pro Portion 750 kcal

8 kleine getrocknete Chilischoten
je 1 TL Kreuzkümmel- und Koriandersamen
1 TL Pimentkörner · 4 Knoblauchzehen
1 EL Zitronensaft · 2 EL Weißweinessig · 4 EL Olivenöl
1 große Gemüsezwiebel · 8 EL Erdnussöl
230 g kleine Linsen (Berglinsen) · Salz
230 g Mittelkornreis (ersatzweise Patnareis)
100 g kurze dünne Makkaroni

1 Die Chilischoten mit 75 ml kochendem Wasser übergießen und 15 Min. quellen lassen. Inzwischen Kreuzkümmel, Koriander und Piment im Mörser zerstoßen.
Knoblauch schälen und grob zerschneiden. Chilis
abgießen, abtropfen lassen und mit dem Knoblauch,
der Hälfte der Gewürzmischung, dem Zitronensaft,
Essig und Olivenöl pürieren. Sauce beiseitestellen.

2 Die Zwiebel schälen und in dünne Scheiben schneiden.
Das Öl in einem Schmortopf erhitzen. Die Zwiebel
darin bei mittlerer bis starker Hitze in 7–10 Min. unter
Rühren braun braten. Aus dem Öl heben, auf Küchenpapier abtropfen lassen.

3 Die Linsen in das Bratöl rühren, ca. 500 ml Wasser
angießen, salzen und bei mittlerer Hitze 15 Min.
zugedeckt kochen. Den Reis einrühren, noch ca.
250 ml Wasser dazugießen und alles weitere 10 Min.
zugedeckt sanft kochen.

4 Die Nudeln und die restlichen Gewürze einrühren,
wenig Wasser angießen und alles weitere 10–15 Min.
sanft kochen, dabei gerade so viel Wasser dazugeben,
dass das Gericht nicht anhängt.

5 Wenn die Nudeln gar sind, alles auf eine vorgewärmte
Platte häufen und mit den gerösteten Zwiebeln bestreuen. Die scharfe Chilisauce extra dazu servieren.

KREOLISCHER GEMÜSEREIS

aus den Südstaaten der USA

Für 4 Personen · Zubereitungszeit ca. 50 Min.
Einweichzeit 12 Std. · Garzeit 1 Std.
pro Portion 350 kcal

100 g getrocknete Kidneybohnen · 2 Zwiebeln
2 Knoblauchzehen · 2 frische grüne Chilischoten
je 1 rote und grüne Paprikaschote
400 g Tomaten · 2 EL Butter · 200 g Langkornreis
500 ml Gemüsebrühe (Rezept S. 190 oder Instant)
1/2 Bund Koriandergrün
Salz · Pfeffer · 2 EL Limettensaft

1 Die Kidneybohnen mindestens 12 Std. (am besten über
Nacht) in Wasser einweichen. Dann mit frischem Wasser zum Kochen bringen und in ca. 1 Std. weich garen.

2 Inzwischen die Zwiebeln und den Knoblauch schälen
und fein hacken. Die Chilis waschen, putzen und
ohne Kerne in Ringe schneiden. Die Paprikaschoten
waschen, putzen und würfeln. Die Tomaten mit kochendem Wasser kurz überbrühen, häuten und ebenfalls
würfeln, dabei die Stielansätze entfernen.

3 Die Butter in einem Topf zerlassen und die Zwiebeln,
den Knoblauch und die Chiliringe darin andünsten.
Die Paprikawürfel untermischen, dann den Reis kurz
mitbraten. Mit der Brühe aufgießen. Die Tomaten untermischen und den Reis zugedeckt bei schwacher Hitze
ca. 15 Min. garen.

4 Die Kidneybohnen abgießen. abtropfen lassen, untermischen und alles weitere 10 Min. garen. Den Koriander waschen und trocken schütteln, die Blättchen
abzupfen und fein hacken. Den Reis mit Salz, Pfeffer
und dem Limettensaft abschmecken und mit dem Koriander bestreut servieren.

VORNE Linsen mit Reis und Nudeln
HINTEN Kreolischer Gemüsereis

GEBRATENER REIS MIT GEMÜSE

mediterrane Aromen pur

**Für 4 Personen · Zubereitungszeit ca. 30 Min.
pro Portion 625 kcal**

400 g Zucchini · 250 g Champignons
2 Knoblauchzehen
50 g schwarze Oliven ohne Stein
8 getrocknete Tomaten in Öl · 2 Zweige Thymian
2 Salbeiblättchen · 6 EL Olivenöl
600 g gegarter Reis (am besten
   vom Vortag, roh ca. 300 g)
Salz · Pfeffer · 4 Eier (Größe M)
50 g geriebener Parmesan

1 Die Zucchini waschen, putzen und erst in Scheiben, dann in Stifte schneiden. Die Pilze mit feuchtem Küchenpapier abreiben, von den Stielenden befreien und in Scheiben schneiden. Den Knoblauch schälen und fein hacken. Die Oliven und Tomaten abtropfen lassen und ebenfalls klein schneiden. Den Thymian waschen und trocken schütteln, die Blättchen abstreifen. Den Salbei in Streifen schneiden.

2 4 EL Öl in einer großen Pfanne erhitzen. Den Reis in der Pfanne verteilen und bei mittlerer Hitze ca. 3 Min. braten, ohne umzurühren, dann wenden und weitere 3 Min. braten. Aus der Pfanne nehmen.

3 Übriges Öl in der Pfanne erhitzen, die Zucchini und die Pilze darin unter Rühren 2–3 Min. braten. Knoblauch und Kräuter kurz mitbraten. Die Olivenmischung unterrühren, dann den Reis wieder zugeben. Alles salzen und pfeffern. Eier und Parmesan verquirlen, unter den Reis rühren. Die Pfanne vom Herd nehmen und weiterrühren, bis das Ei gestockt, aber nicht trocken ist.

PROFI-TIPP
Damit der **Reis** nicht nur heiß, sondern auch ein bisschen knusprig wird, braten Sie ihn im Fett, ohne umzurühren. Nur so können die Körnchen eine Kruste bilden.

GEFÜLLTE ZUCCHINI

unkompliziertes Alltagsgericht

Für 2 Personen · Zubereitungszeit ca. 40 Min.
Backzeit 30 Min. · pro Portion 460 kcal

150 g Langkornreis
500 ml Gemüsebrühe (Rezept S. 190 oder Instant)
2 Frühlingszwiebeln
2 mittelgroße Zucchini (je 300–350 g)
1 EL + 2 TL Olivenöl · 100 g Tomaten
50 g geriebener Parmesan
50 g Magerquark · 1 Eigelb (Größe M)
Salz · Pfeffer · 1 TL getrockneter Oregano
50 g saure Sahne · 2 TL Tomatenmark

1 Den Reis mit 300 ml Brühe aufkochen und zugedeckt
bei schwächster Hitze 15–18 Min. ausquellen lassen,
bis er bissfest gegart ist. Inzwischen Frühlingszwiebeln
putzen, waschen und klein schneiden.

2 Die Zucchini waschen und längs halbieren, das Fruchtfleisch bis auf eine Wandstärke von 1/2 cm mit einem
Löffel herauslösen. Knapp die Hälfte des Fruchtfleischs
fein hacken (das restliche anderweitig verwenden).
Die Zucchinihälften an der unteren Seite vorsichtig
glatt schneiden, damit sie gerade stehen können.

3 Frühlingszwiebeln und Zucchinifruchtfleisch in 1 EL Öl
ca. 4 Min. dünsten. Tomaten waschen und in kleine
Würfel schneiden, dabei die Stielansätze und Kerne
entfernen. Den Backofen auf 200° vorheizen. Den Reis
und die gedünsteten Zucchini mit der Hälfte des Par-
mesans, den Tomaten, dem Quark und dem Eigelb
mischen. Mit Salz, Pfeffer und Oregano kräftig würzen.

4 Die Zucchinihälften innen salzen und pfeffern, mit
der Reismischung füllen und in eine flache Auflaufform
setzen. 200 ml Brühe angießen. Die Zucchini mit dem
restlichen Käse bestreuen und mit dem übrigen Öl
beträufeln. Im heißen Backofen (unten, Umluft 180°)
25–30 Min. backen. Die Zucchini auf Tellern anrichten.
Die Garflüssigkeit mit der sauren Sahne und dem
Tomatenmark verrühren und als Sauce dazu servieren.

GEMÜSE-PAELLA

»schlanke« Spezialität aus Spanien

Für 4 Personen · Zubereitungszeit ca. 1 Std.
pro Portion 250 kcal

250 g Möhren · 200 g Zucchini
150 g Champignons
2 Knoblauchzehen
800 ml Gemüsebrühe
   (Rezept S. 190 oder Instant)
4 EL Olivenöl
250 g Paellareis
   (ersatzweise Langkornreis)
Salz · Pfeffer
400 g rote Paprikaschoten
Sambal oelek
200 g Cocktailtomaten

1 Das Gemüse waschen und je nach Sorte putzen oder schälen. Die Champignons nur putzen und vierteln. Die Möhren und Zucchini längs in ca. 4 cm lange Streifen schneiden. Den Knoblauch schälen und würfeln.

2 Die Gemüsebrühe in einem Topf aufkochen. Gleichzeitig 3 EL Öl in einem Wok oder einer großen, tiefen Pfanne erhitzen und den Knoblauch darin anbraten.

3 Den Reis dazugeben und unter Rühren glasig braten. Das vorbereitete Gemüse und die Pilze dazugeben und kurz mitbraten. Mit Salz und Pfeffer würzen.

4 700 ml Brühe zum Reis gießen. Den Gemüsereis bei schwacher Hitze 20–25 Min. köcheln lassen, bis der Reis gar ist, aber noch Biss hat.

5 Inzwischen die Paprika waschen, halbieren, putzen und in Stücke schneiden. Das restliche Öl erhitzen und die Paprika darin anbraten. Die restliche Gemüsebrühe dazugießen und ca. 10 Min. köcheln lassen.

6 Die Paprikastücke in der Brühe fein pürieren und das Püree mit Sambal oelek und Salz abschmecken.

7 Die Paella eventuell mit Salz und Pfeffer nachwürzen. Die Tomaten waschen, halbieren und auf der Gemüse-Paella verteilen. Das Paprikapüree dazu servieren.

HERBST-VARIANTE
PILZ-PAELLA

Für 4 Personen
Zubereitungszeit ca. 1 Std.
pro Portion 445 kcal

- 25 g getrocknete Tomaten in Öl und 50 g eingelegte Weinblätter abtropfen lassen und dann klein hacken. 1 Zwiebel und 1 Knoblauchzehe schälen und in kleine Würfel schneiden.
- 400 g Pilze putzen, evtl. mit feuchtem Küchenpapier abreiben und je nach Größe halbieren und vierteln.
- 3 EL Olivenöl in einem Wok erhitzen und darin die Zwiebel- und Knoblauchwürfel mit 250 g Paellareis und 1 EL mildem Paprikapulver andünsten. Die Pilze dazugeben und mitbraten.
- Die getrockneten Tomaten und die Weinblätter zugeben und 500 ml Gemüsebrühe (Instant) angießen. Wokinhalt mit Salz und Cayennepfeffer kräftig würzen, aufkochen und umrühren. Zugedeckt ca. 15 Min. köcheln lassen, ohne umzurühren.
- 300 g TK-Erbsen unaufgetaut unter den Reis rühren. 100 g Schafskäse (Feta) zerkrümeln. 8 eingelegte scharfe Peperoni (40 g) abtropfen lassen. 1 Bio-Zitrone heiß waschen und achteln.
- Den Schafskäse, die Peperoni und die Zitronenachtel auf der Paella verteilen und den Reis weitere 5 Min. ausquellen lassen. Die Paella im Wok zu Tisch bringen.

DER LIEBLINGSKLASSIKER

GRÜNER SPARGEL-RISOTTO MIT KRÄUTERN

Sämig, cremig – hmmmm!

**Für 4 Personen · Zubereitungszeit ca. 40 Min.
pro Portion 540 kcal**

500 g grüner Spargel
2 Schalotten
ca. 1,3 l Gemüsebrühe
 (Rezept S. 190 oder Instant)
50 g Butter
350 g Risottoreis
100 ml Weißwein
 (ersatzweise Gemüsebrühe)
200 g gemischte Kräuter (z. B. Kerbel,
 Sauerampfer, Petersilie, Dill, Basilikum)
1 Bio-Zitrone
2 EL Olivenöl
Salz · Pfeffer
60 g geriebener Parmesan
frisch geriebene Muskatnuss

1 Den Spargel waschen, im unteren Drittel schälen und die holzigen Enden wegschneiden. Die Stangen schräg in ca. 1 cm breite Stücke schneiden, die Köpfe extra beiseitelegen. Die Schalotten schälen und fein würfeln. Die Gemüsebrühe aufkochen und heiß halten.

2 Die Butter bei mittlerer Hitze in einem Topf schmelzen und die Schalotten darin hellgelb dünsten. Den Reis dazugeben und unter Rühren in ca. 2 Min. glasig dünsten. Mit dem Wein ablöschen und die Flüssigkeit unter Rühren einkochen.

3 Sobald der Wein fast verdunstet ist, eine Schöpfkelle heiße Brühe dazugeben und unter häufigem Rühren wiederum einkochen. So fortfahren, bis die gesamte Brühe aufgebraucht ist, der Reis bissfest ist und sich eine schöne cremige Konsistenz gebildet hat – das dauert 15–20 Min. Dabei ca. 10 Min. vor Ende der Garzeit noch die Spargelstücke, aber noch nicht die Köpfe, unterrühren.

4 Inzwischen die Kräuter waschen und trocken schütteln, die Blättchen von den Stängeln zupfen und fein schneiden oder hacken.

5 Die Zitrone heiß waschen und trocken reiben, ca. 2 Msp. Schale fein abreiben und die Zitrone dann in Spalten schneiden.

6 Das Öl in einer Pfanne erhitzen und die Spargelköpfe darin ca. 2 Min. bei mittlerer Hitze braten und mit Salz und Pfeffer würzen.

7 Den Parmesan unter den fertigen Risotto rühren und den Risotto mit Salz, Pfeffer, Muskat und der Zitronenschale würzen.

8 Kurz vor dem Servieren die Kräuter und die Spargelspitzen unter den Risotto heben, dann den Risotto auf vier Teller verteilen. Die Zitronenspalten dazu servieren, sodass sich jeder nach Belieben etwas Saft über seinen Risotto träufeln kann.

KÜRBISRISOTTO

herzhaftes Spätherbst-Gericht

**Für 4 Personen · Zubereitungszeit ca. 45 Min.
pro Portion 385 kcal**

4 EL Butter · 300 g Kürbisfleisch (geschält und
entkernt, am besten Hokkaido- oder Muskatkürbis)
Salz · Pfeffer
ca. 800 ml Gemüsebrühe (Rezept S. 190 oder Instant)
1 Zwiebel · 250 g Risottoreis · 75 g geriebener
harter Bergkäse (ersatzweise Parmesan)
Außerdem:
Basilikumblättchen zum Garnieren

1 Den Backofen auf 200° vorheizen. Ein Stück Alufolie
mit 1 EL Butter bestreichen, das Kürbisstück darauflegen und mit Salz und Pfeffer bestreuen. Die Folie
darüber verschließen und den Kürbis im heißen Backofen (Mitte; Umluft 180°) ca. 20 Min. garen.

2 Inzwischen die Brühe aufkochen und heiß halten.
Die Zwiebel schälen und klein würfeln.

3 In einem Topf 1 EL Butter erhitzen und die Zwiebel
darin andünsten. Den Reis einstreuen und glasig werden lassen. Etwas heiße Brühe angießen und rühren,
bis die Brühe aufgesogen ist. Diesen Vorgang wiederholen, bis der Reis bissfest und gar ist – das dauert
je nach Reissorte 20–30 Min.

4 Den gebackenen Kürbis aus der Folie nehmen, den
ausgetretenen Saft zum Reis gießen und den Kürbis
klein würfeln. Die Kürbiswürfel unter den Risotto rühren
und noch kurz ziehen lassen.

5 Die restliche Butter und den Käse kräftig unter den
Risotto rühren, mit Salz und Pfeffer abschmecken und
mit Basilikumblättchen garniert servieren.

TAUSCH-TIPP
Wenn es keinen Kürbis mehr gibt: Zucchini putzen
und waschen, klein würfeln und in heißer Butter
kurz bissfest braten. Unter den Risotto mischen.

POLENTA MIT PILZEN

Spezialität aus Südtirol

**Für 4 Personen · Zubereitungszeit ca. 45 Min.
pro Portion 305 kcal**

200 g gröbere Polenta (Maisgrieß)
3 EL Olivenöl
Salz · 250 g kleine Pfifferlinge
500 g Tomaten
1 Knoblauchzehe
2 EL Butter
Pfeffer
getrockneter Oregano
frisch geriebene Muskatnuss

1 In einem hohen Topf die Polenta mit 1 l Wasser, 1 EL Olivenöl und Salz verrühren. Bei mittlerer Hitze unter Rühren aufkochen, die Hitze zurückschalten und die Polenta unter ständigem Rühren ca. 15 Min. sanft kochen. Dann bei schwacher Hitze weitere 15–20 Min. garen, dabei ab und zu umrühren und bei Bedarf etwas heißes Wasser zugeben.

2 Die Pfifferlinge putzen und säubern. Die Tomaten mit kochendem Wasser überbrühen, häuten und ohne die Stielansätze klein würfeln. Den Knoblauch schälen.

3 Das restliche Öl zusammen mit der Butter in einer Schmorpfanne erhitzen und die Pilze darin bei mittlerer Hitze braten, bis der austretende Saft verdampft ist. Den Knoblauch dazupressen und die Tomatenwürfel dazugeben. Alles zugedeckt bei schwacher Hitze ca. 10 Min. garen. Mit Salz, Pfeffer und Oregano würzen.

4 Die Polenta mit Salz und Muskat abschmecken, als Nocken abstechen und auf Teller verteilen. Mit dem Pfifferlingsragout anrichten und sofort servieren.

TAUSCH-TIPP

In Südtirol wird der »Plenten«, wie Polenta hier heißt, auch mit Buchweizenmehl zubereitet, dann aber mit halb Wasser und halb Milch als Flüssigkeit. Die Garzeit beträgt ca. 30 Min.

ORANGENSPARGEL MIT KRÄUTERCOUSCOUS

gästefeiner Gaumenschmaus

**Für 4 Personen · Zubereitungszeit ca. 40 Min.
pro Portion 365 kcal**

200 g Couscous (Instant) · Salz
1 1/2 kg weißer oder violetter Spargel
2 Bio-Orangen
4 gehäufte EL Butter
Pfeffer
1–2 EL würziger Honig
   (z. B. Thymianhonig)
1 Bund Frühlingskräuter (z. B. Kerbel,
   Estragon, glatte Petersilie, Minze)

1 Den Couscous mit 200 ml kaltem Wasser und 1/2 TL Salz verrühren und 20 Min. quellen lassen. Inzwischen die holzigen Enden vom Spargel großzügig abschneiden und die Stangen schälen. Den Backofen auf 200° (Umluft 180°) vorheizen. Die Orangen heiß waschen und abtrocknen, die Schale fein abreiben und den Saft auspressen.

2 3 EL Butter in einem weiten, feuerfesten Bräter erhitzen. Den Spargel darin in ca. 3 Min. rundherum anbraten und mit Salz und Pfeffer würzen. Orangensaft und -schale sowie den Honig daraufgeben.

3 Den Spargel im heißen Backofen (Mitte) weitere 10–12 Min. garen, bis der Honig leicht karamellisiert ist. Dabei darauf achten, dass genügend Flüssigkeit im Bräter ist. Wenn nicht, etwas Wasser nachgießen. Den Spargel zwischendurch ein- bis zweimal wenden, sodass er gleichmäßig im Sud liegt.

4 Inzwischen die Kräuter waschen und trocken schütteln, die Blättchen abzupfen und fein schneiden.

5 Die restliche Butter in einer Pfanne zerlassen und den Couscous darin unter Rühren anrösten. Die Kräuter untermischen. Den Kräutercouscous mit dem Spargel aus dem Ofen anrichten und sofort servieren.

GEMÜSE-COUSCOUS

mit Tahini-Dressing

**Für 2 Personen · Zubereitungszeit ca. 40 Min.
pro Portion 260 kcal**

1 kleine Aubergine (ca. 150 g)
Salz · 100 g rote Zwiebeln
150 g Zucchini · 1 rote Paprikaschote
4 Zweige Thymian · 150 g Joghurt
1/2–1 TL Harissa (arabische Chilipaste)
2 TL Tahini (Sesampaste)
1 EL Olivenöl · Pfeffer
150 ml Gemüsebrühe (Instant)
70 g Couscous (Instant) · 1/4 TL Zimtpulver
1 Msp. gemahlene Kurkuma

1 Die Aubergine waschen, putzen und in ca. 1 cm große Würfel schneiden, salzen und beiseitestellen. Die Zwiebeln schälen, halbieren und in dünne Streifen schneiden. Die Zucchini waschen, putzen und in kurze Stifte hobeln. Die Paprika mit dem Sparschäler dünn schälen, vierteln, putzen, waschen und klein würfeln. Den Thymian waschen und trocken schütteln, einige Blättchen ganz lassen, den Rest hacken.

2 Für das Dressing den Joghurt mit Harissa und Tahini verrühren und mit etwas Salz abschmecken.

3 Das Öl in einem Wok erhitzen und die Zwiebeln darin unter Rühren 3 Min. dünsten. Die Auberginenwürfel gut trocken tupfen, zu den Zwiebeln geben und unter Rühren 3 Min. braten. Paprikawürfel und gehackten Thymian zugeben und 1 Min. pfannenrühren. Alles an den Rand schieben, die Zucchinistifte in die Mitte geben und 1 Min. anbraten. Das Gemüse mischen, bei schwacher Hitze fertig garen und salzen und pfeffern.

4 Inzwischen die Brühe aufkochen. Den Couscous mit Zimt und Kurkuma mischen, mit Brühe übergießen und zugedeckt ca. 5 Min. quellen lassen. Dann den Couscous unter das Gemüse mischen. Das Tahini-Dressing extra dazu servieren oder darüberlöffeln. Das Gericht mit Thymianblättchen bestreuen.

BULGUR-AUBERGINEN MIT KRÄUTER-JOGHURT-DIP

frisch aus dem Backofen

Für 4 Personen · Zubereitungszeit ca. 30 Min.
Backzeit 40 Min. · pro Portion 430 kcal

Für die Auberginen:
4 Auberginen (je ca. 250 g)
6 EL Olivenöl
5 große Tomaten
2 Zwiebeln
1 Knoblauchzehe
200 g Bulgur
3 EL getrocknete Sauerkirschen
   (ersatzweise Cranberrys)
50 g Walnusskerne
2 EL Tomatenmark
Salz · Pfeffer
je 1/4 TL Zimtpulver und
   gemahlener Kreuzkümmel
Für den Dip:
5 Stängel Minze
ca. 1/3 Bund Dill
150 g griechischer Joghurt (10 % Fett)
1 kleine Knoblauchzehe
Salz · Pfeffer
1 Msp. Cayennepfeffer
1/3 TL gemahlener Kreuzkümmel
Außerdem:
große Auflaufform
Öl für die Form

1 Die Auberginen waschen, putzen und längs halbieren.
   1–2 EL Öl in einer beschichteten Pfanne erhitzen
   und die Auberginenhälften in zwei Portionen darin
   6–8 Min. rundum anbraten. Herausnehmen.

2 Den Backofen auf 180° vorheizen, die Auflaufform mit
   etwas Öl auspinseln. Die Tomaten waschen und quer
   in dünne Scheiben schneiden, dabei die Stielansätze
   entfernen und den austretenden Saft auffangen.

3 Die Zwiebeln und den Knoblauch schälen, in feine
   Würfel schneiden und beides in dem übrigen Olivenöl
   andünsten. Den Bulgur einrühren und kurz anschwitzen. Den aufgefangenen Tomatensaft und ca. 350 ml
   Wasser zugießen und den Bulgur zugedeckt bei schwacher Hitze 5 Min. quellen lassen.

4 Inzwischen die Sauerkirschen grob zerkleinern und
   die Walnusskerne grob hacken. Die Auberginen mit
   einem Teelöffel bis auf einen ca. 1 cm breiten Rand
   aushöhlen. Das Fruchtfleisch fein hacken und zusammen mit den Kirschen, Walnüssen und dem
   Tomatenmark unter den Bulgur mischen. Mit Salz,
   Pfeffer, Zimt und Kreuzkümmel abschmecken.

5 Die Bulgurmischung in die Auberginen füllen und
   mit den Tomatenscheiben belegen. Mit Salz und
   Pfeffer würzen. Die Auberginen in die Auflaufform
   setzen und im heißen Backofen (Mitte, Umluft 160°)
   30–40 Min. garen.

6 Inzwischen für den Dip die Minze und den Dill waschen
   und trocken schütteln, die Blättchen bzw. Spitzen abzupfen und fein hacken. Mit dem Joghurt mischen.
   Den Knoblauch schälen und dazupressen. Den Dip
   mit Salz, Pfeffer, Cayennepfeffer und Kreuzkümmel
   pikant würzen und zu den Auberginen servieren.

GEMÜSETAJINE MIT HIRSE

Vollwertküche auf marokkanische Art

Für 4 Personen · Zubereitungszeit ca. 1 Std.
pro Portion 335 kcal

1 Stange Lauch · 1 grüne Paprikaschote
500 g reife Tomaten · 250 g grüne Bohnen
2 rote Zwiebeln · 1–2 Knoblauchzehen
150 g ungeschälte gelbe Erbsen
800–900 ml Gemüsebrühe
   (Rezept S. 190 oder Instant)
6 getrocknete Aprikosen
je 1 TL Zimtpulver, gemahlener Ingwer, Cayennepfeffer, Kreuzkümmel- und Schwarzkümmelsamen
2 TL Honig · 2–3 EL Zitronensaft
200 g Hirse · 1 Lorbeerblatt
1 TL gemahlene Kurkuma · 1/2 Bund Minze

1 Das Gemüse waschen und putzen. Den Lauch in breite Ringe, die Paprika in Streifen schneiden. Die Tomaten mit kochendem Wasser überbrühen, häuten, entkernen und grob hacken, dabei die Stielansätze entfernen. Die Bohnen nach Belieben halbieren. Zwiebeln und Knoblauch schälen, die Zwiebeln in Spalten schneiden, den Knoblauch klein würfeln.

2 Die Erbsen in einem Sieb waschen und mit 400 ml Brühe, Knoblauch und Zwiebeln in einen Topf geben. Aufkochen und 20 Min. köcheln lassen, dabei ab und zu umrühren. Inzwischen die Aprikosen halbieren.

3 Nach 20 Min. Aprikosen, Lauch, Paprika, Tomaten und Bohnen sowie die Gewürze, den Honig und den Zitronensaft hinzufügen. Alles 15–20 Min. sanft weiterkochen. Falls nötig, noch etwas Gemüsebrühe angießen.

4 Inzwischen 400 ml Brühe in einem zweiten Topf aufkochen, Hirse, Lorbeer und Kurkuma dazugeben. Die Hirse bei schwacher Hitze 10 Min. ausquellen lassen, Lorbeer entfernen. Die Minze waschen und trocken schütteln, Blättchen abzupfen und über die Tajine streuen. Mit der gelben Hirse servieren.

GRAUPEN-RISOTTO MIT ROTE-BETE-CHIPS

farbenfroher Gaumenschmeichler

Für 4 Personen · Zubereitungszeit ca. 45 Min.
pro Portion 530 kcal

Für das Graupen-Risotto:
2 mittelgroße Rote Beten (ca. 500 g)
1 Schalotte · 2 EL Olivenöl
250 g Perlgraupen (grober Gerstengrieß)
1 TL Thymianblättchen
1 Lorbeerblatt · 2 Gewürznelken
100 ml Weißwein (oder Gemüsefond)
ca. 800 ml Gemüsefond (Rezept S. 187
    oder aus dem Glas)
1 EL Zitronensaft · Salz
Pfeffer · 100 g Pecorino
Für die Rote-Bete-Chips:
500 ml Öl zum Frittieren
1 mittelgroße Rote Bete · Meersalz

1 Für den Risotto die Roten Beten schälen und sehr klein
  würfeln. Die Schalotte schälen, klein würfeln und im
  heißen Öl glasig dünsten. Rote-Bete-Würfel, Graupen,
  Thymian, Lorbeer und Gewürznelken hinzufügen und
  2 Min. unter Rühren andünsten.

2 Wein angießen und einkochen, dann den Fond zugeben. Die Graupen bei schwacher Hitze offen in
  ca. 12 Min. gar kochen. Lorbeer und Nelken entfernen.
  Risotto kräftig mit Zitronensaft, Salz und Pfeffer würzen.

3 Für die Chips das Öl zum Frittieren in einem hohen
  Topf erhitzen. Es ist heiß genug, wenn an einem ein-
  getauchten Holzspieß Bläschen aufsteigen. Die Rote
  Bete gründlich abbürsten, putzen und in 1 mm feine
  Scheiben hobeln. Die Scheiben mit einer Schaumkelle
  ins heiße Öl geben und in 1–2 Min. knusprig ausbacken. Dann herausheben, auf Küchenpapier abtropfen lassen und mit Meersalz bestreuen.

4 Den Risotto auf vorgewärmten Tellern anrichten.
  Den Käse darüberhobeln und die Chips daraufgeben.

POLENTAPLÄTZCHEN MIT TOMATENSAUCE

mit italienischem Charme

Für 4 Personen
Zubereitungszeit ca. 1 Std. 15 Min.
Backzeit 20 Min. · pro Portion 430 kcal

1 l Gemüsebrühe
    (Rezept S. 190 oder Instant)
15 g getrocknete Steinpilze
    (gehackt)
250 g Polenta (Maisgrieß)
8 Zweige Thymian
5 EL Olivenöl
Salz · Pfeffer
1 TL abgeriebene
    Bio-Zitronenschale
2 Zwiebeln
2 Knoblauchzehen
1 Dose geschälte Tomaten
    (480 g Abtropfgewicht)
1 TL italienische TK-Kräuter
4 EL geriebener Parmesan
Außerdem:
Olivenöl für das Backblech
Auflaufform (35 x 23 cm)
Butter für die Form
runde Ausstechform (ca. 6 cm Ø)

1 Die Gemüsebrühe mit den Steinpilzen aufkochen
  und die Polenta einrieseln lassen. Unter Rühren einmal aufkochen, dann offen bei schwacher Hitze unter
  gelegentlichem Rühren ca. 5 Min. quellen lassen.

2 Das Backblech mit Öl einfetten. Den Thymian waschen
  und trocken schütteln, die Blätter abstreifen und
  hacken. 2 EL Öl in einer kleinen Pfanne erhitzen und
  den Thymian darin kurz anbraten. Das Thymianöl unter
  die Polenta rühren. Mit Salz, Pfeffer und der Zitronenschale würzen. Die Polenta auf das Backblech geben,
  ca. 1 1/2 cm dick darauf verstreichen, abkühlen lassen.

3 Für die Sauce die Zwiebeln und den Knoblauch schälen
  und fein hacken. 2 EL Öl erhitzen und beides 2 Min.

darin andünsten. Tomaten samt Saft zugeben, die
Tomaten mit einem Löffel zerdrücken. Die Kräuter
zugeben, alles aufkochen und offen bei schwacher
Hitze 25 Min. kochen. Salzen und pfeffern.

4 Den Backofen auf 220° (Umluft 200°) vorheizen.
  Die Auflaufform einfetten. Aus der Polenta mit der
  Ausstechform oder einem Glas (ca. 6 cm Ø) Kreise
  ausstechen und diese überlappend in die Form
  schichten; die Polenta-Abschnitte braten und für
  einen Salat verwenden. Mit Parmesan bestreuen
  und mit dem übrigen Öl beträufeln. Im Ofen (unten)
  15–20 Min. backen. Die Sauce extra dazu servieren.

VARIANTE

POLENTAGRATIN MIT PILZEN

Für 4 Personen · Zubereitungszeit ca. 50 Min.
Backzeit 20 Min. · pro Portion 410 kcal

- 750 ml Gemüsebrühe aufkochen. 200 g Polenta unter
  Rühren langsam einrieseln lassen und bei schwacher
  Hitze 5 Min. kochen, bis sich der Brei vom Topfrand
  löst. 40 g frisch geriebenen Parmesan unterrühren,
  salzen und pfeffern. Die Polenta in eine geölte Tarteform mit ca. 32 cm Ø füllen, glatt streichen und einen
  Rand formen. Den Backofen auf 200° vorheizen.

- 150 g Austernpilze putzen und in grobe Stücke teilen.
  150 g braune Champignons putzen und vierteln.
  2 Knoblauchzehen schälen und fein hacken.

- 2 EL Olivenöl in einer beschichteten Pfanne erhitzen.
  Knoblauch, Pilze und 1 EL frisch gehackten Oregano
  darin unter Wenden 2 Min. braten. Salzen und pfeffern.
  300 g Cocktailtomaten waschen, halbieren und unter
  die Pilze heben.

- Die Mischung auf der Polenta verteilen. 200 g Mozzarella in Scheiben schneiden und obendrauf geben.

- Das Gratin im heißen Backofen (Mitte, Umluft 180°)
  15–20 Min. backen. 30 g Rucola waschen, putzen,
  hacken und darüberstreuen.

GRÜNKERNPFLANZERL

mit zarten Senfmöhren

**Für 4 Personen · Zubereitungszeit ca. 1 Std.
pro Portion 345 kcal**

525 ml Gemüsebrühe
  (Rezept S. 190 oder Instant)
200 g Grünkernschrot · 1 große Zwiebel
2 Knoblauchzehen · 1 Bund Petersilie
2 Eier (Größe M) · Salz
Pfeffer · 600 g junge Möhren
1 EL Butter · 1 TL Zucker
1 EL körniger Senf
1 EL Zitronensaft · 2 EL Olivenöl

1 Für die Pflanzerl 400 ml Brühe aufkochen, den Grünkernschrot unterrühren. Zugedeckt bei schwacher Hitze ca. 20 Min. garen. Auf der abgeschalteten Kochstelle abkühlen und dabei weiter quellen lassen.

2 Inzwischen Zwiebel und Knoblauch schälen und sehr fein hacken. Petersilie waschen und auch ganz fein schneiden. Zwiebel, Knoblauch und Petersilie mit den Eiern zum Grünkern geben, salzen, pfeffern und gut durchkneten. Den Teig zu acht Pflänzchen formen.

3 Die Möhren schälen und längs vierteln. Die Butter zerlassen und den Zucker darin schmelzen. Die Möhren einrühren, bis sie vom Fett überzogen sind. Restliche Brühe dazugießen und die Möhren zugedeckt 5–6 Min. garen. Mit Senf, Zitronensaft, Salz und Pfeffer würzen.

4 Die Pflanzerl im Öl bei mittlerer Hitze ca. 8 Min. braten, dabei einmal wenden. Mit den Möhren servieren.

QUARKPFLÄNZCHEN

mit senfwürzigem Grünkohl

**Für 4 Personen · Zubereitungszeit ca. 1 Std.
pro Portion 485 kcal**

2 Frühlingszwiebeln · 2 Zweige Thymian
oder 4 Stängel Petersilie · 500 g Quark
150 g Hartweizengrieß · 2 Eier (Größe M)
Salz · Pfeffer · 800 g Grünkohl
1/2 Bund Petersilie · 1 EL Zitronensaft
1 TL scharfer Senf · 4 EL Olivenöl
Cayennepfeffer · 2–3 EL Butterschmalz

1 Die Frühlingszwiebeln putzen, waschen und fein hacken. Thymian waschen und trocken schütteln, die Blättchen von den Zweigen streifen. Beides mit Quark, Grieß und Eiern gut verrühren, salzen und pfeffern. Ca. 30 Min. stehen lassen.

2 Inzwischen den Grünkohl waschen. Die Blätter von den dicken Stielen schneiden und grob hacken.

3 Für die Sauce die Petersilie waschen, trocken schütteln und fein schneiden. Mit Zitronensaft, Senf und Öl verrühren, mit Salz und Cayenne würzen.

4 Das Butterschmalz erhitzen. Aus der Quark-Grieß-Masse acht Pflänzchen formen und bei mittlerer Hitze ca. 10 Min. braten, dabei einmal wenden.

5 Inzwischen in einem großen Top reichlich Salzwasser aufkochen und den Grünkohl darin offen ca. 5 Min. garen. Abgießen und abtropfen lassen. Mit der Sauce mischen, zu den Pflänzchen essen.

GRATINIERTE POLENTA

mit viel Sommergemüse

Für 4 Personen · Zubereitungszeit ca. 40 Min.
Abkühlzeit 1 Std. · Backzeit 20 Min.
pro Portion 600 kcal

Salz · 350 g Instant-Polenta
50 g frisch geriebener Parmesan
500 g kleine Zucchini · 2 Knoblauchzehen
500 g stückige Tomaten (aus der Dose)
2 EL Olivenöl · Pfeffer · 1 rote Paprikaschote
abgeriebene Schale von 1/2 Bio-Zitrone
3 EL schwarze Oliven · 200 g Gouda
Backpapier für das Blech

1 1125 ml Salzwasser aufkochen. Polenta einrühren
   und zugedeckt bei schwacher Hitze 5 Min. garen.
   Den Parmesan unter die Polenta rühren und diese
   auf dem mit Backpapier belegten Blech verstreichen.
   In mindestens 1 Std. kalt und fest werden lassen.

2 Die Zucchini waschen, putzen, in dünne Stifte schneiden, salzen und 10 Min. stehen lassen. Den Knoblauch
   schälen und zu den Tomaten pressen, 1 EL Öl unterrühren. Die Sauce salzen und pfeffern.

3 Die Paprika waschen, vierteln, putzen und in Streifen
   schneiden. Von den Zucchini die Flüssigkeit abgießen.

4 Den Backofen auf 225° (Umluft 200°) vorheizen. Die
   Dosentomaten auf der Polenta verstreichen. Zucchini,
   Paprika, Zitrusschale und Oliven darauf verteilen. Gou-
   da raspeln und aufstreuen, mit 1 EL Öl beträufeln. Im
   Ofen (Mitte) ca. 20 Min. backen. 10 Min. ruhen lassen.

BROTAUFLAUF MIT TOMATEN

schmeckt auch kalt

Für 4 Personen · Zubereitungszeit ca. 15 Min.
Backzeit 35 Min. · pro Portion 685 kcal

300 g altbackenes Weißbrot
200 g frisch geriebener Hartkäse
   (z. B. Emmentaler, Bergkäse,
   alter Gouda oder Pecorino)
150 ml Milch · 200 g Sahne
4 Eier (Größe M) · Salz · Pfeffer
500 g Cocktailtomaten
1 EL Butter

1 Den Backofen auf 200° (Umluft 180°) vorheizen.
   Das Brot in ca. 1/2 cm dicke Scheiben schneiden
   und diese auf einem Backblech auslegen. Im Ofen
   (Mitte) in ca. 5 Min. knusprig backen.

2 Inzwischen den Käse mit Milch, Sahne und Eiern verrühren und den Guss mit Salz und Pfeffer würzen. Die
   Tomaten waschen und halbieren.

3 Die Brotscheiben mit der Käsemischung lagenweise
   in eine feuerfeste Form schichten, dabei mit der Käsemischung abschließen. Die Tomaten mit der Schnittfläche nach oben daraufsetzen, salzen und pfeffern.
   Die Butter in kleine Stücke schneiden und aufstreuen.

4 Den Auflauf 30–35 Min. im heißen Ofen (Mitte) backen,
   bis die Oberfläche leicht braun wird. Kurz stehen lassen, dann servieren. Dazu schmeckt ein grüner Salat.

RUCOLA-SEMMELKNÖDEL MIT RAHMPILZEN

die mag garantiert jeder

Für 4 Personen · Zubereitungszeit ca. 1 Std.
pro Portion 560 kcal

Für die Semmelknödel:
8 altbackene Vollkornbrötchen
  (mit oder ohne Körner, 2–3 Tage alt)
400 ml Milch
1 großes Bund Rucola
1 Stange Lauch · 1 EL Butter
3 Eier (Größe M) · Salz · Pfeffer
frisch geriebene Muskatnuss
Für die Rahmpilze:
800 g Pilze (z. B. Champignons oder
  gemischte Pilze wie Champignons,
  Shiitake, Austernpilze und Kräuterseitlinge)
1 große Zwiebel
1/2 Bund Petersilie
1 Stück Bio-Zitronenschale
2 EL Butter · 150 g Sahne
2 TL scharfer Senf · Salz
1 Prise gemahlener Kümmel

1 Für die Semmelknödel die Brötchen in dünne Scheiben schneiden und in eine Schüssel legen. Die Milch in einem Topf lauwarm werden lassen und über die Brötchenscheiben gießen. Ca. 15 Min. stehen lassen, bis die Scheiben die Milch aufgesogen haben.

2 Inzwischen vom Rucola welke Blätter aussortieren und grobe Stiele entfernen. Den Rucola waschen, trocken schleudern und fein hacken.

3 Den Lauch putzen, längs aufschlitzen und gründlich waschen. Abtropfen lassen und quer in ganz feine Streifen schneiden. Die Butter in einer Pfanne erhitzen und den Lauch darin unter Rühren bei schwacher Hitze 2–3 Min. andünsten.

4 Lauch, Rucola und die Eier zu den Brötchen in die Schüssel geben. Alles mit den Händen zu einem formbaren Teig verkneten, den Teig mit Salz, Pfeffer und

Muskat abschmecken. Zwölf Knödel daraus formen und auf ein Küchenbrett legen.

5 Einen großen weiten Topf mit Wasser füllen und auf den Herd stellen. Während das Wasser heiß wird, die Pilze mit einem feuchten Küchenpapier sauber abreiben und die Stielenden abschneiden. Von Austern- und Shiitake-Pilzen die zähen Stiele entfernen. Die Pilze in dünne Scheiben oder in Streifen schneiden. Die Zwiebel schälen und fein würfeln.

6 Das kochende Wasser im Topf salzen. Die Knödel mit einem Schaumlöffel einlegen, die Hitze auf schwache bis mittlere Stufe schalten und den Deckel halb auflegen; dazu einen Kochlöffel dazwischenklemmen. Die Knödel ca. 15 Min. im Wasser gar ziehen lassen. Es soll dabei keinesfalls kochen, sondern nur ganz leicht blubbern.

7 Inzwischen für die Rahmpilze die Petersilie waschen und trocken schütteln, die Blättchen abzupfen und fein hacken. Die Zitronenschale fein hacken.

8 Die Butter in einem weiten Topf schmelzen und die Pilze darin 2–3 Min. andünsten. Zwiebelwürfel, Zitronenschale und Petersilie (bis auf einen kleinen Rest zum Bestreuen) dazugeben. Die Pilze zugedeckt bei mittlerer Hitze ca. 10 Min. dünsten. Dann die Sahne zugießen und alles aufkochen. Die Sauce mit dem Senf, Salz und Kümmel abschmecken.

9 Die Knödel mit dem Schaumlöffel aus dem Wasser heben und in eine vorgewärmte Schüssel füllen. Die Pilze extra dazustellen. Beim Essen am besten die Rahmpilze in tiefe Teller geben und mit 1–2 Knödeln krönen. Mit der übrigen Petersilie bestreuen.

PROFI-TIPP
Sollte (wider Erwarten) mal was übrig bleiben: Knödel in Scheiben schneiden und in Butter oder/und Öl braten. Mit Salat essen.

BUCHWEIZENPFANNKUCHEN MIT ROSENKOHL

herzhaftes Wintervergnügen

**Für 4 Personen · Zubereitungszeit ca. 40 Min.
pro Portion 405 kcal**

Für die Pfannkuchen:
60 g Buchweizenmehl · 40 g Weizenmehl
2 Eier (Größe M) · 100 ml Milch
50 ml Mineralwasser
2 EL gemahlene Haselnüsse
1/2 TL Salz · 1/2 TL Pfeffer
Für die Füllung:
400 g Rosenkohl · Salz · 1 Zwiebel · 2 EL Butter
frisch geriebene Muskatnuss · 150 g Brie
Außerdem:
Butterschmalz zum Backen

1 Alle Pfannkuchenzutaten verquirlen und den Teig zugedeckt quellen lassen. Inzwischen den Rosenkohl
waschen und putzen. Die Stiele kreuzweise einschneiden. Reichlich Salzwasser zum Kochen bringen. Den
Rosenkohl darin bei mittlerer Hitze ca. 15 Min. garen.

2 Die Zwiebel schälen und fein hacken. Den Rosenkohl
in ein Sieb abgießen, kalt abschrecken und abtropfen
lassen. Die Köpfchen halbieren.

3 Die Butter zerlassen und die Zwiebel darin bei mittlerer Hitze glasig braten. Den Rosenkohl dazugeben
und ca. 5 Min. in der Butter schwenken. Mit Salz,
Pfeffer und Muskat abschmecken und zugedeckt
beiseitestellen. Den Brie in 8 Scheiben schneiden.

4 In einer beschichteten Pfanne sehr wenig Butterschmalz erhitzen. Ein Viertel des Pfannkuchenteigs
hineingeben, durch schnelles Drehen und Wenden
gleichmäßig darin verteilen und bei mittlerer Hitze
ca. 3–5 Min. backen. Sobald der Pfannkuchen auf
der Unterseite braun ist, wenden. 2 Scheiben Brie
und eine kleine Kelle Rosenkohl darauf verteilen.
In der geschlossenen Pfanne noch einmal 3–5 Min.
backen. Zusammenklappen und servieren. Für die
restlichen Pfannkuchen ebenso verfahren.

BASILIKUM-CRÊPES MIT COCKTAILTOMATEN

Parmesan darf hier nicht fehlen!

Für 4 Personen · Zubereitungszeit ca. 35 Min.
pro Portion 450 kcal

4 EL Butter · 3 Eier (Größe M)
250 ml Milch · 100 g Mehl
Salz · 1 Bund Basilikum
400 g Cocktailtomaten
4 EL Olivenöl · Pfeffer
100 g Parmesan
Außerdem:
Butterschmalz zum Backen

1 Für den Teig die Butter in einem kleinen Topf schmelzen. Die Eier und die Milch mit dem Mehl und
1/2 TL Salz gründlich verquirlen. Die flüssige Butter
langsam unter Rühren hineinlaufen lassen.

2 Das Basilikum waschen und trocken schütteln, die
Blätter von den Stielen zupfen. Die Hälfte der Blätter
zum Teig geben und mit dem Pürierstab pürieren.

3 In einer beschichteten Pfanne sehr wenig Butterschmalz bei mittlerer Hitze erhitzen. Mit einer Schöpfkelle etwas Teig in die Mitte der Pfanne geben und
durch schnelles Drehen und Wenden gleichmäßig
darin verteilen. Überschüssigen Teig zurück in die Teigschüssel gießen. Die Crêpes in ca. 5–7 Min. goldbraun
backen, dabei einmal wenden. Mit dem übrigen Teig
genauso verfahren. Fertige Crêpes im Backofen bei 80°
(Umluft 50°) abgedeckt warm halten.

4 Die Cocktailtomaten waschen und halbieren. Das Öl in
einer Pfanne erhitzen und die Tomaten darin 4–5 Min.
anbraten. Mit Salz und Pfeffer würzen.

5 Den Parmesan reiben. Die restlichen Basilikumblätter
in Streifen schneiden. Die Crêpes mit Tomaten und
Basilikum füllen, mit dem Parmesan bestreuen und
sofort servieren.

PALATSCHINKEN ITALIA

schmeckt Kindern

Für 4 Personen · Zubereitungszeit ca. 40 Min.
Backzeit 30 Min. · pro Portion 380 kcal

150 g Mehl · Salz
2 TL getrocknete Pizzakräuter
2 Eier (Größe M) · 2 EL Tomatenmark
300 ml Mineralwasser · 125 g Ricotta
1 EL Pesto alla genovese (aus dem Glas)
150 g TK-Brokkoliröschen
200 g TK-Blattspinat-Minis
Pfeffer · 125 g saure Sahne
125 ml Milch · frisch geriebene Muskatnuss
Öl zum Braten

1 Aus Mehl, 1/2 TL Salz, Kräutern, Eiern, Tomatenmark
und Wasser einen Teig rühren und quellen lassen.
Inzwischen Ricotta, Pesto und das unaufgetaute
Gemüse mischen, salzen und pfeffern.

2 Etwas Öl in einer beschichteten Pfanne erhitzen und
eine kleine Kelle Teig hineingeben. Durch Schwenken
verteilen und bei mittlerer Hitze ca. 4 Min. backen,
dann wenden. Noch 2–3 Min. backen und herausnehmen. Mit dem übrigen Teig genauso verfahren.

3 Den Backofen auf 220° (Umluft 200°) vorheizen.
Auf jedem Pfannkuchen etwas Spinat-Brokkoli-Ricotta-
Mix verteilen und aufrollen. Die Röllchen in einer gro-
ßen, flachen Auflaufform dicht nebeneinanderlegen.
Die saure Sahne mit der Milch verquirlen, mit Salz,
Pfeffer und Muskat kräftig würzen und darübergießen.
Im Ofen (Mitte) ca. 30 Min. überbacken.

BLINI MIT BORSCHTSCHGEMÜSE

Gruß aus Moskau

Für 4 Personen · Zubereitungszeit ca. 1 Std.
Ruhezeit 1 Std. · pro Portion 495 kcal

200 g Buchweizenmehl
1 Päckchen Trockenhefe
1 TL Honig · Salz · 600 g Rote Beten
300 g Weißkohl · 1 Zwiebel · 4–6 EL Öl
1 TL Kümmelsamen · 1 Lorbeerblatt
200 g Schmand · 1/2 Bund fein gehackter Dill
abgeriebene Schale und Saft von 1 Bio-Zitrone
Salz · Pfeffer

1 Das Mehl mit 100 ml kaltem Wasser anrühren. 400 ml
heißes Wasser unter Rühren dazugeben. Die Hefe, den
Honig und 1 TL Salz hinzufügen, alles glatt verkneten.
Zugedeckt an einem warmen Ort 1 Std. gehen lassen.

2 Rote Beten schälen und in kleine Würfel schneiden.
Den Kohl waschen, putzen und fein schneiden oder
hobeln. Die Zwiebel schälen, würfeln und in 2 EL Öl
glasig dünsten. Rote Beten zufügen und zugedeckt
10 Min. dünsten. Kohl, Kümmel und Lorbeer zugeben,
15 Min. zugedeckt garen. Evtl. etwas Wasser angießen.

3 Das Öl in einer Pfanne erhitzen. Pro Portion 2–3 kleine
Teigfladen hineingeben. Bei mittlerer Hitze beidseitig
goldbraun backen. Inzwischen den Schmand mit Dill,
Zitronenschale und 1–2 TL Zitronensaft verrühren.
Das Gemüse mit Salz, Pfeffer und Zitronensaft würzen.
Die Blini mit Gemüse und Schmand servieren.

VEGI-PIZZA

schmeckt Kindern

Für 4 Personen
Zubereitungszeit ca. 25 Min.
Ruhezeit 30 Min. · Backzeit 15 Min.
pro Portion 425 kcal

300 g Mehl · Salz
1 Päckchen Trockenhefe
150 ml lauwarme Milch
1 Dose stückige Tomaten (400 g Inhalt)
Salz · getrocknetes Basilikum und Oregano
100 g Tofu rosso (ersatzweise Räuchertofu)
3–6 eingelegte Peperoni (je nach Schärfe)
30 g schwarze Oliven
100 g geriebener Käse
Backpapier für das Blech

1 Das Mehl mit 2 TL Salz und der Trockenhefe vermischen. Mit der Milch zu einem glatten Teig verkneten. Den Teig zugedeckt an einem warmen Ort 25–30 Min. gehen lassen, bis sich sein Volumen verdoppelt hat.

2 Inzwischen die Dosentomaten mit Salz, Basilikum und Oregano würzen. Den Tofu in dünne Scheiben schneiden. Den Backofen auf 200° vorheizen.

3 Ein Backblech mit Backpapier belegen und den Teig darauf ausrollen. Mit den Tomaten bestreichen und mit Peperoni, Oliven und Tofu rosso belegen. Den Käse auf die Pizza streuen.

4 Die Pizza im heißen Backofen (unten, Umluft 180°) ca. 15 Min. backen.

ROSENKOHL-ZIEGENKÄSE-TARTE

ein Hauch Provence

Für 1 Springform (26 cm Ø)
Zubereitungszeit ca. 30 Min. · Backzeit 30 Min.
bei 6 Stücken pro Stück 365 kcal

300 g Rosenkohl · Salz
50 g Walnusskerne
4 getrocknete Tomaten in Öl
1 Knoblauchzehe
150 g würziger Ziegenfrischkäse
je 1 TL Rosmarinnadeln und Thymianblättchen
Pfeffer · 3 Eier (Größe M)
250 g Blätterteig (ca. 40 x 25 cm)

1 Den Rosenkohl putzen, die Röschen am Strunk kreuzweise einschneiden und in kochendem Salzwasser 2–3 Min. blanchieren. Die Walnusskerne grob hacken. Die Tomaten fein würfeln. Den Knoblauch schälen und in feine Würfel schneiden.

2 Den Ziegenkäse zerdrücken und mit Knoblauch, Walnüssen, Tomaten und Kräutern vermischen. Salzen, pfeffern und grob mit den verquirlten Eiern verrühren.

3 Den Ofen auf 200° vorheizen. Den Teig in die Springform legen, dabei einen 1–2 cm hohen Rand formen. Die Rosenkohlröschen halbieren und mit der Käsemischung verrühren.

4 Die Masse auf dem Teig verteilen und die Tarte im Ofen (Mitte, Umluft 180°) 25–30 Min. backen.

MÖHREN-KARTOFFEL-TARTE

schön »schlank«

Für 1 Springform (26 cm Ø)
Zubereitungszeit ca. 30 Min. · Backzeit 45 Min.
bei 8 Stücken pro Stück 105 kcal

Für den Teig:
450 g mehligkochende Kartoffeln
1 Spritzer Zitronensaft
Salz · 1 Prise getrockneter Majoran
120 g Polenta (Maisgrieß) · 1 Ei (Größe M)
Für den Belag:
Salz · 300 g Möhren
je 1/2 Bund Petersilie und Koriandergrün
2 Eier (Größe M) · 150 g saure Sahne
1 TL Currypulver
1 Spritzer Zitronensaft
1 Prise Zucker
Außerdem:
Butter für die Form

1 Für den Teig die Kartoffeln waschen, schälen und fein reiben. In einem Sieb abtropfen lassen, auspressen und mit dem Zitronensaft beträufeln. Mit 1 TL Salz und dem Majoran würzen. Den Grieß und das Ei untermischen.

2 In einem Topf reichlich Salzwasser aufkochen. Für den Belag die Möhren putzen, schälen und in dem kochenden Salzwasser 2 Min. blanchieren. In ein Sieb abgießen, mit kaltem Wasser abschrecken, abtropfen lassen und in Scheiben schneiden.

3 Die Petersilie und das Koriandergrün waschen und trocken schütteln, die Blätter von den Stängeln zupfen und klein schneiden. Die Kräuter mit den Eiern, der sauren Sahne, dem Currypulver, dem Zitronensaft, 1 Prise Salz und dem Zucker verrühren. Die Möhrenscheiben untermischen.

4 Den Backofen auf 200° vorheizen. Die Form fetten. Den Kartoffelteig einfüllen, den Rand ein wenig hochdrücken. Die Möhrenmischung einfüllen. Die Tarte im heißen Backofen (unten, Umluft 180°) 45 Min. backen.

LAUCH-KÄSE-QUICHE

würziger Klassiker

Für 1 Springform (30 cm Ø)
Zubereitungszeit ca. 40 Min. · Backzeit 35 Min.
bei 8 Stücken pro Stück 450 kcal

Für den Teig:
250 g Mehl
100 g kalte Butter
Salz · 1 Ei (Größe M)
Für den Belag:
3 dünne Stangen Lauch (ca. 300 g)
20 g Butter · 50 g Pecorino
150 g Bergkäse · 4 Eier (Größe M)
150 g Crème fraîche · 100 ml Milch
Salz · weißer Pfeffer
frisch geriebene Muskatnuss
Außerdem:
Butter für die Form · Mehl zum Arbeiten

1 Für den Teig das Mehl mit der kalten Butter in Stückchen und 1/2 TL Salz zu Bröseln mischen. 1 Ei und 4–5 EL kaltes Wasser dazugeben. Alles mit den Händen rasch zu einem glatten Teig verkneten. Den Teig zur Kugel formen, in Frischhaltefolie wickeln und zugedeckt 30 Min. kühl stellen.

2 Inzwischen für den Belag den Lauch putzen, längs halbieren, gründlich waschen und quer in feine Streifen schneiden. Die Butter in einer Pfanne schmelzen, den Lauch darin 2 Min. anbraten und etwas abkühlen lassen. Pecorino und Bergkäse reiben und mit den Eiern, der Crème fraîche, der Milch und dem Lauch vermischen. Mit Salz, Pfeffer und Muskatnuss würzen.

3 Den Backofen auf 200° vorheizen. Die Form fetten. Den Teig auf wenig Mehl dünn ausrollen. Die Form damit auskleiden, dabei einen 3 cm hohen Rand formen. Die Lauchmasse einfüllen. Die Quiche im Ofen (unten, Umluft 180°) ca. 35 Min. backen.

OBEN Möhren-Kartoffel-Tarte
UNTEN Lauch-Käse-Quiche

BUNTE GEMÜSEQUICHE

zum Anbeißen schön

Für 1 Springform (28 cm Ø)
Zubereitungszeit ca. 50 Min. · Backzeit 45 Min.
bei 8 Stücken pro Stück 440 kcal

Für den Teig:
250 g Dinkelmehl · Salz
100 g kalte Butter · 1 Ei (Größe M)
Für den Belag:
150 g Crème fraîche · 2 Eier (Größe M)
Salz · 1 TL edelsüßes Paprikapulver
50 g Pinienkerne · 1/2 Bund Schnittlauch · 3 kleine
rote Paprikaschoten (250 g) · 120 g TK-Erbsen
200 g Ricotta · weißer Pfeffer · 50 g Parmesan
Außerdem:
Mehl zum Arbeiten

1 Für den Teig das Mehl mit 1/2 TL Salz und der kalten
Butter in Stückchen zu Bröseln mischen. Das Ei und
2 EL kaltes Wasser zufügen, alles rasch verkneten. Zur
Kugel formen, in Frischhaltefolie wickeln, kühl stellen.

2 Für den Belag Crème fraîche und Eier mit 1 Prise Salz
und dem Paprikapulver verquirlen. Die Pinienkerne in
einer Pfanne ohne Fett goldgelb rösten. Schnittlauch
waschen, trocken schütteln und in Röllchen schneiden.
Paprikaschoten waschen und in jeweils vier breite
Ringe schneiden, dabei Kerne und Trennwände entfernen. Übrige Schotenstücke sehr klein würfeln und
mit Erbsen, Pinienkernen, Schnittlauch und Ricotta
mischen. Die Masse salzen und pfeffern.

3 Den Backofen auf 190° vorheizen. Den Teig auf wenig
Mehl dünn ausrollen, die Form damit auskleiden und
dabei einen 3 cm hohen Rand formen. Die Paprikaringe
auf dem Teig verteilen und mit der Ricottamasse füllen.
Die Eier-Sahne-Creme mit einem Esslöffel in die Zwi-
schenräume gießen. Die Quiche im heißen Backofen
(unten, Umluft 170°) 35 Min. backen. Dann den Parmesan reiben, über die gefüllten Paprikaringe streuen und
die Quiche in 10 Min. fertig backen. Etwas abkühlen
lassen und in Stücke schneiden.

SPINATKUCHEN MIT SCHAFSKÄSE

würziger Belag auf knusprigem Teig

Für 1 Backblech
Zubereitungszeit ca. 45 Min. · Backzeit 35 Min.
bei 20 Stücken pro Stück 170 kcal

2 Packungen TK-Blätterteig (600 g)
3 Knoblauchzehen · Salz
1 Stängel Salbei · 3 Zweige Thymian
5 EL Tomatenmark · Zucker · Pfeffer
3 EL Olivenöl · 1 kg Wurzelspinat
frisch geriebene Muskatnuss
500 g mittelgroße feste Tomaten
150 g Schafskäse (Feta) · 40 g Pinienkerne

1 Die Blätterteigscheiben nebeneinanderlegen und bei Zimmertemperatur auftauen lassen.

2 Inzwischen den Knoblauch schälen, klein würfeln, mit etwas Salz bestreuen und zerdrücken. Den Salbei und Thymian waschen und trocken schütteln, die Blätter abzupfen und klein hacken.

3 Das Tomatenmark mit je 1 Prise Salz und Zucker, Pfeffer, den Kräutern, der Hälfte des Knoblauchs und 2 EL Öl verrühren.

4 Spinat putzen, waschen, verlesen und in kochendem Salzwasser 2 Min. blanchieren, dann abgießen und gut auspressen. Den Spinat hacken, mit Pfeffer, Muskat und dem übrigen Knoblauch würzen. Tomaten waschen und quer in Scheiben schneiden, dabei die Stielansätze entfernen. Den Schafskäse grob zerbröckeln.

5 Den Backofen auf 220° (Umluft 200°) vorheizen. Ein Backblech kalt abspülen, nicht abtrocknen. Den Blätterteig ausrollen und auf das Backblech legen.

6 Den Teig mit dem gewürzten Tomatenmark bestreichen. Den Spinat darauf verteilen. Pinienkerne, Käse und Tomatenscheiben daraufgeben. Sparsam mit Salz würzen und mit dem übrigen Öl beträufeln. Den Kuchen im heißen Ofen (Mitte) 35 Min. backen.

DER LIEBLINGSKLASSIKER

TOMATEN-MOZZARELLA-KUCHEN

toll fürs Sommerbüfett

Für 1 Springform (26 cm Ø)
Zubereitungszeit ca. 45 Min.
Backzeit 45 Min.
bei 8 Stücken pro Stück 670 kcal

Für den Teig:
280 g Mehl · Salz
250 g kalte Butter
1 Ei (Größe M)
1 EL fein gehackte Sommerkräuter
    (z. B. Rosmarin, Thymian, Oregano) oder
    1 TL getrocknete italienische Kräuter
Für den Belag:
750 g Tomaten
2 Knoblauchzehen
1 Zweig Rosmarin
2 EL Olivenöl
Salz
130 g Ciabattabrot
200 g Crème fraîche
3 Eier (Größe M)
50 g geriebener Parmesan
Pfeffer
250 g Mozzarella
Außerdem:
Mehl zum Arbeiten
2–3 Stängel Basilikum zum Garnieren

1 Für den Teig das Mehl mit 1/2 TL Salz und der kalten Butter in Stückchen zu Bröseln mischen. Das Ei, die Kräuter und 1 EL kaltes Wasser zufügen und alles rasch verkneten. Den Teig zu einer Kugel formen, in Frischhaltefolie wickeln und kühl stellen.

2 Für den Belag die Tomaten waschen und in ca. 1 cm dicke Scheiben schneiden, dabei die Stielansätze entfernen. Den Knoblauch schälen. Den Rosmarin waschen und trocken tupfen. Das Öl in einer beschichteten Pfanne erhitzen und den Knoblauch und Rosmarin kurz darin andünsten. Die Pfanne mit Tomatenscheiben auslegen und die Tomaten salzen und von beiden Seite 10–15 Sek. braten. Herausheben und auf einen Teller legen. Die restlichen Tomaten ebenso braten.

3 Das Ciabattabrot in 3–4 mm dünne Scheiben schneiden. Die Crème fraîche mit den Eiern glatt rühren. Den Parmesan unterrühren. Die Eiermasse mit Salz und Pfeffer würzen. Den Mozzarella abtropfen lassen und in Scheiben schneiden.

4 Den Backofen auf 200° vorheizen. Den Teig auf einer bemehlten Arbeitsfläche etwas größer als die Form ausrollen. Den Teig in die Springform geben und dabei einen ca. 4 cm hohen Rand formen. Den Teigboden mit den Ciabattascheiben dicht belegen und diese mit Salz und Pfeffer würzen.

5 Zuerst einige Tomatenscheiben, dann einige Mozzarellascheiben dicht an dicht auf die Brotscheiben legen. Restliche Brot- und Tomatenscheiben darauflegen und mit Mozzarella abschließen. Die Eiermasse gleichmäßig über den Kuchen gießen.

6 Den Kuchen im heißen Backofen (Mitte, Umluft 180°) 45 Min. backen. Den Kuchen aus dem Ofen nehmen und ca. 10 Min. ruhen lassen. In Stücke schneiden und mit frischem Basilikum garnieren.

TOFU
UND TEMPEH

Superstar der Veggie-Küche

Der Legende nach entdeckte ein chinesischer Kaiser auf der Suche nach neuen Heilverfahren die Kunst, Sojamilch zum Gerinnen zu bringen. Mit Tofu fand er zwar kein neues Heil-, aber ein wertvolles Nahrungsmittel: hochwertiges pflanzliches Eiweiß und Ballaststoffe, kombiniert mit mehrfach ungesättigten Fettsäuren, dazu Vitamine, Eisen, Magnesium, Kalium und Kalzium. In der vegetarischen Ernährung ist Tofu kaum zu toppen – unverzichtbar für alle, die Milchprodukte nicht mögen. Gesundheitsplus für Frauen: Tofu liefert wie alle Sojaprodukte sogenannte Phytoöstrogene, pflanzliche Stoffe mit Anti-Aging-Effekt. Und das bei nur knapp 85 kcal pro 100 g.

Produkt mit vielen Möglichkeiten

Ausgangsstoff für Tofu sind immer gelbe Sojabohnen. Sie werden eingeweicht, püriert, gekocht, und das Ganze wird dann gefiltert. Mineralsalze oder Säure bringen die entstandene Sojamilch nun zum Gerinnen und sorgen für feste Konsistenz. Mit seinem neutralen Geschmack macht Tofu allein nicht viel her, nimmt jedoch dankbar Gewürze und Aromen an. Fermentieren und Räuchern pushen sein Aroma. Und weil er gesalzen und ungesalzen sowie von schnittfest bis weich angeboten wird, setzt er kreativen Köchen keine Grenzen: Sie können Tofu marinieren (Rezepte rechts), panieren, braten, kochen, dünsten oder Salat damit aufpeppen. Er passt zu Chili-Zwiebeln so gut wie zu frischem Spargel, er schmeckt in Ingwersauce oder Ratatouille. Lust auf Dip oder süße Dessertcreme? Die zaubern Sie schnell mit dem cremig-weichen Seidentofu.

Einkauf & Vorrat

Mittlerweile bekommen Sie Tofu in jedem Supermarkt, meist vakuumverpackt in Folie. Garantiert gentechnikfreien Tofu finden Sie im Bioladen, naturbelassen oder geräuchert, mit Kräutern oder auch scharf gewürzt. Haben Sie die Verpackung geöffnet, legen Sie Tofu in eine Schüssel und bedecken ihn mit Wasser. So hält er sich im Kühlschrank noch ca. 1 Woche. Das Wasser täglich wechseln. Vakuumverpackter Tofu kann auch eingefroren werden.

TOFU IM TREND
Ob geräuchert, gekräutert oder naturbelassen: Mittlerweile bekommen Sie das eiweißreiche Sojaprodukt nicht nur im Bioladen, sondern auch in größeren Supermärkten in vielen Variationen.

Dreimal starker Geschmack

Mit fix gerührten Marinaden verpassen Sie Tofu im Nu individuelles Aroma, um ihn dann z. B. zu grillen oder zu braten (s. Kasten).

Für eine **asiatisch inspirierte Marinade** 2–3 EL Sojasauce mit je 1 Msp. frisch geriebenem Ingwer, 1 Prise Cayennepfeffer sowie 1 fein gewürfelten Frühlingszwiebel verrühren.

Für eine scharfe **Tex-Mex-Marinade** 1 TL Senfsamen kurz in einer beschichteten Pfanne ohne Fett erhitzen. Herausnehmen und mit 1/2–1 TL Salz, 1 TL Cayennepfeffer, 1/2 TL Kreuzkümmel sowie 1 Prise gemahlenem Koriander unter 2–3 EL Öl rühren. 1 Knoblauchzehe schälen, sehr fein hacken, unterrühren. ▶

TOFU BRATEN

Für 2 Personen 250 g festen Tofu in Würfel schneiden und in fertiger Teriyakisauce oder einer Marinade (s. oben und nächste Seite) mind. 30 Min. ziehen lassen. Dann die Würfel trocken tupfen und in Öl bei starker Hitze 4–6 Min. braten, bis sie eine appetitliche Kruste haben.

TEMPEH lässt sich dank seiner festen Konsistenz sehr gut aufschneiden.

SOJASAUCEN Dunklere Sorten schmecken häufig intensiver und salziger. Die indonesische Variante, »Ketjap«, hat eine süßliche Note.

Für eine kräuterwürzige **Marinade mit mediterraner Note** je 1 kleinen Zweig Rosmarin und Oregano sowie 1–2 Salbeiblätter waschen und trocken schütteln. Die Nadeln oder Blättchen sehr fein hacken und mit 1/2–1 TL Salz und 1 kräftigen Prise grob gemahlenem Pfeffer unter 2–3 EL fruchtiges Olivenöl rühren. 1 Knoblauchzehe schälen, sehr fein hacken und mit etwas abgeriebener Bio-Orangenschale ebenfalls unterrühren.

Tempeh

Ist eine indonesische Erfindung und wird ähnlich wie Tofu aus gelben Sojabohnen hergestellt. Aufgrund seiner Form wird er auch als Sojabrot bezeichnet. Nach dem Pressen der geronnenen Sojamasse wird Tempeh mit Edelpilzen geimpft. Dieses Fermentieren sorgt für würzigen Geschmack. Tempeh punktet mit seiner festen Konsistenz. So können Sie ihn sehr dünn aufschneiden und knusprig braten. Auch zum Frittieren und Grillen ist Tempeh super geeignet, muss vorher nicht einmal mariniert weden.

Sojagranulat

Ideal für alle Vegetarier, die auf Bolognese und Buletten nicht verzichten wollen. Für Granulat werden Sojabohnen als erstes geröstet. So bekommen sie eine nussige, aromatische Note. Dann werden die Bohnen mehr oder weniger klein geschreddert. Feines Granulat ist ein guter Hackfleischersatz, grobes schmeckt in Eintöpfen oder Ragout. Vorsicht: Eingeweichtes Granulat kann beim Anbraten spritzen! Im Bioladen finden Sie übrigens weitere Fleisch-Ersatz-Produkte, die jedoch vor allem auch reichlich Aromastoffe enthalten.

Sojasauce

Wird die asiatische Lieblingswürze traditionell gebraut, so besteht sie nur aus zerkleinerten Sojabohnen, Wasser, Salz und manchmal auch geröstetem Weizen. Unter Zusatz eines Schimmelpilzes gärt die Mischung mindestens 6 Monate in Zedernholzfässern. Hochwertige Saucen werden auch heute noch so gefertigt und reifen oft jahrelang. Billigsaucen werden dagegen im industriellen Schnellverfahren produziert. Hinweis auf Turbo-Herstellung gibt die Zutatenliste, wenn z. B. künstliche Aromen oder Zucker draufstehen. Qualitativ gute Sojasaucen erhalten Sie in Supermärkten, Bioläden und Reformhäusern.

Geschmacksunterschiede: Die meist dunklen chinesischen Saucen schmecken sehr würzig und manchmal etwas bitter. Japanische Saucen sind in der Regel feiner – Kenner schätzen besonders Tamari und Shoyu. Die japanische Tamarisauce besteht nur aus Sojabohnen, Wasser, Salz und Gärungsmitteln. Mit ihrem kräftigen Aroma eignet sie sich gut zum Dippen und Marinieren. Die auch mit Weizen zubereitete Shoyu ist dünnflüssiger und milder – ideal, wenn dezente Würze gefragt ist. Indonesische Sojasauce heißt Kecap oder Ketjap und hat eine deutlich süße Note.

Würztipps: Sojasaucen schmecken unterschiedlich intensiv. Deshalb zunächst nur ein paar Tropfen an das Gericht geben, abschmecken und wenn nötig nachwürzen. Salz grundsätzlich sparsam dosieren oder ganz darauf verzichten, wenn Sojasauce zum Einsatz kommt. Warme Gerichte erst zum Schluss mit Sojasauce verfeinern. Beim Erhitzen können ihre Geschmacksaromen nämlich verloren gehen und sich buchstäblich in Luft auflösen.

Scharfmacher und spannende Gewürze aus aller Welt

Currypaste Thai-Würze aus fein zerstoßenen Chilischoten, Knoblauch, Kräutern, Zitronengras, Ingwer und anderen frischen Zutaten. Geschmack: mild-feurig bis höllisch-scharf! Beachten Sie die Zutatenliste: In manchem Mix steckt auch Garnelenpaste. Indische Currypasten sind im Gegensatz zu den Thai-Mischungen in Öl konservierte, getrocknete Gewürze – hot & spicy!

Currypulver Mischung aus bis zu 30 fein gemahlenen, scharf-aromatischen Gewürzen.

Immer dabei ist Kurkumapulver, das für die gelbe Farbe sorgt, dazu meist Koriander, Kardamom, Nelken, Muskatnuss, Kreuzkümmel oder auch Senfsamen. Reichlich Chili und Pfeffer stecken im feurigen Madras-Curry. Billigpulver können mit Hülsenfruchtmehl oder zu viel Kurkuma gestreckt sein. Curry grundsätzlich in kleinen Mengen kaufen. Das Aroma verfliegt schnell.

Harissa Schärfekick nicht nur für Mezze und Couscous: Die traditionelle Würzpaste aus Nordafrika besteht wie Sambal oelek vor allem aus roten Chilischoten, bekommt aber durch Knoblauch, Kreuzkümmel, Koriander und Salz vielschichtigeres Aroma. Mittlerweile bekommt man Harissa in größeren Supermärkten.

Ingwer Die Lieblingszutat asiatischer Köche gibt Tofu und Gemüse erfrischend-scharfen Geschmack. Frische Wurzeln sind fest, haben eine straffe Haut und gelbes, saftiges Fleisch. Zum Würzen reicht meist ein gut walnussgroßes Stück. Frischer Ingwer kann bis zu 2 Wochen im Gemüsefach des Kühlschranks lagern.

Koriandersamen Die Früchte der Korianderpflanze sehen wie Pfefferkörner aus und schmecken leicht süßlich mit fruchtig-scharfer Note. Für vollen Geschmack ganze Körner kaufen. Bei Bedarf diese kurz rösten und dann selbst mahlen bzw. fein zerstoßen.

Kreuzkümmel Sieht europäischem Kümmel ähnlich, riecht und schmeckt aber intensiver, bitter-würzig bis scharf-brennend. Kreuzkümmel enthält ätherisches Öl, das leicht verfliegt. Am besten ganze Samen kaufen und erst vor der Verwendung im Mörser fein zerstoßen.

Tahini Nussig-milde Sesampaste aus dem Orient, gesalzen und ungesalzen in größeren Supermärkten, im Bioladen und Reformhaus erhältlich. Eine Ölschicht schützt die Paste vorm Austrocknen und auch vor Schimmel. Vor Gebrauch kräftig durchrühren.

Wasabi So heißt der scharf-aromatische grüne Meerrettich aus Japan. Seine Würzkraft steckt in Wasabipulver und Paste. Wählen Sie Pulver zum Selbstanrühren, wenn Sie nur eine kleine Portion zum Würzen brauchen. Es ist gut haltbar. Fertige Paste aus der Tube kann wie Senf verwendet werden. Schauen Sie auf die Zutatenliste: Manche Paste enthält zehnmal mehr weißen Meerrettich als Original-Wasabi, bekommt durch Farbstoffe und Kurkuma die grüne Farbe und durch Sojamehl, Stabilisatoren und Verdickungsmittel die pastenartige Konsistenz.

Zitronengras Die Stangen verpassen Suppen, Saucen und Salaten kräftiges Zitronenaroma, machen sie aber nicht sauer. Trockene und lose äußere Blätter vom Stängel entfernen, nur ganz feine junge Blätter dürfen mitgegessen werden. Stängel kürzen, Wurzelansatz abschneiden. Das untere Ende grob schneiden und mitgaren oder ganz fein hacken und roh verwenden. Zum schnellen Aromatisieren einen ganzen, etwas weich geklopften Stängel im Curry mitköcheln lassen. Frische Stängel in ein feuchtes Küchentuch wickeln und im Gemüsefach des Kühlschranks aufbewahren.

WASABIPASTE
Der scharfe grüne Meerrettich aus Japan verpasst der asiatischen Würzpaste den feurig-aromatischen Geschmack und die typische Farbe. Echter Wasabi schmeckt deutlich intensiver als europäischer Meerrettich.

ASIEN AUF VORRAT

Frischer Ingwer lässt sich geschält und in Stückchen geschnitten prima einfrieren. Bei Bedarf aus dem Tiefkühler holen und frisch reiben. Auch Zitronengras übersteht den Kälteschock fast ohne Aromaverlust. Und Kaffirlimettenblätter können Sie ebenfalls auf Vorrat kaufen und tiefgefroren einige Monate aufbewahren.

GEFÜLLTE TOFUSCHNITTEN

mit mediterranem Innenleben

Für 4 Personen
Zubereitungszeit ca. 45 Min.
pro Portion 370 kcal

1 großes Bund gemischte Kräuter
    (ca. 30 g, z. B. Rucola, Petersilie
    und Borretsch)
2 Frühlingszwiebeln
5 EL Olivenöl
2 Knoblauchzehen
1/2 Bio-Zitrone · Salz
400 g Cocktailtomaten
500 g Tofu
80 g gemahlene Mandeln
1/2 TL Cayennepfeffer
1 EL Aceto balsamico bianco
1 TL flüssiger Honig
Pfeffer

1 Die Kräuter waschen und trocken schütteln, die Blättchen abzupfen und fein hacken. Die Frühlingszwiebeln waschen, putzen und mit dem knackigen Grün fein hacken. 1 TL Olivenöl in einer kleinen Pfanne erhitzen, die Kräuter und die Frühlingszwiebeln dazugeben und unter Rühren 1 Min. bei mittlerer Hitze dünsten und leicht zusammenfallen lassen.

2 Die Kräutermischung in eine kleine Schüssel füllen. Den Knoblauch schälen und dazupressen. Die Zitronenhälfte heiß waschen und abtrocknen, die Schale fein abreiben und ebenfalls dazugeben. Die Mischung mit Salz abschmecken. Die Tomaten waschen und nach Belieben halbieren.

3 Den Tofu mit Küchenpapier trocken tupfen. Je nach Form entweder längs in 4 Scheiben schneiden oder zuerst quer halbieren und beide Hälften der Länge nach in je 2 Scheiben schneiden. In jede Scheibe seitlich eine Tasche einschneiden, dabei rundherum einen knapp 1 cm breiten Rand lassen, damit die Tasche beim Füllen später nicht einreißt.

4 Die Kräutermischung vorsichtig in die Taschen füllen, die Öffnung jeweils leicht zusammendrücken. Die Mandeln mit Salz und dem Cayennepfeffer auf einem flachen Teller vermischen. Die gefüllten Tofuschnitten auf beiden Seiten salzen und rundherum gründlich in den Mandeln wenden.

5 In einer großen Pfanne (am besten antihaftbeschichtet) 3 1/2 EL Olivenöl erhitzen. Die Tofuschnitten darin bei mittlerer Hitze pro Seite ca. 5 Min. braten.

6 Nach knapp der Hälfte der Bratzeit das übrige Öl in einer kleinen Pfanne oder einem Topf erwärmen und die Tomaten darin bei mittlerer Hitze andünsten.

7 Die Tomaten mit Balsamico bianco, Honig, Salz und Pfeffer würzen und offen 2–3 Min. schmoren. Falls von der Kräutermischung etwas übrig geblieben ist, den Rest unter die Tomaten mischen und zu den Tofuschnitten servieren.

DAS SCHMECKT DAZU
Am allerbesten passen zu den gefüllten Tofuschnitten Reis oder Weißbrot, z. B. italienisches Ciabatta (Rezept S. 182).

AROMA-TIPP
Darf es auf Ihrem Teller auch mal **crossover** zugehen? Dann wenden Sie die Tofuschnitten nicht in der Mandel-Chili-Mischung, sondern nehmen Sie für die Panade 80 g gemahlene Haselnüsse und 1 TL gemahlenen Kreuzkümmel.

SPAGHETTI MIT SOJASUGO

vegan und aromatisch

**Für 4 Personen · Zubereitungszeit ca. 35 Min.
pro Portion 500 kcal**

350 ml Gemüsebrühe
   (Rezept S. 190 oder Instant)
100 g feines Sojagranulat
150 g Champignons oder Egerlinge
400 g Tomaten
1 Zwiebel · 2 Knoblauchzehen
1 Zweig Rosmarin
2 EL Olivenöl · 1 TL Tomatenmark
Salz · Pfeffer · 1 Prise Cayennepfeffer
400 g (Vollkorn-)Spaghetti

1 Die Gemüsebrühe aufkochen. Das Sojagranulat in einer Schüssel damit begießen und 15 Min. ziehen lassen.

2 Inzwischen die Pilze mit feuchtem Küchenpapier abreiben und von den Stielenden befreien. Die Pilze in dünne Scheiben schneiden.

3 Die Tomaten überbrühen, häuten und fein würfeln, dabei die Stielansätze entfernen. Zwiebel und Knoblauch schälen und fein hacken. Den Rosmarin waschen und trocken schütteln, die Nadeln abstreifen und fein schneiden. Das Sojagranulat in einem Sieb abtropfen lassen, die Brühe dabei auffangen.

4 Das Öl in einem Topf erhitzen. Die Zwiebel und den Knoblauch darin mit dem Rosmarin und den Pilzen andünsten. Das Sojagranulat kurz mitbraten, dann die Tomaten und die aufgefangene Brühe untermischen.

5 Den Sojasugo mit Tomatenmark, Salz, Pfeffer und Cayennepfeffer würzen und bei schwacher Hitze offen ca. 15 Min. köcheln lassen.

6 Inzwischen die Nudeln in reichlich kochendem Salzwasser nach Packungsanweisung bissfest garen. In ein Sieb abgießen, abtropfen lassen und mit dem Sugo vermischen. Dazu passt frisch geriebener Parmesan.

GRATINIERTE TOFUBÄLLCHEN

lassen sich gut vorbereiten

Für 4 Personen
Zubereitungszeit ca. 30 Min. · Backzeit 30 Min.
pro Portion 280 kcal

500 g junge Zucchini
Salz · Pfeffer
400 g Tomaten
1 rote Zwiebel
2 Knoblauchzehen
6 Zweige Thymian
3 EL Olivenöl
400 g Tofu
30 g geriebener Parmesan
30 g gemahlene Mandeln
1 Ei (Größe M)
Cayennepfeffer (nach Geschmack)

1 Die Zucchini waschen, putzen und in feine Scheiben schneiden oder hobeln. Diese in einer feuerfesten Form mit Salz und Pfeffer mischen.

2 Die Tomaten waschen und in feine Würfel schneiden, dabei die Stielansätze entfernen. Die Zwiebel und die Knoblauchzehen schälen und fein hacken.

3 Den Thymian waschen und trocken schütteln, die Blättchen von den Zweigen streifen.

4 Die Tomaten, die Zwiebel, den Knoblauch und den Thymian mit 2 EL Öl vermischen, die Sauce mit Salz und Pfeffer würzen und auf den Zucchini verteilen.

5 Den Backofen auf 200° (Umluft 180°) vorheizen. Den Tofu mit einer Gabel fein zerdrücken. Den Parmesan, die Mandeln und das Ei gründlich untermengen und die Masse mit Salz und Cayennepfeffer würzen.

6 Aus der Tofumasse knapp tischtennisballgroße Bällchen formen und diese auf dem Gemüse verteilen. Das Ganze mit dem restlichen Öl beträufeln und im heißen Backofen (Mitte) ca. 30 Min. backen.

SOJABRATLINGE

schmecken auch kalt

Für 4 Personen · Zubereitungszeit ca. 50 Min.
pro Portion 325 kcal

400 ml Gemüsebrühe
   (Rezept S. 190 oder Instant)
125 g feines Sojagranulat
1/2 Bund Petersilie
5 Zweige Thymian
2 Knoblauchzehen
2 Frühlingszwiebeln
8 getrocknete Tomaten in Öl
2 Eier (Größe M) · 50 g Mehl
Salz · 1/2 TL Cayennepfeffer
4 EL Olivenöl

1 Die Gemüsebrühe zum Kochen bringen. Das Sojagranulat zugeben und ca. 5 Min. kochen, dann neben
dem Herd 30 Min. quellen lassen.

2 Inzwischen die Kräuter waschen und trocken schütteln,
die Blättchen fein hacken. Den Knoblauch schälen
und durch die Presse in eine große Schüssel drücken.
Die Frühlingszwiebeln waschen und putzen, die
weißen und hellgrünen Teile in feine Ringe schneiden.
Die Tomaten abtropfen lassen und fein würfeln.

3 Das Sojagranulat in einem Sieb abtropfen lassen und
leicht ausdrücken. Mit den Kräutern, Zwiebeln und
den Tomaten zum Knoblauch geben. Die Eier und das
Mehl unterrühren, mit Salz und Cayenne abschmecken.
Das Öl in einer Pfanne erhitzen. Aus der Masse mit
einem Esslöffel kleine Portionen abnehmen und diese
als flache Küchlein in die Pfanne setzen und bei mittlerer Hitze pro Seite 4–5 Min. braten.

DAS SCHMECKT DAZU

Besonders lecker schmecken die Bratlinge in
einem **Ciabatta-Brötchen.** Dieses aufschneiden,
mit ein paar Tomatenscheiben belegen, jeweils
2–3 Bratlinge einlegen, zusammenklappen und
aus der Hand essen.

TOFU-GEMÜSE-PFLANZERL

preiswert

Für 4 Personen · Zubereitungszeit ca. 45 Min.
pro Portion 210 kcal

500 g gemischtes Gemüse (z. B. Möhren,
   Lauch und Staudensellerie)
Salz · 2 Knoblauchzehen
1/2 Bund Petersilie
300 g Tofu
1 Ei (Größe M)
60 g (Weizenvollkorn-)Mehl
1/2 TL abgeriebene Bio-Zitronenschale
Salz · Pfeffer
Cayennepfeffer (nach Geschmack)
2 EL Olivenöl

1 Das Gemüse schälen oder waschen und putzen und
in sehr feine, nicht zu lange Streifen schneiden oder
hobeln. Die Gemüsestreifen mit Salz mischen und gut
durchkneten. 5–10 Min. stehen lassen, bis sie etwas
weicher werden.

2 Inzwischen den Knoblauch schälen und sehr fein
hacken. Die Petersilie waschen und trocken schütteln,
die Blättchen abzupfen und fein hacken. Den Tofu mit
einer Gabel fein zerdrücken. Die Gemüsestreifen in
einem Sieb abtropfen lassen und leicht ausdrücken.

3 Gemüse, Knoblauch, Petersilie und Tofu mit dem Ei,
dem Mehl und der Zitronenschale in eine Schüssel
geben. Die Masse mit Salz, Pfeffer und Cayennepfeffer
abschmecken und mit den Händen kräftig durchkneten, bis sie gut zusammenhält.

4 Aus der Masse ca. zwölf Küchlein formen. Das Öl in
einer Pfanne erhitzen und die Pflanzerl darin bei mittlerer Hitze pro Seite ca. 5 Min. braten.

LINKS Tofu-Gemüse-Pflanzerl
RECHTS Sojabratlinge

PILZPFANNE MIT TOFU

fruchtig aufgepeppt

Für 2 Personen
Zubereitungszeit ca. 35 Min.
Marinierzeit 2 Std. · pro Portion 210 kcal

1 Bio-Zitrone
100 ml frisch gepresster
   Orangensaft
2 TL Dijonsenf
Cayennepfeffer
Pfeffer · Salz
200 g Tofu
400 g Pilze (z. B. Pfifferlinge,
   Champignons, Kräuterseitlinge)
1/2 Bund glatte Petersilie
3 TL Rapsöl

1 Die Zitrone heiß waschen und abtrocknen, 2 TL Schale abreiben und 2 TL Saft auspressen. Zitronensaft und -schale mit Orangensaft, Senf, Cayennepfeffer, Pfeffer und Salz verrühren. Den Tofu in ca. 1 1/2 cm große

Würfel schneiden, unter die Marinade mischen und zugedeckt im Kühlschrank mindestens 2 Std. marinieren, dabei ab und zu umrühren.

2 Die Pilze putzen, mit feuchtem Küchenpapier abreiben, von erdigen und weichen Teilen befreien und klein schneiden. Petersilie waschen und trocken schütteln, die Blätter abzupfen und hacken. Den Tofu in einem Sieb abtropfen lassen, dabei die Marinade auffangen.

3 Eine schwere Pfanne erhitzen und die Pilze darin ohne Fett braun anbraten. 2 TL Öl zugeben und die Pfanne hin und her schwenken. Die Pilze salzen, pfeffern und in eine vorgewärmte Schüssel geben.

4 Das restliche Öl in derselben Pfanne erhitzen und den Tofu darin rundum kräftig anbraten. Herausnehmen und unter die Pilze mischen. Den Bratensatz mit der Tofumarinade ablöschen, etwas einkochen und über die Pilze träufeln. Mit Petersilie bestreuen.

TOFUKLÖSSCHEN IN KAPERNSAUCE

Königsberger Klopse auf vegetarische Art

**Für 4 Personen · Zubereitungszeit ca. 40 Min.
pro Portion 310 kcal**

Für die Klößchen:
1 kleines Bund Petersilie · 1 Stück frischer
Meerrettich (ca. 2 cm) · 1/2 Bio-Zitrone
400 g Tofu · 2 EL Semmelbrösel · 1 Ei (Größe M)
1 TL scharfer Senf · Salz · Pfeffer
500 ml Gemüsebrühe (Rezept S. 190 oder Instant)
Für die Sauce:
2 EL Butter · 2 EL Mehl · 150 g Sahne
2 TL Zitronensaft (von der Zitronenhälfte
bei den Klößchen) · Salz · Pfeffer
100 g kleine Kapern (aus dem Glas)

1 Für die Klößchen die Petersilie waschen und trocken
schütteln, die Blättchen fein hacken. Den Meerrettich
schälen und fein reiben. Die Zitronenhälfte heiß
waschen und abtrocknen, die Schale fein abreiben
und noch 2 TL Saft für die Sauce auspressen.

2 Den Tofu fein zerdrücken. Petersilie, Meerrettich,
Zitronenschale, Semmelbrösel, Ei, Senf, Salz und
Pfeffer dazugeben und alles mit den Händen sehr
kräftig durchkneten, bis die Masse zusammenhält.
Aus der Tofumasse mit den Händen ca. walnussgroße
Bällchen formen. Die Brühe in einem weiten Topf
aufkochen. Die Hitze reduzieren und die Klößchen in
der Brühe bei schwacher Hitze in 10 Min. gar ziehen
lassen. Mit dem Schaumlöffel herausheben und warm
stellen. Die Brühe aufheben.

3 Für die Sauce die Butter schmelzen und das Mehl
darin goldgelb anschwitzen. Die Brühe von den Klößchen nach und nach unterschlagen. Die Sauce offen
ca. 10 Min. bei schwacher Hitze köcheln lassen.
Die Sahne unterrühren und die Sauce mit dem Zitronensaft sowie Salz und Pfeffer abschmecken. Die
Kapern untermischen, die Klößchen einlegen und
noch einmal gut heiß werden lassen. Dazu passen
Reis oder Kartoffelpüree.

DER LIEBLINGSKLASSIKER

TOFU-LASAGNE MIT PILZEN

glutenfrei geschichtet

**Für 4 Personen · Zubereitungszeit ca. 25 Min.
Backzeit 35 Min. · pro Portion 550 kcal**

600 g Tofu
1 Dose geschälte Tomaten (400 g Inhalt)
2 TL Zucker
1 TL getrockneter Thymian
Salz · Pfeffer
Tomatenmark
400 g Austernpilze
200 g Champignons
4 Frühlingszwiebeln
30 g Butterschmalz
1 Zwiebel
1 Knoblauchzehe
50 ml Wein (ersatzweise Gemüsebrühe)
100 g Sahne
200 g Fontina (italienischer Schnittkäse)

1 Den Tofu in sehr dünne Scheiben schneiden, sodass er in vier Lagen in eine Auflaufform gefüllt werden kann. Den Tofu auf Küchenpapier abtropfen lassen und gut ausdrücken.

2 Die Dosentomaten mit Saft in einen Topf geben, zerdrücken und mit dem Zucker und dem Thymian aufkochen. Kurz kochen und von der Kochstelle ziehen. Mit Salz, Pfeffer und Tomatenmark würzen.

3 Die Pilze putzen und in mundgerechte Stücke teilen. Die Frühlingszwiebeln putzen, waschen und in Ringe schneiden. Das Butterschmalz in einer großen Pfanne zerlassen und die Pilze darin kräftig anbraten.

4 Inzwischen die Zwiebel und den Knoblauch schälen und fein würfeln. Beides zu den Pilzen in die Pfanne geben und das Ganze noch einige Min. weiterbraten.

5 Den Pfanneninhalt mit dem Wein ablöschen und die Flüssigkeit verkochen. Die Sahne und die Frühlingszwiebeln dazugeben, kurz köcheln lassen und die Sauce mit Salz und Pfeffer kräftig abschmecken.

6 Den Backofen auf 200° vorheizen. Den Fontina reiben. Ein Drittel der Tomatensauce in einer Auflaufform verteilen und eine Lage Tofu darauflegen. Nach Belieben insgesamt vier Lagen mit Pilzen, Sauce und Käse einschichten. Mit Tomatensauce und Käse abschließen.

7 Die Tofu-Lasagne im heißen Backofen (Mitte, Umluft 180°) ca. 30–35 Min. backen, bis die Oberfläche schön gebräunt ist.

TAUSCH-TIPPS
Statt mit Tofu können Sie die glutenfreie Lasagne auch mit speziellen **glutenfreien Lasagneplatten** zubereiten. Und probieren Sie statt Tofu auch einmal den tofuähnlichen **Lopino** (Süßlupinenquark). Den gibt es im Reformhaus zu kaufen. Er ist geschmacklich eine sehr gute Alternative zum asiatischen Sojaquark.

TOFU MIT CHILI-ZWIEBELN

ganz einfach und schnell

Für 2 Personen
Zubereitungszeit ca. 25 Min.
pro Portion 310 kcal

300 g Tofu · Salz
300 g rote Zwiebeln
1 frische rote Chilischote
1/4 Bund Thymian
3 EL Olivenöl
1/2 EL Aceto balsamico
1/2 TL Honig

1 Den Tofu abtropfen lassen und längs in knapp 1 cm dicke Scheiben schneiden. Diese auf beiden Seiten salzen. Den Backofen auf 70° einschalten und eine Platte hineinstellen.

2 Die Zwiebeln schälen, vierteln und in knapp 1 cm breite Streifen schneiden. Die Chilischote waschen, putzen und mit den Kernen in feine Ringe schneiden. Den Thymian waschen und trocken schütteln, die Blättchen von den Stielen streifen.

3 In einer großen Pfanne gut 2 EL Öl erhitzen. Die Tofu-scheiben darin bei mittlerer Hitze 2 1/2 Min. braten, dann wenden und noch einmal so lange braten. Die Tofuscheiben im Backofen auf der Platte warm halten.

4 Das übrige Öl in die Pfanne geben. Zwiebeln, Chili-ringe und Thymian einrühren und bei schwacher Hitze in ca. 10 Min. weich und leicht braun dünsten. Dabei ab und zu umrühren.

5 Die Zwiebeln mit Balsamicoessig, Honig und Salz würzen und auf dem Tofu verteilen. Heiß servieren.

DAS SCHMECKT DAZU
Zu dem Tofu passen schmale Bandnudeln mit Butter, Buchweizennudeln mit etwas Sesamöl, Bratkartoffeln oder einfach Brot.

ZITRONEN-SENF-TOFU MIT GURKENGEMÜSE

erfrischend und leicht

Für 2 Personen · Zubereitungszeit ca. 30 Min.
pro Portion 280 kcal

300 g Tofu · 1 Bio-Zitrone
1 EL scharfer Senf
2 TL süßer Senf · Salz
2 kleine Gurken (ca. 250 g)
2 Frühlingszwiebeln · 4 Cocktailtomaten
1 Bund Rucola · 2 EL Olivenöl
50 ml Cidre (ersatzweise Gemüsebrühe)
Pfeffer · Zucker

1 Den Tofu der Länge nach in vier ca. 1 cm dicke Scheiben schneiden. Die Zitrone heiß waschen und abtrocknen, die Schale abreiben und den Saft aufpressen. Die Schale mit beiden Senfsorten mischen. Die Tofuscheiben auf beiden Seiten salzen und mit dem Zitronensenf einstreichen.

2 Für das Gemüse die Gurken schälen und die Enden abschneiden. Die Gurken längs halbieren und quer in knapp 1 cm dicke Scheiben schneiden. Die Frühlingszwiebeln putzen und waschen, die weißen und hellgrünen Teile in feine Ringe schneiden.

3 Die Tomaten waschen und halbieren. Den Rucola von allen welken Blättern und den dicken Stielen befreien, waschen, trocken schütteln und grob hacken.

4 In einem Topf 1 EL Öl erhitzen und die Gurken mit den Frühlingszwiebeln darin andünsten. Mit dem Cidre ablöschen, mit Salz, Pfeffer und 1 Prise Zucker würzen und zugedeckt bei schwacher Hitze ca. 5 Min. dünsten.

5 Inzwischen das übrige Öl in einer Pfanne erhitzen. Die Tofuscheiben einlegen und bei mittlerer Hitze pro Seite ca. 3 Min. braten. Tomaten und Rucola unter die Gurken mischen und nur erwärmen bzw. zusammenfallen lassen. Mit dem Zitronensaft und evtl. etwas Salz und Pfeffer abschmecken und zum Tofu servieren.

VEGETARISCHES BRÜHEFONDUE

gemüsefrisch, vielfältig und variabel

Für 4 Personen · Zubereitungszeit ca. 40 Min.
pro Portion 315 kcal

400 g fester Tofu · 4 EL Öl
1,2 kg geputztes Gemüse (z. B. Kohlröschen, breite
    grüne Bohnen, Paprikaschoten, Staudensellerie,
    Kohlrabi, braune Champignons, Zucchini)
Salz · 250 ml Weißwein (ersatzweise Wasser)
750 ml kräftige Gemüsebrühe (Rezept S. 190
    oder Instant) · 200 g Sahne · 1 Knoblauchzehe
einige Zweige und Stängel frische Kräuter
    (z. B. Oregano und Petersilie)
2–3 EL Speisestärke · 1 TL Zitronensaft

1 Tofu trocken tupfen und ca. 1 1/2 cm groß würfeln.
   Das Öl in einer Pfanne erhitzen und den Tofu darin bei
   mittlerer Hitze unter gelegentlichem Wenden rundum
   braten. Herausnehmen.

2 Für das Gemüse in einem großen Topf reichlich Salzwasser aufkochen und das Gemüse bis auf die Pilze
   und Zucchini darin in ca. 5 Min. bissfest garen. In ein
   Sieb abgießen, kalt abschrecken und abtropfen lassen.

3 Für die Brühe 200 ml Wein, Gemüsebrühe und Sahne
   in den Fonduetopf gießen. Die Knoblauchzehe schälen,
   sehr fein hacken und zusammen mit den Kräuter-
   zweigen und -stängeln zugeben. Alles aufkochen und
   10 Min. kochen. Kräuter entfernen. Die Stärke mit
   dem übrige Wein anrühren und unter Rühren in die
   kochende Brühe gießen. Diese einmal aufkochen und
   andicken lassen. Mit Zitronensaft und Salz würzen.
   Den Fonduetopf auf das Rechaud stellen.

4 Das Gemüse in mundgerechte Stücke schneiden:
   den Kohl in kleinere Röschen, die Bohnen quer dritteln,
   die Paprika in Rauten, den Staudensellerie in Stücke,
   die Pilze und Zucchini in ca. 1/2 cm dicke Scheiben.
   Das Gemüse und den Tofu in Serviergeschirr anrichten.
   Bei Tisch nicht zu viel Gemüse auf einmal aufspießen
   und in der kochenden Brühe garen.

DAS SCHMECKT DAZU

Stellen Sie zusätzlich noch gehackte Nüsse, Kerne
oder Mandelblättchen – nach Belieben geröstet –
zum Bestreuen bereit und gerollte, mit kleinen
Holzspießchen fixierte Pfannkuchenstücke zum
Dippen (kleine Pfannkuchen gibt's im Kühlregal).
Und worin wird gedippt?
Beispielsweise in **Eiersauce**: Für 4 Personen 3 hart
gekochte Eier pellen und halbieren, die Eigelbe
herauslösen und fein zerdrücken. Mit 3 EL Rapsöl,
6 EL Sahne und 2–3 EL Zitronensaft glatt rühren.
Die Eiweiße fein hacken und untermengen. Die
Sauce mit Salz, Zucker, 2 EL mittelscharfem oder
scharfem Senf und Pfeffer würzen und 10 Min. kalt
stellen. 1/2 Bund Schnittlauch waschen, in feine
Röllchen schneiden und unterrühren.
Auch eine **Petersilien-Salsa** passt gut zum Fondue:
Für 250 ml Salsa 150 g glatte Petersilie waschen
und trocken schütteln, die Blättchen sehr fein
schneiden. 2 Knoblauchzehen und 2 Schalotten
schälen. Den Knoblauch sehr fein, die Schalotten
und 1 mittelgroße Gewürzgurke nicht so fein
hacken. 1/2 Scheibe Toastbrot klein würfeln und
mit Petersilie, Knoblauch, Schalotten, Gurke sowie 2 EL Aceto balsamico und 100 g Naturjoghurt
mischen. Die Salsa kräftig salzen und pfeffern.
100 ml Olivenöl in einem dünnen Strahl unterrühren, sodass eine sämige Sauce entsteht.

ASIA-VARIANTE

Bereiten Sie dafür die Brühe mit Kokosmilch
anstelle von Sahne zu und aromatisieren Sie
sie mit 1/2 Stange Zitronengras (flach geklopft),
1–2 getrockneten Chilischoten und 1–2 Stängeln
Thai-Basilikum (s. Info S. 434).

WIRSINGROULADEN

mit nussiger Tofufarce

**Für 4 Personen · Zubereitungszeit ca. 35 Min.
Garzeit 20 Min. · pro Portion 395 kcal**

16 Wirsingblätter · Salz · 1 Zwiebel
2 Knoblauchzehen · 250 g Räuchertofu
50 g Walnusskerne · 3 Eier (Größe M)
100 g Schafskäse (Feta)
Pfeffer · 50 g Butterschmalz
250 ml Gemüsebrühe (Instant)
2 EL Zitronensaft · große Auflaufform

1 Die Wirsingblätter in reichlich Salzwasser 3–5 Min.
blanchieren und zwischen sauberen Küchentüchern
abtropfen lassen. Die Zwiebel und den Knoblauch
schälen und grob würfeln. Den Tofu würfeln und fein
pürieren. Die Walnüsse sehr klein hacken. Zwiebel
und Knoblauch mit den Eiern, dem Käse und etwas
Pfeffer pürieren. Alles vermischen und mit dem Pürierstab nochmals gründlich durchrühren.

2 Die dicken Stiele aus den Wirsingblättern herausschneiden. Je 1 gehäuften EL Tofumasse mittig auf
jedes Blatt setzen. Die durch das Beschneiden des
Stiels entstandenen Blattzipfel über den Tofu klappen.
Die Seiten einklappen, die Blätter aufrollen.

3 Den Backofen mit der Auflaufform auf 220° (Umluft
200°) vorheizen. Die Rouladen in dem Butterschmalz
in zwei Etappen vorsichtig von beiden Seiten leicht
braun braten. In die Auflaufform setzen, Brühe und
Zitronensaft angießen. Rouladen im heißen Ofen
(Mitte) ca. 20 Min. garen. Dazu passen Kartoffeln.

RATATOUILLE MIT TOFU-KLÖSSCHEN

Klassiker mit feiner Einlage

**Für 4 Personen · Zubereitungszeit ca. 30 Min.
pro Portion 280 kcal**

250 g Tofu · 3 EL rotes Pesto (aus dem Glas)
1 Ei (Größe L)
4 EL Semmelbrösel
2 EL geriebener Parmesan · Salz · Pfeffer
250 g Champignons · 2 Zucchini
2 rote Paprikaschoten · 1 Zwiebel
2 Knoblauchzehen · 2 EL Olivenöl
1 TL getrockneter Thymian
1 Dose stückige Tomaten (400 g Inhalt)

1 Für die Klößchen den Tofu im Blitzhacker zerkleinern
oder sehr klein hacken und nacheinander Pesto, Ei,
Semmelbrösel und Parmesan zugeben. Die Masse salzen, pfeffern und zu walnussgroßen Klößchen formen.

2 Die Champignons putzen und je nach Größe vierteln
oder achteln. Die Zucchini und die Paprika waschen
und putzen. Beides in mundgerechte Würfel schneiden.
Die Zwiebel und den Knoblauch schälen und würfeln.
Das Öl in einer Pfanne erhitzen und die Zwiebel und
den Knoblauch darin andünsten. Die Paprika zugeben
und einige Min. anbraten.

3 Nach und nach die Zucchini und Pilze zugeben und
mitbraten. Den Thymian und die Tomaten hinzufügen.
Salzen und pfeffern. Die Klößchen behutsam obenauf
legen. Zugedeckt bei schwacher Hitze 10 Min. garen.

TOFU MIT SÜSSKARTOFFELN

asiatische Aromenvielfalt

Für 4 Personen · Zubereitungszeit ca. 50 Min.
pro Portion 365 kcal

1 Aubergine (250 g) · 1 Süßkartoffel (300 g) · 3 EL Öl
Salz · 300 g fester Tofu · 2 EL Sojasauce · 1 EL Zitronensaft · 2 Zwiebeln · 2 Knoblauchzehen · 1 Stück
frischer Ingwer (ca. 3 cm) · 2 frische rote Chilis
40 g gemahlene Mandeln · 300 g Joghurt (10 % Fett)
1 EL Garam Masala (s. Info S. 306) · Backpapier

1 Ofen auf 200° (Umluft 180°) vorheizen. Die Aubergine
waschen, trocknen und auf einem mit Backpapier
belegten Blech im Ofen (Mitte) 15 Min. backen. Die
Süßkartoffel schälen, würfeln und in 1 EL Öl rundum
braun braten. Salzen und beiseitestellen. Tofu trocken
tupfen, würfeln und in 1 EL Öl rundum braun braten.
Mit Sojasauce und Zitronensaft ablöschen und salzen.
Die gebackene Aubergine längs halbieren und würfeln.

2 Zwiebeln, Knoblauch und Ingwer schälen und grob
würfeln. Die Chilis waschen, putzen, entkernen und
alles mit den Mandeln zu einer glatten Paste pürieren.
Den Joghurt mit 200 ml Wasser verrühren.

3 Die Paste in 1 EL Öl unter Rühren anschwitzen. Sobald
sie trocken wird und festbackt, Garam Masala zufügen,
etwas Joghurtmix zugeben und die Paste vom Boden
lösen. So 12 Min. fortfahren, dann Gemüse und Tofu
zufügen. 5 Min. anschmoren, restlichen Joghurt zugeben und glatt rühren. Salzen. Dazu passt Basmatireis.

BOHNEN UND MANGO MIT RÄUCHERTOFU

fruchtig und würzig gesellt sich gern

Für 4 Personen · Zubereitungszeit ca. 35 Min.
pro Portion 175 kcal

250 g grüne Bohnen
1 Mango · 125 g Räuchertofu
1 Stück frischer Ingwer (ca. 4 cm)
1 Knoblauchzehe · 2 frische rote Chilischoten
2 Limetten · 2 EL Öl
4 Kaffir-Limettenblätter
1 EL brauner Zucker
400 ml Kokosmilch (aus der Dose) · Salz

1 Die Bohnen waschen und putzen. In einem Dämpfeinsatz dämpfen, bis sie knapp gar sind. In eiskaltem
Wasser abschrecken. Die Mango schälen, das Fruchtfleisch vom Kern schneiden und würfeln. Den Tofu
würfeln. Ingwer und Knoblauch schälen und fein
hacken. Die Chilis waschen, putzen, längs halbieren
und entkernen. Die Limetten auspressen.

2 Den Ingwer in dem Öl anbraten, Chili, Knoblauch,
Limettenblätter, Zucker und Mangowürfel zufügen
und leicht karamellisieren lassen. Die Kokosmilch
hinzufügen, aufkochen und 5 Min. leise kochen.

3 Die Limettenblätter und nach Belieben auch die Chilischoten entfernen, das Ganze mit Salz und Limettensaft würzen. Bohnen und Tofuwürfel in den Topf geben,
2–3 Min. durchziehen lassen, nochmals abschmecken
und servieren. Dazu schmeckt Basmatireis.

BROKKOLI-KÜRBIS-TOPF MIT WÜRZTOFU

mediterran und vegan

**Für 4 Personen · Zubereitungszeit ca. 30 Min.
pro Portion 215 kcal**

500 g Brokkoli · Salz
1 Stück Kürbis (ca. 600 g)
2 Schalotten · 2 Knoblauchzehen
2 Zweige Rosmarin · 300 g Tomaten
2 EL Olivenöl · 2 EL grüne Oliven ohne Stein
1/2 TL Cayennepfeffer
400 g Tofu rosso (Tofu mit Tomaten, ersatzweise Tofu mit Oliven oder mit Gemüse)

1 In einem großen Topf reichlich Wasser aufkochen.
Den Brokkoli waschen, die Röschen abschneiden,
die Stiele schälen und in dünne Scheiben schneiden.
Den Brokkoli in dem kochenden Salzwasser ca. 3 Min.
vorgaren. In ein Sieb abgießen und dabei das Kochwasser auffangen. Mit kaltem Wasser abschrecken
und abtropfen lassen.

2 Den Kürbis schälen und von den Kernen und fasrigen
Teilen befreien. Das Kürbisfruchtfleisch gut 1 cm groß
würfeln. Die Schalotten und den Knoblauch schälen.
Die Schalotten vierteln und in Streifen schneiden,
den Knoblauch fein hacken. Den Rosmarin waschen
und trocken schütteln, die Nadeln abstreifen und fein
hacken. Die Tomaten waschen und klein würfeln, dabei die Stielansätze entfernen.

3 Das Olivenöl in einem Topf erhitzen und die Schalotten,
den Knoblauch und den Rosmarin darin andünsten.
Die Kürbiswürfel dazugeben. 125 ml Brokkoli-Koch-
wasser und die Tomaten untermischen, salzen und
ca. 5 Min. zugedeckt bei schwacher Hitze dünsten.

4 Nach dieser Zeit den Brokkoli und die Oliven untermischen, das Gemüse mit Salz und Cayenne würzen
und weitere 2 Min. dünsten. Den Tofu 2 cm groß würfeln, aufs Gemüse legen und zugedeckt in 1 Min. warm
werden lassen. Vorsichtig unterheben, sofort servieren.

LINSEN MIT PILZTOFU UND ZITRONENSAUCE

würzig-frisch

**Für 4 Personen · Zubereitungszeit ca. 1 Std.
pro Portion 635 kcal**

1 Bund Suppengrün
2 Knoblauchzehen
3 EL Olivenöl
400 g braune oder grüne Linsen
800 ml Gemüsebrühe (Rezept S. 190 oder Instant)
1 TL Tomatenmark
400 g Pilztofu (ersatzweise normaler Tofu)
1 große Bio-Zitrone
150 g Sahne oder Sojaghurt
Salz · 1 TL Cayennepfeffer
1 TL flüssiger Honig

1 Das Suppengrün schälen oder waschen, putzen und
in kleine Würfel schneiden. Den Knoblauch schälen
und in dünne Scheiben schneiden.

2 In einem Topf 1 EL Öl erhitzen und das Suppengrün
mit dem Knoblauch darin andünsten. Die Linsen dazugeben und kurz mitdünsten, dann mit der Brühe aufgießen und das Tomatenmark unterrühren. Die Linsen
zugedeckt bei mittlerer Hitze in 40–45 Min. weich,
aber noch bissfest garen.

3 Inzwischen den Pilztofu 1 cm groß würfeln. Die Zitrone
heiß waschen und abtrocknen, die Schale fein abreiben
und 2 EL Saft auspressen. Zitronenschale und -saft mit
der Sahne oder dem Sojaghurt, Salz, Cayennepfeffer
und dem Honig verrühren.

4 Das übrige Öl in einer Pfanne erhitzen und den Pilztofu darin rundherum bei starker Hitze in 2–3 Min.
braun braten. Dann mit der Sauce unter die Linsen
mischen, alles mit Salz abschmecken und servieren.

OBEN Brokkoli-Kürbis-Topf mit Würztofu
UNTEN Linsen mit Pilztofu und Zitronensauce

PANIERTER GEMÜSETOFU MIT TOMATENSALAT

leichte Sommermahlzeit

Für 4 Personen · Zubereitungszeit ca. 35 Min.
pro Portion 385 kcal

Für den Tofu:
400 g Gemüsetofu (ersatzweise Pilz- oder Algentofu)
Salz · 1 TL rosenscharfes Paprikapulver
2 Eier (Größe S oder M)
50 g (Weizenvollkorn-)Mehl
100 g (Vollkorn-)Semmelbrösel
2 EL Butterschmalz oder Öl
Für den Salat:
2 kleine rote oder weiße Zwiebeln
1 EL Zitronensaft · 1 TL flüssiger Honig
Salz · Pfeffer · 3 EL Olivenöl · 500 g reife,
aber feste Tomaten · 1/2 Bund Basilikum

1 Den Tofu in knapp 1 cm dicke Scheiben schneiden und diese auf beiden Seiten mit Salz und Paprikapulver würzen. Kurz ziehen lassen. Inzwischen für den Salat die Zwiebeln schälen, vierteln und in feine Streifen schneiden. Den Zitronensaft mit Honig, Salz und Pfeffer verrühren, dann das Öl unterschlagen. Die Zwiebeln unter die Salatsauce mischen und ziehen lassen, sie werden dadurch schön mild.

2 Die Eier in einem tiefen Teller verquirlen. Das Mehl auf einen zweiten Teller streuen, die Semmelbrösel auf einen dritten Teller geben. Tofuscheiben erst im Mehl wenden, dann durch die Eier ziehen und zuletzt rundherum gut in die Semmelbrösel drücken.

3 Butterschmalz oder Öl in einer beschichteten Pfanne erhitzen und die Tofuscheiben darin bei mittlerer Hitze pro Seite in 2–3 Min. braun braten.

4 Inzwischen die Tomaten waschen und ohne Stielansätze in dünne Spalten schneiden. Das Basilikum waschen und trocken schütteln, Blätter abzupfen und grob zerschneiden. Beides mit den Zwiebeln mischen und abschmecken. Zu den Tofuschnitten servieren.

TOFU MIT PFIFFERLINGEN IN CHILISAUCE

scharfe Spezialität aus Bangkok

Für 2–4 Personen · Zubereitungszeit ca. 35 Min.
bei 4 Personen pro Portion 125 kcal

250 g Tofu · 150 g Pak-Choi
100 g kleine Pfifferlinge
2 frische rote Chilischoten · 2 Knoblauchzehen
15 Blätter Thai-Basilikum
   (Bai horapha, s. Info S. 434)
2 EL Öl · 3 EL vegetarische Austernsauce (s. Info
S. 430) · 2 EL helle Sojasauce · 1 TL Palmzucker

1 Den Tofu in Stückchen von 1 x 1/2 cm schneiden.
Den Pak-Choi putzen und waschen, die Blätter längs
halbieren oder dritteln und dann quer in 2 cm breite
Streifen schneiden. Die Pfifferlinge putzen und evtl.
mit feuchtem Küchenpapier abreiben.

2 Die Chilischoten waschen, putzen und in Ringe schneiden. Wer es nicht allzu scharf liebt, entfernt dabei die
Kerne teilweise oder vollständig.

3 Knoblauch schälen und fein hacken. Basilikumblätter
waschen und auf Küchenpapier abtropfen lassen.

4 Im Wok oder in einer schweren tiefen Pfanne das Öl
erhitzen und den Knoblauch darin goldgelb anbraten.
Den Tofu und die Pilze hinzufügen und 2–3 Min. bei
starker Hitze unter ständigem Rühren braten.

5 Die Chiliringe unterrühren, mit Austernsauce, Sojasauce und Zucker würzen. Den Pak-Choi dazugeben
und in ca. 1 Min. bissfest garen. Die Basilikumblätter
untermischen und das Gericht servieren.

TAUSCH-TIPP
Frische Pfifferlinge gibt es nur im Herbst zu kaufen.
Sie können natürlich auch andere Pilze oder als
Farbtupfer feine Streifen von gelber Paprikaschote
verwenden.

DER LIEBLINGSKLASSIKER

KNUSPERGEMÜSE MIT LINSENDIP

winterlicher Asia-Genuss

Für 4 Personen · Zubereitungszeit ca. 1 Std. 30 Min. pro Portion 670 kcal

Für den Linsendip:
1 Zwiebel · 1 EL Öl
2 TL gemahlener Koriander
1 TL gemahlener Kreuzkümmel
1 EL Tomatenmark · 125 g rote Linsen
ca. 300 ml Gemüsebrühe
    (Rezept S. 190 oder Instant)
Salz · 1/2 TL Cayennepfeffer
Für das Knuspergemüse:
2 TL Koriandersamen · 200 g Kichererbsenmehl
1 Msp. Backpulver · 2 TL Öl · Salz
2 Prisen Cayennepfeffer · 1 TL Zucker
1 kg gemischtes Gemüse (z. B. je 200 g
    Süßkartoffeln, Topinambur, Rote Beten,
    Rosenkohl und Blumenkohl)
4 EL Teriyaki-Sauce
4 EL Ketjap manis
    (süße Sojasauce, s. Info S. 422)
200 g Tofu
Außerdem:
1 l Öl zum Frittieren

1 Für den Linsendip die Zwiebel schälen, klein würfeln und im heißen Öl glasig dünsten. Koriander, Kreuzkümmel, Tomatenmark, Linsen und Gemüsebrühe dazugeben. Alles aufkochen und bei schwacher Hitze 15–20 Min. sanft kochen, bis die Linsen weich sind. 1 EL Linsen herausnehmen und beiseitestellen. Die restlichen Linsen in ein Sieb abgießen und abtropfen lassen, dabei die Flüssigkeit auffangen.

2 Die abgetropften Linsen mit dem Pürierstab pürieren, dabei soviel Kochflüssigkeit dazugießen, dass der Dip cremig wird. Den Dip mit Salz, Cayennepfeffer, Koriander und Kreuzkümmel abschmecken und mit den beiseitegestellten Linsen bestreuen.

3 Für den Ausbackteig die Koriandersamen im Mörser grob zerstoßen. Das Kichererbsenmehl mit dem Backpulver, dem Öl, 1 1/2 TL Salz, dem Cayennepfeffer, dem Zucker und den Koriandersamen in eine Schüssel geben. Mit dem Schneebesen ca. 300 ml kaltes Wasser gründlich unterrühren, bis ein dünnflüssiger Teig entsteht. Den Teig ca. 20 Min. quellen lassen.

4 Inzwischen das Gemüse putzen und – soweit nötig – schälen. Das Gemüse in mundgerechte Stücke schneiden bzw. in kleine Röschen teilen.

5 Teriyaki-Sauce und Ketjap manis in einer Schüssel verrühren. Den Tofu in ca. 1 cm dicke Scheiben schneiden, die Scheiben halbieren und in der Sauce marinieren.

6 Zum Frittieren das Öl in einem hohen Topf erhitzen. Es ist heiß genug, wenn an einem hineingehaltenen Holzlöffelstiel Bläschen aufsteigen. Den Tofu aus der Marinade nehmen und abtropfen lassen.

7 Das Gemüse und die Tofuscheiben durch den Teig ziehen. Im heißen Öl portionsweise in 2–4 Min. goldgelb frittieren. Herausnehmen und auf Küchenpapier abtropfen lassen. Falls nötig, Gemüse und Tofuscheiben im Backofen bei 100° warm halten. Den Linsendip dazu servieren.

FRITTIERTER TOFU MIT JOGHURTSAUCE

orientalisch-asiatisch gewürzt

Für 4 Personen · Zubereitungszeit ca. 45 Min.
pro Portion 530 kcal

Für den Tofu:
175 g Mehl · Salz · 2 TL Ras-el-hanout (marokkanische Gewürzmischung, aus dem Asienladen)
2 TL rosenscharfes Paprikapulver
175 ml Weißwein · 2 Eier (Größe M)
2 TL Olivenöl · 400 g Tofu
200 g kleine Champignons oder Egerlinge
Für die Joghurtsauce:
1/2 Bund Koriandergrün
1 Stück frischer Ingwer (ca. 3 cm)
400 g Joghurt oder Sojaghurt
2 TL Olivenöl · Salz · Pfeffer
Außerdem:
750 ml Öl zum Frittieren

1 Für den Teig das Mehl mit 1 gehäuften TL Salz und
den Gewürzen mischen. Wein, Eier und Öl nach und
nach mit dem Schneebesen unterschlagen, bis der
Teig schön glatt ist. Den Teig 30 Min. stehen lassen.

2 Inzwischen den Tofu mit Küchenpapier trocken tupfen
und in gut 1 cm große Würfel schneiden. Die Champignons oder Egerlinge mit feuchtem Küchenpapier
abreiben und die Stielenden abschneiden.

3 Für die Sauce den Koriander waschen und trocken
schütteln, die Blättchen fein hacken. Den Ingwer schälen und durch die Knoblauchpresse zum Joghurt drücken. Öl und Koriander untermischen, salzen, pfeffern.

4 Das Öl zum Frittieren in einem weiten Topf oder im
Wok erhitzen. Tofu und Pilze nach und nach in den
Teig legen, mit einer Gabel herausfischen und im Öl
in 3–4 Min. goldgelb frittieren. Mit dem Schaumlöffel
herausheben und auf Küchenpapier entfetten. Falls
nötig, im Ofen bei 50° warm halten. Mit der Sauce
servieren. Dazu passt Fladenbrot (s. Rezept S. 183).

ZUCCHINIRÄDCHEN MIT TOFU UND SHIITAKE

frisch vom Grill

Für 4 Personen · Zubereitungszeit ca. 35 Min.
Grillzeit 12 Min. · pro Portion 280 kcal

je 1 kleiner grüner und gelber Zucchino
100 g nicht zu große Shiitake-Pilze
100 g Tofu · 1 Stück frischer Ingwer (ca. 2 cm)
3 EL Öl · 1 EL Sojasauce
Für den Dip:
1 TL brauner Zucker
1 EL Limettensaft · 2 EL Sojasauce
2 EL Öl · 1 Frühlingszwiebel
1 frische rote Chilischote
Salz · Pfeffer
Außerdem:
4 Holzspieße · Grillschale

1 Für die Spieße die Zucchini waschen, putzen und in knapp 1 cm breite Scheiben schneiden. Die Pilze feucht abreiben. Die Stiele kürzen. Den Tofu in knapp 1 cm hohe Stücke schneiden.

2 Den Ingwer schälen, sehr fein hacken und in einer großen Schüssel mit dem Öl und der Sojasauce mischen. Zucchini, Pilze und Tofustücke untermischen und nach Belieben etwas marinieren.

3 Für den Dip Zucker mit Limettensaft und Sojasauce verrühren. Dann das Öl unterschlagen. Die Frühlingszwiebel putzen, waschen und mit dem Grün sehr fein hacken. Die Chilischote waschen, putzen und ohne Kerne sehr fein hacken. Beides unter den Dip mischen, den Dip mit Salz und Pfeffer abschmecken.

4 Die Holzspieße wässern. Zucchinirädchen, Pilze und Tofustücke abwechselnd eng aufspießen. Evtl. übriges Marinieröl unter den Dip rühren. Die Spieße bei mittlerer Hitze auf einer Grillschale auf dem heißen Grillrost insgesamt 10–12 Min. grillen, dabei mehrmals wenden. Die Spieße auf Teller legen, mit dem Dip beträufeln und servieren.

TOFU-PAK-CHOI-WRAPS MIT CHILIDIP

gedämpfte Kohlblätter umhüllen würzigen Tofu

Für 2 Personen · Zubereitungszeit ca. 45 Min.
Marinierzeit 2 Std. · pro Portion 200 kcal

1 Bio-Limette
10 g frischer Ingwer
4 EL + 1 TL Sojasauce
2 TL Reisessig
1 TL Zucker · 250 g Tofu
3 EL süße Chilisauce (aus dem Asienladen)
2 EL frisch gepresster Orangensaft
Salz · 2 TL helle Sesamsamen
1/2 Bund Koriandergrün
2 Stauden Pak-Choi

1 Für die Marinade die Limette heiß waschen und abtrocknen, die Schale abreiben und 1 EL Saft auspressen. Den Ingwer schälen und fein reiben. 4 EL Sojasauce mit dem Limettensaft, dem Reisessig und dem
Zucker verrühren, bis sich der Zucker gelöst hat. Den
Ingwer und die Limettenschale unterrühren.

2 Den Tofu zwischen Küchenpapier kräftig ausdrücken
und in fingerdicke Sticks schneiden. Diese in eine
Schale geben und mit der Marinade begießen. Den
Tofu zugedeckt im Kühlschrank mindestens 2 Std.
marinieren, dabei gelegentlich wenden.

3 Für den Dip die Chilisauce mit Orangensaft, 1 TL Sojasauce und etwas Salz verrühren, bis sich das Salz
gelöst hat. Die Sesamsamen in einer kleinen Pfanne
ohne Fett rösten, bis sie duften. Dann vom Herd nehmen und abkühlen lassen. Den Koriander waschen
und trocken schütteln, die Blätter fein hacken. Mit den
Sesamsamen unter den Dip rühren.

4 In einem Topf etwas Wasser aufkochen. Die Pak-Choi-
Blätter ablösen, waschen, in einen Dämpfeinsatz
geben und bei schwacher Hitze über dem Dampf in
4–6 Min. garen. Herausnehmen und etwas abkühlen
lassen. Tofusticks aus der Marinade nehmen, jeweils in
ein Pak-Choi-Blatt wickeln und mit dem Dip servieren.

TOFU MIT ZITRONENGRAS

nach Wunsch mit mehr oder weniger Schärfe

Für 4 Personen · Zubereitungszeit ca. 45 Min.
Marinierzeit 30 Min. · pro Portion 350 kcal

600 g Tofu · 3 Stangen Zitronengras
1–3 frische rote Chilischoten
   (je nach gewünschter Schärfe)
1 TL gemahlene Kurkuma
1 EL Zucker · Salz
2 EL Sojasauce · 2 Zwiebeln
2 Knoblauchzehen
4 Frühlingszwiebeln
10 Thai-Basilikumblätter
   (Bai horapha, s. Info S. 434)
50 g geröstete Erdnüsse · 5 EL Öl

1 Den Tofu zuerst in Scheiben schneiden, dann diese diagonal halbieren. Vom Zitronengras die äußeren harten Blätter entfernen, dann den unteren hellen Teil fein hacken. Die Chilischoten waschen, putzen und ohne Kerne fein würfeln.

2 Zitronengras, Chilischoten, Kurkuma, Zucker, 1 gestrichenen TL Salz und die Sojasauce verrühren. Tofu mehrmals darin wenden, zugedeckt 30 Min. marinieren.

3 Die Zwiebeln und den Knoblauch schälen. Die Zwiebeln in feine Spalten, den Knoblauch in dünne Scheiben schneiden. Die Frühlingszwiebeln waschen, putzen und in Stücke schneiden. Das Basilikum waschen, trocken tupfen und in feine Streifen schneiden. Die gerösteten Erdnüsse grob hacken.

4 Zuerst den Wok, dann 2 EL Öl darin erhitzen. Zwiebeln, Knoblauch und Frühlingszwiebeln darin unter Rühren ca. 4 Min. braten, dann herausnehmen. Den Wok mit Küchenpapier säubern.

5 Restliches Öl im Wok erhitzen und den Tofu darin auf beiden Seiten in ca. 5 Min. goldbraun braten. Zwiebeln, Knoblauch, Frühlingszwiebeln, Erdnüsse und Basilikum zufügen, alles 1 Min. erhitzen.

WOKGEMÜSE MIT TEMPEH

gelingt ganz leicht

Für 4 Personen · Zubereitungszeit ca. 30 Min.
pro Portion 375 kcal

1 rote Paprikaschote · 1 dicke Möhre
1 Bund Frühlingszwiebeln
2 Knoblauchzehen
1 frische rote Chilischote · 1/2 Bio-Zitrone
500 g Tempeh (aus dem Asienladen,
　　s. Info S. 392)
4 EL Öl · 150 ml Gemüsebrühe (Instant)
1 TL flüssiger Honig · Salz
Außerdem:
Koriander- oder Basilikumblättchen
　　zum Bestreuen

1　Die Paprikaschote waschen, putzen und in kleine
　　Rauten oder Würfel schneiden. Die Möhre schälen
　　und längs in dünne Scheiben, dann quer in feine
　　Stifte schneiden. Die Frühlingszwiebeln waschen,
　　putzen und in Ringe schneiden. Den Knoblauch
　　schälen und fein schneiden. Die Chilischote waschen,
　　putzen und mit den Kernen in feine Ringe schneiden.

2　Die Zitronenhälfte heiß waschen und abtrocknen,
　　die Schale dünn abschneiden und in feine Streifen
　　schneiden, den Saft auspressen. Das Tempeh in dünne
　　Scheiben schneiden, diese noch einmal quer halbieren.

3　Das Öl im Wok erhitzen. Tempeh darin bei starker
　　Hitze von beiden Seiten in insgesamt 2–3 Min. knus-
　　prig braten, dann herausnehmen.

4　Paprika, Möhre, Frühlingszwiebeln, Knoblauch und
　　die Chiliringe in den Wok geben und im verbliebenen
　　Öl in 3–4 Min. unter Rühren bissfest braten. Die Brühe
　　und den Honig mit der Zitronenschale und dem -saft
　　dazugeben und aufkochen. Das Gemüse salzen.

5　Das Tempeh wieder untermischen und erwärmen.
　　Mit Koriander oder Basilikum bestreut servieren.

TEMPEH-CURRY MIT KÜRBIS

angenehm scharf und würzig

Für 4 Personen · Zubereitungszeit ca. 40 Min.
pro Portion 330 kcal

400 g Tempeh (aus dem Asienladen, s. Info S. 392)
1 Stück Kürbis (ca. 400 g) · 500 g Tomaten
2 Knoblauchzehen · 1 Stück frischer Ingwer
(ca. 2 cm) · 1 frische rote Chilischote · 1 TL Fenchelsamen · 1 EL Currypulver · 1 Prise Zimtpulver
Salz · 4 EL Öl · 200 ml Gemüsebrühe (Instant)

1　Das Tempeh in ca. 1 cm große Würfel schneiden.
　　Den Kürbis schälen und von den Kernen und den
　　Fasern befreien. Das Kürbisfleisch ebenfalls würfeln.
　　Die Tomaten mit kochend heißem Wasser überbrühen,
　　häuten und genauso groß würfeln, dabei die Stiel-
　　ansätze entfernen.

2　Den Knoblauch und den Ingwer schälen und fein
　　hacken. Die Chilischote waschen, putzen und mit
　　den Kernen in feine Ringe schneiden.

3　Die Fenchelsamen im Mörser so gut wie möglich
　　zerdrücken und mit dem Currypulver, dem Zimt und
　　Salz mischen.

4　Das Öl in einer Pfanne oder im Wok erhitzen und das
　　Tempeh darin bei starker Hitze rundherum gut anbra-
　　ten, dann herausheben.

5　Den Kürbis mit dem Knoblauch und Ingwer im verblie-
　　benen Öl unter Rühren anbraten. Die Gewürzmischung
　　darüberstreuen und kurz mitbraten. Die Tomaten und
　　die Brühe dazugeben und alles bei schwacher Hitze
　　zugedeckt ca. 15 Min. schmoren. Das Tempeh wieder
　　untermischen und erwärmen. Das Curry noch einmal
　　mit Salz abschmecken und mit Reis servieren.

OBEN　Wokgemüse mit Tempeh
UNTEN　Tempeh-Curry mit Kürbis

FRITTIERTE TEMPEHSCHEIBEN

Spezialität aus Indonesien

Für 4 Personen · Zubereitungszeit ca. 25 Min.
pro Portion 385 kcal

1 Bund Frühlingszwiebeln
3 Knoblauchzehen
20 g frischer Ingwer
500 g Tempeh (aus dem
   Asienladen, s. Info S. 392)
300 ml Erdnussöl zum Frittieren
2 TL Palmzucker
   (ersatzweise brauner Zucker)
Salz · 2 TL Sambal oelek
90 ml Ketjap manis
   (süße Sojasauce, s. Info)

1 Die Frühlingszwiebeln putzen, waschen und schräg
in feine Röllchen schneiden. Den Knoblauch und den
Ingwer schälen und ganz fein würfeln. Das Tempeh in
kleine Stücke schneiden.

2 Das Öl im Wok heiß werden lassen und das Tempeh
darin portionsweise 2–3 Min. knusprig frittieren.
Herausnehmen und auf Küchenpapier abtropfen
lassen. Das Öl bis auf 2 EL aus dem Wok gießen.

3 Die Frühlingszwiebeln, den Knoblauch und den Ingwer
im Wok ca. 3 Min. braten. Palmzucker, etwas Salz,
Sambal oelek und Ketjap manis unterrühren und alles
ca. 1 Min. köcheln lassen. Das Tempeh zufügen und
kurz miterhitzen.

GUT ZU WISSEN
Ketjap manis aus Indonesien ist eine dickflüssige,
dunkle Würzsauce aus fermentierten Sojabohnen,
die Gerichten einen leicht süßlichen Geschmack
und eine dunkle Farbe gibt. Sie bekommen Ketjap
manis im Asienladen; eine angebrochene Flasche
hält sich – kühl und dunkel gelagert – mindestens
1 Jahr. Ersatzweise können Sie »normale« Sojasauce plus etwas braunen Zucker verwenden.

TEMPEH MIT ANANAS

schön fruchtig

Für 2 Personen · Zubereitungszeit ca. 25 Min.
pro Portion 380 kcal

200 g Tempeh (aus dem Asienladen,
    s. Info S. 392)
1 Stück Ananas (ca. 250 g, ersatzweise
    Ananasstücke aus der Dose)
200 g Cocktailtomaten
1 Stück frischer Ingwer (ca. 1 cm)
2 Knoblauchzehen
1 Stück Bio-Zitronenschale (ca. 2 cm)
1 frische kleine rote Chilischote
    (nach Belieben)
2 EL neutrales Öl
75 ml Gemüsebrühe (Instant)
2 EL Sojasauce · Salz

1 Das Tempeh in dünne Scheiben schneiden und diese halbieren. Das Ananasstück schälen und den harten Strunk in der Mitte sowie alle braunen Augen entfernen. Das Fruchtfleisch in knapp 1 cm große Würfel schneiden. Die Tomaten waschen und halbieren.

2 Den Ingwer und den Knoblauch schälen und zusammen mit der Zitronenschale fein hacken. Nach Belieben die Chilischote waschen, putzen und mit den Kernen fein schneiden.

3 Das Öl im Wok oder in einer Pfanne erhitzen und das Tempeh darin von beiden Seiten bei starker Hitze in ca. 3 Min. knusprig braten, dann herausnehmen.

4 Ingwer, Knoblauch, Zitronenschale und Chili mit den Ananasstücken in den Wok geben und unter Rühren ca. 1 Min. braten. Die Tomaten und die Brühe dazugeben und erhitzen.

5 Den Wokinhalt mit der Sojasauce und Salz abschmecken. Das Tempeh untermischen und heiß werden lassen. Das Gericht gleich servieren. Dazu schmecken Reis oder schmale Reisnudeln.

GEMISCHTES WOKGEMÜSE

knackig-bunter Mix mit mariniertem Tofu

Für 4 Personen · Zubereitungszeit ca. 45 Min.
Marinierzeit 30 Min. · pro Portion 300 kcal

300 g schnittfester Tofu
100 ml Gemüsebrühe (Instant)
3 EL helle Sojasauce
2 EL vegetarische Austernsauce
  (s. Info S. 430)
2 TL Sesamöl
1 TL Palmzucker
  (ersatzweise brauner Zucker)
Salz · Pfeffer
150 g Brokkoli
2 Möhren
8 Mini-Maiskölbchen (aus dem Glas)
6 Stangen grüner Spargel
150 g Zuckerschoten
1 kleine rote Paprikaschote
4 Frühlingszwiebeln
100 g Mungobohnensprossen
1 Stück frischer Ingwer (ca. 3 cm)
2 Schalotten
1 Knoblauchzehe
4 EL Öl

1 Den Tofu in kleine Würfel schneiden. Die Brühe
mit Sojasauce, Austernsauce, Sesamöl, Zucker, Salz
und Pfeffer in einer Schüssel verquirlen. Den Tofu
untermischen und 30 Min. marinieren.

2 Das Gemüse waschen, putzen und bei Bedarf schälen.
Den Brokkoli in kleine Röschen teilen. Die Stiele und
die Möhren schräg in dünne Scheiben schneiden.
Die Maiskölbchen längs halbieren, die Spargelstangen
jeweils quer in 4 Stücke schneiden, die Zuckerschoten
quer halbieren. Die Paprikaschote in Streifen, die Frühlingszwiebeln in Stücke schneiden.

3 Die Sprossen in einem Sieb waschen und abtropfen
lassen. Den Ingwer, die Schalotten und den Knoblauch
schälen und fein würfeln.

4 Erst den Wok, dann 2 EL Öl darin erhitzen. Die Tofuwürfel in einem Sieb abtropfen lassen, dabei die
Marinade auffangen. Den Tofu trocken tupfen und im
heißen Öl in 5 Min. goldbraun braten. Dann herausnehmen und warm stellen.

5 Das restliche Öl im Wok erhitzen und die Schalotten-,
Knoblauch- und Ingwerwürfel darin anbraten. Möhren,
Spargel und Brokkoli einstreuen und 3 Min. mitbraten.
Dann Zuckerschoten, Paprika und Mais zufügen und
2 Min. scharf anbraten. Die Frühlingszwiebeln und
Sprossen unterheben.

6 Die Marinade angießen. Einmal aufkochen und alles
3–4 Min. weiterbraten, bis das Gemüse bissfest ist.
Den Tofu unterheben. Das Wokgemüse mit Salz und
Pfeffer abschmecken.

TAUSCH-TIPP
So bekommt das Gemüse einen **thailändischen
Touch:** 1 Stange Zitronengras und 1 frische rote
Chilischote waschen, putzen und fein würfeln.
Mit Schalotten und Ingwer braten. Das Gemüse
statt mit Austernsauce und Sesamöl mit 2 EL Reis-
wein würzen. Etwas Koriandergrün aufstreuen.

NUSSIGE VARIANTE
Mit **Cashewkernen** oder ungesalzenen **Erdnüssen**
schmeckt das Gemüse schön nussig: Dafür erst
den Wok, dann 4 EL Öl darin erhitzen. 100 g Nüsse
1 Min. unter Rühren braten. Mit einer Schaumkelle
herausheben, abtropfen lassen und beiseitestellen. Mit dem Tofu unterheben.

CHILI-TOFU MIT PAK-CHOI

schön leicht

Für 4 Personen · Zubereitungszeit ca. 40 Min.
Marinierzeit 15 Min. · pro Portion 365 kcal

400 g Tofu · 2 frische rote Chilischoten
1 Stück frischer Ingwer (ca. 2 cm)
2 Knoblauchzehen · 4 EL Sojasauce
1–2 Stauden Pak-Choi (ca. 250 g,
    ersatzweise Mangold)
1 kleine Stange Lauch
200 g Gemüsemais (aus der Dose) · 4 EL Öl
150 ml Gemüsefond (aus dem Glas,
    ersatzweise Gemüsebrühe)
Salz · Pfeffer

1 Den Tofu in ca. 1 cm große Würfel schneiden. Die Chilischoten waschen, putzen und mitsamt den Kernen
in feine Ringe schneiden. Den Ingwer und den Knoblauch schälen und fein hacken. Chili, Ingwer und Knoblauch in einer Schüssel mit der Sojasauce verrühren.
Den Tofu 15 Min. darin marinieren.

2 Den Pak-Choi waschen, putzen und in 2–3 cm breite
Streifen schneiden. Den Lauch putzen, längs aufschneiden und gründlich waschen. Die Stange in feine Streifen schneiden. Den Mais in ein Sieb abgießen und
abtropfen lassen.

3 Den Tofu aus der Marinade heben und abtropfen
lassen; dabei die Marinade auffangen. Zuerst den
Wok, dann das Öl darin erhitzen. Den Tofu darin
portionsweise in 3 Min. knusprig braten. Herausnehmen. Das Öl bis auf 1 EL abgießen.

4 Den Pak-Choi und den Lauch in den Wok streuen
und 2–3 Min. pfannenrühren. Den Mais einrühren.
Den Fond angießen und aufkochen. Den Tofu samt
Marinade unterheben. Salzen und pfeffern.

TAUSCH-TIPP
Statt weißer Tofu harmoniert auch **Kräutertofu**
(aus dem Reformhaus) perfekt mit dem Gemüse.

AUSGEBACKENER TOFU MIT BOHNEN

pikant-würzig

**Für 2 Personen · Zubereitungszeit ca. 45 Min.
Marinierzeit 1 Std. · pro Portion 325 kcal**

250 g fester Tofu
150 ml Tomatensaft
3 EL Sojasauce · 1/2 TL Sambal oelek
Salz · 300 g grüne Bohnen
1 rote Paprikaschote
1 Stück frischer Ingwer (ca. 1 cm)
1 Knoblauchzehe · 2 EL Erdnussbutter
Außerdem:
500 ml Öl zum Frittieren

1 Den Tofu in Würfel schneiden und in eine Schüssel geben. 50 ml Tomatensaft, 2 EL Sojasauce, das Sambal oelek und Salz verrühren. Die Marinade über den Tofu träufeln, gut mischen und 1 Std. durchziehen lassen.

2 Die Bohnen waschen, putzen und halbieren. Die Paprikaschote waschen, halbieren, entkernen und in feine Streifen schneiden. Den Ingwer und den Knoblauch schälen und fein würfeln. Den Tofu in einem Sieb abtropfen lassen, dabei die Marinade auffangen. Die Marinade mit der Erdnussbutter verrühren.

3 Zuerst den Wok, dann das Öl darin erhitzen. Die Tofu-würfel darin in zwei Portionen in 3–5 Min. rundum goldbraun backen. Herausnehmen und auf Küchen-papier abtropfen lassen.

4 Die Bohnen portionsweise im verbliebenen heißen Öl bei nicht zu starker Hitze 5 Min. frittieren. Heraus-nehmen und auf Küchenpapier abtropfen lassen. Dann die Paprika 3 Min. frittieren. Ebenfalls heraus-nehmen und auf Küchenpapier abtropfen lassen.

5 Das Öl bis auf 1 EL abgießen, Ingwer und Knoblauch darin kurz rösten. Die Marinade und restlichen Tomatensaft angießen. Mit 1 EL Sojasauce würzen. Die frittierten Gemüse und Tofuwürfel unterheben.

GEBRATENER REIS MIT TOFU

preiswertes Alltagsessen

Für 2 Personen · Zubereitungszeit ca. 30 Min.
pro Portion 580 kcal

200 g Tofu
1 Stück frischer Ingwer (ca. 2 cm)
1 Knoblauchzehe · 2 EL helle Sojasauce
1 kleine rote Paprikaschote
1 Frühlingszwiebel · 3 EL neutrales Öl
400 g gegarter Reis vom Vortag
   (ca. 135 g roh)
100 g TK-Erbsen · Salz
Pfeffer · 1 Ei (Größe M)
1 EL süße Chilisauce (aus dem Asienladen)

1 Den Tofu ca. 1 cm groß würfeln. Den Ingwer und den
Knoblauch schälen und durch die Knoblauchpresse in
eine Schüssel drücken. Mit 1 EL Sojasauce verrühren
und den Tofu untermischen.

2 Die Paprikaschote waschen, vierteln, putzen und in
feine Streifen schneiden. Die Frühlingszwiebel putzen
waschen und schräg in feine Ringe schneiden.

3 In einer Pfanne 2 EL Öl erhitzen. Den Reis darin verteilen und ohne Umrühren bei starker Hitze 2–3 Min. braten, bis er knusprig wird. Dann wenden und noch einmal so lange braten. Den Reis aus der Pfanne nehmen.

4 Das übrige Öl in der Pfanne erhitzen und den Tofu
darin in ca. 2 Min. rundherum knusprig braten.
Die Hitze auf mittlere Stufe zurückschalten. Paprika,
Zwiebelringe und Erbsen zum Tofu geben und das
Ganze weitere 2 Min. braten, bis das Gemüse bissfest
ist. Den Reis wieder untermischen und alles mit Salz
und Pfeffer würzen.

5 Das Ei mit der Chilisauce und der restlichen Sojasauce
verrühren und unter den Reis mischen. Nur ganz kurz
weiterrühren, dann den gebratenen Reis sofort servieren. Dazu passt Gurkensalat.

TOFUKLÖSSCHEN IN CURRYSAHNE

was Schnelles für zwei

Für 2 Personen · Zubereitungszeit ca. 30 Min.
pro Portion 355 kcal

1 kleines Bund Schnittlauch
1/2 Bio-Zitrone
2 TL Pistazienkerne (nach Belieben)
200 g Tofu · 1 Eiweiß (Größe M)
1 EL Semmelbrösel
Salz · Pfeffer · 500 ml Gemüsebrühe
   (Rezept S. 190 oder Instant)
1 Schalotte · 2 TL Butter
1 TL Currypulver
100 g Sahne (ersatzweise Kokosmilch)

1 Schnittlauch waschen, trocken schütteln und in feine
Röllchen schneiden. Die Zitronenhälfte heiß waschen
und abtrocknen, die Schale fein abreiben, den Saft auspressen. Nach Belieben die Pistazien fein hacken.

2 Den Tofu abtropfen lassen und mit einer Gabel fein
zerdrücken. Mit Schnittlauch, Zitronenschale, Pistazien,
Eiweiß und Semmelbröseln in eine Schüssel geben,
salzen, pfeffern und mit den Händen gut durchkneten.
Zu etwa walnussgroßen Bällchen formen.

3 Die Gemüsebrühe in einem Topf zum Kochen bringen.
Hitze auf schwache Stufe zurückschalten, die Tofuklößchen einlegen und in ca. 10 Min. gar ziehen lassen.

4 Inzwischen die Schalotte schälen und fein würfeln.
Die Butter zerlassen und die Schalotte darin andünsten. Das Currypulver darüberstäuben und kurz anschwitzen. Mit der Sahne und ca. 100 ml Gemüsebrühe
(von den Klößchen) ablöschen und die Sauce bei starker Hitze in ca. 5 Min. leicht cremig einkochen. Mit Salz,
Pfeffer und etwas Zitronensaft abschmecken.

5 Die Tofuklößchen aus der Brühe heben und in die
Currysauce geben. Gleich servieren. Dazu schmecken
Reis oder Buchweizennudeln.

ROTES TOFU-CURRY

scharf und fruchtig

Für 2–4 Personen · Zubereitungszeit ca. 25 Min.
bei 4 Personen pro Portion 285 kcal

400 g fester Tofu · 3–4 EL helle Sojasauce
1 gelbe Paprikaschote
100 g kernlose Weintrauben
2 Stängel Thai-Basilikum
   (Bai kaprau, aus dem Asienladen)
6 Kaffir-Limettenblätter
1 Dose Kokosmilch (400 ml, ungeschüttelt)
2 EL rote Currypaste · 1/2 TL Zucker

1 Den Tofu in Streifen schneiden und mit 3 EL Sojasauce
mischen. Die Paprika waschen, putzen und in Streifen
schneiden. Die Weintrauben waschen und halbieren.
Das Basilikum und die Limettenblätter waschen und
trocken tupfen, die Basilikumblätter abzupfen.

2 Von der dicken, festen Kokossahne, die sich in der
ungeschüttelten Kokosmilchdose oben absetzt,
4 EL in den Wok geben. Bei mittlerer Hitze erwärmen,
bis sie sprudelnd kocht. Die Currypaste unterrühren
und die Mischung bei mittlerer Hitze ca. 2 Min. ohne
Umrühren braten, bis sich an der Oberfläche kleine
Löchlein bilden, aus denen Öl austritt.

3 Tofu und Paprika dazugeben und 2 Min. darin anbraten. Übrige Kokosmilch und die Limettenblätter dazugeben und alles bei mittlerer Hitze 5 Min. offen kochen.
Weintrauben und Basilikum untermischen, 1 Min.
weiterkochen. Das Curry mit Zucker und der restlichen
Sojasauce abschmecken.

TOFU MIT SPARGEL

knackig und zart

Für 2–4 Personen · Zubereitungszeit ca. 30 Min.
bei 4 Personen pro Portion 255 kcal

400 g fester Tofu
1 EL Sesamöl
3–4 EL helle Sojasauce
200 g Thai-Spargel · 1 Möhre
250 g kleine Champignons
6 Knoblauchzehen · 3 EL Öl
2 EL Thai-Chilipaste (aus dem Asienladen)
1 TL Zucker
2 EL vegetarische Austernsauce
   (aus dem Asienladen, s. Info)

1 Den Tofu 1 cm groß würfeln und mit Sesamöl und
2 EL Sojasauce mischen. Spargel waschen, holzige
Enden entfernen und die Stangen dritteln. Die Möhre
schälen und in Stifte schneiden. Pilze putzen und
halbieren. Den Knoblauch schälen und hacken.

2 Das Öl im Wok erhitzen und den Knoblauch darin
goldgelb braten, herausnehmen. Chilipaste und Tofu
in den Wok geben und bei starker Hitze 3 Min. braten,
herausnehmen. Spargel, Möhre und Pilze hinzufügen
und 3 Min. pfannenrühren. Mit Zucker, Austern- und
übriger Sojasauce würzen. Den Tofu untermischen und
mit dem Knoblauch bestreuen.

GUT ZU WISSEN
Austernsauce ist eine thailändische süß-salzige
Würzsauce aus Austern. Vegetarier kaufen die
Variante aus Pilzen – ebenfalls im Asienladen.

TOFU MIT ERDNÜSSEN

richtig scharf

Für 4 Personen · Zubereitungszeit ca. 15 Min.
pro Portion 410 kcal

600 g Tofu
4 getrocknete Chilischoten
6 EL Sojasauce
6 EL trockener Sherry oder Reiswein
5 EL dunkler Reisessig
   oder Aceto balsamico
1/4 TL Zimtpulver
2 TL Zucker · 4 EL Öl
100 g Erdnusskerne
   (frisch geröstet und ungesalzen)
Salz · Korianderblättchen zum Bestreuen

1 Den Tofu mit Küchenpapier trocken tupfen und in
knapp 1 cm große Würfel schneiden. Die Chilischoten
im Mörser fein zerstoßen und mit Sojasauce, Sherry
oder Reiswein, Essig, Zimt und Zucker verrühren.

2 Das Öl im Wok heiß werden lassen und die Erdnüsse
darin bei mittlerer Hitze unter Rühren goldbraun rösten. Salzen und aus dem Wok heben.

3 Den Tofu im verbliebenen Öl rundherum bei starker
Hitze in ca. 5 Min. knusprig braten. Mit der Sauce begießen, die Erdnüsse untermischen und alles noch
einmal gut heiß werden lassen. Mit Korianderblättchen
bestreuen. Mit Reis servieren.

TOFU IN INGWERSAUCE

vegan

Für 4 Personen · Zubereitungszeit ca. 20 Min.
pro Portion 240 kcal

600 g Tofu · 25 g frischer Ingwer
2 Knoblauchzehen
1 Bund Frühlingszwiebeln
300 g Tomaten
4 EL Öl · 2 EL Sojasauce
1 1/2 TL Currypulver · Salz
(Thai-)Basilikumblättchen zum Bestreuen

1 Den Tofu mit Küchenpapier trocken tupfen und in
1 cm große Würfel schneiden. Den Ingwer und den
Knoblauch schälen und fein hacken. Die Frühlingszwiebeln waschen, putzen und in feine Ringe schneiden. 1–2 EL grüne Zwiebelringe beiseitelegen. Die
Tomaten waschen und in kleine Würfel schneiden,
dabei die Stielansätze entfernen.

2 Das Öl im Wok heiß werden lassen und den Tofu
darin bei starker Hitze in ca. 5 Min. rundherum gut
braun braten, dann herausnehmen.

3 Die Hitze auf mittlere Stufe stellen und den Ingwer,
den Knoblauch und die Frühlingszwiebeln kurz im
Wok andünsten. Die Tomaten dazugeben und alles
mit Sojasauce, Curry und Salz abschmecken. Den Tofu
untermischen. Mit Basilikum und übrigem Zwiebelgrün
bestreut servieren.

SCHARFER TOFU MIT CURRY

unbedingt probieren

**Für 4 Personen · Zubereitungszeit ca. 30 Min.
pro Portion 310 kcal**

400 g Tofu · 6–7 EL Sojasauce
1 Stück frischer Ingwer (1–2 cm)
2 Knoblauchzehen
2 Schalotten
200 g Zuckerschoten
1 rote Paprikaschote
5 EL Öl · 2 TL rote Currypaste
4 EL Reiswein
2 EL Limettensaft · 1 TL Zucker
4 Stängel Basilikum (am besten
  Thai-Basilikum, s. Info S. 434)

1 Den Tofu ca. 1 cm groß würfeln und mit 2 EL Sojasauce mischen. Den Ingwer, den Knoblauch und die Schalotten schälen. Ingwer und Knoblauch fein hacken oder auch durch die Presse drücken, die Schalotten in feine Streifen oder dünne Ringe schneiden.

2 Die Zuckerschoten waschen und die Enden abschneiden. Die Paprikaschote waschen, halbieren, putzen und in schmale Streifen schneiden.

3 Das Öl im Wok oder in der Pfanne heiß werden lassen und die Zuckerschoten darin ca. 2 Min. unter ständigem Rühren braten. Dann die Currypaste dazurühren und alles noch 1 Min. braten.

4 Paprika, Schalotten, Knoblauch und Ingwer mit in den Wok geben, untermischen und 2 Min. braten. Dann den Tofu zusammen mit dem Reiswein, der übrigen Sojasauce, dem Limettensaft und dem Zucker dazugeben und alles noch ca. 2 Min. erhitzen.

5 Inzwischen das Basilikum waschen und trocken schütteln, die Blätter von den Stängeln zupfen, zur Tofumischung geben und nur kurz zusammenfallen lassen. Dazu schmecken am besten Reis und Gurkensalat.

GEMÜSE UND TOFU IN KOKOSMILCH

bringt auch Tofuverweigerer auf den Geschmack

**Für 4 Personen · Zubereitungszeit ca. 1 Std.
pro Portion 230 kcal**

200 g Tofu · 1 mittelgroße Aubergine
200 g Blattspinat · 1 rote Paprikaschote
100 g Weiß- oder Chinakohl
200 g Zuckerschoten
100 g Sojabohnensprossen · 3 Schalotten
1 Stück frischer Ingwer (1–2 cm)
2 Knoblauchzehen · 1 Dose Kokosmilch (400 ml)
1 TL gemahlener Koriander · Salz
Außerdem:
400 ml Öl zum Frittieren und Braten

1 Den Tofu in knapp 1 cm dicke Scheiben, dann in
1 cm breite Streifen schneiden. Mit Küchenpapier gut
trocken tupfen, damit er im heißen Öl nicht spritzt.

2 Alle Gemüse waschen und putzen. Die Aubergine
ca. 2 cm groß würfeln, vom Spinat die groben Stiele
entfernen. Die Paprika und den Kohl in feine Streifen
schneiden, Zuckerschoten ganz lassen. Die Sprossen
waschen und abtropfen lassen. Schalotten, Ingwer und
Knoblauch schälen und fein hacken.

3 Das Öl im Wok heiß werden lassen, bis an einem
hineingehaltenen Holzlöffelstiel Bläschen aufsteigen.
Den Tofu darin ca. 4 Min. frittieren, dann herausnehmen und auf Küchenpapier abtropfen lassen.

4 Das Öl bis auf einen dünnen Film abgießen und
die Aubergine darin anbraten. Dann Zuckerschoten,
Kohl und Paprika dazugeben. Ingwer, Knoblauch und
Schalotten unterrühren. Spinat und Sprossen zugeben
und weiterrühren, bis der Spinat zusammenfällt.

5 Die Kokosmilch angießen, alles mit Koriander und Salz
würzen und offen ca. 5 Min. köcheln lassen. Den Tofu
untermischen und erhitzen. Dazu schmecken Reis oder
dünne Reisnudeln.

GEFÜLLTE ZUCCHINI MIT BASILIKUM-KOKOSSAUCE

zum Gästebeeindrucken

Für 4 Personen
Zubereitungszeit ca. 1 Std. · Einweichzeit 20 Min.
pro Portion 330 kcal

10 g getrocknete Shiitake-Pilze
(aus dem Asienladen)
250 g Tofu
1 rote Paprikaschote
50 g Glasnudeln
Salz · weißer Pfeffer
4 Zucchini (je 250 g)
250 ml Kokosmilch (aus der
nicht geschüttelten Dose)
1–2 EL grüne Currypaste
6–7 EL helle Sojasauce
1/3 TL Zucker
30 Blätter Thai-Basilikum (Bai horapha,
aus dem Asienladen, s. Info)

1 In einer Schale die Pilze 20 Min. in kaltem Wasser einweichen. Inzwischen den Tofu in sehr kleine Würfel schneiden. Die Paprikaschote vierteln, putzen, waschen und 1/2 cm groß würfeln.

2 Die Glasnudeln in eine Schüssel geben, mit kochendem Wasser übergießen und kurz ziehen lassen. Dann in ein Sieb abgießen, abtropfen lassen und mit einer Küchenschere in ca. 4 cm lange Stücke schneiden.

3 Die Pilze ebenfalls abgießen, abtropfen lassen und ohne die zähen Stiele in feine Streifen schneiden. Tofu, Glasnudeln, Paprikawürfel und Pilze in eine Schüssel geben, vermischen und mit 1/2 TL Salz und 1/4 TL Pfeffer würzen.

4 Die Zucchini waschen und abtrocknen, die beiden Enden jeweils großzügig abschneiden. Von beiden Enden her das Fruchtfleisch mit einem Teelöffel jeweils einige Zentimeter tief aushöhlen. Dann einen Kochlöffel mit dickem Stiel zu Hilfe nehmen und die Zucchini damit vollständig aushöhlen.

5 Die Zucchini mit der Tofumischung füllen; das geht am besten mit den Fingern. Die Füllung von beiden Seiten gut hineindrücken, sodass keine Hohlräume bleiben. Die Schale der Zucchini jeweils unten und oben mit einem Messer drei- bis viermal nicht zu tief einkerben (s. Rezeptfoto).

6 In einer Pfanne, in der die gefüllten Zucchini nebeneinander Platz haben, 2 EL vom dickflüssigen oberen Teil der Kokosmilch 2 Min. kochen. Die Currypaste unterrühren und 2–3 Min. darin anbraten, bis sich die Sauce am Rand grün färbt. Die restliche Kokosmilch in der Dose verrühren und zugießen. Alles zum Kochen bringen und mit Sojasauce und Zucker würzen.

7 Die gefüllten Zucchini nebeneinander in die Kokossauce legen und zugedeckt bei mittlerer Hitze ca. 10 Min. garen. Inzwischen die Basilikumblätter waschen und auf Küchenpapier abtropfen lassen. Kurz vor dem Servieren in die Kokossauce rühren.

TAUSCH-TIPP
Zum Füllen eignen sich auch Salatgurken und grüne Auberginen.

GUT ZU WISSEN
Es gibt unterschiedliche Sorten **Thai-Basilikum.** Bai horapha wird in Asien aber am häufigsten verwendet. Es hat eine deutlich süße Anisnote und ist an den gezackten grünen Blättern und den roten Stängeln gut zu erkennen. Wenn Sie es nicht bekommen, nehmen Sie italienisches Basilikum. Wichtig bei beiden: Basilikum verliert durch Hitze an Aroma. Die Blätter darum nicht lange mitgaren, sondern erst zum Schluss untermischen oder auf das fertige Gericht streuen.

ASIA-TABOULÉ MIT TOFU

fernöstlich-orientalisch kombiniert

Für 2 Personen · Zubereitungszeit ca. 45 Min.
Marinierzeit 2 Std. · pro Portion 320 kcal

20 g frischer Ingwer
1 Bio-Zitrone
2 EL helle Sojasauce
1 EL Reisessig
1/2 TL Chiliflocken · 200 g Tofu
2 Frühlingszwiebeln
2 TL Rapsöl · 1 TL Sesamöl
80 g Bulgur
200 ml Gemüsebrühe (Instant)
1/2 Salatgurke
Salz · grüner Pfeffer
1 kleines Bund Thai-Basilikum
    (Bai horapha, s. Info S. 434)

1 Den Ingwer schälen, die Hälfte fein reiben, den Rest
klein würfeln. Die Zitrone heiß waschen und abtrocknen, 1 TL Schale abreiben. Die Sojasauce mit Reisessig,
geriebenem Ingwer, Zitronenschale und Chiliflocken
verrühren. Tofu klein würfeln und untermischen. Zugedeckt mindestens 2 Std. im Kühlschrank marinieren.

2 Inzwischen die Frühlingszwiebeln putzen und waschen,
die weißen und grünen Teile getrennt in Ringe schneiden. Beide Ölsorten erhitzen und die weißen Frühlingszwiebelteile und die Ingwerwürfel darin 2 Min. andünsten. Bulgur und Brühe zugeben, aufkochen
und zugedeckt bei schwacher Hitze 10 Min. garen.
Das Frühlingszwiebelgrün untermischen und 5 Min.
mitgaren. Vom Herd nehmen und abkühlen lassen.

3 Die Gurke schälen, längs halbieren, entkernen und
klein würfeln, salzen und pfeffern. Das Thai-Basilikum
waschen und trocken schütteln, einige kleine Blätter
ganz lassen, den Rest hacken. Den Bulgur mit einer
Gabel auflockern, den Tofu mit Marinade, die Gurke
und das gehackte Basilikum unterheben. Mit den Basilikumblättern dekorieren.

REISNUDELN MIT TOFU UND SPINAT

mit feinem Sesamaroma

Für 2 Personen · Zubereitungszeit ca. 40 Min.
pro Portion 350 kcal

80 g Reisbandnudeln · 200 g TK-Blattspinat
8 schlanke Frühlingszwiebeln
25 g frischer Ingwer · 1 Bund Koriandergrün
1 TL helle Sesamsamen
Salz · 150 g Räuchertofu
2 TL Rapsöl · 2 EL Sojasauce
1 TL Sambal oelek
1 TL geröstetes Sesamwürzöl

1 Die Nudeln in 2–3 cm lange Stücke brechen und
10 Min. kalt einweichen. Inzwischen den Spinat nach
Packungsanweisung garen. Frühlingszwiebeln putzen
und waschen, weiße und grüne Teile getrennt in ca.
1 cm breite Stücke schneiden. Den Ingwer schälen
und in dünne Stifte schneiden. Koriander waschen und
trocken schütteln, die Blätter hacken. Sesam in einer
Pfanne ohne Fett rösten, beiseitestellen.

2 Reichlich Salzwasser aufkochen und die Nudeln darin
bei mittlerer Hitze 3 Min. garen. In ein Sieb abgießen
und abtropfen lassen. Den Tofu in Streifen schneiden.
1 TL Rapsöl im Wok erhitzen und den Tofu darin auf
jeder Seite 2 Min. anbraten. 1 EL Sojasauce zugeben
und so lange rühren, bis sie verdampft ist. Den Tofu
herausnehmen und warm halten.

3 Den Ingwer im restlichen Öl im Wok 1/2 Min. braten
und an den Rand schieben. Weiße Frühlingszwiebel-
teile zugeben und unter Rühren 1 Min. braten, grüne
Zwiebelteile zufügen und ca. 10 Sek. pfannenrühren.
Den Spinat zugeben und unter Rühren kurz erhitzen.
Restliche Sojasauce und Sambal oelek unterrühren.
Nudeln zugeben, unter Rühren erwärmen.

4 Die Nudel-Gemüse-Mischung anrichten, mit Sesamöl
beträufeln und mit Sesamsamen und Koriandergrün
bestreuen. Den Tofu obendrauf geben.

DER LIEBLINGSKLASSIKER

PAD THAI – GEBRATENE NUDELN

Spezialität aus Thailand

**Für 2 Personen · Zubereitungszeit ca. 20 Min.
Einweichzeit 1 Std. · pro Portion 605 kcal**

Für die Nudeln:
100 g Reisnudeln
2 Knoblauchzehen
100 g fester Tofu
1 Bund Thai-Frühlingszwiebeln
50 g frische Sojabohnensprossen
4 EL Öl
2 Eier (Größe M)

Für die Würzsauce:
10 g gepresste Tamarinde
   (aus dem Asienladen)
4–5 EL Sojasauce
2 EL Zucker · 4 TL Reisessig
geröstetes Chilipulver
   (aus dem Asienladen, s. Info)

1 Die Reisnudeln in eine Schüssel geben und 1 Std. in kaltem Wasser einweichen. Für die Würzsauce das Tamarindenmus 10 Min. in 6 EL Wasser einweichen.

2 Inzwischen den Knoblauch schälen und fein hacken. Den Tofu klein würfeln. Die Frühlingszwiebeln putzen, waschen und die weißen und grünen Teile getrennt in 3 cm lange Stücke schneiden. Die Sojabohnensprossen in ein Sieb geben, kalt waschen und gut abtropfen lassen.

3 Für die Würzsauce die Tamarinde durchkneten, den Saft durch ein feines Sieb in eine Schale streichen. Sojasauce, Zucker, Reisessig und Chilipulver einrühren.

4 2 EL Öl im Wok erhitzen und den Knoblauch darin goldgelb braten. Die Nudeln in ein Sieb abgießen, tropfnass hinzufügen und 2 Min. pfannenrühren. Die Würzsauce dazugeben und alles unter Rühren bei mittlerer Hitze weiterbraten, bis die Nudeln weich sind und die Sauce vollständig aufgesogen haben. An den Wokrand schieben oder herausnehmen.

5 1 weiterer EL Öl im Wok erhitzen und die Tofuwürfel darin 2–3 Min. braten. Die weißen Frühlingszwiebelstücke dazugeben und 1 Min. unter Rühren mitbraten. Beides an den Rand schieben oder herausnehmen.

6 Das restliche Öl in den Wok geben. Die Eier hineinschlagen und unter Rühren hellbraun braten. Dann die Nudeln und den Tofu untermischen. Die Sojabohnensprossen und die grünen Frühlingszwiebelstücke unterrühren und nur kurz erwärmen. Auf zwei Tellern anrichten und mit dem gerösteten Chilipulver zum Nachwürzen servieren.

AROMA-TIPP
Reichen Sie zu den gebratenen Nudeln zusätzlich **Limettenstücke** und für mehr Biss 2 TL geröstete **Erdnusskerne** zum Darüberstreuen.

GUT ZU WISSEN
Geröstetes Chilipulver ist ein grob gemahlenes Pulver aus gerösteten, großen roten Chilischoten, das in der Thai-Küche so allgegenwärtig ist wie bei uns Pfeffer und Salz. Damit werden Suppen, Salate und Nudelgerichte bei Tisch individuell nachgewürzt.

GEBRATENER TOFU MIT REISNUDELN

thailändisch mild

**Für 2–4 Personen · Zubereitungszeit ca. 30 Min.
Einweichzeit 1 Std.
bei 4 Personen pro Portion 355 kcal**

250 g lange, dünne Reisnudeln
10 g getrocknete Morcheln (Mu-Err-Pilze)
1 Möhre (ca. 100 g)
1 Stange Thai-Sellerie · 250 g Tofu
2 Knoblauchzehen · 3 EL Öl
3 EL vegetarische Austernsauce
   (s. Info S. 430)
3 EL helle Sojasauce · 1/2 TL Zucker

1 Die Reisnudeln 1 Std. in kaltem, die Morcheln 20 Min. in lauwarmem Wasser einweichen.

2 Inzwischen die Möhre schälen, putzen und – am besten mit dem Juliennehobel – in streichholzdünne Stifte schneiden. Die Selleriestange waschen und in 2 cm lange Stücke schneiden.

3 Den Tofu in 1/2 cm dicke Scheiben schneiden. Den Knoblauch schälen und fein hacken.

4 Die Morcheln in ein Sieb abgießen, gut ausdrücken und in feine Streifen schneiden. Die Reisnudeln ebenfalls abgießen und mit der Küchenschere in 10–15 cm lange Stücke schneiden.

5 In einer Pfanne 2 EL Öl erhitzen und den Knoblauch darin goldgelb braten. Den Tofu dazugeben und auf jeder Seite bei mittlerer Hitze ca. 2 Min. braten, bis er am Rand braun wird. Dann aus der Pfanne nehmen und warm halten.

6 Das restliche Öl in die Pfanne geben und erhitzen. Möhre und Morcheln darin 2 Min. anbraten. Den Sellerie und die Reisnudeln unterrühren, dann die Tofuscheiben wieder in die Pfanne geben. Zuletzt das Gericht mit der Austernsauce und Sojasauce sowie dem Zucker würzen.

UDON-NUDELPFANNE

japanisch inspiriert

**Für 2 Personen · Zubereitungszeit ca. 30 Min.
pro Portion 510 kcal**

400 g frische Udon-Nudeln (aus dem Asienladen)
300 g Pak-Choi (ersatzweise Mangold)
150 g Rettich
4 Shiitake-Pilze (ersatzweise
   8 große Champignons)
1 rote Zwiebel · 100 g Tofu
2 EL neutrales Pflanzenöl
2 EL Mirin (süßer japanischer Reiswein,
   ersatzweise Sherry Amontillado)
1 TL Zucker · 6 EL Sojasauce · 1 EL Sesamsamen

1 Die Udon-Nudeln nach Packungsanweisung in 500 ml kochendem Wasser ca. 2 Min. garen. In ein Sieb abgießen und abtropfen lassen.

2 Den Pak-Choi putzen, längs halbieren und quer in breite Streifen schneiden. Diese gründlich waschen und abtropfen lassen. Den Rettich putzen und schälen, erst in Scheiben, dann in 1 cm breite Streifen schneiden. Die Pilze feucht abreiben und putzen. Die Stiele entfernen, die Hüte in Streifen schneiden. Die Zwiebel schälen, halbieren und in Ringe schneiden. Den Tofu schräg in Scheiben schneiden.

3 Erst den Wok, dann das Öl darin erhitzen. Die Zwiebelringe darin 2–3 Min. unter Rühren braten. Die Rettich- und Pilzstreifen einstreuen und 2 Min. pfannenrühren.

4 Nacheinander die Nudeln, den Pak-Choi und den Tofu in den Wok geben. Mit dem Mirin, dem Zucker und der Sojasauce würzen. Alles gut mischen und 2–3 Min. erhitzen, bis die Sauce kocht.

5 Inzwischen die Sesamsamen in einer kleinen Pfanne ohne Fett rösten, bis es duftet. Die Nudeln mit dem Sesam bestreuen, auf zwei Teller oder Schalen verteilen und sofort servieren.

TOFU MIT ZUCKERSCHOTEN UND CURRYSAUCE

schön würzig und knackig-grün

Für 4 Personen · Zubereitungszeit ca. 25 Min.
pro Portion 275 kcal

600 g Tofu
3 EL Sojasauce
250 g Zuckerschoten
Salz
1 Stück frischer Ingwer (ca. 3 cm)
1 EL Öl
3 TL rote Thai-Currypaste
150 ml Gemüsebrühe (Instant)
100 ml Kokosmilch (aus der Dose)
1 EL Limettensaft
2 Frühlingszwiebeln

1 Den Tofu in gut 1 cm große Würfel schneiden und mit der Sojasauce mischen. Die Zuckerschoten waschen und putzen.

2 In einem Topf Salzwasser zum Kochen bringen und die Zuckerschoten darin ca. 2 Min. blanchieren. In ein Sieb abgießen, mit kaltem Wasser abschrecken, abtropfen lassen und leicht schräg in ca. 3 cm lange Stücke schneiden.

3 Den Ingwer schälen und fein hacken. Das Öl im Wok oder in einer hohen Pfanne erhitzen und den Ingwer darin andünsten.

4 Die Currypaste dazugeben und kurz braten. Tofu gut unterrühren, dann die Brühe und die Kokosmilch dazugießen. Einmal aufkochen und 5 Min. leise köcheln lassen. Mit dem Limettensaft und Salz abschmecken. Die Zuckerschoten unterrühren und erwärmen.

5 Die Frühlingszwiebeln waschen, putzen und mit dem Grün in feine Ringe schneiden. Vor dem Servieren auf den Tofu streuen.

GEDÄMPFTER TOFU AUF GEMÜSE

farbenprächtig und nussig

Für 4 Personen · Zubereitungszeit ca. 25 Min.
pro Portion 335 kcal

600 g Tofu · 4 EL helle Sojasauce
1 Staude Pak-Choi
   (ersatzweise Chinakohl; ca. 250 g)
1 Stange Lauch
1 dicke Möhre · Salz
(Sichuan-)Pfeffer
100 g gesalzene, geröstete Erdnusskerne
1 getrocknete Chilischote
4 EL heller Reisessig
1 EL Sesamöl · 2 TL Zucker

1 Den Tofu in dünne Scheiben schneiden, auf einen Teller legen und mit der Sojasauce beträufeln.

2 Den Pak-Choi und den Lauch putzen und in feine Streifen schneiden. Diese gründlich waschen und in einem Sieb abtropfen lassen. Die Möhre schälen und ebenfalls in feine Streifen schneiden.

3 Im Wok oder in einem Topf etwas Wasser zum Kochen bringen. Das Gemüse mischen, mit Salz und Pfeffer würzen und im Dämpfeinsatz verteilen. Die Tofuscheiben darauflegen; die Sojasauce aufheben. Den Dämpfeinsatz in den Wok oder Topf stellen und das Gemüse mit Tofu zugedeckt bei starker Hitze 8 Min. dämpfen.

4 Inzwischen die Erdnusskerne zusammen mit der Chilischote hacken. Den Reisessig mit dem Sesamöl und dem Zucker verrühren. Die übrige Sojasauce vom Tofumarinieren untermischen.

5 Tofuscheiben und Gemüse anrichten, mit der Essigsauce beträufeln und mit den Erdnüssen bestreuen.

OBEN Tofu mit Zuckerschoten und Currysauce
UNTEN Gedämpfter Tofu auf Gemüse

DESSERTS
UND SÜSSSPEISEN

Tutti frutti

Süß, herrlich erfrischend und gesund – schnell geschnippelter Obstsalat ist bei großen und kleinen Genießern immer willkommen!

Was bei uns gerade reif ist

... sollte die Hauptrolle im fruchtigen Sammelsurium spielen. Erdbeeren beispielsweise schmecken im Juni besser als im November, weil sie dann vom Feld aus der Nachbarschaft stammen und gut gereift auf ihrem aromatischen Höhepunkt gepflückt werden können. Sie enthalten so auch mehr Nährstoffe. Denn eine weite Reise überstehen Erdbeeren nur, wenn sie unreif geerntet werden. Dabei bleiben Vitamine und Geschmack auf der Strecke. Und die Zeit auf dem Schiff oder LKW verschlechtert zusätzlich ihre Klimabilanz. Weiteres Plus bei einheimischem Obst: Auch konventionell gezogene Früchtchen sind in ihrer Hoch-Zeit weniger belastet mit Schadstoffen – außerhalb der Saison müssen sie verstärkt mit Pflanzenschutzmitteln und Dünger gepäppelt werden.

Fruchtiger Multi-Kulti-Mix

Für exotische Abwechslung im Obstschälchen können immer mal wieder Früchte sorgen, die nicht bei uns wachsen. Ananas, Bananen, Kiwi und Papaya haben rund ums Jahr Saison, andere Importfrüchte wie Orangen oder Feigen dagegen wie unsere einheimischen Produkte eine Bestzeit.

Obst à la saison

Im Frühling dürfen Erdbeeren im Fruchtsalat nicht fehlen. Packen Sie sie am Obststand aber frühestens im Mai ein. Erst dann können sie aus heimischem Anbau stammen. Ansonsten ist die Auswahl an heimischen Früchten um diese Zeit sehr spärlich. Wie gut, dass sich Erdbeeren so gut mit Bananen vertragen. Und mit ihnen vertreiben die vitaminreichen Papayas Frühjahrsmüdigkeit aufs Feinste. Kiwi, die grünen Vitamin-C-Tresore, bringen Farbe ins Spiel.

EXOTISCHE FRÜCHTE schmecken besonders gut, wenn sich bei uns frisches Obst rar macht. Und Physalis, Karambole, Ananas, Mango und Papaya helfen mit ihrem fruchtig-feinen Aroma sowie ihrem hohen Vitamingehalt außerdem gegen Winterblues und Frühjahrsmüdigkeit.

Im Sommer ist Traumzeit für Genießer mit Beerenhunger! Frische Himbeeren, Brombeeren oder Heidelbeeren, die zu den gesündesten Früchten überhaupt zählen, müssen jetzt unbedingt rein in den fruchtigen Mix. Gönnen Sie den herb-säuerlichen Johannisbeeren oder den guten alten Stachelbeeren aber vorher eine Extraportion Zucker. Zum Gleich-aus-der-Tüte-Naschen laden süße Knorpelkirschen und die weicheren Herzkirschen ein. Entsteint passen sie in jeden Sommermix. Da mischen jetzt außerdem gern Honig-, Zucker- oder Wassermelonen mit. Das Fruchtfleisch mit dem Kugelausstecher auslösen. Nektarine und Pfirsich schmecken im Hochsommer unschlagbar süß und aromatisch. Gut waschen und trocken reiben, dann würfeln. So darf auch die Schale dieser Früchte mit in den Obstsalat. **Im Herbst** ist die Zeit reif für Mirabellen, Pflaumen und Zwetschgen. Späte Sorten haben mehr Sonne und damit Aroma getankt. Entsteinen, vierteln und rein damit in den Salat! Erntefrische Äpfel gibt's zu dieser Jahreszeit ▶

AM BESTEN OHNE!

Kaufen Sie Apfel, Orangen oder Banane wenn möglich lose. Denn ohne glänzende Kunststoffverpackung können Sie Obst besser in Augenschein nehmen und auch mal dran schnuppern. Frisches, gut gereiftes Obst duftet.

AGAR-AGAR
Das Bindemittel immer nur in kochende Flüssigkeit rühren.

FÜR GUTE BINDUNG können auch Pfeilwurzelstärke und Guarkernmehl sorgen.

in paradiesischer Vielfalt. Im Herbstmix treffen sie gern auf Birnen, Weintrauben und Bananen. Probieren Sie dazu die ersten Walnüsse des Jahres, die auch Schälnüsse heißen. Die bittere Haut einfach abziehen. Oder die Früchte mit Granatapfelkernen toppen. Dazu am Kelchansatz ein keilförmiges Stück aus dem Granatapfel herausschneiden. Die Frucht über den Obstsalat halten und mit etwas Druck auseinanderbrechen: Die fleischig-saftigen Kerne fallen heraus. Ein besonderer Genuss sind jetzt auch frische Feigen.

Im Winter ist Zeit für eine klassische Kombination: Mandarine, Orange, Apfel und Banane, dazu ein Dressing aus Honig und Zitronensaft. Ein paar Haselnüsse knacken, rösten, klein hacken und drüberstreuen – fertig ist der winterfrische Vitaminmix. An den Feiertagen darf es auch mal exotischer sein: Gönnen Sie sich jetzt einen Vitamin-Cocktail aus Flugmango oder -papaya, Banane, Ananas und/oder Physalis. Karambole in Scheiben schneiden und untermischen. Die säuerlichen Sterne peppen den Obstsalat auch optisch auf – ideal fürs Weihnachtsdessert.

Drum prüfe, wer sich ewig bindet ...

Der Rohstoff für Gelatine, traditioneller »Dickmacher« in der Dessertküche heißt Kollagen und ist ein Eiweißstoff, der aus tierischem Bindegewebe, Knochen oder aus Schweineschwarte gewonnen wird. Vielen Vegetariern

VORSICHT GELATINE!

Was haben Gummibärchen, Marshmallows, Fruchtjoghurt, Light-Margarine oder fettreduzierter Käse gemeinsam? Sie können Gelatine enthalten. Fertigprodukte aus dem Supermarkt machen es uns nicht leicht, dem unerwünschten Bindemittel konsequent aus dem Weg zu gehen. Denn Gelatine muss nicht zwingend auf dem Etikett vermerkt sein. Eine »Fruchtzubereitung«, die in der Zutatenliste genannt wird, darf beispielsweise mit Gelatine gebunden sein. Vorsicht ist geboten, wenn nur allgemein von Gelier- oder Bindemittel die Rede ist.

ist die Vorstellung sehr unangenehm, fluffige Mousse, fein-süße Creme oder fruchtiges Gelee mit Gelatine zu binden. Zum Glück gibt es gute Alternativen:

Agar-Agar Das pflanzliche Zaubermittel, das Flüssiges in feste Speisen verwandeln kann, wird aus Algen gewonnen. Sie bekommen Agar-Agar als Pulver im Bioladen und im Reformhaus, auch in kleiner Menge zum Ausprobieren. Dort finden Sie auch Tortenguss auf der Basis von Agar-Agar. Im Gegensatz zu Gelatine, die nicht stark erhitzt werden darf, muss Agar-Agar kochen. Am besten das Pulver zunächst mit etwas kalter Flüssigkeit anrühren, dann die Mischung unter die restliche kochende Flüssigkeit rühren und mind. 2 Min. weiterköcheln lassen. Nach dem Abkühlen müssen die immer noch flüssigen Desserts für mind. 4 Std. in den Kühlschrank. Erst dann werden sie fest. Agar-Agar-Pulver schmeckt übrigens salzig. Doch keine Sorge, der Geschmack verliert sich spätestens beim Gelieren.

Apfelpektin Optimal geeignet für feine Fruchtaufstriche, fein-fruchtige Desserts und Kaltschalen. Im Bioladen gibt es ein Fruchtgel aus Apfelpektin, Zitronensäure und Fruchtzucker, das sich unkompliziert handhaben lässt.

Pfeilwurzelstärke Sie ist ideal für alles, was nicht kochen darf, aber trotzdem fest werden soll. Das rein pflanzliche Bindemittel wird aus tropischen Wurzeln und Knollen hergestellt und entfaltet seine magischen Kräfte schon bei niedrigeren Temperaturen.

Guarkernmehl Es wird aus den Samen einer Bohne (Guarbohne) gewonnen und kann ohne Kochen eingesetzt werden. Ideales Bindemittel für Kaltschalen, Dips und Desserts.

Zuckersüße Träume in Weiß und Braun

Brauner Zucker wird nach dem Raffinieren im Gegensatz zu normalem weißem Haushaltszucker mit Melasse versetzt. So bekommt er dunklere Farbe, eine leicht malzige Note, aber kaum mehr Vitamine oder Mineralstoffe. Brauner Zucker ist also nicht gesünder als Haushaltszucker. Anders sieht es bei dunklem Vollrohrzucker aus. Dafür wird frisch gepresster Zuckerrohrsaft gefiltert, erhitzt und unter ständigem Rühren abgekühlt, bis eine feinkörnige Masse entsteht. So ist er ein Naturprodukt, das mehr Spurenelemente und Mineralstoffe aufweisen kann als weißer Zucker. Vollrohrzucker schmeckt herb-süß mit feiner Karamellnote.

No milk today!

Heutzutage ist es kein Problem, wenn Sie Smoothie, Pudding oder Shake ohne Milch zubereiten möchten. Im Supermarkt, Bioladen und Reformhaus finden Sie viele Alternativen. Sie müssen sich nur an einen neuen Namen gewöhnen. Denn die aus Soja, Nüssen oder Getreide gewonnenen Flüssigkeiten dürfen sich laut Gesetz nicht Milch nennen und heißen deshalb zumeist »Drink«. Ob in Tetrapak, Flasche oder Dose verpackt: Alle Drinks vor Genuss gut schütteln!

Sojadrink Das Getränk wird in einem aufwändigen Prozess aus Sojabohnen hergestellt. Es enthält wie Ziegen-, Schaf- und Kuhmilch reichlich Eiweiß, daneben auch Kalium, Magnesium und Eisen. Lediglich in Sachen Kalzium kann die milchige Flüssigkeit nicht mit Kuhmilch mithalten. Deshalb wird Kalzium oft zugesetzt. Im Supermarkt bekommen Sie auch Sojaprodukte, die Sahne oder Crème fraîche ersetzen können (Creme cuisine).

Reisdrink Er schmeckt von Natur aus leicht süßlich. Die rein pflanzliche Flüssigkeit enthält kaum Eiweiß, wenig Fett und ist frei von Gluten. Sie sieht aus wie Kuhmilch und kann beim Kochen und Backen auch so verwendet werden. Zur Gewinnung wässern die Hersteller die Reiskörner und lösen dann durch Klopfen die Stärke heraus.

Haferdrink Wird aus gequollenen Haferkörnern gemacht und ist ebenfalls ein guter Kuhmilch-Ersatz, z. B. für selbst gekochten Pudding oder Béchamelsauce. Die gehaltvolle Flüssigkeit enthält wasserlösliche Ballaststoffe, die den Cholesterinspiegel senken können. In Bioläden gibt's auch Sahneersatz auf Haferbasis. Die Produkte enthalten nur 13 % Fett und dürfen wie Kuhmilcherzeugnisse mitkochen.

Mandeldrink Die milchähnliche Flüssigkeit besteht aus Wasser und einem kleinen Anteil Mandeln. Maltodextrin, ein Kohlenhydratgemisch, dient als Füllstoff. Häufig wird auch etwas Rohrzucker untergemischt. Mandeldrink schmeckt deutlich süß mit klarer Mandelnote und eignet sich deshalb am besten für Desserts und Mixgetränke. Gut gekühlte Latte di mandorla ist in Kalabrien und Sizilien eine beliebte Erfrischung, die in jedem Café angeboten wird. Meist wird sie aus Mandelpaste und Wasser zubereitet. Im Bioladen und Reformhaus finden Sie auch Haselnussdrink. Beide Flüssigkeiten auf Nussbasis sind reich an ungesättigten Fettsäuren.

Kokosmilch Die cremig-flüssige Zubereitung aus Kokosnuss-Fleisch und Wasser ist ideal für die exotische Veggie-Küche. Der mild-nussige Geschmack von Kokosmilch passt ebenso gut zu süßen wie zu scharfen Gerichten. Große Auswahl – auch in den Verpackungsgrößen – gibt es in Asienläden. Am besten ungesüße Kokosmilch ohne Konservierungsstoffe (aufs Etikett schauen) kaufen. Kokosmilch im Tetrapak ist nicht so lange haltbar wie die in Dosen.

FLUGS GEMIXTER SMOOTHIE
Für 2 Portionen 150 g geputzte Erdbeeren mit 1 geschälten Banane und 1 TL Zitronensaft pürieren. 250 ml Reis- oder Sojadrink, Eiswürfel und nach Geschmack etwas Zucker dazugeben und alles leicht schaumig pürieren. Smoothie mit frischen Früchten und Minzebättchen garnieren. Sofort servieren.

LIMETTEN-OBSTSALAT

exotisch und zitrusfrisch

**Für 4 Personen · Zubereitungszeit ca. 30 Min.
Kühlzeit 2 Std. · pro Portion 205 kcal**

2 Orangen · 1 Bio-Limette
1 Stange Zitronengras
60 g Zucker
1 reife Papaya
1 Babyananas
1 Stück Honigmelone (ca. 400 g)
Außerdem:
4 EL Kokosraspel oder -späne zum Bestreuen

1 Den Saft von 1 Orange auspressen. Die Limette heiß waschen, abtrocknen und halbieren. Die Schale von 1 Hälfte abreiben, den Saft beider Hälften auspressen. Zitronengras waschen. Die unteren 10 cm abschneiden, vierteln und möglichst fein hacken.

2 Den Orangen- und Limettensaft mit der Limettenschale, dem Zitronengras, dem Zucker und 50 ml Wasser in einen Topf geben, einmal aufkochen und dann bei starker Hitze in ca. 8 Min. sirupartig einkochen. Vom Herd nehmen und abkühlen lassen.

3 Die Papaya halbieren und schälen, die Kernchen entfernen, das Fruchtfleisch in Stücke schneiden. Die Ananas putzen, schälen und ebenfalls in Stücke schneiden. Die Melone schälen, die Kerne herauskratzen, das Fruchtfleisch mundgerecht schneiden. Die übrige Orange bis ins Fruchtfleisch schälen, die Filets mit einem scharfen Messer aus den Trennhäutchen schneiden.

4 Die Papaya-, Ananas- und Melonenstücke sowie die Orangenfilets mit dem abgekühlten Limettensirup mischen, zugedeckt ca. 2 Std. kühl stellen. Zum Servieren mit den Kokosspänen oder -raspeln bestreuen.

| AROMA-TIPP
| Für den zusätzlichen Asia-Kick noch 3–4 Stücke kandierten Ingwer oder in Sirup eingelegten Ingwer fein hacken und untermischen.

VANILLEJOGHURT-OBSTSALAT

gesund und lecker

**Für 4 Personen · Zubereitungszeit ca. 20 Min.
Marinierzeit 30 Min. · pro Portion 175 kcal**

1 Vanilleschote
2 EL frisch gepresster Zitronensaft
300 g gemischte Weintrauben
  (grün und blau)
1 Apfel · 1 große Birne
4 EL Puderzucker
100 g Heidelbeeren (frisch oder TK)
100 g Joghurt
4 EL Mandelblättchen

1 Die Vanilleschote mit einem spitzen Messer längs aufschlitzen, das Mark herauskratzen und die Hälfte davon mit dem Zitronensaft mischen.

2 Die Weintrauben waschen, von den Stielen zupfen, halbieren und entkernen. Den Apfel und die Birne waschen und vierteln, die Kerngehäuse herausschneiden. Die Apfel- und Birnenviertel klein würfeln und sofort gut mit den Weintrauben, dem Zitronensaft und 3 EL Puderzucker mischen. Zugedeckt 15 Min. ziehen lassen.

3 Inzwischen die Heidelbeeren waschen, verlesen und abtropfen lassen, TK-Beeren in einem Sieb auftauen. Den Joghurt mit dem übrigen Vanillemark und dem Puderzucker glatt rühren.

4 Die Mandelblättchen in einer trockenen Pfanne ohne Fett hellbraun anrösten und abkühlen lassen.

5 Den Joghurt und die Heidelbeeren unter das Obst mischen und den Salat weitere 15 Min. ziehen lassen. Vor dem Servieren einmal durchrühren und mit den Mandelblättchen bestreuen.

VORNE Limetten-Obstsalat
HINTEN Vanillejoghurt-Obstsalat

HIMBEER-MELONEN-SALAT MIT LIMETTENZUCKER

minzfrisch

Für 4 Personen · Zubereitungszeit ca. 15 Min.
pro Portion 175 kcal

2 Bio-Limetten
5 Blätter Minze
80 g Zucker
1 Cantaloup-Melone
125 g Himbeeren
250 g Magerquark
50 ml Milch

1 Für den Limettenzucker die Limetten heiß abwaschen
und abtrocknen. Die Schale abreiben und den Saft auspressen. Die Minzeblätter waschen, mit einem Küchentuch trocken tupfen und fein hacken.

2 Die abgeriebene Limettenschale und die Minzeblätter
mit dem Zucker in einem Mörser fein zermahlen, bis
sich der Zucker leicht grünlich verfärbt hat.

3 Die Melone halbieren, die Kerne mit einem Löffel entfernen. Das Fruchtfleisch bis auf eine Schicht an der
Schale mit einem Kugelausstecher herauslösen oder
mit einem Messer herausschneiden und ca. 1 cm groß
würfeln. Die Melonenstücke mit 2 EL Limettensaft
beträufeln, mit 1–2 EL Limettenzucker abschmecken.

4 Die Himbeeren vorsichtig waschen, verlesen und abtropfen lassen. Zusammen mit den Melonenkugeln
in den Melonenhälften anrichten.

5 Den Quark mit der Milch glatt rühren und mit 4–5 EL
Limettenzucker süßen. In vier Schälchen anrichten
und nochmals mit dem restlichen Limettenzucker
bestreuen. Die Quarkcreme mit dem Salat servieren.

| TAUSCH-TIPP
| Auch Galiamelonen eignen sich ganz vorzüglich
| für diesen Salat.

ANANAS-MANGO-SALAT

mit Ingwer-Schoko-Sahne

**Für 4 Personen · Zubereitungszeit ca. 20 Min.
pro Portion 365 kcal**

1 reife Mango
1/2 kleine Ananas (300–350 g)
1 kleine Banane
4 EL Honig
2 EL frisch gepresster Limettensaft
1 1/2 TL gemahlener Ingwer
200 g Sahne
3 EL Kakaopulver
30 g Zartbitterschokolade

1 Die Mango schälen. Das Fruchtfleisch zunächst vom
Stein und dann in schmale Spalten schneiden.

2 Die Ananas ebenfalls schälen. Das Fruchtfleisch vom
harten Strunk, dann in schmale Spalten schneiden.
Die Banane schälen und schräg in Scheiben schneiden.

3 Das Obst mit 1 EL Honig, dem Limettensaft und
1/2 TL gemahlenem Ingwer verrühren.

4 Die Sahne steif schlagen. Das Kakaopulver, den restlichen Ingwer und 2 EL Honig dazugeben und unterschlagen. Mit dem restlichen Honig süßlich abschmecken. Die Schokolade raspeln und unterrühren.

5 Aus der Schokosahne mit zwei Esslöffeln Nocken
abstechen und auf vier Teller verteilen. Den Obstsalat
daneben anrichten. Sofort servieren.

AROMA-TIPP
Wer sich traut, kann den Salat auch einmal
leicht verschärft servieren. Dafür 1 Prise Pul biber
(türkische Paprikaplättchen) oder etwas fein
gehackte Chilischote unterrühren. 1–2 TL fein
gehackter kandierter Ingwer passt ebenfalls sehr
gut zu diesem Obstsalat.

MELONENKALTSCHALE

leicht & lecker

**Für 4 Personen · Zubereitungszeit ca. 20 Min.
Kühlzeit 30 Min. · pro Portion 150 kcal**

800 g Wassermelone
  (mit Schale gewogen)
1/2 Galiamelone (ca. 800 g)
Saft von 1 Zitrone
250 ml Aprikosennektar
1 EL flüssiger Honig
1 Vanilleschote
2 Stängel Zitronenmelisse

1 Aus der Wassermelone und der Galiamelone die
Samen mit einem Löffel herausschaben. Von beiden
Melonensorten mit einem Kugelausstecher einige
Kugeln ausstechen und abgedeckt kalt stellen.

2 Das übrige Melonenfleisch aus der Schale lösen und
in Stücke schneiden. Mit dem Zitronensaft, dem Aprikosennektar und dem Honig im Mixer oder mit dem
Pürierstab glatt pürieren.

3 Die Vanilleschote längs aufschlitzen, das Mark herauskratzen und unter das Püree mischen.

4 Die Melonenkugeln dazugeben, die Suppe 30 Min. kalt
stellen. Vor dem Servieren die Melisse waschen und
trocken schütteln, die Blätter abzupfen und aufstreuen.

> **DAS SCHMECKT DAZU**
> Für noch mehr Erfrischung je 1 Kugel Zitronen-
> sorbet oder -eis in die Kaltschale setzen.

GRÜNE GRÜTZE

grün & gut

**Für 4 Personen · Zubereitungszeit ca. 20 Min.
Kühlzeit 2 Std. · pro Portion 275 kcal**

500 g grüne Früchte (z. B. Granny-Smith-Äpfel,
  Kiwis, grüne kernlose Weintrauben, Netzmelone)
750 ml Birnensaft
3 EL Speisestärke
75 g brauner Zucker
1 walnussgroßes Stück frischer Ingwer
1 Stück Bio-Zitronenschale

1 Die Früchte waschen und putzen (Äpfel, Weintrauben)
oder schälen (Kiwis, Netzmelone) und das Fruchtfleisch
klein schneiden.

2 Vom Birnensaft 125 ml abnehmen und mit der Speisestärke verquirlen. Den übrigen Saft und den Zucker
in einen Topf geben. Den Ingwer schälen und dritteln
und mit der Zitronenschale hinzufügen. Langsam
aufkochen, dann die Früchte hineingeben und 2 Min.
köcheln lassen. Die angerührte Stärke dazugießen
und alles noch 3 Min. bei schwacher Hitze garen, bis
die Flüssigkeit dicklich ist.

3 Ingwer und Zitronenschale entfernen. Die Fruchtmasse
in eine kalt ausgespülte Schüssel füllen, etwas abkühlen lassen und zugedeckt 2 Std. kalt stellen.

> **ROTE VARIANTE**
> Für **Rote Grütze** 500 g gemischte Beeren, statt
> Birnensaft Kirschsaft und statt Ingwer 1 aufge-
> schlitzte Vanilleschote nehmen.

APFEL-PFLAUMENMUS-DESSERT

im Spätsommer wunderbar

**Für 4–6 Personen · Zubereitungszeit ca. 30 Min.
Kühlzeit 2 Std. · bei 6 Personen pro Portion 310 kcal**

500 g säuerliche Äpfel
300 g Zwetschgen
2 EL Zitronensaft
2 EL brauner Zucker
3 EL Apfelsaft · 250 g Magerquark
2 Päckchen Vanillezucker
125 g Sahne
75 g Zartbitterschokolade
50 g Haselnusskrokant
Außerdem:
Gemüsemühle (Flotte Lotte)
   oder ein mittelgrobes Metallsieb

1 Die Äpfel waschen und vierteln, Blütenansätze und
   Stiele entfernen. Die Zwetschgen waschen, halbieren
   und entsteinen. Beides mit dem Zitronensaft, dem
   Zucker und dem Apfelsaft aufkochen und bei mittlerer
   Hitze 5 Min. köcheln lassen.

2 Den Quark mit dem Vanillezucker verrühren. Sahne steif
   schlagen und unterheben. Schokolade grob hacken.

3 Die Apfel-Pflaumen-Mischung durch die Flotte Lotte
   oder ein mittelgrobes Metallsieb in eine Schüssel passieren. Erst den Krokant, dann die Quarksahne darauf
   verteilen. Die Schokolade obenauf streuen. Das Dessert
   vor dem Servieren zugedeckt 2 Std. kalt stellen.

SAUERKIRSCHKOMPOTT

ganz einfach

**Für 4 Personen · Zubereitungszeit ca. 20 Min.
Kühlzeit 1 Std. · pro Portion 105 kcal**

400 g TK-Sauerkirschen
250 ml Sauerkirschnektar
2 EL Zucker
1/2 Zimtstange
1 Stück Bio-Zitronenschale
2 TL Speisestärke

1 Die Kirschen antauen lassen. 200 ml Kirschnektar mit
   dem Zucker, der Zimtstange und der Zitronenschale
   langsam aufkochen.

2 Den übrigen Kirschsaft mit der Stärke verquirlen, in
   den heißen Saft rühren und köcheln lassen, bis er
   gebunden ist. Die angetauten Kirschen dazugeben,
   langsam aufkochen und 2–3 Min. köcheln lassen.

3 Das Kompott vom Herd nehmen und abkühlen lassen.
   Die Zimtstange und die Zitronenschale herausfischen.

TAUSCH-TIPP
Statt Kirschen zur Abwechslung TK-Heidelbeeren
oder Brombeeren nehmen, den Kirschnektar durch
schwarzen Johannisbeernektar oder Orangensaft
ersetzen. Umwerfend!

DAS SCHMECKT DAZU
Lassen Sie sich zu dem Kompott Vanilleeis (Rezept
S. 463 oder fertig gekauft) oder Pfannkuchen bzw.
Palatschinken (Rezept S. 490) schmecken.

FRUCHTSPIESSE MIT GEWÜRZHONIG

indisch inspiriert

**Für 4 Personen · Zubereitungszeit ca. 15 Min.
pro Portion 215 kcal**

1/2 Ananas
2 Bananen
1 Sternfrucht (Karambole)
1/2 Limette
100 g flüssiger Honig
Mark von 1/2 Vanilleschote
je 1 Prise Zimtpulver, gemahlener Ingwer
   und Garam Masala (indische
   Gewürzmischung, s. Info S. 306)
Außerdem:
8 Schaschlik-Spieße aus Holz
2 EL Kokosraspel oder -chips
   zum Garnieren (nach Belieben)

1 Die Ananas schälen. Das Fruchtfleisch vom harten
Strunk schneiden und würfeln. Die Bananen schälen
und in 2 cm dicke Stücke schneiden. Die Sternfrucht
waschen und quer in Scheiben schneiden.

2 Die Ananas-, Bananen- und Sternfruchtstücke abwechselnd auf die Holzspieße stecken und diese
auf vier Teller verteilen.

3 Die Limette auspressen. Den Honig in einem kleinen
Topf erwärmen und den Limettensaft einrühren.
Das Vanillemark sowie den Zimt, den Ingwer und
das Garam Masala unterrühren.

4 Die Fruchtspieße mit dem Gewürzhonig beträufeln
und nach Belieben mit den Kokosraspeln oder -chips
garniert servieren.

| AROMA-TIPP
Der Gewürzhonig ist auch ein aromatisches
Süßmittel für schwarzen Tee oder indischen Chai.

ORANGEN-CARPACCIO MIT ROTWEINSAUCE

Da kommt Weihnachtsstimmung auf!

**Für 4 Personen · Zubereitungszeit ca. 25 Min.
Ruhezeit 1 Std. · Abkühlzeit 20 Min.
pro Portion 230 kcal**

4 Orangen
750 ml trockener Rotwein (z. B. Chianti)
1 Stück frischer Ingwer (ca. 30 g)
70 g Zucker
1 EL Zitronensaft
2 EL Mandelblättchen
4 Kugeln Vanilleeis (Rezept S. 463
   oder fertig gekauft)

1 Die Orangen bis ins Fruchtfleisch schälen und dabei
die weiße Innenhaut mit entfernen. Die Früchte in
eine Schüssel geben, mit dem Rotwein begießen und
ca. 1 Std. ziehen lassen.

2 Inzwischen den Ingwer schälen und in Scheiben
schneiden. Die Orangen aus dem Wein nehmen
und beiseitestellen.

3 Vom Wein 250 ml abnehmen, mit dem Ingwer, dem
Zucker und dem Zitronensaft aufkochen und offen
in ca. 10 Min. bei starker Hitze zu einem Sirup einkochen. Vom Herd nehmen und den Sirup abkühlen
lassen, den Ingwer herausnehmen. Die Mandeln in
einer trockenen Pfanne ohne Fett hellbraun rösten.

4 Die Orangen quer in dünne Scheiben schneiden.
Auf vier Teller jeweils etwas Rotweinsirup im Halbkreis
träufeln und die Orangen darauf anrichten. Je 1 Kugel
Vanilleeis danebensetzen und alles mit Sirup beträufeln. Mit den gerösteten Mandelblättchen garnieren.

VORNE Fruchtspieße mit Gewürzhonig
HINTEN Orangen-Carpaccio mit Rotweinsauce

MANDARINENQUARK MIT SPEKULATIUS

blitzschnelles Winterdessert

**Für 4 Personen · Zubereitungszeit ca. 10 Min.
pro Portion 320 kcal**

1 Dose Mandarinen (175 g Abtropfgewicht)
250 g Magerquark · 250 g Schmand
40 g flüssiger Honig
Mark von 1/2 Vanilleschote
je 1 Prise Zimtpulver und gemahlener Kardamom
1 Msp. gemahlener Ingwer
5 Spekulatius-Kekse
Außerdem:
1 TL schwach entöltes Kakaopulver (s. Info)
   zum Bestäuben (nach Belieben)

1 Die Mandarinen in einem Sieb abtropfen lassen, die
Flüssigkeit auffangen. Den Quark und den Schmand
mit dem Honig verrühren. So viel von der Mandarinen-
flüssigkeit hinzufügen, dass eine geschmeidige Creme
entsteht. Die Creme mit dem Vanillemark, dem Zimt,
Kardamom und Ingwer würzen.

2 Die Spekulatius-Kekse zerbröseln (s. Tipp S. 457).
Die Brösel mit der Hälfte der Mandarinen unter die
Creme mischen.

3 Die Creme auf vier Schälchen verteilen. Nach Belieben
mit dem Kakaopulver bestäuben und mit den restlichen Mandarinenfilets garnieren.

AROMA-TIPP
In der Wintersaison können Sie auch frische
Mandarinen verwenden. Dann den Quark jedoch
noch etwas nachsüßen.

GUT ZU WISSEN
In schwach entöltem **Kakaopulver** ist noch mehr
wertvolle Kakaobutter enthalten. Da diese ein
Geschmacksträger ist, ist schwach entöltes Kakaopulver milder und etwas aromatischer. Es ist allerdings schlechter löslich und verdirbt schneller als
stark entöltes Kakaopulver.

QUARKCREME MIT APFELMUS

fein geschichtet

**Für 4 Personen · Zubereitungszeit ca. 15 Min.
pro Portion 370 kcal**

400 g Magerquark · 50 g Zucker
90 ml italienischer Mandellikör (z. B. Amaretto)
Mark von 1/2 Vanilleschote
120 g Haferkekse (Fertigprodukt)
350 g Apfelmus (Fertigprodukt, aus dem Glas)
Außerdem:
1 EL schwach entöltes Kakaopulver
    (s. Info S. 456) zum Bestäuben

1 Für die Quarkcreme den Quark mit dem Zucker,
   50 ml Mandellikör und dem Vanillemark verrühren.
   Die Haferkekse zerbröseln (s. Tipp).

2 Die Quarkcreme, das Apfelmus und die Keksbrösel in
   vier große Gläser schichten. Dafür je 1–2 EL Apfelmus
   in die Gläser geben und mit Keksbröseln bedecken.
   Jeweils mit 1/2 EL Likör beträufeln und die Hälfte der

Quarkcreme darauf verteilen. Das Einschichten wiederholen, die fertigen Desserts ca. 5 Min. durchziehen lassen. Zum Servieren mit Kakao bestäuben.

VARIANTE OHNE ALKOHOL
Für Kinder mischen Sie 90 ml Vollmilch mit ein
paar Tropfen Bittermandelaroma. Rühren Sie den
Quark mit 50 ml der Milchmischung an, den Rest
verwenden Sie zum Beträufeln der Kekse.

PROFI-TIPP
Zerbröseln fix und sauber: Geben Sie die Kekse in
einen kleinen Gefrierbeutel und zerklopfen Sie sie
mit einem Nudelholz oder Fleischklopfer.

AROMA-TIPP
Leere Vanilleschoten mit etwas Zucker in ein
Schraubglas geben. Einige Male schütteln und
mind. 2 Wochen durchziehen lassen. So erhalten
Sie wunderbaren natürlichen **Vanillezucker.**

ERDBEER-MASCARPONE-TRIFLE

cremig-fruchtige Versuchung

**Für 6 Personen · Zubereitungszeit ca. 35 Min.
Kühlzeit 2 Std. · pro Portion 360 kcal**

500 g Erdbeeren · 8 EL Holunderblütensirup
(Rezept s. Tipp oder fertig gekauft)
250 g Mascarpone · 250 g Quark (20 % Fett)
1 Bio-Limette · 1 Vanilleschote
1–2 EL Zucker · ca. 20 Löffelbiskuits
4 EL Orangenlikör oder -saft

1 Die Erdbeeren waschen, trocken tupfen, entkelchen
und je nach Größe halbieren oder vierteln. Mit 4 EL Ho-
lundersirup beträufeln und 20 Min. Saft ziehen lassen.
Inzwischen den Mascarpone glatt rühren, dann den
Quark unterrühren. Die Limette heiß waschen und
abtrocknen, die Schale fein abreiben, den Saft auspressen. Die Vanilleschote längs aufschlitzen, das
Mark herauskratzen und mit Limettenschale und -saft
sowie dem Zucker unter den Mascarpone rühren.

2 Eine Lage Löffelbiskuits in eine große Schale oder in
sechs Dessertschälchen geben. Die Biskuits mit
2 EL Holunderblütensirup und 2 EL Orangenlikör oder
-saft beträufeln. Mit der Hälfte der Mascarponecreme
bedecken und die Hälfte der Erdbeeren daraufgeben.
Mit den restlichen Zutaten genauso verfahren, Trifle mit
Erdbeeren garnieren. Zugedeckt 1–2 Std. kalt stellen.

PROFI-TIPP

Für **Holunderblütensirup** à la »Hausmarke« von
2 Bio-Zitronen die Schale hauchdünn abschälen,
den Saft auspressen. 1 kg Zucker, 2 l Wasser,
Zitronensaft und -schalen einmal aufkochen und
abkühlen lassen. Ca. 30 voll aufgeblühte, mit
gelbem Blütenstaub bedeckte Holunderblüten in
die Lösung geben. Zugedeckt an einem sonnigen
Ort 1 Tag durchziehen lassen. Dann den Sud durch
ein Passiertuch gießen und mit 25 g Zitronensäure
(Apotheke) aufkochen. Sofort in heiß ausgespülte
Flaschen gießen und verschließen.

QUARKCREME MIT CASSIS-SAUCE

gut vorzubereiten

Für 6 Personen · Zubereitungszeit ca. 30 Min. pro Portion 345 kcal

1 Bio-Limette · 2 Bio-Orangen
350 g Magerquark
75 g Puderzucker
200 g Sahne
je 150 g Rote und Schwarze Johannisbeeren
1/2 Vanilleschote
ca. 140 g Zucker
5–6 EL Rotwein oder roter Fruchtsaft
2–3 EL Crème de Cassis
   (franz. Johannisbeerlikör, nach Belieben)
Außerdem:
Melisseblättchen zum Garnieren

1 Für die Creme die Limette und 1 1/2 Orangen heiß waschen und abtrocknen. Die Schale fein abreiben, Saft auspressen. Quark, Limetten- und Orangenschale, Limetten- und Orangensaft und Puderzucker glatt rühren. Sahne steif schlagen und unterheben. Die Creme auf Dessertschälchen verteilen, abgedeckt kalt stellen.

2 Für die Sauce die Johannisbeeren waschen, abtropfen lassen und von den Rispen streifen. 2 EL Beeren beiseitelegen. Die übrige Orangenhälfte in Scheiben schneiden. Die Vanilleschote längs aufschlitzen und das Mark herauskratzen.

3 Johannisbeeren, 125 g Zucker, Vanillemark und -schote, Orangenscheiben und Rotwein oder Saft in einem kleinen Topf aufkochen. 2 Min. sanft kochen, dann mit dem Pürierstab pürieren und durch ein feines Sieb streichen. Nach Belieben Likör unterrühren. Die Sauce erkalten lassen.

4 Zum Anrichten die beiseitegelegten Beeren mit dem restlichen Zucker bestreuen. Die Quarkcreme in den Dessertschälchen mit der Cassis-Sauce, den Zucker-Beeren und den Kräuterblättchen anrichten.

ERDBEERCREME MIT WEISSER SCHOKOLADE

fruchtig-süßer Sahnetraum für Gäste

**Für 6 Personen · Zubereitungszeit ca. 30 Min.
pro Portion 455 kcal**

500 g Erdbeeren · 50 g Puderzucker · 100 g weiße
Kuvertüre · 300 g Sahne · 1 Limette · 500 g Ricotta
Außerdem:
etwas Zitronenmelisse zum Garnieren

1 Die Erdbeeren verlesen, entkelchen und waschen.
Einige schöne Früchte für die Garnitur beiseitelegen.
Die restlichen Erdbeeren mit dem Puderzucker mit dem
Pürierstab pürieren.

2 Die Kuvertüre zerkleinern. 100 g Sahne erwärmen und
die Kuvertüre darin auflösen. Restliche Sahne steif
schlagen. Die Limette auspressen, den Ricotta mit dem
Saft glatt rühren. Erdbeerpüree und Schokosahne
unterrühren. Steife Sahne unterziehen. Creme in Gläser
füllen und bis zum Essen kühl stellen. Vor dem Servieren mit restlichen Erdbeeren und Melisse garnieren.

DAS SCHMECKT DAZU
Für eine **Waldmeistersauce** 1/2 Päckchen Vanille-
saucenpulver mit 50 ml Apfelsaft verrühren. 150 ml
Apfelsaft mit 1 EL Zucker aufkochen, das angerührte Saucenpulver einrühren, 1–2 EL Waldmeis-
tersirup unterrühren. Die Sauce abkühlen lassen
und zur Erdbeercreme servieren.

PARFAIT-VARIANTE
Für ein **Erdbeer-Parfait** 400 g Erdbeeren putzen,
waschen und zerkleinern. Mit 2 EL Puderzucker
und 1 EL Erdbeersirup fein pürieren. 2 frische Eier
(Größe M) mit 60 g Puderzucker über dem heißen
Wasserbad weißcremig schlagen (s. Tipp S. 468).
Die Erdbeercreme unterheben. 200 g Sahne
steif schlagen und unterziehen. In eine kalt ausgespülte Kastenform füllen, über Nacht einfrieren.

GRIESSFLAMMERI
MIT ERDBEER-RHABARBER-KOMPOTT

heiß geliebter Dessertklassiker

**Für 4 Personen · Zubereitungszeit ca. 30 Min.
Kühlzeit 4 Std. · pro Portion 415 kcal**

Für das Flammeri:
500 ml Milch · Salz · 50 g Zucker
1 Päckchen Vanillezucker
1/2 Zimtstange
100 g Weizengrieß
2 Eier (Größe M) · 50 g Sahne
Für das Kompott:
300 g Rhabarber · 300 g Erdbeeren · 1 Zitrone
150 ml Fruchtsaft (Cranberry- oder Kirschsaft)
50 g Puderzucker
Außerdem:
4 Förmchen (je 150 ml Inhalt)

1 Die Milch mit 1 Prise Salz, dem Zucker, Vanillezucker
und der halben Zimtstange aufkochen. Die Zimtstange

entfernen. Grieß dazugeben und unter ständigem
Rühren dicklich einkochen , dann vom Herd ziehen.

2 Die Eier trennen, die Eiweiße steif schlagen. Eigelbe
mit der Sahne verrühren, unter die Grießmasse rühren.
Eischnee locker unterziehen. Die Förmchen kalt ausspülen. Pudding einfüllen und 3–4 Std. kalt stellen.

3 Für das Kompott den Rhabarber putzen, entfädeln
und waschen. Die Stangen schräg in 2 cm lange Stücke
schneiden. Die Erdbeeren waschen, entkelchen und
halbieren. Die Zitrone auspressen.

4 Den Fruchtsaft mit dem Puderzucker und Zitronensaft
in einem Topf aufkochen. Den Rhabarber dazugeben
und 4 Min. köcheln lassen. Die Erdbeeren dazugeben
und gut untermischen. Die Flammeris aus den Förmchen stürzen und mit dem Kompott servieren.

JOHANNISBEER-SORBET

kühle Früchtchen für zwischendurch

Für 6 Personen
Zubereitungszeit ca. 25 Min. · Kühlzeit 4 Std.
pro Portion 165 kcal

500 g Rote Johannisbeeren
125 ml roter Johannisbeernektar
175 g Zucker
1 ganz frisches Eiweiß (Größe M)
2 EL Crème de Cassis (franz. Johannisbeerlikör,
    nach Belieben)

1 Die Johannisbeeren waschen und von den Rispen
streifen. Den Johannisbeernektar mit 150 g Zucker
und 100 ml Wasser aufkochen, die Beeren bis auf ein
paar Stück zum Garnieren dazugeben und 3–4 Min.
köcheln lassen. Die Mischung abkühlen lassen und
durch ein Sieb in eine Schüssel streichen.

2 Das Eiweiß mit dem restlichen Zucker steif schlagen.
Den Likör nach Belieben unter die Johannisbeermasse
rühren. Den Eischnee unterheben. Die Masse in eine
Metallschüssel füllen und 4 Std. ins Gefrierfach stellen.
Ab und zu umrühren.

3 Das fertige Sorbet in sechs Gläser füllen und mit
den restlichen frischen Johannisbeeren garnieren.
Sofort servieren.

MELONEN-MINZE-SORBET

eiskalt genießen

Für 6 Personen · Zubereitungszeit ca. 25 Min.
Kühlzeit 4 Std. · pro Portion 95 kcal

1 Honig-, Galia- oder Cantaloup-Melone (ca. 750 g)
1 Bio-Limette · 1 Stängel Minze · 75 g Puderzucker
Außerdem:
Minzeblättchen zum Garnieren

1 Die Melone halbieren und das Fruchtfleisch aus der
Schale lösen, dabei die Kerne entfernen. Das Fruchtfleisch klein würfeln. Die Limette heiß waschen und
abtrocknen, 1 TL Schale abreiben und den Saft auspressen. Die Minze waschen und trocken schütteln,
die Blättchen von den Stielen zupfen.

2 100 ml Wasser mit dem Puderzucker, der Limettenschale und dem -saft sowie den Minzeblättchen
einmal aufkochen und dann 3 Min. köcheln lassen.
Die Minzeblättchen entfernen. Die Melonenwürfel
zugeben, kurz aufkochen, dann abkühlen lassen.

3 Die abgekühlte Masse im Mixer pürieren, gut durchrühren und in eine Metallschüssel füllen. Das Melonen-
püree 4 Std. in das Gefrierfach stellen. Zwischendurch
immer wieder durchrühren. Das Sorbet in Gläser füllen
und mit Minzeblättchen garnieren.

> **TUNING-TIPP**
> Für mehr Minzegeschmack können Sie 1 EL grünen
> Minzesirup unter die Sorbetmasse rühren.

ERDBEER-SOFTEIS

ganz einfach

Für 4 Personen
Zubereitungszeit ca. 20 Min. · Kühlzeit 15 Min.
pro Portion 245 kcal

500 g Vanilleeis (Rezept s. rechts
   oder fertig gekauft)
200 g Erdbeeren
1 EL Erdbeersirup
150 g Sahne

1 Das Vanilleeis 10 Min. in den Kühlschrank stellen.
Die Erdbeeren waschen, entkelchen und in kleine
Würfel schneiden, dann zusammen mit dem Erdbeer-
sirup im Mixer pürieren.

2 Die Sahne steif schlagen und die pürierten Erdbeeren
unterrühren. Die Masse zum Vanilleeis geben und
beides gut vermischen.

3 Das Eis 15 Min. tiefkühlen, dann nochmals durchrühren. Das Softeis in Gläser, Espressotassen oder
Schälchen füllen und sofort servieren.

> **DEKO-TIPP**
> Das Erdbeer-Softeis in einen Spritzbeutel
> mit Sterntülle füllen und in Eishörnchen (fertig
> gekauft) spritzen.

> **TAUSCH-TIPPS**
> Statt der geschlagenen Sahne 150 g Sahnejoghurt
> unterrühren. Das Vanilleeis durch fertig gekauftes
> Erdbeereis ersetzen.

VANILLEEIS

cremiger geht's nicht

Für 1 Form (750 ml Inhalt)
Zubereitungszeit ca. 25 Min.
Kühlzeit 12 Std.
bei 6 Portionen pro Portion 280 kcal

300 g Sahne
200 ml Milch
1 Vanilleschote
3 frische Eigelb (Größe M)
100 g Zucker

1 Die Form kalt ausspülen und ins Gefrierfach stellen.
Die Sahne mit der Milch in einen Topf geben. Mit einem
spitzen Messer die Vanilleschote längs aufschlitzen,
das Mark herauskratzen und samt der Schote zur
Sahnemilch geben. Diese langsam erhitzen, vom
Herd nehmen und 10 Min. ziehen lassen.

2 Die Eigelbe mit dem Zucker in einer Metallschüssel
verrühren. Die Eiermasse über dem heißen Wasserbad
(s. Tipp S. 468) mit den Quirlen des Handrührgeräts
in 2–3 Min. dickschaumig aufschlagen.

3 4–5 EL heiße Vanillesahne unter die Eigelbcreme rühren. Die Vanilleschote entfernen und nach und nach
die ganze Vanillesahne unter ständigem Rühren dazugeben, bis die Mischung dicklich ist.

4 Die Schüssel mit der Creme in kaltes Wasser stellen
und ab und zu umrühren. Die Vanillecreme in die Form
füllen. Mit Frischhaltefolie abdecken und über Nacht
gefrieren lassen.

DER LIEBLINGSKLASSIKER

CRÈME BRÛLÉE
MIT LIMETTENAROMA

fein-säuerlich

**Für 4 Personen · Zubereitungszeit ca. 25 Min.
Garzeit 40 Min. · Kühlzeit 2 Std.
pro Portion 415 kcal**

2 Bio-Limetten
400 g Crème double
80 g Zucker
1 Päckchen Vanillezucker
4 Eigelb (Größe M)
2 TL brauner Zucker
Außerdem:
4 feuerfeste Förmchen
    (je 150 ml Inhalt)

1 Den Backofen auf 150° vorheizen. Die Limetten heiß waschen und abtrocknen, die Schale hauchdünn abschneiden, fein schneiden und mit kochendem Wasser überbrühen.

2 Den Saft der Limetten auspressen und in einem Töpfchen bei schwacher Hitze in ca. 10 Min. auf 1 EL Flüssigkeit einkochen.

3 Die Crème double mit dem Zucker, dem Vanillezucker und der abgetropften Limettenschale unter den Saft rühren, vom Herd nehmen und 15 Min. stehen lassen, damit sich das Aroma entfalten kann.

4 Inzwischen die Eigelbe mit den Quirlen des Handrührgeräts oder in der Küchenmaschine auf hoher Stufe cremig schlagen, bis die Masse an Volumen zunimmt

und heller wird. 1 EL von der aromatisierten Crème double unter die Eier rühren, um sie etwas anzuwärmen. Dann die restliche Crème double unter die Eiermasse rühren.

5 Die Mischung in die Förmchen füllen. Diese in eine etwas größere feuerfeste Form stellen. In die größere Form bis knapp unter die Füllhöhe der Förmchen heißes Wasser gießen. Das Wasserbad mit Alufolie abdecken. Die Crèmes brûlées in den vorbereiteten Förmchen im heißen Backofen (Mitte, Umluft 130°) ca. 40 Min. garen.

6 Nach dieser Zeit überprüfen, ob die Masse stichfest ist, sonst im abkühlenden Backofen noch etwas nachgaren. Die Förmchen aus dem Wasserbad heben, mit Alufolie abdecken und die Crèmes brûlées im Kühlschrank in mindestens 2 Std. (am besten über Nacht) fest werden lassen.

7 Die Crèmes brûlées ca. 30 Min. vor dem Servieren aus dem Kühlschrank holen und Zimmertemperatur annehmen lassen. Mit braunem Zucker bestreuen. Den Backofengrill vorheizen.

8 Die Crèmes brûlées in den Förmchen unter die heißen Grillschlangen schieben und die Zuckerschicht in 3–5 Min. zerlaufen lassen oder den Zucker mit einem Gasbrenner karamellisieren. Aus dem Backofen nehmen und abkühlen lassen; die Karamellschicht wird beim Abkühlen fest.

KASTANIENCREME MIT BIRNEN

schnelles Herbstdessert

**Für 4 Personen · Zubereitungszeit ca. 20 Min.
pro Portion 580 kcal**

400 g gegarte Kastanien
   (vakuumverpackt)
2 EL Rum (nach Belieben)
300 g Sahne
2 Päckchen Vanillezucker
20 g Zucker
1/2 TL Zimtpulver
1 EL ungesüßtes Kakaopulver
   (s. Info S. 456)
2 Birnen (ca. 450 g)
1 Bio-Zitrone
2 EL milder Honig oder Ahornsirup
Außerdem:
Minzeblättchen zum Garnieren
Puderzucker zum Bestäuben

1 Die Kastanien grob hacken und zusammen mit dem Rum, der Sahne, dem Vanillezucker, dem Zucker, dem Zimt und dem Kakao fein pürieren. Zugedeckt bis zum Servieren in den Kühlschrank stellen.

2 Die Birnen vierteln und schälen, die Kerngehäuse herausschneiden. Das Fruchtfleisch in kleine Würfel schneiden. Die Zitrone heiß waschen und abtrocknen, die Schale fein abreiben, 1/2 Zitrone auspressen.

3 In einem kleinen Topf die Birnenviertel mit der Zitronenschale und dem Zitronensaft sowie dem Honig erhitzen und offen bei mittlerer Hitze ca. 5 Min. köcheln lassen. Zum Abkühlen in eine Schüssel füllen.

4 Zum Servieren von der Creme mit einem Esslöffel oder dem Eisportionierer Kugeln abstechen und auf vier Teller verteilen. Das Kompott darauf oder daneben verteilen. Mit Minzeblättchen garnieren und mit Puderzucker bestäuben.

466

FOLIENFRÜCHTE MIT PROSECCO-SABAYON

feine Kombination für Erwachsene

**Für 4 Personen · Zubereitungszeit ca. 30 Min.
pro Portion 300 kcal**

1 Mango · 4 Bananen
3 EL Zitronensaft
4 EL heller Honig
2 sehr frische Eier (Größe M)
2 sehr frische Eigelb (Größe M)
etwas abgeriebene
   Bio-Zitronenschale
2 EL Zucker
150 ml Prosecco

1 Den Backofen auf 220° (Umluft 200°) vorheizen.
Die Mango schälen und das Fruchtfleisch in mög-
lichst formschönen Schnitzen vom Kern schneiden.
Die Bananen schälen und der Länge nach halbieren.

2 Ein großes Stück Alufolie auf der Arbeitsfläche ausbreiten und die Früchte darauf verteilen.

3 Den Zitronensaft mit dem Honig verrühren und auf den
Früchten verteilen. Die Folie schließen und die Früchte
im heißen Backofen (Mitte) ca. 20 Min. backen.

4 Die Eier und die Eigelbe mit der Zitronenschale und
dem Zucker in einer Metallschüssel mit den Quirlen
des Handrührgerätes schaumig schlagen. Den Prosecco unterrühren. Die Schüssel in ein heißes Wasserbad stellen (s. Tipp S. 468) und die Eiercreme
5–10 Min. kräftig weiterschlagen, bis sie dickflüssig
und schön schaumig ist. Die Früchte aus der Folie
auf vier Teller heben, mit Sabayon beschöpfen und
warm servieren.

TAUSCH-TIPPS

Das Dessert lässt sich je nach Saison abwandeln:
Im Herbst Zwetschgen und Birnen mischen und
den Sabayon mit Marsala oder Sherry zubereiten.
Und im Frühling Erdbeeren und Rhabarber kombinieren und Süßwein für die Creme nehmen.

BAILEYS-SCHOKO-MOUSSE

Macht glücklich – aber erst ab 18!

Für 4 Personen · Zubereitungszeit ca. 30 Min.
Kühlzeit 1 Std. · pro Portion 515 kcal

200 g Sahne · 2 EL schwach entöltes Kakaopulver
100 g Bitterschokolade · 2 Eier (Größe M)
2 Eigelb (Größe M) · 2 EL Zucker · 100 ml Milch
1 gestr. EL Agar-Agar · 10 EL Creamlikör (z. B. Baileys)
Außerdem:
12 Schokoladen-Mokkabohnen

1 Die Sahne mit dem Kakaopulver steif schlagen und
 kalt stellen. Die Schokolade über dem heißen Wasserbad schmelzen (s. Tipp) und beiseitestellen.

2 Die Eier, Eigelbe und den Zucker in eine Metallschüssel
 geben und über dem heißen Wasserbad in ca. 5 Min.
 sehr schaumig rühren (s. Tipp). Anschließend über
 einem kalten Wasserbad so lange weiterrühren, bis
 der Schaum wieder abgekühlt ist.

3 Die Milch mit dem Agar-Agar aufkochen und 1 Min.
 kochen. Vom Herd nehmen, Likör und Schokolade
 dazugeben und gut verrühren. Die Schokoladenmilch
 unter stetigem Rühren zu dem Eierschaum geben.
 Zuletzt die gekühlte Kakaosahne vorsichtig unterheben.
 Masse in vier Schälchen füllen und im Kühlschrank
 gut durchkühlen lassen. Kurz vor dem Servieren mit
 den Mokkabohnen dekorieren.

PROFI-TIPP

Das **Wasserbad** kommt zum Einsatz, wenn Sie
empfindliche Zutaten schmelzen oder aufschlagen
wollen. So klappt's: Sie brauchen eine weite
Metallschüssel mit gewölbtem Boden und einen
Topf, in den die Schüssel hineinpasst. Den Topf
so hoch mit Wasser füllen, dass die Schüssel nur
mit dem Boden im Wasser sitzt oder direkt darüber. Das Wasser zum Sieden bringen. Es darf nicht
kochen! Dann loslegen wie in Schritt 1 bzw. 2 des
Rezepts beschrieben.

WEISSWEIN-ZITRONEN-CREME

herb-säuerlich

Für 4 Personen · Zubereitungszeit ca. 45 Min.
Kühlzeit 1 Std. · pro Portion 280 kcal

2 Bio-Zitronen
250 ml trockener Weißwein
2 gehäufte TL Speisestärke
4 EL Zucker
1 TL Agar-Agar
200 g Sahne
3 EL Naturjoghurt

1 1 Zitrone heiß waschen und abtrocknen, die Schale
 abreiben. Beide Zitronen auspressen. 200 ml Wein in
 einen Topf geben. Die Speisestärke, 3 EL Zitronensaft,
 2 EL Zucker und die Zitronenschale einrühren. Alles
 erhitzen und leise kochen, bis das Gemisch leicht angedickt ist. Dann vom Herd nehmen und 10 Min. abkühlen lassen.

2 In einem zweiten Topf den restlichen Wein mit
 2 EL Zitronensaft, dem Agar-Agar und restlichen
 Zucker glatt rühren. Alles bei mittlerer Hitze aufkochen, 1–2 Min. unter Rühren kochen.

3 Die Agar-Agar-Mischung in die abgekühlte erste
 Weinmischung rühren. 10 Min. abkühlen lassen und
 dabei gelegentlich umrühren. Inzwischen die Sahne
 steif schlagen.

4 Den Joghurt unter die Creme rühren. Anschließend
 vorsichtig die Sahne unterheben. Die Creme auf Schälchen verteilen, im Kühlschrank in ca. 1 Std. vollständig
 durchkühlen lassen und servieren.

LINKS Weißwein-Zitronen-Creme
RECHTS Baileys-Schoko-Mousse

SCHOKOLADENMOUSSE

klassisch gut

**Für 4 Personen · Zubereitungszeit ca. 20 Min.
Kühlzeit 4 Std. · pro Portion 490 kcal**

200 g Bitterschokolade
4 Eigelb (Größe M)
100 ml Orangensaft
200 g Sahne

1 Die Schokolade in Stücke brechen und über dem heißen Wasserbad schmelzen (s. Tipp S. 468).

2 Die Eigelbe und den Orangensaft in eine Schüssel geben und ebenfalls über dem heißen Wasserbad mit dem Schneebesen ca. 3 Min. schaumig schlagen (s. Tipp S. 468). Sofort mit der Schokolade verrühren und die Mischung etwas abkühlen lassen.

3 Die Sahne steif schlagen und die Schokoladenmasse mit dem Schneebesen unterheben. Die Mousse 3–4 Std. kühl stellen.

| TUNING-TIPP
Unter die Schokoladen-Eigelb-Masse 1/2 TL Gewürze mengen, z. B. Zimtpulver, gemahlenen Kardamom, zerbröselte getrocknete Chilischoten oder 3 EL kleine Schokoladenstückchen.
Oder in die fertige Schokomousse vor dem Kühlstellen 40 ml Alkoholisches (z. B. Orangenlikör, Kirschwasser oder Kakaolikör) einrühren.

SCHOKOCREME MIT FRÜCHTEN

ganz einfach

**Für 4–6 Personen
Zubereitungszeit ca. 25 Min. · Kühlzeit 2 Std.
bei 6 Portionen pro Portion 405 kcal**

150 g Bitterschokolade · 400 g Crème fraîche
400 g frische Früchte
    (z. B. Beeren, Kiwis, Mango, Physalis)

1 Die Schokolade in Stücke brechen. Die Creme fraîche unter Rühren erhitzen. Die Schokolade dazugeben und unter Rühren auflösen. Die Creme in sechs Gläser füllen und 2 Std. kühl stellen.

2 Die Früchte waschen, putzen, eventuell schälen und in mundgerechte Stücke schneiden oder halbieren. Auf der Creme anrichten und das Dessert servieren.

| TAUSCH-TIPP
Die Crème fraîche durch 400 g flüssige Sahne ersetzen.

| TUNING-TIPP
Für **Erdbeer-Schokotörtchen** 4 kleine Mürbeteigtarteletts (fertig gekauft) innen mit je 1 TL heißer Aprikosenmarmelade ausstreichen, diese etwas trocknen lassen. Die Schokoladencreme wie im Rezept beschrieben zubereiten, in die Tarteletts füllen und diese kalt stellen. 250 g geputzte Erdbeeren halbieren und vor dem Servieren auf den Törtchen verteilen.

SCHOKOLADENSORBET

Einfach himmlisch!

Für 4 Personen
Zubereitungszeit ca. 15 Min. · Kühlzeit 4 Std.
pro Portion 395 kcal

1 Vanilleschote
350 g Rohrohrzucker (ersatzweise
   weißer Haushaltszucker)
3 EL Kakaopulver
1 EL Instant-Kaffeepulver
40 ml Kakaolikör (nach Belieben)

1 Die Vanilleschote längs aufschlitzen und das Mark
  herauskratzen. 600 ml Wasser mit Vanillemark und
  Zucker ca. 3 Min. kochen, bis sich der Zucker aufgelöst
  hat. Den Kakao mit 3 EL kaltem Wasser glatt rühren,
  in den Topf gießen und alles nochmals aufkochen.
  Vom Herd nehmen, das Kaffeepulver und den Likör
  zugeben und die Mischung abkühlen lassen.

2 Das Sorbet in der Eismaschine cremig gefrieren lassen
  oder in eine bauchige Metallschüssel umfüllen, diese
  für 4 Std. in das Gefriergerät stellen und die Mischung
  alle 30 Min. mit dem Schneebesen durchrühren.

FRUCHTIGE VARIANTE
Für **Früchtesorbet** 400 g Fruchtpüree, z.B. von
Beeren, Aprikosen oder gemischten Früchten,
mit 300 g Zucker aufkochen, dann abkühlen
lassen. 4 EL Zitronensaft und nach Belieben
40 ml Alkoholisches (z.B. Orangenlikör oder
Himbeergeist) unterrühren. Das Sorbet wie
beschrieben gefrieren lassen.

SCHOKOLADENSAUCE

blitzschnell

Für 4 Personen
Zubereitungszeit ca. 10 Min.
pro Portion 360 kcal

250 g Bitterschokolade
250 ml Milch

1 Die Schokolade in Stücke brechen. Die Milch aufkochen, die Schokolade dazugeben und bei schwacher Hitze rühren, bis sie sich ganz aufgelöst hat.
  Die Schokoladensauce schmeckt warm und kalt.

TAUSCH-TIPP
125 ml Milch durch Sahne ersetzen – nicht gerade
kalorienarm, aber köstlich!

DAS SCHMECKT DAZU
Schokoladensauce ist klassische Begleiterin der
Birne Helene: Für 4 Personen die Schokoladensauce wie im Rezept beschrieben zubereiten.
2 EL Mandelblättchen in einer Pfanne ohne Fett
goldbraun rösten, abkühlen lassen. 200 g Sahne
steif schlagen. 4 Portionen Vanilleeis (Rezept
S. 463 oder fertig gekauft) in Dessertschälchen
anrichten, 8 Birnenhälften (aus der Dose) dazulegen und mit der steifen Sahne und den gerösteten Mandeln dekorieren. Die Schokoladensauce
getrennt dazu servieren.

DER LIEBLINGSKLASSIKER

SCHOKOLADENFLAMMERI MIT PHYSALIS

scharfe Variante des Großmutter-Klassikers

**Für 4 Personen · Zubereitungszeit ca. 25 Min.
Kühlzeit 3 Std. · pro Portion 470 kcal**

100 g dunkle Kuvertüre
500 ml Milch
4 g Agar-Agar
1 Päckchen Vanillezucker · Salz
1/2 frische milde Chilischote
3 Eigelb (Größe M)
100 g Zucker · 40 g Speisestärke
Außerdem:
1 Puddingform (ca. 1 l Inhalt)
80 g Sahne · Spritzbeutel mit Sterntülle
4 Physalis zum Garnieren

1 Die Kuvertüre zerkleinern und mit 400 ml Milch und dem Agar-Agar in einen Topf geben, unter ständigem Rühren auflösen und zum Kochen bringen. Vanillezucker und 1 Prise Salz dazugeben und verrühren. Die Schokomilch vom Herd ziehen. Die Chilischote waschen, putzen, ohne Kerne fein würfeln und unter die Schokomilch rühren.

2 Inzwischen die Eigelbe mit dem Zucker und der restlichen Milch in einer Schüssel verrühren. Die Speisestärke darübersieben, mit einem Schneebesen untermischen und glatt rühren. Die Eiermasse in die Schokomilch rühren, aufkochen und bei schwacher Hitze unter Rühren ca. 2 Min. kochen. Vom Herd ziehen.

3 Die Puddingform kalt ausspülen und mit der Schokomasse füllen. Abgedeckt ca. 3 Std. in den Kühlschrank stellen. Sahne steif schlagen und ebenfalls kalt stellen.

4 Den Flammeri zum Servieren auf eine runde Platte stürzen. Die Sahne in den Spritzbeutel mit Sterntülle geben und den Flammeri mit Sahnerosetten verzieren. Die Stiele am Ansatz der Physalis abschneiden, die Hüllen an den Nähten zum Stielansatz hin aufreißen, sodass die Früchte frei liegen, die Hüllen aber dranbleiben. Die Früchte auf die Sahnerosetten setzen.

AROMA-TIPP
Für Schokoladengeschmack pur lassen Sie die Chilischote ganz einfach weg.

VARIANTE
ERDBEERFLAMMERI

**Für 4 Personen · Zubereitungszeit ca. 25 Min.
Kühlzeit 2 Std. · pro Portion 150 kcal**

- 500 g Erdbeeren waschen, trocken tupfen und entkelchen. 200 g Beeren beiseitestellen. Die restlichen Erdbeeren mit 1 EL Zucker und 100 ml Wasser fein pürieren. Das Püree nach Belieben durch ein Sieb streichen, dann in einen Topf geben und aufkochen.

- 35 g Speisestärke mit 70 g Zucker und 100 ml Wasser glatt rühren, in das kochende Erdbeermus rühren und unter Rühren einmal aufkochen. Mit 1–2 EL Zitronensaft würzen und vom Herd nehmen. Die Creme in vier Schüsselchen füllen. Etwas abkühlen lassen, dann mind. 2 Std. im Kühlschrank kalt stellen.

- Zum Anrichten restliche Erdbeeren klein schneiden und die Desserts damit garnieren. Nach Belieben 1 EL gehackte, ungesalzene Pistazienkerne darüberstreuen.

ESPRESSO-SCHOKO-SOUFFLÉ

feine Sache – ob als Dessert oder zum Kaffee

**Für 4 Personen · Zubereitungszeit ca. 40 Min.
Garzeit 35 Min. · pro Portion 510 kcal**

2 Tässchen starker Espresso (ca. 50 ml)
100 ml Milch · 100 g Sahne
50 g Zartbitterschokolade · 50 g weiche Butter
50 g Mehl · 4 Eier (Größe M)
Salz · 70 g Zucker · 1 EL Kakaopulver
Außerdem:
4 feuerfeste Förmchen (je 150 ml Inhalt)
2 EL zerlassene Butter und 2 TL Vanillezucker
für die Förmchen · Puderzucker zum Bestäuben

1 Die Förmchen mit der flüssigen Butter auspinseln und gründlich mit dem Vanillezucker ausstreuen. Den Backofen auf 200° (Umluft nicht empfehlenswert) vorheizen, einen Bräter bereitstellen.

2 Espresso mit Milch und Sahne erhitzen. Die Schokolade hacken und bei schwacher Hitze darin schmelzen.

3 Butter und Mehl verkneten. Die Eier trennen, das Eiweiß mit 1 Prise Salz und dem Zucker steif schlagen.

4 Das Kakaopulver in die Espressomilch rühren und aufkochen. In kleinen Portionen die Mehlbutter in die heiße Masse geben und unter Rühren darin auflösen. Den Topf vom Herd nehmen und die Masse etwas abkühlen lassen. Die Eigelbe nach und nach unterrühren. Ein Drittel vom Eischnee mit dem Schneebesen einrühren, den Rest locker unterheben.

5 Den Bräter mit ca. 80° heißem Wasser soweit füllen, dass die Förmchen zu drei Vierteln darin stehen können. Die Soufflémasse in die Förmchen füllen, diese in den Bräter ins Wasser stellen.

6 Die Soufflés im Ofen (unten) ca. 35 Min. garen, bis die Masse luftig hochgestiegen ist. Die Ofentür zwischendurch nicht öffnen! Die fertigen Soufflés herausholen, kurz abkühlen lassen und mit Puderzucker bestäuben.

VANILLECREME-TÖRTCHEN

Leckerei aus dem Muffinblech

**Für 12 Stück · Zubereitungszeit ca. 1 Std.
pro Stück 205 kcal**

300 g TK-Blätterteig (z. B. 4 Platten
   aus einer 6er-Packung mit 450 g)
200 g Sahne · 1/2 Vanilleschote · abgeriebene
   Schale von 1/2 Bio-Zitrone · 50 g Zucker
5 Eigelb (Größe M) · 1/2 TL Speisestärke
Außerdem:
Muffinblech mit 12 Mulden
ca. 1 EL Puderzucker und ca. 1/2 TL Zimtpulver
   zum Bestäuben

1 Teigplatten nebeneinander auf der Arbeitsfläche auftauen lassen. Längs in je 3 gleich breite Streifen teilen
(ca. 3 cm breit) und diese schneckenförmig aufrollen.
Die Mulden des Muffinblechs kalt ausspülen. In jede
Mulde eine Teigschnecke legen, in die Form pressen,
fast bis zum Rand hochziehen und gut andrücken.
Den Backofen auf 225° (Umluft 200°) vorheizen.

2 Die Sahne bis auf 2 EL in einen kleinen Topf geben.
Die Vanilleschote längs aufschlitzen und das Mark
herauskratzen. Dieses mit der Zitronenschale und dem
Zucker unter die Sahne im Topf mischen und langsam
erhitzen. Die Eigelbe sehr gut verquirlen, dann erst in
den Topf rühren. Alles bei schwacher Hitze bis kurz vor
den Siedepunkt erhitzen.

3 Die 2 EL kalte Sahne mit der Stärke verquirlen, dazugeben und kräftig rühren, bis die Creme dickflüssig
wird. Vom Herd nehmen, etwas abkühlen lassen.

4 Die lauwarme Vanillecreme in die mit Teig ausgelegten
Muffinmulden füllen. Die Törtchen im heißen Backofen
(Mitte) in 8–10 Min. goldbraun backen. Das Muffinblech aus dem Ofen nehmen, die Törtchen kurz abkühlen lassen und dann erst aus den Mulden lösen. Vollständig abkühlen lassen. Den Puderzucker mit dem
Zimt mischen, in ein kleines Sieb geben und die Törtchen damit bestäuben.

TOPFENKNÖDEL MIT HOLUNDER-CRANBERRY-KOMPOTT

süße Hauptspeise

Für 4 Personen · Zubereitungszeit ca. 55 Min.
Kühlzeit 30 Min. · pro Portion 525 kcal

Für die Knödel:
400 g Magerquark · 4 Scheiben Toastbrot
50 g Butter · 50 g Puderzucker
1 TL abgeriebene Bio-Zitronenschale
1 Ei (Größe M) · 1 Eigelb (Größe M)
Salz · 2 EL Zucker
Für das Kompott:
je 250 g Holunderbeeren und Cranberrys
50 g Rohrzucker · 400 ml Apfelsaft
2 Stück Sternanis · 3 Pimentkörner
2 TL Speisestärke

1 Den Quark in ein Tuch geben und gut ausdrücken. Das Toastbrot entrinden, klein würfeln und im Blitzhacker oder mit den Händen fein zerbröseln. Butter, Puderzucker, Zitronenschale, Ei und Eigelb cremig verrühren. Brotbrösel und Quark unterrühren. 30 Min. kühl stellen.

2 In einem großen Topf reichlich Wasser mit 1/2 TL Salz und dem Zucker zum Kochen bringen. Aus der Quarkmasse acht Knödel formen. Diese im Wasser knapp unter dem Siedepunkt in 10 Min. gar ziehen lassen.

3 Inzwischen die Holunderbeeren von den Stielen streifen, waschen und in einem Sieb abtropfen lassen. Die Cranberrys waschen. Den Rohrzucker in einem Topf schmelzen, 300 ml Apfelsaft unter Rühren dazugießen. Sternanis und Pimentkörner dazugeben und das Ganze bei starker Hitze 5 Min. einköcheln lassen.

4 Die Stärke mit dem restlichen Apfelsaft verrühren und in die kochende Flüssigkeit rühren. Cranberrys und Holunderbeeren dazugeben und 6–8 Min. ziehen lassen. Knödel aus dem Wasser heben, abtropfen lassen und auf vier Teller verteilen. Mit dem Kompott anrichten.

APFEL-AUFLAUF

preiswerter Kinderliebling

Für 4 Personen · Zubereitungszeit ca. 25 Min.
Backzeit 45 Min. · pro Portion 805 kcal

4 altbackene Brötchen
75 g Butter
1 EL Zucker · 1 Zitrone
4 mittelgroße Äpfel (z. B. Boskop)
3 Eier (Größe M)
75 g Puderzucker
1 Päckchen Vanillezucker
400 ml Milch · 150 g Crème fraîche
50 g Mandelstifte · 2 EL Rohrzucker
Außerdem:
Backpapier für das Blech
Auflaufform · Butter für die Form

1 Den Backofen auf 200° (Umluft 180°) vorheizen. Das Backblech mit Backpapier belegen. Die Brötchen in 1–2 cm dicke Scheiben schneiden und auf das Blech legen. 50 g Butter zerlassen. Die Auflaufform buttern. Die Brötchen mit der zerlassenen Butter beträufeln und mit dem Zucker bestreuen. Die Brotscheiben im heißen Ofen (Mitte) in 5 Min. leicht bräunen.

2 Die Zitrone auspressen. De Äpfel waschen, schälen und halbieren, die Kerngehäuse herausschneiden. Die Apfelhälften in 1 cm dicke Scheiben schneiden und sofort mit dem Zitronensaft vermischen. Die Brötchenscheiben und Apfelscheiben abwechselnd dachziegelartig in die Form schichten.

3 Die Eier mit dem Puderzucker, dem Vanillezucker, der Milch und Crème fraîche verrühren und über die Apfel- und Brotscheiben gießen. Den Auflauf im heißen Backofen (Mitte) 30 Min. backen. Die Mandelstifte auf dem Auflauf verteilen und den Rohrzucker daraufstreuen. Die restliche Butter in Flöckchen daraufgeben. Den Auflauf in 10–15 Min. fertig backen.

LINKS Topfenknödel mit Holunder-Cranberry-Kompott
RECHTS Apfel-Auflauf

GRIESSSCHNITTEN MIT BIRNEN-APFEL-KOMPOTT

knusprig-süßer Seelentröster

**Für 4 Personen · Zubereitungszeit ca. 1 Std.
pro Portion 725 kcal**

Für die Grießschnitten:
1 l Milch · Salz · 4 EL Butter · 60 g Zucker
250 g Hartweizengrieß · 2 Eier (Größe S)
Für das Kompott:
je 500 g Äpfel und Birnen
1 Bio-Zitrone · 2 EL brauner Zucker
50 ml Cidre oder naturtrüber Apfelsaft
50 g Honig · 1 Prise gemahlene Nelken

1 Die Milch mit 1 Prise Salz und 1 EL Butter in einem
hohen Topf erhitzen. Zucker und Grieß einrieseln
lassen. Den Grieß kurz köcheln, dann zugedeckt bei
schwacher Hitze 10 Min. quellen lassen. Den Grießbrei
in eine Schüssel umfüllen und 5 Min. abkühlen lassen,
dann die Eier unterrühren. Den Brei in eine kleine
Kastenform füllen, kalt werden lassen.

2 Inzwischen Äpfel und Birnen vierteln, schälen und von
den Kerngehäusen befreien, die Früchte in Schnitze
schneiden. Zitrone heiß waschen und abtrocknen, die
Schale fein abreiben, den Saft einer Hälfte auspressen.

3 Braunen Zucker in einen Topf häufen und bei mittlerer
Hitze schmelzen lassen, Äpfel und Birnen unterrühren.
Zitronenschale und -saft, Cidre oder Apfelsaft und den
Honig untermischen. Die Früchte bei schwacher Hitze
in ca. 10 Min. zugedeckt weich kochen, aber nicht zer-
fallen lassen. Mit Nelken und evtl. etwas Honig würzen.

4 Den Grießbrei aus der Form auf ein Brett stürzen und
in ca. 1 cm dicke Scheiben schneiden. Große Scheiben
noch einmal halbieren. Die Grießschnitten in der übrigen Butter portionsweise bei mittlerer Hitze pro Seite
in 2–3 Min. goldbraun und knusprig braten. Die fertigen Schnitten im Backofen bei 70° (Umluft 50°) warm
halten. Mit dem Kompott servieren.

QUARKNOCKERL MIT ZWETSCHGEN-PESTO

schön locker, schön fruchtig

Für 4 Personen · Zubereitungszeit ca. 40 Min.
Backzeit 35 Min. · pro Portion 675 kcal

Für die Nockerl:
1 Bio-Orange · 75 g gemahlener Mohn
(ersatzweise fertige gesüßte Mohnmischung)
100 g Zucker · 100 g Hartweizengrieß
750 g Magerquark · 4 Eier (Größe M)
250 ml Milch · 30 g Butter · Salz
Für das Pesto:
je 1 Bio-Orange und Bio-Zitrone
50 g getrocknete Pflaumen
200 g frische Zwetschgen
50 g Kürbiskerne · 2 EL Ahornsirup oder Honig

1 Für die Nockerl die Orange heiß waschen und abtrocknen, Schale fein abreiben und Saft auspressen. Mit
dem Mohn und 2 EL Zucker einmal aufkochen, vom
Herd ziehen und zugedeckt 10 Min. quellen lassen.

2 Den Backofen auf 180° vorheizen. Mohn, Grieß, Quark
und übrigen Zucker mischen. Die Eier trennen, Eigelbe
unterrühren. Eiweiße steif schlagen und unterziehen.

3 Die Milch mit der Butter und 1 Prise Salz aufkochen
und in die Fettpfanne des Backofens gießen. Von der
Quarkmasse mit zwei Esslöffeln Nocken abstechen
und nebeneinander in die Milch setzen. Im heißen
Backofen (Mitte, Umluft 160°) ca. 35 Min. backen,
bis die Nocken schön braun sind und die Milch aufgesaugt haben.

4 Für das Pesto die Orange und Zitrone heiß waschen
und abtrocknen, die Schale fein abreiben und den Saft
auspressen. Getrocknete Pflaumen würfeln und mit
dem Saft einmal aufkochen. Zwetschgen waschen, halbieren und entsteinen. Alle Früchte mit den Kürbiskirnen und dem Ahornsirup oder Honig fein pürieren, mit
der Zitrusschale abschmecken. Zu den Nockerln essen.

KIRSCH-RHABARBER-CRUMBLE

mit unwiderstehlicher Streuselkruste

Für 4–6 Personen
Zubereitungszeit ca. 20 Min.
Backzeit 30 Min.
bei 6 Portionen pro Portion 370 kcal

350 g Rhabarber
1 kleines Glas Schattenmorellen
  (ca. 175 g Abtropfgewicht)
1 EL Speisestärke
130 g Zucker
Zimtpulver
90 g Butter
150 g Mehl
30 g gehackte Mandeln
30 g kernige Haferflocken
Salz
Außerdem:
feuerfeste runde Form (ca. 20 cm Ø)
Fett für die Form

1 Den Rhabarber waschen, putzen, entfädeln und in ca. 3 cm große Stücke schneiden.

2 Die Schattenmorellen in ein Sieb abgießen und abtropfen lassen, dabei 100 ml Flüssigkeit auffangen. Die Flüssigkeit in einem Topf mit der Speisestärke und 40 g Zucker verrühren, aufkochen und unter Rühren offen ca. 4 Min. bei schwacher bis mittlerer Hitze kochen, bis sie angedickt ist.

3 Die Kirschen und den Rhabarber mit in den Topf geben, das Ganze erneut aufkochen und ca. 2 Min. bei schwacher Hitze sanft kochen. Vom Herd nehmen, die Mischung mit 1 Prise Zimt würzen und beiseitestellen.

4 Den Backofen auf 200° vorheizen. Für die Streusel die Butter schmelzen und mit dem Mehl, den Mandeln, den Haferflocken, dem restlichen Zucker und je 1 Prise Salz und Zimt zu einem bröseligen Teig verkneten. Ca. 10 Min. kühl stellen.

5 Inzwischen die Form einfetten und die Kirsch-Rhabarber-Mischung hineingeben. Die Streusel darauf verteilen. Den Crumble im heißen Ofen (Mitte, Umluft 180°) ca. 30 Min. backen, bis die Streusel leicht gebräunt sind.

6 Den Crumble aus dem Backofen nehmen, etwas abkühlen lassen und servieren. Dazu passt Vanillesauce (Rezept S. 482).

VARIANTE
ZWETSCHGEN-INGWER-CRUMBLE

Für 4 Personen · Zubereitungszeit ca. 30 Min.
Backzeit 40 Min. · pro Portion 830 kcal

• 80 g kandierten Ingwer fein hacken. 30 g Walnusskerne grob hacken, 60 g Walnusskerne fein hacken. Die fein gehackten Walnüsse mit 175 g Mehl, 100 g braunem Zucker und 1 TL Zimtpulver mischen.

• 125 g kalte Butter in Stücke schneiden. Die Stücke zuerst mit einem Messer unter die Mehlmischung hacken, dann alles mit den Händen zügig zu Bröseln zerreiben. Die Brösel kühl stellen.

• Den Backofen auf 200° vorheizen, eine große feuerfeste Form mit Butter fetten. 750 g Zwetschgen waschen, längs halbieren und entsteinen. Mit den Schnittflächen nach oben in der Form auslegen und nach Belieben mit 3 EL Orangenlikör beträufeln.

• Die gehackten Walnusskerne zusammen mit den Ingwerstücken auf den Zwetschgen verteilen. Die Teigbrösel darüberstreuen.

• Den Crumble im heißen Backofen (Mitte, Umluft 180°) in ca. 40 Min. goldbraun backen. Heiß oder kalt mit Vanillesauce (Rezept S. 482) servieren.

BRATÄPFEL

wärmender Winterklassiker

**Für 4 Personen · Zubereitungszeit ca. 25 Min.
Garzeit 35 Min. · pro Portion 275 kcal**

4 säuerliche Äpfel (am besten Boskop)
40 g getrocknete Aprikosen · 60 g Nussnugat
40 g gebrannte Mandeln · 30 g Rosinen
Zimtpulver · 30 g Marzipanrohmasse
Außerdem:
feuerfeste Form (mind. 20 x 20 cm)
Fett für die Form

1 Den Backofen auf 180° vorheizen. Die Form einfetten.
Die Äpfel waschen und abtrocknen. Die Kerngehäuse
aus den Äpfeln entfernen. Die Aprikosen in feine Würfel
schneiden, den Nugat ebenfalls würfeln. Die Mandeln
grob hacken. Mandeln, Rosinen, Aprikosen, Nugat und
1 Prise Zimt verkneten.

2 Äpfel mit der Nugatmasse füllen, das Marzipan in vier
Portionen teilen und die Unterseite der Äpfel damit ver-

schließen. Die Äpfel rundherum ca. fünfmal 1/2 cm tief
einschneiden, damit sie im Ofen nicht platzen.

3 Die Äpfel in die Form setzen und im heißen Ofen (Mitte,
Umluft 160°) 30–35 Min. garen. Die fertigen Bratäpfel
aus dem Ofen nehmen und noch heiß servieren.

DAS SCHMECKT DAZU
Perfekt zu den Bratäpfeln: **cremiges Vanilleeis**
(Rezept S. 463 oder fertig gekauft) oder **Vanillesauce:** Für 4 Personen 250 ml Vollmilch und
100 g Sahne mit dem Mark von 1 Vanilleschote
und 40 g Zucker aufkochen. Inzwischen 50 ml Vollmilch mit 2 Eigelben (Größe M) und 1 TL Speisestärke glatt rühren. Die heiße Vanillemilch vom
Herd ziehen, die Eiermischung einrühren, den Topf
zurück auf den Herd stellen und das Ganze unter
Rühren langsam wieder erhitzen, bis die Sauce
leicht andickt. Nach Belieben etwas nachsüßen
und noch warm oder kalt servieren.

BIRNENKRAPFEN

knusprig frittiert

Für 4 Personen
Zubereitungszeit ca. 35 Min.
Ruhezeit 1 Std. 10 Min.
pro Portion 460 kcal

120 ml lauwarme Vollmilch
1 Päckchen Trockenhefe
150 g Mehl
120 g Zucker · Salz
2 Eigelb (Größe M)
30 g flüssige Butter
1 große Birne (z. B. Abate Fetel)
Zimtpulver
Außerdem:
1 kg Butterschmalz zum Ausbacken

1 Für den Teig die Milch mit der Hefe sowie 1 EL Mehl und 1 EL Zucker zu einem Vorteig verrühren und zugedeckt ca. 10 Min. gehen lassen.

2 Das restliche Mehl mit 20 g Zucker und 1 Prise Salz mischen. Eine Mulde hineindrücken, die Eigelbe, die Butter und den Vorteig hineingeben. Zu einem glatten Teig verkneten und zugedeckt 1 Std. gehen lassen.

3 Die Birne schälen und halbieren, das Kerngehäuse entfernen und die Hälften würfeln. Die Birnenwürfel mit 1 Prise Zimt bestreuen, gut durchmischen und die Mischung unter den Teig heben. In einem tiefen Teller den restlichen Zucker mit 1/2 TL Zimt mischen.

4 Das Butterschmalz in einem Topf erhitzen. Es ist heiß genug, wenn an einem hineingehaltenen Holzlöffelstiel Bläschen aufsteigen. Mit zwei Esslöffeln Teigportionen abstechen und ins Fett gleiten lassen. Die Krapfen portionsweise bei mittlerer bis starker Hitze in 5–6 Min. goldbraun ausbacken, dann mit einem Schaumlöffel herausheben und auf Küchenpapier abtropfen lassen. Die Krapfen im Zimtzucker wenden und heiß servieren.

ORANGEN-REIS-AUFLAUF MIT KARAMELLKRUSTE

schmeckt nach Süden

Für 4–6 Personen
Zubereitungszeit ca. 40 Min. · Backzeit 40 Min.
bei 6 Portionen pro Portion 750 kcal

1 Vanilleschote
1 l Milch
300 g Rundkornreis
150 g Zucker
3 Bio-Orangen
80 g Mandelstifte
3 EL gehacktes Orangeat
3 EL Butter
4 Eier (Größe M)
2 Msp. Zimtpulver
3 EL Orangenlikör (nach Belieben)
2 EL Puderzucker
Außerdem:
große Auflaufform

1 Die Vanilleschote längs aufschlitzen und das Mark herauskratzen. Das Mark, die leeren Schotenhälften, die Milch, den Reis und 75 g Zucker in einem Topf mischen. Einmal aufkochen und den Reis zugedeckt bei schwacher Hitze ca. 20 Min. garen. Dabei gelegentlich umrühren, damit der Reis nicht anhängt. Den Topf vom Herd nehmen und den Milchreis leicht auskühlen lassen, die Vanilleschote entfernen.

2 Inzwischen die Orangen heiß waschen und abtrocknen. Von 1 Frucht die Schale dünn abreiben. Dann alle Orangen bis ins Fruchtfleisch schälen, dabei die weiße Haut mit entfernen. Die Filets mit einem scharfen Messer aus den Trennhäutchen schneiden, dabei den Saft auffangen. Die Mandelstifte in einer Pfanne ohne Fett hellbraun rösten. Das Orangeat etwas feiner hacken.

3 Den Backofen auf 180° vorheizen, die Auflaufform mit knapp 1 EL Butter fetten. Die Eier trennen, die Eiweiße steif schlagen. Dabei nach und nach den restlichen Zucker einrieseln lassen.

4 Die Eigelbe, ca. 1 TL Orangenschale, den Orangensaft, die Mandeln, das Orangeat, den Zimt und nach Belieben den Likör in den Reis rühren. Orangenfilets und Eischnee unterheben.

5 Die Reismasse in die Form füllen und im vorgeheizten Backofen (Mitte, Umluft 160°) ca. 25 Min. garen. Dann die übrige Butter schmelzen und auf den Auflauf träufeln, den Puderzucker darüberstreuen. Die Ofentemperatur auf 200° erhöhen und den Auflauf ca. 15 Min. weiterbacken, bis die Oberfläche knusprig karamellisiert ist.

VARIANTE OHNE KRUSTE

Der Einfachheit halber können Sie die **Karamellkruste** auch weglassen. Garen Sie den Auflauf dann ca. 40 Min. bei 180° (Mitte, Umluft 160°). Bei Bedarf nach ca. 20 Min. mit Alufolie abdecken. Vor dem Servieren mit 2–3 EL Orangenblütenwasser (aus Orientladen oder Apotheke) beträufeln.

VARIANTE

REIS-MANDEL-AUFLAUF

Für 6 Personen · Zubereitungszeit ca. 1 Std. 30 Min.
Backzeit 45 Min. · pro Portion 620 kcal

- 1 l Milch, 1 Prise Salz, 80 g Zucker, 40 g Butter und 300 g Langkornreis aufkochen und offen unter Rühren ca. 20 Min. garen, bis der Reis die Milch aufgesogen hat. Beiseitestellen und abkühlen lassen.
- Backofen auf 180° vorheizen. Eine Auflaufform fetten. 4 Eier (Größe M) trennen. Eigelbe mit je 80 g Rosinen und Mandelstiften unter den Reis mischen.
- Die Eiweiße mit 70 g Zucker und 1 Päckchen Vanillezucker steif schlagen und nach und nach unterrühren.
- Die Reismasse in die Form füllen und im Backofen (Mitte, Umluft 160°) ca. 45 Min. backen. Dazu passt Schokosauce (Rezept S. 471).

VANILLE-MILCHREIS

weihnachtlich mit Lebkuchenbröseln

SÜSSE POLENTA

Polenta auf ganz neue Art

Für 4 Personen
Zubereitungszeit ca. 35 Min.
pro Portion 550 kcal

1 Bio-Zitrone
1 l Milch
1 Stück Sternanis
  (nach Belieben)
Salz
200 g Rundkornreis
  (z. B. Avorio)
4 Päckchen Vanillezucker
4 EL Zucker
  (nach Belieben)
150 g Lebkuchen

Für 4 Personen
Zubereitungszeit ca. 25 Min. · Kühlzeit 1 Std.
pro Portion 640 kcal

1 Bio-Orange · 300 ml Milch
2 Päckchen Vanillezucker
80 g Polenta (Maisgrieß)
80 g Zucker
2 Prisen Zimtpulver
3 Eiweiß (Größe M)
200 g fein gehackte Haselnüsse
3 EL Öl · 4 Blättchen Zitronenmelisse
Außerdem:
flache Form
Butter für die Form

1 Die Zitrone heiß waschen und abtrocknen, ca. 1/2 TL von der Schale abreiben. Mit der Milch, nach Belieben dem Sternanis, 1 Prise Salz und dem Reis in einem hohen Topf aufkochen. Umrühren und zugedeckt bei schwacher Hitze ca. 25 Min. köcheln lassen. Dabei ab und zu umrühren.

2 Nach dieser Zeit den Vanillezucker und nach Belieben den Zucker unterrühren. Den Sternanis entfernen. Die Lebkuchen in einem Gefrierbeutel zerbröseln und zum Servieren obenauf geben. Den Milchreis heiß oder kalt mit roter Grütze (Rezept S. 452) servieren.

1 Die Orange heiß waschen und abtrocknen, ca. 1 TL von der Schale abreiben. Die Milch mit dem Vanillezucker aufkochen. Die Polenta, den Zucker, die Orangenschale und das Zimtpulver einrühren und unter Rühren ca. 5 Min. köcheln lassen.

2 Eine flache Form einfetten. Die Polenta einfüllen, glatt streichen und abgedeckt 1 Std. kalt stellen.

3 Nach dieser Zeit die Polenta in acht Scheiben schneiden. Die Eiweiße verquirlen. Die Polenta erst in Eiweiß, dann in den Nüssen wenden.

4 Das Öl in einer Pfanne erhitzen und die Polentascheiben darin von beiden Seiten 3 Min. braten. Mit Zitronenmelisse garnieren.

RISOTTO MIT PINIENKERNEN

raffiniert gewürzt

Für 4 Personen
Zubereitungszeit ca. 45 Min.
pro Portion 790 kcal

2 Stangen Zitronengras
500 ml Kokosmilch
　(aus der Dose)
250 g Rundkornreis
1 l Milch
5 EL Pinienkerne
1 TL gemahlener Ingwer
4 EL Zucker
Salz · 1 Zitrone

1 Das Zitronengras waschen, flach klopfen und in einem
hohen Topf in der Kokosmilch aufkochen. Den Reis
einrühren, noch einmal aufkochen und unter Rühren
bei mittlerer Hitze kochen. Kurz bevor die Flüssigkeit
verkocht ist, wieder etwas Milch dazugießen und einkochen. Den Vorgang wiederholen, bis die Flüssigkeit
verbraucht und der Reis bissfest ist.

2 Die Pinienkerne in einer Pfanne ohne Fett rösten.
Den Reis mit dem Ingwer, dem Zucker und 1 Prise Salz
vermischen. Das Zitronengras entfernen. Die Zitrone
auspressen und den Saft untermischen.

3 Den Risotto auf Tellern anrichten und mit Pinienkernen
garnieren. Dazu passt Fruchtsalat – z. B. der Limetten-
Obstsalat von S. 448.

KASCHA MIT RHABARBER

honigsüße Hauptmahlzeit

Für 4 Personen · Zubereitungszeit ca. 35 Min.
Marinierzeit 1 Std. · pro Portion 450 kcal

400 g Rhabarber · 6 EL Honig
250 g Buchweizen
1 Bio-Orange · Salz
1/2 TL gemahlener Kardamom
3 Zimtstangen
600 g Erdbeeren
6 EL Holunderblütensirup
　(Rezept S. 458 oder fertig gekauft)

1 Den Rhabarber waschen, putzen, entfädeln und winzig klein schneiden. In einem Topf mit 4 EL Honig
mischen und ca. 1 Std. marinieren. Danach den Rhabarber einmal aufkochen und in einem Sieb abtropfen
lassen, dabei den Saft auffangen.

2 Den Buchweizen in einer Pfanne ohne Fett ca. 4 Min.
rösten. Die Orange waschen und abtrocknen, 1 TL
von der Schale abreiben. 600 ml Wasser mit dem
übrigen Honig, der Orangenschale, 1 Prise Salz,
dem Kardamom und den Zimtstangen aufkochen.
Den Buchweizen zugeben, aufkochen und zugedeckt
ca. 20 Min. quellen lassen. Die Zimtstangen entfernen.

3 Die Erdbeeren waschen, putzen und vierteln. Mit dem
Sirup, dem Rhabarber und der Hälfte vom aufgefange-
nen Saft mischen, das Obst mit der Kascha anrichten.
Den übrigen Saft dazu reichen.

CRÊPES SUZETTE

Dessertklassiker aus Frankreich

**Für 4 Personen · Zubereitungszeit ca. 45 Min.
Quellzeit 1 Std. · pro Portion 460 kcal**

50 g Butter · 125 g Mehl · Salz · 5 EL Zucker
350 ml Milch · 2 Eier (Größe M)
50 ml kohlensäurehaltiges Mineralwasser
100 ml Orangenlikör (z. B. Grand Marnier)
2 Bio-Orangen
Außerdem:
Butterschmalz zum Backen

1 1 EL Butter schmelzen. Das Mehl mit 1 Prise Salz und
1 EL Zucker mischen. Erst die Milch und die geschmol-
zene Butter, dann die Eier unterrühren und alles mit
dem Schneebesen oder den Quirlen des Handrührgeräts zu einem glatten Teig verrühren. Das Mineralwasser und 1 EL Likör unterrühren und den Teig 1 Std.
zugedeckt quellen lassen. Inzwischen die Orangen
heiß waschen und abtrocknen, die Schale von einer
Orange abreiben, den Saft beider Orangen auspressen.

2 Aus dem Teig nach und nach dünne Crêpes backen:
Dafür in einer beschichteten Pfanne (am besten mit
niedrigem Rand) wenig Butterschmalz bei mittlerer
Hitze erhitzen. Mit einer Schöpfkelle etwas Teig in die
Mitte der Pfanne geben und durch schnelles Drehen
und Wenden gleichmäßig darin verteilen. Überschüssigen Teig zurück in die Teigschüssel gießen. So lange
backen, bis die Oberfläche fest wird, dann mit einem
Holzspatel vorsichtig vom Pfannenrand lösen und wenden. Fertige Crêpes im Backofen bei 60° warm halten.

3 Die übrige Butter in der Pfanne erhitzen und den übrigen Zucker darin goldgelb karamellisieren lassen.
Orangenschale, -saft und die Hälfte vom Likör dazugeben und 2–3 Min. köcheln lassen.

4 Die Pfanne vom Herd nehmen, die Crêpes nacheinander in der Sauce wenden, zweimal falten und auf Teller
verteilen. Übrigen Likör in eine Schöpfkelle geben,
anzünden (flambieren), über die Crêpes gießen.

WIENER SAHNE-CRÊPES

mit Schokosahne

**Für 4 Personen · Zubereitungszeit ca. 45 Min.
Quellzeit 30 Min. · pro Portion 685 kcal**

25 g Butter · 100 g Mehl · Salz
125 ml Milch · 175 g Sahne
2 Eier (Größe M) · 1 Eigelb (Größe M)
abgeriebene Schale von 1/2 Bio-Orange
2 EL Orangenlikör (nach Belieben)
200 g Zartbitterschokolade
1 EL gewürfeltes Orangeat
Außerdem:
Butterschmalz zum Backen

1 Die Butter schmelzen. Das Mehl mit 1 Prise Salz
mischen, dann die Milch und 125 g Sahne mit dem
Schneebesen oder den Quirlen des Handrührgeräts
unterrühren. Anschließend mit den Eiern und dem
Eigelb, der Orangenschale, nach Belieben dem
Likör und der flüssigen Butter zu einem glatten Teig
rühren. Den Teig 30 Min. zugedeckt quellen lassen.

2 Die Schokolade hacken, das Orangeat winzig klein
würfeln. Die übrigen 50 g Sahne und das Orangeat in
einen kleinen Topf geben und die Schokolade darin
bei ganz schwacher Hitze schmelzen.

3 Aus dem Teig nach und nach dünne Crêpes backen:
Dafür in einer beschichteten Pfanne (am besten mit
niedrigem Rand) wenig Butterschmalz bei mittlerer
Hitze erhitzen. Mit einer Schöpfkelle etwas Teig in
die Mitte der Pfanne geben und durch schnelles
Drehen und Wenden gleichmäßig darin verteilen.
Überschüssigen Teig zurück in die Teigschüssel gießen.
Die Crêpes so lange backen, bis die Oberfläche fest
wird, dann mit einem Holzspatel vorsichtig vom Pfan-
nenrand lösen und wenden. Die fertig gebackenen
Crêpes im Backofen bei 60° warm halten.

4 Die Crêpes zu Vierteln zusammenklappen und mit
der Sauce beträufeln. Wer will, gibt noch 1 Klecks
geschlagene Sahne dazu.

DER LIEBLINGSKLASSIKER

PALATSCHINKEN

Wecken selige Kindheitserinnerungen ...

Für 4 Personen (8 Stück)
Zubereitungszeit ca. 20 Min.
Quellzeit 30 Min.
pro Portion 295 kcal

250 ml Milch · 2 Eier (Größe M)
1 TL Zucker
Salz · 140 g Mehl
Außerdem:
ca. 1 EL Butter zum Ausbacken
8 TL Konfitüre (z. B. Johannisbeere, Himbeere)
  zum Bestreichen
Zucker oder Puderzucker zum Bestreuen

1 Die Milch, die Eier, den Zucker und 1 Prise Salz in
  einer Schüssel mit den Quirlen des Handrührgeräts
  verrühren. Zuletzt das Mehl untermischen und den
  Teig ca. 30 Min. quellen lassen.

2 Eine beschichtete Pfanne dünn mit Butter auspinseln
  und heiß werden lassen. Die Temperatur auf mittlere
  Hitze zurückschalten.

3 Etwa ein Achtel des Teiges in die Pfanne gießen und
  durch rasches Hin- und Herschwenken gleichmäßig
  dünn verteilen. Ca. 1 Min. braten, bis sich die Unterseite vom Pfannenboden löst, dann den Palatschinken
  wenden und in 1/2 Min. fertig backen. Die fertigen
  Palatschinken auf einen Teller stapeln und zugedeckt
  im Backofen bei 60° warm halten. Den übrigen Teig
  ebenso verarbeiten, dabei vor jedem Palatschinken
  die Pfanne erneut mit wenig Butter fetten.

4 Die Palatschinken vor dem Servieren mit Konfitüre
  bestreichen, einrollen oder zusammenklappen und
  mit Zucker oder Puderzucker bestreuen.

PROFI-TIPP

Auch eine unbeschichtete Pfanne lässt sich zum
Backen von Palatschinken vorbereiten: Die Brat-
fläche mit etwas Pflanzenöl einreiben und erhitzen, bis es raucht. Abkühlen lassen und mit
Küchenpapier abwischen. Vor dem Einsatz nur
noch leicht einfetten.

VARIANTE 1
NUSSFÜLLUNG

• 200 ml Milch mit 2 EL Honig und 50 g Zucker aufkochen,
  200 g gemahlene Haselnüsse einrühren und die Masse
  mit 3–4 EL Rum (nach Belieben) und Zimtpulver
  abschmecken. Ca. 10 Min. quellen lassen.
• Die Nussfüllung auf die Palatschinken streichen und
  diese wie eine Schnecke fest zusammenrollen.

VARIANTE 2
APFELFÜLLUNG

• In einem Topf 175 ml Wasser, 100 g Zucker, 1/2 TL Zimtpulver und den Saft von 1 Zitrone unter Rühren zu
  einem dickflüssigen Sirup einkochen.
• 500 g Äpfel schälen, die Kerngehäuse herausschneiden. Das Fruchtfleisch in kleine Würfel schneiden
  und zum Sirup geben. Unter Rühren kochen, bis die
  Äpfel karamellisieren.
• Die Apfelfüllung auf den Palatschinken verteilen, diese
  aufrollen und warm servieren.

ANHANG

Zum Gebrauch

Damit Sie Rezepte mit bestimmten Zutaten schnell finden, stehen in diesem Register zusätzlich beliebte Zutaten wie Kartoffeln oder Tofu – ebenfalls alphabetisch geordnet und **hervorgehoben** gedruckt – über den entsprechenden Rezepten.

Die Fotografen

Barbara Bonisolli
Seite 70, 101, 128, 135, 174-1, 174-2, 175-1, 175-2, 197-2, 210-1, 236, 237, 256, 257, 290-1, 290-2, 291-1, 291-2, 376-1, 376-2, 377-1, 377-2, 379, 432, 433, 443, 474, 475, 478, 479

Michael Brauner
Seite 51, 169

Klaus-Maria Einwanger
Seite 46, 47, 48-2, 61-1, 78-1, 78-2, 115, 120, 122-2, 123, 144, 147, 164, 165, 166, 167, 186, 187, 188-1, 189, 240-1, 244, 246, 247, 263, 288, 304, 305, 313, 314, 315, 317, 318, 319, 320-2, 321, 329, 365, 390, 391, 392-2, 393, 407, 417, 441, 444, 445, 446-1, 446-2

Eising Foodphotographie, Martina Görlach
Seite 48-1, 86, 87, 117, 121, 122-1, 126, 127, 170, 171, 178, 179, 188-2, 201, 207, 213, 243, 246-1, 246-2, 252, 253, 272, 273, 275, 282-1, 282-2, 283-1, 283-2, 310, 311, 337, 344, 345, 351, 352, 353, 359, 404, 405, 423, 428, 429, 447

Fotos mit Geschmack, Ulrike Schmidt und Sabine Mader
Seite 60-1, 60-2, 85, 110-1, 110-2, 111-1, 111-2, 125, 133, 145, 161, 197-1, 200, 206, 210-2, 211-1, 211-2, 217, 241-2, 250-1, 250-2, 251-1, 251-2, 260-1, 260-2, 261-1, 261-2, 300-1, 300-2, 301-1, 301-2, 326-1, 326-2, 343, 389, 422, 430-1, 430-2, 439, 452-1, 452-2, 453-1, 453-2, 460, 461, 462-1, 462-2, 463-1, 463-2, 470-1, 470-2, 471-1, 471-2, 477

Ulrike Holsten
Seite 202, 203, 229, 238, 347, 360, 466, 467

Manfred Jahreiß
61-2, 193

Maike Jessen
Seite 49, 132, 156, 204-1, 323, 330, 331, 332-1, 332-2, 333-1, 333-2, 338, 339

Studio L'EVEQUE, Tanja und Harry Bischof
Seite 58, 59, 63, 64, 65, 66-1, 66-2, 67-1, 67-2, 72, 73, 75, 76, 77, 79-1, 79-2, 81, 84, 88, 90-2, 91-1, 91-2, 93, 94, 102, 104, 105, 112, 113, 136-1, 136-2, 137-1, 137-2, 139, 180-1, 180-2, 181-1, 181-2, 182, 183, 184-1, 184-2, 185-1, 185-2, 228, 269, 276, 278-1, 278-2, 279-1, 279-2, 287, 296, 297, 320-1, 327-1, 327-2, 348, 349, 355, 371, 380, 381, 382-1, 382-2, 383-1, 383-2, 403, 408-1, 408-2, 409-1, 409-2, 425, 426, 427, 450, 451, 455, 456, 457, 465, 469, 473, 481, 482, 483, 485, 486-1, 486-2, 487-1, 487-2
Seite 419

Barbara Lutterbeck
Seite 196-1, 205-1, 205-2, 241-1

Kai Mewes
Seite 140, 141, 292, 293, 363

Jörn Rynio
Seite 57, 80, 83, 89, 90-1, 95, 97, 98, 99, 107, 116, 119, 131, 143, 148, 149, 152, 153, 155, 158-1, 158-2, 159-1, 159-2, 172, 173, 177, 191, 196-2, 212, 218, 233, 249, 258, 259, 264-1, 264-2, 265-1, 265-2, 266, 267, 270, 271, 284, 285, 295, 303, 307, 324, 325, 334, 335, 356, 357, 361, 375, 385, 386, 392-1, 395, 396, 397, 399, 401, 411, 412, 413, 416, 421, 431-1, 431-2, 435, 449, 488, 489, 491

Wolfgang Schardt
Seite 52, 53, 54-1, 54-2, 55-1, 55-2, 69, 108, 151, 157, 192, 195, 199, 204-2, 209, 215, 216, 219, 221, 222, 223, 224-1, 224-2, 225-1, 225-2, 227, 230, 231, 232, 235, 239, 240-2, 242, 255, 262, 281, 299, 308, 309, 340, 341, 366, 367, 368, 369, 372, 373, 387, 400, 415, 418, 436, 437, 440, 458, 459

Michael Schinharl
Seite 129, 162

Appetit auf mehr?

HOMEMADE!
DAS GOLDENE VON GU

REZEPTE ZUM EINMACHEN UND SELBERMACHEN

G|U

ISBN 978-3-8338-4001-2

SUSANNE BODENSTEINER | SABINE SCHLIMM

Seelenfutter vegetarisch

Grüne Rezepte, die glücklich machen

G|U

ISBN 978-3-8338-4177-4

BACKEN!
DAS GOLDENE VON GU

REZEPTE ZUM GLÄNZEN UND GENIESSEN

G|U

ISBN 978-3-8338-2009-0

Vegetarisch
DIE BESTEN 50 REZEPTE

G|U

Laden im App Store

KOCHEN!
DAS GOLDENE VON GU

REZEPTE ZUM GLÄNZEN UND GENIESSEN

G|U

ISBN 978-3-8338-1576-8

MARTIN KINTRUP

VEGETARISCH für Faule

G|U

ISBN 978-3-8338-2627-6

e Auch als eBook erhältlich.

Mehr von GU auf **www.gu.de** und
f **facebook.com/gu.verlag**

G|U

Willkommen im Leben.

© 2011 Gräfe und Unzer Verlag
GmbH, München
Alle Rechte vorbehalten. Nachdruck,
auch auszugsweise, sowie Verbreitung
durch Film, Funk, Fernsehen und Internet,
durch fotomechanische Wiedergabe,
Tonträger und Datenverarbeitungs-
systeme jeglicher Art nur mit schriftlicher
Genehmigung des Verlags.

Herausgeberinnen:
Alessandra Redies, Adriane Andreas

Projektleitung: Alessandra Redies

Lektorat: Adriane Andreas,
Claudia Lenz, Martin Knipping

Einführende Kapiteltexte:
Susanne Bodensteiner

Korrektorat: Cora Wetzstein

Registererstellung: Gudrun Mach

Coverfotografie: Hans Döring

**Umschlaggestaltung und
Innenlayout:**
independent Medien-Design,
Horst Moser, München

Satz: Knipping Werbung GmbH,
Berg bei Starnberg

Herstellung: Petra Roth

Reproduktion:
Wahl Media GmbH, München

Druck Überzug:
Dr. Cantz'sche Druckerei, Ostfildern

Druck Inhalt: Firmengruppe APPL,
aprinta druck, Wemding

Bindung: Firmengruppe APPL,
m.Appl GmbH, Wemding

ISBN 978-3-8338-2201-8
11. Auflage 2016

Syndication: www.jalag-syndication.de

 www.facebook.de/gu.verlag

GRÄFE
UND
UNZER

Ein Unternehmen der
GANSKE VERLAGSGRUPPE